广视角 · 全方位 · 多品种

权威 · 前沿 · 原创

皮书系列为
“十二五”国家重点图书出版规划项目

人力资源蓝皮书

BLUE BOOK OF HUMAN RESOURCES

中国人力资源发展报告（2013）

ANNUAL REPORT ON THE DEVELOPMENT OF CHINA'S HUMAN RESOURCES (2013)

主　编／吴　江
副主编／刘燕斌　陈　力

社会科学文献出版社
SOCIAL SCIENCES ACADEMIC PRESS (CHINA)

图书在版编目(CIP)数据

中国人力资源发展报告. 2013/吴江主编. —北京: 社会科学文献出版社, 2013.9
(人力资源蓝皮书)
ISBN 978-7-5097-5017-9

Ⅰ. ①中… Ⅱ. ①吴… Ⅲ. ①人力资源管理-研究报告-中国-2013 Ⅳ. ①F249.21

中国版本图书馆 CIP 数据核字 (2013) 第 208230 号

人力资源蓝皮书
中国人力资源发展报告(2013)

主　　编 / 吴　江
副 主 编 / 刘燕斌　陈　力

出 版 人 / 谢寿光
出 版 者 / 社会科学文献出版社
地　　址 / 北京市西城区北三环中路甲 29 号院 3 号楼华龙大厦
邮政编码 / 100029

责任部门 / 皮书出版中心 (010) 59367127
电子信箱 / pishubu@ssap.cn
项目统筹 / 邓泳红
责任编辑 / 陈　帅　王　颉
责任校对 / 王　芳　白　雪
责任印制 / 岳　阳
经　　销 / 社会科学文献出版社市场营销中心 (010) 59367081　59367089
读者服务 / 读者服务中心 (010) 59367028

印　　装 / 北京季蜂印刷有限公司
开　　本 / 787mm×1092mm　1/16
印　　张 / 26.75
版　　次 / 2013 年 9 月第 1 版
字　　数 / 433 千字
印　　次 / 2013 年 9 月第 1 次印刷
书　　号 / ISBN 978-7-5097-5017-9
定　　价 / 79.00 元

《中国人力资源发展报告（2013）》
编　委　会

主要编撰者简介

吴　江　现任中国人事科学研究院院长、研究员、博士生导师、国务院政府特殊津贴专家、第十一届全国政协委员、国际行政科学学会副主席、亚洲公共行政学会主席、中国人才研究会常务副会长、中国行政管理学会副会长、中国机构编制管理研究会副会长、中国领导科学学会副会长等。多年来，主持了多项国家社会科学基金、自然科学基金、软科学基金、世界银行以及其他中外合作项目等重大课题。主要研究领域有领导科学、公共危机管理、公务员制度、人才战略和电子政务等，主持编写了《中国的人力资源状况》（白皮书），出版有关学术著作20多部。

刘燕斌　现任中国劳动保障科学研究院副院长、研究员、国务院政府特殊津贴专家、人力资源和社会保障部专家咨询委员会委员、中国经济体制改革研究会特邀研究员、中国就业促进会专家委员会特聘专家、中国劳动学会常务理事、中国社会保险学会常务理事等。多年来，主持了多项国家级、省部级以及国际劳工组织、世界银行等中外重大课题研究。主要研究领域有就业政策、公共就业服务、人力资源开发、劳动关系等。出版了《面向新世纪的全球就业》《国外集体谈判机制研究》等多部专业著作，在《人民日报》《中国劳动》等报刊上发表论文或文章逾百篇。

陈　力　现任中国人事科学研究院首席专家、研究员、博士后导师，兼任广东省人力资源和社会保障厅专家咨询委员会专家委员、山东省人力资源服务从业资格培训专家等。主要研究领域有人才流动和人才市场、政府人才服务机构改革、人力资源公共服务体系建设、人力资源服务业发展研究、人力资源市场监管体系建设研究、公共就业和人才服务机构整合研究等。多年来，主持过几十项省部级重点研究课题，公开发表论文60多篇，出版了《我国人力资源服务业政策法规建设研究》《我国人才流动宏观调控机制研究》《我国转型期的人才流动与人才市场》《人才配置与人才市场》等著作。

摘要

中国是世界上劳动力资源最丰富的国家，就业需求巨大。当前，中国正处于加快经济发展方式转变、全面建设小康社会的关键时期，为适应未来经济社会发展的需要，2012 年 11 月，党的十八报告提出要“推动实现更高质量的就业”。这是党和政府从改善民生和全面建成小康社会的高度出发，对就业工作提出的更高的要求，对推动经济发展、保障和改善民生、构建社会主义和谐社会具有十分重要的意义。

本报告以“推动实现更高质量的就业”为主线，从宏观和微观、国际和国内等层面，集中提供了一批研究成果，重点反映了近年来中国政府和社会各界在积极促进就业和不断提高就业质量等方面所做出的努力。全书由总报告、政策理论篇、重点群体篇、就业服务篇、劳动关系篇、专题调研篇和国际借鉴篇构成。

总报告从国际国内的视角阐述了当前我国的就业形势，展示了中国在扩大就业规模和不断提高就业质量方面的政策成效，分析了当前我国就业工作面临的挑战和主要问题，提出了推动实现更高质量就业的政策建议。

政策理论篇阐述了“推动实现更高质量的就业”的精神实质和重要意义，对就业质量的内涵和评价指标进行了深入研究，回顾了“十二五”以来我国积极的就业政策，从多角度对我国就业质量状况进行了分析，指出了当前就业工作存在的问题，提出了推动实现更高质量就业的工作思路和政策建议。

重点群体篇重点研究了 2012 年以来我国农民工就业状况，分析了当前我国大学毕业生的就业状况，展示了非政府组织在开展公益性职业教育和培训中发挥的重要作用。

就业服务篇重点反映了就业服务发展对促进就业和提升就业质量的重要作用，回顾了我国人力资源服务业的发展，总结了公共就业和人才服务机构在开发就业岗位、拓展服务功能、创新服务形式等方面所取得的经验，阐述了我国人力资源服务产业园区发展的现状，提出了促进人力资源服务业产业园区发展的思路。

劳动关系篇从多个层面阐述了当前中国在构建和谐劳动关系、维护劳动者权益方面的进展情况，分析了当前我国现阶段劳动关系状况，报告了近年来我国职工工资水平及其增长情况；从实现更高质量就业的角度，阐述了健全劳动标准体系的重要意义，分析了我国劳动标准体系建设的现状，借鉴国外经验，提出了完善我国劳动标准体系的政策建议。

专题调研篇提出了跨国公司将生产基地转移到我国西部地区的趋势，提出了提高劳动报酬在初次分配中的比重对提高就业质量的重要性，分析了创业环境对创业活动的影响因素，提出了进一步改善创业环境的建议，介绍了企业通过创新就业观念和组织形式，以创业带动就业，开展技能培训，帮扶就业困难群体实现就业的成功经验。

国际借鉴篇介绍了国外人力资源服务业的发展情况，借鉴了国际社会“绿色就业”的理念和成功实践，提出了适应经济发展方式转变、推进绿色就业工作的政策建议。

Abstract

China, with the largest labor resources in the world, has a huge demand for jobs. China is now in the crucial period of accelerating economic development pattern and building a moderately prosperous society in all aspects. To cater to the needs of future economic and social development, the Report at the 18th CPC Congress, which was convened on November 2012, stated that China should "facilitate and realize higher-quality employment". This represents the higher demand of CPC and Central Government for employment in an effort to improve livelihood and build a moderately prosperous society in are aspects. It is of great significance for promoting economic growth, securing and improving livelihood and building a harmonious socialist society.

This report focuses on "facilitating and realizing higher-quality employment". It introduces a number of research results, from the micro and macro, international and domestic perspectives. The Report highlights the efforts of the Chinese government and all other sectors in promoting employment and improving employment quality over the past few years. The blue book consists of seven sections including General Report, Policies and Theories, Major Groups, Employment Services, Labor Relations, Comprehensive Research and International Experience.

The General Report discusses the employment situation in China from international and domestic perspectives, presents the effects of Chinese policies on increasing employment rate and improving employment quality, analyzes major employment challenges and problems faced by the country, and proposes policies for facilitating and realizing higher-quality employment.

Chapters in Reports on Policies and Theories explain the nature and signifieance of "facilitating and realizing higher-quality employment", study the meanings and evaluatien indicators of employment quality, review the proactive employment policies China has adopted since the 12th Five-year Plan, analyze the employment quality in China from different perspectives, point out the existing employment problems in the country, and propose ideas and policies for facilitating and realizing higher-quality employment.

Chapters in Reports on Major Groups focus on studying the employment situation of Chinese migrant workers since 2012, reveal the fact that employment situation of Chinese migrant workers has been constantly improved since 2012, analyze the current employment situation of Chinese university graduates, present the important role of NGOs in providing public-interest vocational education and training.

Chapters in Reports on Employment Service mainly reflect the important role of employment service in promoting employment and employment service. The chapters review the development of human resource service industry in China, summarize the experience of public employment and human resource service organs in creating employment posts, expanding service and making innovative services, introduce the current development of human resource service industrial parks in China, and propose ideas on how to promote development of HR service industrial parks.

Chapters in Reports on Labor Relations introduce what China has achieved in building harmonious labor relations and safeguarding the rights and interests of the employed people from many perspectives, analyze the current situation of labors relations in our country, and reveal the salary level and salary increase of Chinese workers and staff. To realize higher-quality employment, these chapters explain the significance of improving labor standard system, analyze the current development of labor standard system in China, introduce the international experience, and proposes policies on improving the Chinese labor standard system.

Reports on Special Topics introduce the trend of multinationals relocating their production bases to Western China, and proposes policies on how to promote employment in Central China and Western China, show the regional characteristics of employment quality in China and presents the importance of labor remuneration ratio in the primary income distribution for the improvement of employment quality, and introduce the successful experience of enterprises in stimulating employment through entrepreneurship, providing skill training, and helping disadvantaged groups get employed by taking innovative employment notions and approaches.

The section on International Experience introduces the development of human resource service industry in other countries, looks at the Green Jobs philosophy and successful practice of the international community, and proposes policies on adapting to the shift of economic development pattern and promoting Green Jobs.

序　言

张小建*

改革开放30多年来，中国经济社会发生了翻天覆地的变化，经济快速发展，社会不断进步，国力稳步增强。新千年后，党和政府提出了到2020年全面建成小康社会的宏伟目标。党在十八大之后，高举“实现中华民族伟大复兴的中国梦”的伟大旗帜，凝聚全国人心，共同为实现伟大的理想而奋斗。

习近平总书记最近指出：实现中华民族伟大复兴的中国梦，就是要实现国家富强、民族振兴、人民幸福。他还说：中国梦是民族的梦，也是每个中国人的梦，归根到底是人民的梦。我对“中国梦”的理解是，要强调它是国家昌盛、民族复兴的国家梦、民族梦，更要强调它是亿万人民每个人的就业梦、上学梦、安居梦、致富梦。将每个人的梦与国家梦和民族梦紧密相连，在为实现个人梦想的同时，去推动国家梦和民族梦的实现，这是“中国梦”最强大的动力和最坚实的根基。

就业是民生之本，是发展之基。习近平总书记在阐述“中国梦”时说：有梦想、有机会、有奋斗，一切美好的东西都能够创造出来。对广大劳动者来讲，“就业梦”不仅意味着通过个人的努力能够实现就业，而且意味着通过个人奋斗获得更好的职业发展，也就是说，通过就业使人活得更加体面和精彩，实现自我价值的提升。党的十八大报告提出，在实现更加充分就业的进程中，推动实现更高质量的就业。这是把广大人民的“就业梦”放到了国家优先发展的战略位置，顺应了广大人民群众追求幸福和成功的期望，同时也对新时期就业工作提出了更高要求。

关于推动实现更高质量的就业，我认为，既要从宏观角度来考虑，即从国

* 张小建，原人力资源和社会保障部副部长，中国就业促进会会长。

家、政府层面来考虑就业规模、就业素质、就业结构、就业环境、劳动关系等，也要强调老百姓对就业状况改善的感受，包括创业路是否好走、寻找工作是否方便、就业能力是否提高、职业发展是否公平、劳动条件是否改善、大学生能否找到合适的好工作、农民工能否享受到市民待遇等。只有将每个人、每个群体就业质量的提高组合成地方的、国家的整体就业质量的提高，将国家宏图大略和方针政策与解决劳动者的切身利益问题紧密结合，才能使实现更高质量就业成为政府责任，并且成为全体劳动者共同奋斗的目标，以此来推动劳动者提高自己的就业素质，适应高质量就业要求，推动企业提高人力资源管理水平、构建和谐劳动关系，推动政府在体制、政策、管理和服务上下功夫。

当前，我国就业形势面临着巨大的压力。一是劳动力供大于求的总量性矛盾长期存在；二是就业的结构性矛盾日益突出；三是农村劳动力转移就业进入一个加速期；四是劳动者素质总体较低；五是就业质量仍存在较大差距。因此，应当进一步增强促进就业的政策支持力度。其中，包括对经济发展施加政策影响，调整产业结构，大力发展能够扩大就业的产业；进一步扩大就业岗位供给，加大对劳动者创业就业的政策支持；对企业用人给予政策引导，使之愿意更多地吸纳就业；对困难群体加大政策扶助力度，帮助他们摆脱求职困境；对市场供求匹配施加影响，强化公共就业服务；对劳动者提高素质做出安排，形成面向全体劳动者的培训制度；进一步完善社会保障制度，使之与促进就业形成联动；对提高就业质量制定明确目标和具体措施，推进就业的深化改革和创新发展。

这本《中国人力资源发展报告》是有关专家和学者对我国人力资源发展状况进行综合研究，并对相关社会热点和重点问题进行跟踪分析的对策性智库报告。今年，在深入贯彻党的十八大精神的背景下，《中国人力资源发展报告(2013)》围绕劳动者最为关切的民生和发展问题，以十八大报告提出的“推动实现更高质量的就业”为主题，汇集了一批反映我国实施积极就业政策、不断提高就业质量的研究报告。其中，包括我国当前的就业形势和发展趋势、促进更高质量就业的政策法规建设、产业结构调整与提高就业质量的关系、重点群体就业质量状况、我国就业岗位的开发状况、以创业带动就业的扩大就业发展模式、我国劳动者收入改善状况、不断提升的公共就业服务、改善劳动环境以及建立和谐劳动关系等。总之，《中国人力资源发展报告（2013）》与读者见面，将向国内外多层次、多角度地展示中国为全面建成小康社会、促进人的全面发展、不断提高就业质量所做出的巨大努力。

我们必须看到，推动实现更高质量的就业是一个长期的发展目标，需要一个不断完善的过程。因此，在满足人民需要、提高就业质量的道路上，还需要方方面面的共同努力。我相信，在党和政府的积极推动和大力支持下，在用人主体和劳动者个人的共同努力下，我们的目标一定能够实现。

2013 年 6 月

目录

𝔹 I 总报告

𝔹 II 政策理论篇

𝔹 III 重点群体篇

BⅣ 就业服务篇

BⅤ 劳动关系篇

BⅥ 专题调研篇

BⅦ 国际借鉴篇

皮书数据库阅读使用指南

CONTENTS

𝔹 I General Report

𝔹 II Reports on Policies and Theories

𝔹 III Reports on Major Groups

B IV Reports on Employment Services

B V Reports on Labor Relations

BⅥ Reports on Special Topics

BⅦ Reports on International Experience

总　报　告

General Report

B.1

推动实现更高质量的就业

——2012~2013年中国就业形势分析

课题组*

摘　要：

近年来，在国际经济低位运行和国内经济增长速度减缓的双重压力下，中国政府制定了更加积极的就业政策，在社会各界共同努力下，我国就业形势基本维持稳定态势。党的十八大根据未来经济社会发展需要，提出要推动实现更高质量的就业。本文从宏观和微观、国际和国内等层面，从创新政策体系、开发就业岗位、提升就业能力、促进重点群体就业、加强就业和人才服务、深化收入分配制度改革、改善劳动关系等方面反映了我国在不断扩大就业总量、提高就业质量所取得的成就、存在的问题，并提出进一步推动实现更高质量就业的政策建议。

* 执笔人：陈力，中国人事科学研究院首席专家；陈建辉，中国人事科学研究院人力资源市场研究室主任；鲍春雷，人力资源和社会保障部劳动科学研究所博士；翁仁木，人力资源和社会保障部国际劳动保障研究所博士。

关键词：

就业形势　更高质量就业　积极的就业政策

一　中国当前的就业形势

（一）劳动力供给出现拐点，总量压力依然存在

中国是世界上人口最多的国家。劳动力资源丰富，就业需求巨大。新中国成立以来，中国人口的数量不断增长，截至2011年，人口总量已达13.47亿。① 由于中国在20世纪80年代初期采取了积极的人口控制政策，使中国人口增速不断放缓，人口自然增长率已由80年代初的14‰左右降至2011年的4.79‰。② 目前，仅从总体数量上来看，中国劳动力供给仍然比较充裕，但是人口结构和劳动参与率都有所变化。

一是劳动年龄人口呈现“纺锤形”分布。根据第六次全国人口普查资料，2010年中国0～14岁人口为22246万，占16.60%；15～59岁人口为93962万，占70.14%；60岁及以上人口为17765万，占13.26%，其中65岁及以上人口为11883万，占8.87%。③

二是少年儿童人口比重逐步下降，老龄人口比例上升。根据国家统计局的数据，1982～2011年，中国0～14岁人口占全国人口的比例从33.6%下降到16.6%。2011年底，全国60岁及以上人口达到18499万，占总人口的13.7%，比2010年底增加0.47个百分点。2006～2011年，全国65岁及以上人口的比重从7.9%上升到9.1%。④

三是劳动年龄人口比重下降，劳动年龄人口进入负增长的历史拐点。根据

---

① 国家统计局：《中国统计年鉴》（2012），中国统计出版社，2012。

② 同上。

③ 国家统计局：《2010年第六次全国人口普查主要数据公报（第1号）》，2011。

④ 《2011年我国人口总量及结构变化情况》，http：//www.stats.gov.cn/tjfx/t20120118_402779722.htm；《中国人口结构正在变得头重脚轻》，光明网·光明观察，2009年10月13日。

国家统计局数据，由于生育持续保持较低水平、老龄化速度加快，15～64 岁劳动年龄人口的比重自 2002 年以来首次出现下降，2011 年为 74.4%，比 2010 年微降 0.10 个百分点。[①] 2012 年我国 15～59 岁劳动年龄人口为 93727 万，比 2011 年减少 345 万，占总人口的比重为 69.2%，比 2011 年底下降 0.60 个百分点，这是我国劳动年龄人口在相当长时期里第一次出现绝对下降。[②] 与此同时，我国劳动参与率也呈现逐年下降的趋势，由 2005 年的 76.0% 降到 2011 年的 70.8%。[③] 中国劳动力供给格局开始发生转变。

尽管中国劳动年龄人口绝对数量开始下降，但劳动力供给总量充足，劳动参与率仍处于高位水平，经济活动人口的总量还没有大幅减少。因此，中国劳动力供给的总量压力仍然很大。

（二）劳动力需求有所抑制，技能供需结构性矛盾突出

2012 年，中国经济增速开始放缓，增长率仅为 7.8%，创 13 年来的新低。全国固定资产投资同比增长 20.6%，比 2011 年全年下降 3.4 个百分点；社会消费品零售总额增长 14.3%，比 2011 年下降 2.8 个百分点；外贸出口增长 6.2%，同比 2011 年进出口增速回落了 16.3 个百分点。经济增速放缓对劳动力的需求影响将逐渐显现，从中国人力资源市场信息监测中心对各季度“部分城市公共就业服务机构市场供求状况分析”来看，2012 年用工需求也在下降，表明经济增速放缓影响了就业需求。[④]

从产业结构来看，第三产业对劳动力需求的数量最高，劳动密集型行业仍是吸纳就业的主要部门。第一产业劳动力需求一直处于较低水平，在 1%～3%；第二产业劳动力需求大约保持在 30%～40% 的水平；而第三产业的劳动力需求比重最高，为 60%～70%；八成以上的用人需求集中在制造业、居民服务和其他服务业、批发和零售业、住宿和餐饮业、租赁及商务服务业和建筑业。

---

① 《2011 年我国人口总量及结构变化情况》，http：//www.stats.gov.cn/tjfx/t20120118_402779722.htm。

② 《劳动年龄人口首次下降》，http：//finance.people.com.cn/n/2013/0119/c1004-20256249.html，2013 年 1 月 19 日。

③ 根据《中国劳动统计年鉴》（2003～2012）计算整理。

④ http：//www.mohrss.gov.cn/SYrlzyhshbzb/zwgk/szrs/，“数据分析”部分。

另外，从劳动力需求的素质要求来看，技能劳动者的用人需求每年都呈现出增长之势，特别是中高级技能人才供不应求。市场中对求职者技术等级有明确要求的占总需求人数的60%左右。

（三）就业形势总体稳定，就业工作成绩显著

2012年，中国就业形势总体稳定，并未因经济增速放缓而出现较大的波动。2012年底，全国就业人员76704万，比2011年底增加284万，其中城镇就业人员37102万，比2011年底增加1188万。在全国就业人员中，第一产业就业人员占33.6%；第二产业就业人员占30.3%；第三产业就业人员占36.1%。全国农民工总量达到26261万，较2011年增加983万，其中外出农民工16336万。全年城镇新增就业人数1266万，城镇失业人员再就业人数552万，就业困难人员就业人数182万。2012年底城镇登记失业人数为917万，城镇登记失业率为4.1%。[①]

二　中国推进实现更高质量就业的政策与成效

（一）中国推动实现更高质量就业的政策措施

就业是民生之本，党和政府历来都高度重视就业工作，千方百计扩大就业，推动提高就业质量。特别是从2002年以来，制定出台并实施了一系列政策措施，初步形成了中国特色的积极就业政策体系，这对推动实现更高质量就业起到了重要作用。

1. 将就业优先上升到国家战略

就业是民生之本，是关乎经济发展、社会和谐、政治稳定的重大问题。近年来，随着经济结构的战略性调整、城镇化进程加快，就业问题显得格外重要。2007年8月，中国颁布实施了《就业促进法》，正式将积极的就业政策以法律形式确定下来。2009年12月，中央经济工作会议指出：扩大就业是保障

① 人力资源和社会保障部：《2012年度人力资源和社会保障事业发展统计公报》。

和改善民生的头等大事。2010年初，中央提出要把促进就业放在经济社会发展的优先位置。中央在“十二五”规划建议中进一步明确提出“就业优先”，国务院《关于批转促进就业规划（2011～2015年）的通知》又以此为主线，对就业优先进行了统筹安排。2012年11月，党的十八大报告明确提出推动实现更高质量的就业，提出“劳动者自主就业、市场调节就业、政府促进就业和鼓励创业”的方针，实施就业优先战略和更加积极的就业政策。由此，就业优先战略得以确立，就业工作的目标责任体系和组织协调机制逐步健全。

2. 积极促进就业、鼓励创业，提高就业质量

中国政府一直高度重视就业工作，2002年以来出台了各种积极促进就业的政策，具体包括：一是以创业带动就业，包括《就业促进法》《关于做好促进就业工作的通知》《关于促进以创业带动就业工作的指导意见》《关于进一步促进中小企业发展的若干意见》《关于支持留学人员回国创业的意见》《关于进一步支持小型微型企业健康发展的意见》等政策文件，都对鼓励通过创业带动就业起到了积极作用。二是帮助失业人员再就业政策，包括《关于进一步做好下岗失业人员再就业工作的通知》《关于下岗失业人员从事个体经营有关收费优惠政策的通知》等政策文件。三是应对危机，稳定就业，包括《关于采取积极措施减轻企业负担稳定就业局势有关问题的通知》《关于做好当前经济形势下就业工作的通知》等政策文件。

3. 关注重点群体的就业质量问题

中国政府非常重视不同时期重点群体的就业问题。一是为推动高校毕业生就业，2002年以来，相继出台了《关于进一步深化普通高等学校毕业生就业制度改革有关问题的意见》《关于引导和鼓励高校毕业生面向基层就业的意见》《关于组织开展高校毕业生到农村基层从事支教、支农、支医和扶贫工作的通知》《关于进一步做好普通高等学校毕业生就业工作的通知》等政策文件；二是为促进农民工就业，2006年以来，先后发布了《关于解决农民工问题的若干意见》《关于切实做好当前农民工工作的通知》《关于进一步做好农民工培训工作的指导意见》以及《关于成立国务院农民工工作领导小组的通知》；三是为帮助就业困难群体就业，2010年以来出台了《关于加强就业援助工作的指导意见》《关于进一步加强基层平台就业工作若干问题的意见》等政策文件。

4. 保障平等就业和自主择业，维护就业公平

平等就业和自主择业是劳动者的基本权利。《劳动法》和《就业促进法》等法律明确规定了劳动者享有平等就业和选择职业的权利，劳动者就业不因民族、种族、性别、宗教信仰不同而受歧视。为避免性别歧视，《妇女权益保障法》等法律法规保障妇女享有与男子平等的劳动权利和社会保障权利；为避免户籍歧视，国家出台的《关于解决农民工问题的若干意见》《关于切实做好当前农民工工作的通知》等文件要求不得对农村劳动者进城就业设置歧视性限制；为保障残疾人就业，《残疾人保障法》《残疾人就业条例》等为残疾人获得平等就业机会提供了法律保障。

5. 维护劳动者合法权益，构建和谐劳动关系

近年来，中国政府不断建立健全劳动者权益保护的法律法规。一是规范劳动合同，《劳动合同法》《劳动合同法实施条例》《集体合同规定》等法律法规确立和完善了我国的劳动合同制度；二是加强劳动保护，《劳动法》《安全生产法》《职业病防治法》《禁止使用童工规定》《工伤保险条例》和《劳动保障监察条例》《工伤认定办法》等法律法规为劳动者的就业安全提供了法律保障；三是劳动争议调解，《劳动争议调解仲裁法》《关于加强劳动人事争议调解工作的意见》《劳动人事争议仲裁组织规则》《企业劳动争议协商调解规定》《关于加强非公有制企业劳动争议预防调解工作的意见》等对调解劳动争议、化解劳动纠纷提供了法律依据。

6. 加强职业技能培训，提高就业能力

为促进劳动者职业技能的提高，2005 年以来，中国政府相继发布了《关于大力发展职业教育的决定》《关于加强职业培训促进就业的意见》《高技能人才队伍建设中长期规划（2010～2020 年）》《关于做好十二五期间职业技能鉴定工作的意见》《关于加强企业技能人才队伍建设意见的通知》等政策文件，对职业培训制度完善和职业培训体系建设起到了积极的促进作用。另外，针对不同的群体，还出台了一些专门的政策文件，如针对农民工群体下发的《关于进一步做好农民工培训工作的指导意见》，针对残疾人劳动者下发的《关于加强残疾人职业培训促进就业工作的通知》，等等。

（二）中国推动实现高质量就业的成效

1. 就业规模不断扩大，就业结构逐步优化

受益于经济的快速发展和积极的就业政策，近年来，我国就业增长一直保持良好势头。

一是就业规模不断扩大。2003～2012 年，我国岗位需求显著增加，就业规模不断扩大，全国城镇新增就业累计达到 11067 万人，年均新增就业约 1106.7 万人。与此同时，城镇登记失业率始终保持在 4.3% 以下的较低水平。

二是就业结构逐步优化。随着产业结构的优化调整以及工业化、城镇化水平的提高，中国的就业结构也发生了重大变化。一是从产业比重来看，三次产业就业人员比重逐步转变，由 2001 年的 50.0∶22.3∶27.7 变为 2012 年的 33.6∶30.3∶36.1，第一产业就业比重在不断下降，第二、第三产业就业比重在不断上升，其中第三产业就业比重上升速度较快，超过第一产业，成为中国就业人数最多的产业。二是从城乡结构来看，城镇就业保持较快增长，城镇就业人数从 2001 年的 24123 万增长到 2012 年的 37102 万，年均增长约 1179.9 万，占全国就业人员总量的比重从 2001 年 33.1% 上升到 2012 年的 48.4%；而乡村就业人数则呈现逐年下降趋势，数量从 2001 年的 48674 万下降到 2012 年的 39602 万，占全国就业人员总量的比重从 2001 年的 66.9% 下降到 2012 年的 51.6%。①

2. 就业环境日益改善，服务体系不断健全

中国政府一直致力于良好就业环境的构建，不断推进人力资源市场化，完善公共就业服务体系，发展人力资源服务业，就业服务水平逐步提高。

（1）人力资源市场配置机制基本形成

随着我国人力资源市场的建立，市场机制对人力资源配置的基础性作用日益完善，促进了劳动者跨地区、跨部门的流动，极大地提高了人力资源配置的效率和水平。2011 年，中国流动人口总量已接近 2.3 亿，占全国总人口的 17%。随着中西部地区开发的不断深入，人口流向由向东南沿海单向集中转变变为向多地区多向集中转变，新增城市人口主要集中在国家重点培育的城市群

① 以上数据根据《中国统计年鉴》整理。

和城镇化地区。①

（2）公共就业服务和人才服务体系日益完善

目前，中国已初步构建了覆盖中央、省、市、县（区）、街道（乡镇）、社区（行政村）五级管理、六级服务的公共就业和人才服务网络。统筹城乡人力资源基本公共服务体系逐步建立健全。公共就业服务机构免费提供的服务项目惠及所有求职者。截至2012年，全国已有257个县、1300个乡镇完成基层就业服务设施试点项目建设并投入使用；31个省份实现了部、省、市三级网络贯通；信息化公共就业服务能力进一步提升，31个省份的307个地市开通了12333电话咨询服务。②

（3）人力资源服务业发展迅速

目前，我国人力资源服务机构总量不断增加，结构不断优化，已经形成政府公共服务机构、国有服务企业、民营服务企业和中外合资服务企业多元化、共同发展的格局。据统计，截至2012年底，我国县级以上政府公共就业和人才服务机构及各类人力资源服务企业共计28356家，其中，公共就业服务机构6914家，占总量的24.4%；人才公共服务机构有2939家，占10.4%；国有人力资源服务企业1204家，占4.2%；民营人力资源服务企业17087家，占60.3%；港澳台及外资人力资源服务企业212家，占0.7%。③ 同时，为满足人力资源市场日益增长的服务需求，各类人力资源服务机构不断拓宽服务领域，扩展服务规模，创新服务品牌，完善服务手段。逐步形成了包括政策咨询、求职招聘、劳动人事代理、就业指导、创业服务、职业培训、社会保障、劳务派遣、人才测评、人才搜寻、管理咨询和服务外包等多种业务组成、较为完善的服务产业链。

3. 劳动关系调整机制逐步健全，维护劳动关系稳定和谐

构建和谐劳动关系是推动实现高质量就业的重要内容，也是保障和改善民生、维护社会安定和谐的基础。近年来，中国政府构逐步建立和完善劳动关系的法律法规，劳动关系调整机制逐步健全。

---

① 国家人口和计划生育委员会流动人口服务管理司：《中国流动人口发展报告2012》，中国人口出版社，2012。

② 人力资源和社会保障部：《2012年全国社会保险情况》，2013。

③ 有关数据来自人力资源和社会保障部人力资源市场司。

（1）劳动关系协调机制逐步完善

一是企业劳动合同和集体合同签订率大幅提高。2012年底，全国企业劳动合同签订率达到88.4%，比2011年提高2个百分点；经各地人力资源和社会保障部门审核备案的当期有效集体合同131.1万份，与2011年相比增加了34.9万份，增长率约为36.3%；劳动合同签订覆盖职工1.45亿人，与2011年相比增加了0.23亿人，增长率约为18.9%。① 二是企业工会组织力量逐渐增强。截至2011年底，全国共有基层工会组织2319546个，比2010年增加343111个，增长率约为17.4%；覆盖企事业单位1335582个，比2010年增加338972个，增长率约为34.01%；全国工会会员人数2.59亿左右，比2010年增加0.19亿人，增长率约为7.9%。

（2）劳动人事争议调解仲裁工作成绩突出

一是法律政策体系基本建立，《劳动合同法》《劳动争议调解仲裁法》及配套法规的出台与实施，对劳动人事争议的有效调解起到了积极的指导作用。二是调解仲裁组织体系逐步形成，截至2012年底，全国已调整组建劳动人事争议仲裁委员会2793家，建立仲裁院1737家，拥有专兼职仲裁员3.7万人。2012全年共处理争议案件151.2万件，同比增长6.4%；涉及劳动者人数195.9万，同比增长7.9%；仲裁结案率达到94.7%，② 调解仲裁质量和效率稳步提高。三是工作制度日臻完善，建立了全国统一的劳动保障监察工作体系，制定了重大违法案件查处、跨地区案件协查、涉嫌欠薪犯罪移送程序等制度，劳动保障监察网格化、网络化管理已覆盖所有省会城市及50%的地级城市。

（3）安全生产状况不断改善

2008～2013年，安全生产形势持续稳定好转。一是事故总量大幅下降，全国各类事故起数和死亡人数分别下降33.4%和29.1%，实现连续五年的“双下降”；二是重特大事故发生起数和死亡人数大幅下降，重大事故发生起数和死亡人数分别下降27.8%和29.5%，特别重大事故下降66.7%和72.2%；三是主要相对指标大幅下降，每亿元GDP事故死亡率下降66%，工

① 《2012年度人力资源和社会保障事业发展统计公报》。

② 尹成基在人力资源和社会保障部2013年第一季度新闻发布会上的报告，2013。

矿商贸每10万就业人员事故死亡率下降46%，道路交通每万辆车死亡率下降51%，煤矿生产每百万吨死亡率下降75%；四是安全生产整体水平明显提升，各省（区、市）的事故死亡人数下降幅度均超过10%。[①] 安全生产整体状况的改善，标志着劳动者最基本的劳动环境好转。

4. 劳动收入稳步增长，最低工资标准显著提高

劳动收入是衡量就业质量的重要指标。近年来，中国各级政府着力实施就业优先战略，将提高劳动者报酬在初次分配中的比重作为合理调整工资收入分配关系的政策着力点，不断提高最低工资标准，建立健全工资正常增长机制，使职工平均工资水平保持较快增长。

（1）城镇职工平均工资稳步提升

劳动收入是衡量就业质量的重要指标，近年来中国各类人员的收入水平都有所提高，实现了稳步增长。2001～2011年，中国城镇就业人员平均工资由10834元提高到41799元，10年间提高了30965元；城镇在岗职工平均工资由10870元提高到42452元，10年间提高了31582元。[②] 企业、事业、机关单位职工的工资都实现了较快增长，2010～2012年，中国城镇非私营单位在岗职工平均工资分别达到37147、42452、47593元，年实际增速分别为10.0%、8.5%、9.2%。2009～2011年，中国企业在岗企业职工平均工资分别为31622元、36256元、42020元，年实际增速分别为12.5%、10.9%、9.5%。2009～2011年，中国党政机关工作人员平均工资分别为37397元、40512元、44303元，年实际增速分别为11.4%、5.0%、5.6%；同期事业单位职工平均工资分别为34053元、38411元、43254元，年实际增速分别为15.5%、9.3%、7.5%。

（2）最低工资标准显著提高

我国建立最低工资制度较晚。1993年11月原劳动部制定了《企业最低工资规定》，1994年《劳动法》以国家法律的形式确立了我国要建立最低工资保障制度。2003年12月30日，我国《最低工资规定》正式颁布，2004年3月

① 张德江：《大力实施安全发展战略 加快实现安全生产形势根本好转》，国家安全生产监督管理局网站，http://www.chinasafety.gov.cn/newpage/Contents/Channel_6652/2013/0117/195913/content_195913.htm，2013年1月17日。

② 《中国统计年鉴》（2002～2012）。

1 日起施行。此后，中国内地所有省、自治区、直辖市人民政府都正式颁布并实施了当地的最低工资保障制度。随着经济的发展和物价的上涨，近年来，各地政府部门也多次提高最低工资标准。2011 年全国有 24 个省份调整了最低工资标准，平均增幅 22%；2012 年有 25 个省份调整最低工资标准，平均增幅为 20.2%。有 23 个省份发布了 2012 年工资指导线，基准线提高幅度多在 14% 以上。[①] 截至 2013 年 7 月，全国已有 18 个省区市先后上调了最低工资标准。上海月最低工资标准达到 1620 元，位列全国之首；而小时最低工资标准最高的为北京和新疆，均为 15.2 元。[②] 2013 年 2 月，国务院批转了《关于深化收入分配制度改革的若干意见》，要求到 2015 年绝大多数地区最低工资标准达到当地城镇从业人员平均工资的 40% 以上。

5. 社保覆盖面不断扩大，保障水平进一步提升

社会保障能够提高就业的安全感和稳定性，其广度和水平都与就业质量的高低息息相关。近年来，随着社会保障各项制度的颁布实施，我国社会保障制度实际覆盖人数持续增长，无论是社会保险各险种的参保人数和参保率，还是社会救助、社会福利和社会优抚的惠及面，都获得了显著提升。

（1）社会保险覆盖人群不断扩大

2011 年，全国城镇职工基本养老、基本医疗、失业、工伤、生育保险参保人数分别达到 2.84 亿、4.73 亿、1.43 亿、1.77 亿、1.39 亿，与 2001 年相比，分别增长了 100.2%、549.8%、38.3%、307.2%、302.1%，实现了大幅度提升；新型农村社会养老保险和城镇居民养老保险参保人数达到 3.64 亿，新型农村合作医疗参合人数达到 8.32 亿。[③] 十八大报告将原社会保障体系的建设方针中的“广覆盖”提升为“全覆盖”，从中可以预测，未来社会保险的覆盖面将进一步扩大。

（2）社会保障水平不断提高

近几年，我国社会保障水平得到了前所未有的提升。2005 年以来，我国连续 9 年上调企业退休人员基本养老金，2013 年调整后企业退休人员月人均

---

① 尹成基在人力资源和社会保障部 2012 年第四季度新闻发布会上的报告，2013。

② 《18 省市上调最低工资标准　上海 1620 元最高》，中国新闻网，2013 年 7 月 1 日。

③ 根据 2001～2011 年度《人力资源和社会保障事业发展统计公报》计算。

养老金达到1893元，与2005年调整前月人均700元的水平相比，9年累计增加1193元。医疗保险报销比例和最高支付限额、城乡最低生活保障标准、失业保险待遇、工伤伤残和工亡待遇都大幅度提高。新型农村合作医疗和城镇居民基本医疗保险国家财政补助额不断提高，从开始的每人每年20元提高到2012年的240元，人均基本公共卫生服务经费标准由15元提高到25元。2013年3月5日，政府工作报告建议将新型农村合作医疗和城镇居民基本医疗保险财政补助标准由每人每年240元提高到280元，人均基本公共卫生服务经费标准由25元提高到30元。

6. 人口素质日益提升，就业能力持续提高

（1）国民受教育水平显著提高

为实现建设现代化强国的目的，中国实行教育优先的发展战略，国民教育体系不断加强和完善，国民素质不断提高。2010年第六次全国人口普查资料显示，中国国民整体受教育水平进一步提高。一是人口文盲率不断下降，2010年文盲人口减少到5466万人，人口文盲率降至4.08%；二是人均受教育年限逐步提高，2010年中国15岁及以上人口的人均受教育年限（平均在学校接受教育的年数）已达9.05年，比2000年的7.85年提高了1.20年；三是人口受教育结构正在向更高水平发展，2000～2010年中国具有大专及以上受教育人口保持快速增长态势，10年年均增长率高达9.63%，较大地改变了中国人口文化素质的结构和水平。

（2）人口素质能级结构不断提升

人才是人力资源中能力和素质较高的劳动者，其规模和水平代表了人口素质的能级水平。中国政府制定和实施了一系列加强人才队伍建设的方针政策，统筹推进党政人才、企业经营管理人才、专业技术人才、高技能人才、农村实用人才和社会工作人才等各类人才队伍的发展。截至2010年底，全国人才资源总量为1.2亿，较2008年增加780万，占全国人力资源总量的11.1%。其中，企业经营管理人才2979.8万、专业技术人才5550.4万、高技能人才2863.3万、农村实用人才1048.6万。①

① 《2012年度人力资源和社会保障事业发展统计公报》。

（3）职业培训体系日渐完善

中国的职业培训包括就业前培训、转业培训、学徒培训和在职培训等。职业培训主要由各类技工学校和职业培训机构承担，此外，还有企业和社会举办的各类培训机构。截至2012年底，全国共有技工学校2892所，在校学生422.8万人，全年面向社会提供培训551.3万人次。全国共有就业训练中心3913所，民办培训机构18897所，组织各类职业培训2049万人次，其中，开展农民工培训883万人次，城镇登记失业人员培训409万人次，城乡未继续升学的应届初高中毕业生培训165万人次。另外，职业鉴定也在职业培训体系中占据重要地位。截至2012年底，全国共有职业技能鉴定机构10963个，职业技能鉴定考评人员21.34万，全年共有1830.55万人次参加了职业技能鉴定，比2011年增长了4.85%；有1548.78万人取得不同等级职业资格证书。其中，取得技师、高级技师职业资格的有46.71万人。①

三　推动实现更高质量就业面临的挑战和存在的主要问题

（一）经济拉动就业能力下降，就业总量压力仍然较大

充足的就业机会是实现更高质量就业的前提，但我国就业形势依然严峻。首先，国内外拉动就业的整体经济环境存在不利因素。从国际上看，国际金融危机影响深远，国际劳工组织认为，2013年全球金融危机已进入第五个年头，发达国家和阿拉伯国家仍处在危机当中，经济增长很小，甚至负增长；未来几年中，全球失业人数还将继续增加，发达经济体就业率需要到2018年才能回到危机前的水平。② 从国内看，我国经济在“十一五”期间实际年均增长速度达到11%，预计未来增速将有所放缓，个位数的增长速度将可能成为常态。

其次，我国就业总量压力仍然较大。今后一个时期，我国每年需要就业的

① 《2012年度人力资源和社会保障事业发展统计公报》。

② 国际劳工组织：《2013全球工作报告：修复经济与社会架构》，2013年6月3日。

城镇劳动力超过2400万人，但目前每年只能提供就业岗位1200万个左右。而且，重点人群就业任务繁重，“十二五”期间应届毕业生年均规模将达到700万人。我国农村还有1亿多富余劳动力，每年需要转移就业800万~900万人。同时，2亿多农民工中还有很多人工作岗位并不稳固。[①]

（二）劳动者素质有待提高，就业结构性矛盾突出

在面临就业总量压力的同时，我国就业结构性矛盾更加突出，主要原因是劳动者能力素质与经济社会发展需要不适应。一是我国劳动者素质与发达国家相比还有很大差距。美国、日本、英国劳动力人口中受过高等教育的比例分别达到了61.1%、39.9%和31.9%，而我国仅为7.4%。[②] 在全国就业人员中，初中及以下学历的比重占到70.3%，大学以上学历仅为12.94%。[③] 据2012年中华全国总工会职工队伍状况调查，目前我国职工平均受教育年限为12.95年，其中52.7%的职工受教育程度为中专及以下，具有初级职称及没有职称的职工高达76%，仅34.6%的职工在结束上一份工作后接受过技能培训。二是我国技能人才总量不足，特别是高技能人才严重短缺。目前，劳动力市场对中级以上技工的供求倍率一般在1.3~1.4，短缺程度严重的地区高达1.6，全国技工的供需缺口在2200万~3300万人。[④] 我国技能劳动者占从业人员的比例不足13%，仅为城镇从业人员的1/3。全国技师、高级技师占技能劳动者总量的比例仅为4.8%。[⑤] 由此可见，加强职业能力建设是提高劳动者就业质量的迫切任务。

（三）劳动报酬在初次分配中的比重明显下降，工资收入分配差距较大，工资正常增长机制尚不完善

工资收入是衡量就业质量最重要的标准之一。虽然我国劳动者收入总体

① 中共中央宣传部理论局编《七个“怎么看”——理论热点面对面2010》，学习出版社、人民出版社，2010。

② 《中国统计年鉴》（2012）。

③ 《中国劳动统计年鉴》（2012）。

④ 《中国职工受教育水平较低　高素质技术工人匮乏》，中新网，2013年3月7日。

⑤ 王晓初、信长星主编《就业促进与职业能力建设》，中国劳动社会保障出版社，2012。

上在逐年增长，但在收入水平、结构和公平性方面还需要不断改善。首先，从宏观层面看，劳动报酬在初次分配中的比重下降，从1997年的54%，下降到2009年的49.1%。资料显示，我国劳动者报酬占GDP的比重2000年为51.4%，2007年为39.74%，下降了11.66个百分点。劳动报酬中，工资总额占GDP的比重从1980年的17%逐年下降到近年的11%。而2007年，美国劳动报酬占比为55.81%，英国为54.5%，瑞士为62.4%，德国为48.8%，南非为68.25%。[①] 其次，部门、行业和企业之间的收入差距逐步拉大的趋势尚未根本扭转。一是城镇私营单位就业人员平均工资水平依然较低，2010~2012年职工平均工资分别为20759元、24556元、28752元，仅为同期城镇非私营单位就业人员平均工资的56.3%、58.7%、61.5%（后者同期分别为36892元、41799元、46769元）。二是行业之间平均工资水平的差距仍然偏大，2010~2012年城镇非私营单位职工年平均工资最高的三个行业都是金融业（工资水平最高）；信息传输、软件和信息技术服务业及科学研究、技术服务业的职工平均工资水平分别为89743元、80510元、69254元。2012年城镇非私营单位职工年平均工资最低的三个行业都是农、林、牧、渔业（工资水平最低），住宿和餐饮业，以及水利、环境和公共设施管理业，2012年其职工平均工资分别为22687元、31267元、32343元。[②] 尽管2012年城镇非私营单位最高与最低行业就业人员平均工资之比为3.96∶1，比2011年的4.17∶1差距有所缩小，但是行业之间平均工资水平的差距仍然偏大。

总体来说，我国工资增长机制不健全，工资集体协商的覆盖面较窄，造成劳动报酬偏低，而部分垄断企业薪酬机制不完善，薪酬增长过快，造成不良的社会影响。另外，我国工资支付保障机制不健全，部分劳动者无法或无法及时领取到自己的劳动报酬，2012年仅人力资源和社会保障部门责令用人单位为622.5万人次劳动者追发工资等待遇就达到200.8亿元。[③]

---

① 宋晓梧：《提高劳动报酬在初次分配中的比》，http：//www.eeo.com.cn/2010/1227/190003.shtml。

② 根据《中国统计年鉴》（2012）整理计算。

③ 《2012年度人力资源和社会保障事业发展统计公报》。

（四）劳动时间较长，劳动条件有待改善，安全生产形势仍然严峻

劳动和休息时间的合理平衡，以及劳动环境安全，是衡量就业质量的重要指标。目前，由于我国劳动标准执行以及监管不到位，私营企业劳动者工资水平低，导致不少员工通常不得不通过加班、兼职等方式延长工作时间来赚取更多收入，以维持个人及家庭生活等需要。2011 年 11 月，全国城镇就业人员调查周平均工作时间为 46.2 小时，其中制造业、建筑业、批发和零售业、住宿和餐饮业等民营企业员工较多的行业周平均工作时间分别为 48.1 小时、48.8 小时、49.8 小时、51.5 小时，分别高出全行业周平均工作时间 4.1%、5.6%、7.8%、11.5%。同期金融业与电力、热力、燃气及水生产和供应业的周平均时间分别为 44.4 小时、43.2 小时，分别比平均值低 3.9%、6.5%。[①] 从人群来看，部分劳动者工作时间更长。根据国家人口和计划生育委员会的调查，流动人口的工作时间普遍较长，平均每周工作 54.6 小时。[②]

在劳动时间过长的同时，部分劳动者还不得不在较差的劳动条件下工作。根据中华全国总工会组织的一项问卷调查，36.5% 的新生代农民工面临高温、低温作业问题，41.3% 的新生代农民工的工作环境中存在噪音污染，36% 的新生代农民工的工作环境存在容易伤及肢体的机械故障隐患，存在粉尘污染问题的有 34.7%。[③] 但是，用人单位并未按照国家职业安全卫生标准采取积极的防护措施。以工作环境存在粉尘污染的新生代农民工为例，用人单位为其采取防护措施的仅占 27.2%。19.8% 表示用人单位从未向其发放过劳动保护用品，19.4% 反映其劳动保护用品不能足量或及时发放，20.7% 表示未接受过用人单位组织的安全生产培训。国家安全监管总局从 2012 年 5 月开始在天津市、黑龙江省、江苏省、广东省开展工矿商贸企业职业卫生统计试点工作，根据上报数据得出的结论，试点地区职业卫生形势严峻，工矿商贸企业工作场所职业病

---

① 《中国劳动统计年鉴》（2012）。

② 《中国流动人口发展报告 2012》。

③ 《2010 年企业新生代农民工状况调查及对策建议》，中华全国总工会新闻，http://www.china.com.cn/gonghui/2011-02/21/content_21965468.htm，2011 年 2 月 21 日。

危害较为严重，部分行业企业粉尘、噪声等职业病危害因素接触率较高。[①]

另外，近年我国安全生产总体形势有所改善，但仍较严峻。如 2011 年，我国煤矿发生事故 1201 起，死亡 1973 人，[②] 而 2012 年美国所有矿难的死亡人数为 35 人，其中，作为仅次于我国的全球第二大产煤大国，美国煤矿事故死亡人数仅为 19 人。[③]

（五）劳动者就业稳定性较低，就业短期化现象突出

就业稳定性是衡量就业质量的重要指标。一般来说，稳定的就业往往意味着较好的薪酬、较好的工作环境、较好的事业发展前景等，而频繁更换工作往往意味着对现有工作的不满，也影响了人力资本的积累和提升。根据怡安翰威特调查结果，中国员工平均流动率为 15.9%，在全球处于高位。[④] 流动率较高的行业，大多为劳动密集型企业，其基层员工流动性较大。这一方面，是由于岗位的可替代性较强，企业保留员工所做的工作不足；另一方面，是由于生活成本普遍上升，加速了低技术、低收入人群不断向更高收入岗位或者生活成本更低地区流动。

研究表明，当前我国农民工就业呈现出“短工化”趋势，表现为工作持续时间短、工作流动性高。65.9% 的农民工更换过工作，25% 的人在近 7 个月内更换了工作，50% 的人在近 1.75 年内更换了工作。农民工平均每份工作的平均持续工作时间都不长，在两年左右，而两份工作的时间间隔长达 8 个月。[⑤] 而根据人力资源和社会保障部劳动工资研究所 2010 年对四川、辽宁、

① 国家安全监管总局办公厅：《关于工矿商贸企业职业卫生统计试点工作情况的通报》，国家安全监管总局网站，http：//www.chinasafety.gov.cn/newpage/Contents/Channel_5946/2012/1213/203149/content_203149.htm。

② 《2011 年全国煤矿安全生产情况》，国家安全监管总局网站，http：//www.chinasafety.gov.cn/newpage/Contents/Channel_4181/2012/0114/167213/content_167213.htm。

③ “From the Assistant Secretary's Desk — MSHA Releases 2012 Preliminary Fatality and Injury Data，”美国劳工部矿山安全与健康监察局网站，http：//www.msha.gov/FromtheDesk/FromtheDesk482013.asp。

④ 《中国员工平均流动率居全球高位》，凤凰网，http：//news.ifeng.com/gundong/detail_2012_10/24/18511575_0.shtml，2012 年 10 月 24 日。

⑤ 《底薪保障　新生代农民工就业短工化》，新浪网，http：//finance.sina.com.cn/roll/20120208/003811331106.shtml，2012 年 2 月 8 日。

湖北、湖南四省的成都、沈阳、岳阳、鄂州、眉县五个城市的300余户劳动密集型小企业的调查，这些企业每户平均雇佣137名员工，其中当年通过各种途径招聘录用的人员达到51人次，在小企业工作两年及以上的员工仅占员工总数的55%左右。

刚毕业大学生的就业稳定性也让人担忧。根据麦可思的调查，2011届全国大学毕业生有41%毕业半年内发生过离职，比2010届上升了7个百分点。其中，高职高专毕业生毕业半年内的离职率高于本科毕业生，有52%的高职高专毕业生半年内发生过离职。“211”院校学生毕业半年内离职率为19%，非“211”本科院校为31%。

（六）就业歧视现象仍较普遍，公平就业环境有待改善

目前，就业歧视仍是我国就业市场的突出问题，它影响了公平就业环境的建立，也制约了我国就业质量的进一步提高。

我国的就业歧视问题有其特殊性。在从计划经济体制向市场经济体制转变的过程中，由于受到历史、传统等多种因素的影响，传统的体制分割尚未被完全打破，进而出现了形式多样的就业歧视现象，尤其是重点群体遭遇的就业歧视十分突出，使得就业更加困难。主要表现有：一是户籍歧视，主要针对流动人口，许多岗位只对本地户籍或非农业户籍开放，农民工会因其农业户籍而遭受歧视；二是年龄歧视，许多用人单位在人员招募中设立了年龄限制，但又缺乏必要的理由；三是性别歧视，由于身体条件的限制以及生育需要中断工作等，女性在劳动力市场遭受歧视现象比较严重；四是院校歧视，用人单位在招聘高校毕业生时，更加看重本科毕业的院校，往往硬性要求非“211”或“985”高校毕业的学生不录用，是典型的“出身论”，甚至在国家机关公务员招考过程中也存在歧视现象，如中国政法大学宪政研究所调查发现，2011年中央国家机关公务员招考所涉及的9762个岗位中，由于存在制度性的健康歧视和年龄歧视规定，两种类型的就业歧视比例均为100%。[①]

---

① 中国政法大学宪政研究所：《2011年国家公务员招考中的就业歧视调查报告》，http://edu.qq.com/a/20111125/000311.htm，2011。

我国劳动力资源总量大，且总体素质不高，这在一定程度上为就业歧视提供了便利条件。在经济下行、就业市场供求矛盾比较突出的情况下，各种显性或隐性的就业歧视现象往往会有所抬头，劳动者更容易体会到不公平感，个别人群就业难度会加大。

（七）劳动关系处于矛盾多发期，劳动保障监察有待加强

劳动关系的和谐度直接关系到劳动者就业的质量。当前及今后一段时期，我国劳动关系处于矛盾多发期和凸显期，将影响我国就业的整体质量。一是企业劳动合同签订率有待进一步提高。2012 年底，全国企业劳动合同签订率为 88.4%，[①] 而农民工劳动合同签订率处于更低的水平。2012 年外出受雇农民工与雇主或单位签订劳动合同的占 43.9%。从近几年调查数据看，外出农民工与雇主或单位签订劳动合同的比例变化不大，没有明显改善。其中，农民工就业较为集中的建筑业，未与农民工签订劳动合同的比例达到 75.1%。[②] 二是劳动争议案件特别是集体争议事件发生数呈上升趋势，劳动争议处理机制有待加强。2012 年，各级仲裁机构立案受理劳动人事争议 64.1 万件，比 2011 年增加 8.8%，涉及劳动者 88.2 万人，比 2011 年增加 13.2%。其中集体劳动争议 0.7 万件，涉及劳动者 23.2 万人。当期共审结劳动争议案件 64.3 万件，比 2011 年增加 8.5%。[③]

与劳动关系矛盾多发相对比，我国目前劳动权益保护方面的能力不足。一是民营企业特别是民营小企业的工会组织有待加强。工会的作用发挥得不够充分，集体协商制度覆盖面较窄，集体合同签订率偏低，集体协商机制有待完善。二是劳动保障监察力度不足。2012 年底，全国共有劳动保障监察机构 3291 个，配备专职劳动保障监察员 2.5 万人，[④] 但与全国 76704 万就业人员、城镇 37102 万就业人员相比，我国劳动保障监察机构在人、财、物等方面的配备远远不足。

---

① 《2012 年度人力资源社会保障事业发展统计公报》。

② 国家统计局：《2012 年全国农民工监测调查报告》，http://www.stats.gov.cn/tjfx/jdfx/t20130527_402899251.htm。

③ 《2012 年度人力资源社会保障事业发展统计公报》。

④ 同上。

（八）社会保障覆盖面有待扩大，保障水平有待进一步提高

近年来，我国社会保障制度建设已经实现重大突破，但实际覆盖率和保障水平有待进一步提高，在不同就业人群待遇公平方面、适应劳动者流动就业方面以及保证制度可持续方面有待加强，尤其是农民工、非公有制组织从业人员及灵活就业人员等的社会保障覆盖面有待进一步扩大。以农民工为例，2012年全国农民工总量达到26261万人，参加城镇基本养老保险、医疗保险、失业保险和工伤保险的农民工数量分别为4543万、4996万、2702万和7179万，比例分别为17.3%、19.0%、10.3%和27.3%，[①] 农民工还不能普遍享受与就业相关的社会保障。

近年来，我国社会保障水平逐年提高，但仍有待进一步提高。如养老保险方面，企业离退休职工养老金连续9年上调，2012年是2005年的2.47倍，但企业离退休职工与在职职工的收入差距在拉大。[②] 而且，企业与机关事业单位退休职工养老金水平差距也多年成为社会关注焦点。再如失业保险方面，近年我国失业保险覆盖人数仍保持逐年增加，征缴扩面情况进展良好，但失业保险金的收入替代水平低，保护不足，失业保险覆盖范围的深度有待加大。以2011年为例，全国领取失业保险金月人均水平为614元，[③] 同时，失业保险支出范围窄，不能充分发挥失业保险制度预防失业、促进就业的功能。

四　推动实现更高质量就业的对策建议

十八大报告提出“推动实现更高质量的就业”，在新形势下，推动实现更高质量的就业需要多方面着力，才能随着经济社会的发展向更高水平推进。

---

① 其中，农民工还未参加真正意义上的失业保险，因为失业保险待遇原则上应当采取定期支付，而我国目前针对农民工是发放一次性生活补助。

② 企业职工月均养老金与在岗职工月均工资的比值，由2005年的45.3%下降到2011年的42.7%。

③《我国失业待遇与物价联动　去年失业保险金人均水平增长24%》，中国共产党新闻网，http：//cpc.people.com.cn/GB/64093/82429/83083/18019511.html，2013年6月15日。

（一）贯彻实施就业优先战略，增强经济发展对就业的拉动作用

经济发展需要保持一定的增长速度，否则就没有了扩大就业、改善民生的物质基础。从全国看，我国经济已进入个位数增长的阶段，同时，近年来就业弹性系数走低，需要我们采取更加积极主动的措施，增强经济发展对就业的拉动作用。为此，在实施就业优先战略中，应始终把促进就业放在经济社会发展的优先位置，更加注重选择有利于扩大就业的经济社会发展战略，进一步强化各级政府责任，加大对就业工作的资金投入和政策支持。各级政府在制订经济发展规划时，应优先考虑扩大就业规模、改善就业结构和提高就业质量，重点支持就业吸纳力较强的产业和企业的发展，如现代服务业、劳动密集型企业。在扩大内需、培育新的消费增长点的过程中，更加积极主动地培育新的就业增长点。在化解产能过剩矛盾中，有针对性地做好失业人员再就业工作。在政府投资项目和重大项目实施过程中，应探索就业带动的工作考核机制。同时，在转方式、调结构的过程中，着力提高第三产业就业比重，稳定第二产业就业份额，挖掘第一产业特别是现代农业就业潜力，进一步以结构优化巩固就业增长，促进就业质量的提高。

（二）实施更加积极的就业政策，促进重点人群就业和创业

当前，以高校毕业生为重点的青年人员、农村转移劳动力、城镇就业困难人员等群体是我国就业工作的重点，应在继续实施更加积极就业政策的同时，不断增强就业政策的针对性和有效性，应当通过加强工作部署、督促、检查和评估，着力推进重点群体的政策落实，进一步充分释放政策潜能和效力。第一，继续将高校毕业生就业放在就业工作的首位，不断强化高校毕业生就业服务。深入贯彻落实国家相关政策，引导高校毕业生改变就业观念，积极投身非公有制经济组织、中小企业、西部地区和城乡基层。加强对高校毕业生的就业服务，通过就业见习、职业培训、就业指导等措施，提高高校毕业生的就业能力，并做好困难高校毕业生就业援助。加强对高校学生的创业教育、创业培训和创业服务，鼓励引导高校毕业生充分利用自身知识技术，开展自主创业。大力开展公共就业和人才服务进校园活动和就业登记

实名制，提高高校毕业生就业服务的针对性和有效性。第二，进一步完善就业援助制度，重点解决好就业困难人员、零就业家庭人员以及下岗失业人员就业问题。应做好就业困难人员和零就业家庭的认定和登记工作，继续完善有利于就业困难人员就业的各项补贴政策，积极开发公益岗位，充分发挥社区在就业援助过程中的作用。第三，做好农民工就业工作是我国就业结构优化、整体就业质量提升的关键，应坚持城乡统筹原则，健全城乡劳动者平等就业制度，完善城乡统筹的公共就业服务制度，促进农村富余劳动力转移就业。应进一步完善政策环境，对农民工开展有针对性的职业培训和就业服务，重点保障工资发放、劳动合同签订、社会保险缴纳等劳动权益，促进农民工稳定转移就业，并提升就业质量。适应我国城镇化加速发展的趋势，通过发展乡镇企业和非农产业，为农村富余劳动力开辟更多的就业渠道，实现就地就近就业。

（三）完善劳动标准体系，维护劳动者基本权益

应尽快建立多层次、广覆盖的劳动标准体系。一方面，劳动标准体系应当包括法规类标准、协议标准、技术类标准以及企业内部管理标准等多层次、多种类的劳动标准；另一方面，劳动标准应当坚持扩大覆盖面，将弱势劳动者的权益保障纳入基本劳动标准覆盖范围。

在完善劳动标准实体内容的基础上，还要完善劳动标准的程序规范。在实体标准方面，应该兼顾公平和效率，兼顾劳动者权益和企业长足发展，及时根据经济社会发展调整、修订、补充相关标准，同时细化相关规定，以便企业贯彻执行。在程序标准方面，保证劳动标准的制定过程公开、民主和科学，完善劳动标准实施过程的程序规范，提高企业违反强制性标准的成本，并拓宽受侵权伤害劳动者的救济途径。

健全由政府部门主导、社会力量共同参与的劳动标准工作机制。在劳动标准体系建设过程中，政府应以制定和完善法规类劳动标准为主，同时引导各级工会、行业组织及企业等社会力量，积极开展区域性、行业性以及企业各层面的集体协商，广泛推行区域性、行业性及企业集体合同和专项集体合同，最终形成合理的国家、行业、地方、企业劳动标准层级关系。

（四）加强职业培训和职业教育，提升劳动者就业能力

提高就业质量，实现更稳定的就业，对劳动者素质提出了更高要求。建立惠及全民、多层次、多形式的职业培训体系是提高劳动者就业能力的重要保障。第一，建立健全面向全体劳动者的职业培训制度，对城乡有就业要求和培训愿望的劳动者提供职业技能培训。第二，以市场需求为导向，及时调整职业培训和职业教育的内容和方式，满足就业市场供求主体的需要。第三，对农民工实施分类培训，重点开展初中级职业技能培训，重点培养技能适用型和技术熟练型农业转移劳动力，提高农民工培训的针对性和有效性。第四，鼓励企业加强职工技能培训，完善职业培训补贴直补企业的政策，加强和规范企业培训教育经费提取和使用，提升企业发展潜力和劳动者职业技能。

（五）加强统一规范的人力资源市场建设，营造公平就业环境

进一步完善人力资源市场的法律法规及配套政策。尽快制定出台《人力资源市场条例》，统一人才市场和劳动力市场的管理体制，理顺相关部门的监管职能，完善人力资源市场监管的法律环境。调动各方积极性，推进人力资源服务的国家标准和地方标准制定工作，统一人力资源服务内容与行业标准，扩大服务标准的覆盖范围，规范人力资源服务机构的服务行为，提高服务质量。

深化户籍制度、劳动人事制度、工资福利制度、社会保险制度的改革，逐步打破人力资源市场中存在的城乡分割、身份分割和地区分割，推进人力资源市场管理体制与政策制度的统一。建立财政对公共就业服务的长效投入机制，大力促进城乡公共就业服务均等化，进一步完善公共就业服务网络布局，加强基层公共就业服务设施和窗口建设。

建立健全人力资源市场监管体系，强化监督管理职能，规范人力资源市场活动。加强人力资源市场监管的执法队伍建设，提高执法人员素质和执法水平。加强不同部门间的协调，重视和加强经常性市场监察。

（六）提高劳动报酬比重，建立公平的工资分配机制

应逐步提高居民收入在国民收入中的比重、劳动报酬在初次分配中的比重，努力实现居民收入增长与经济发展同步，劳动报酬增长与劳动生产率提高同步，逐步形成合理有序的收入分配格局。

加强工资分配指导，主要通过劳资平等协商来形成企业工资正常增长机制。对于非国有企业，要在建立工会组织的基础上，监督企业实行工资集体协商制度，逐步形成职工工资正常增长机制。对于国有企业，应严格按照工资总额预算管理、工资总额与工资水平“双控”等办法来区别安排其工资的增长，其中对于处于竞争性领域的国有企业，要着力通过工资集体协商合理调整企业内部工资结构，大力提高职工的工资水平，理顺内部分配关系，提高农民工、劳务派遣人员的工资水平。

加强工资宏观调控，促进不同所有制、行业、部门之间的协调平衡，防止收入差距扩大。稳步提高最低工资水平，通过减轻企业负担和提高低收入劳动者职业技能等手段，为低收入群体提高收入创造条件。加强对垄断行业的薪酬管理，加强工资分配管理和监督，严格管控其工资增长。

（七）加强公共服务能力建设，维护劳动关系和谐稳定

第一，广泛宣传，深入贯彻实施新修订的《劳动合同法》，提高用人单位法律意识和劳动者维权意识，提高企业劳动合同签订率，尤其是要积极推动中小企业与劳动者签订劳动合同。同时，大力推进集体协商和集体合同制度、劳动用工备案制度建设，严格规范劳务派遣。第二，加强和规范劳动关系三方协商机制，在企业等用工单位普遍开展和谐劳动关系创建活动，促进就业稳定、社会和谐。第三，加强劳动争议调解仲裁和劳动监察工作。完善劳动人事争议调解仲裁制度，健全集体劳动争议处理机制，加强基层调解组织建设。加大劳动保障监察执法力度，做好重大违法案件查处，全面推进劳动保障监察网格化和网络化管理，严厉查处拖欠农民工工资等违法行为，切实维护劳动者合法权益。第四，密切关注经济形势和企业经营状况变化对劳动关系的影响，加强对劳动关系形势的分析研判和妥善应对工作。

（八）扩大社会保障覆盖面，稳步提高社会保障水平

坚持全覆盖、保基本、多层次、可持续方针，以农民工、非公有制组织就业人员和灵活就业人员等为重点工作对象，扩大制度覆盖面，工伤、失业、生育保险制度要覆盖城镇所有职业群体。同时，适应劳动者跨地区流动就业的需要，推进社会保障的城乡统筹和区域统筹，建立兼顾各类劳动者的社会保障待遇确定机制和正常调整机制，根据经济社会发展水平，合理确定社会保障水平。

Facilitating and Realizing Higher-quality Employment

—Employment Situation in China 2012－2013

Research Group

Abstract: In the past few years, China has been under the heavy pressure posed by the downturn of international economy and slowed economic growth in China. In this situation, the Chinese government has made more proactive employment policies. With concerted efforts of all communities, the employment situation in our country now remains basically stable. Considering the needs of future economic and social development, the 18th CPC Congress has stated that China will facilitate and realize higher-quality employment. The General Report, from the macro and micro, international and domestic perspective, introduces the achievements and problems in China in constantly expanding aggregate employment and improving employment quality. To be specific, the General Report discusses the innovative policy system, ereation jobs, upgrading of employment capacity, promotion of employment among major groups, enhancing employment and human resource services, deepening reform of income distribution regulations, and improving labor relations. It also proposes policies on how to facilitate and realize higher-quality employment.

Key Words: Employment Situation; Higher-quality Employment; Proactive Employment Policy

政策理论篇

Reports on Policies and Theories

B.2 推动实现更高质量的就业研究

刘燕斌*

摘　要：

推动实现更高质量的就业，对改善民生、全面建成小康社会具有重要意义。就业质量是劳动者在与生产资料相结合、从事社会劳动过程中劳动条件的优劣程度。就业质量的高低主要取决于经济发展水平、市场供求关系、劳动标准和法律法规，以及劳动者素质条件。推动实现更高质量就业的基本思路和政策措施是，深入实施就业优先战略和积极的就业政策；在优化产业结构中，创造更多高质量的就业岗位；加快完善集体协商制度，建立合理的工资决定和正常增长机制；大力提高劳动者素质；加强社会保障体系建设；完善劳动标准体系；构建和谐劳动关系。

关键词：

更高质量就业　就业质量　就业政策

---

* 刘燕斌，中国劳动保障科学研究院院长，研究员。

一　就业质量的主要内容和影响因素

（一）就业质量的主要内容

就业质量所包含的内容广泛而丰富。它包含了劳动者与生产资料相结合、从事社会生产经营活动过程中所涉及的劳动条件的各个方面，还包含劳动者的权益保护、职业发展机会、劳动者的主观感受以及社会评价等。同时，就业质量的内容和水平随着经济发展和社会进步而不断丰富和提高。

就业质量的主要内容包括以下几方面内容。

1. 工资收入

工资是劳动者在一定时间内参加社会劳动所得到的货币收入。它是维持劳动者自身生产和再生产的最基本条件。因此，工资收入的高低是衡量就业质量的最重要因素。

2. 社会保障

社会保障待遇是劳动者就业质量的重要组成部分。衡量社会保障水平及其变化情况，应主要考虑养老、医疗、失业、工伤、生育各险种的参保率及其待遇水平。同时，为了表明政府对社会保障的支持力度，需考虑政府社保支出占财政支出的比重。

3. 工作环境

工作环境是劳动者所在劳动场所的外部环境条件，主要是指对劳动者身心健康产生影响的各种有害因素的多少。如工作场所的有害气体、噪音、光线、粉尘、放射性物质等。同时，工作环境不同，在相同时间内其他劳动因素不变，所需付出的劳动消耗量不同。在较差的工作环境下，就要付出更多的劳动。

4. 工作时间

工作时间是劳动者参加社会劳动，取得一定劳动报酬所花费的时间。工作时间的长短是衡量就业质量高低的一个基本方面。同时，工作期间的休息休假也是劳动者的基本权利。在取得同等劳动报酬的情况下，所用工时越少，在一定程度上表明就业质量越高。

5. 就业稳定性

就业稳定性是指在一定时期内（例如一年），劳动者的工作不会因用人单位（雇主）中断劳动关系而结束的可能性。对个体经营者（自雇就业者）来说，就业稳定性是指在一定时期内不会由于非本人原因而被迫停止工作或经营的可能性。工作稳定性十分重要，会对劳动者的就业、收入和生活产生重要影响。

6. 劳动者权益保护

劳动者权益保护是指保护劳动者从事社会劳动而应享有的权益，包括平等就业和选择职业的权利、取得劳动报酬的权利、休息休假的权利、获得劳动安全卫生保护的权利、接受职业技能培训的权利、享受社会保险和福利的权利、提请劳动争议处理的权利以及法律规定的其他劳动权利。

（二）影响就业质量的主要因素

就业质量是一个动态变化的指标，它主要受经济社会发展水平、人力资源市场供求关系、劳动保障法律法规保护程度以及劳动者素质等多种因素的影响。

1. 经济发展水平

一般来说，就业质量伴随着经济的发展而相应提升。我国人均 GDP 由 2001 年的 8622 元增长到 2011 年的 35181 元，增长了 3.08 倍;[①] 同期，工资收入约占 2/3 比重的城镇居民人均可支配收入和农村居民人均纯收入分别由 2001 年的 6800 元和 2366 元，增长到 2011 年的 21810 元和 6977 元，分别增长了 2.21 倍和 1.95 倍。[②] 在发达国家，代表经济发展水平的劳动生产率和人均 GDP 都处于较高水平，因而其经济活动人口的工资、工时、劳动环境、社会保障标准等代表就业质量的主要因素也相应较高。而发展中国家劳动生产率和人均 GDP 相对较低，因而，其经济活动人口的就业质量也相对较低。

---

① 《中国统计年鉴》（2012）。

② 人力资源和社会保障部：《中国人力资源和社会保障年鉴》（2012），中国劳动社会保障出版社，2012。

2. 人力资源市场供求关系

劳动力供求主体双方即劳资双方往往通过集体协商的方式来确定工资、工时、休息休假、保险福利等劳动条件。当劳动力供大于求时，资方处于有利地位，往往通过压低工资等劳动条件来降低人工成本。这时，劳方提出的各项劳动条件就会趋于降低；而当劳动力供不应求时，劳方提出的各项劳动条件就会趋于上升，劳动者的就业质量也就趋于提高。

3. 劳动标准和劳动法律法规

劳动标准是对劳动领域内普遍性、规律性的事物或行为所做出的规范。如国家为保障劳动者合理的工作时间和休息休假权利，规定："实行劳动者每日工作时间不超过 8 小时、平均每周工作时间不超过 44 小时的工时制度。"国务院出台的《关于职工工作时间的规定》第三条规定，职工每日工作 8 小时、每周工作 40 小时。劳动法律法规由国家强制力保证实施，其内容具有普遍约束力。[①] 劳动标准和劳动法律法规以及有关政策对劳动者的就业质量起着规范和保障作用。

4. 劳动者素质

劳动者素质与就业质量密切相关。一般来说，劳动者素质越高，从事复杂劳动的能力就越强，进而创造的劳动价值也会越高；反之，则较低。也就是说，高素质劳动者能够创造更多的劳动成果和社会财富，因而，他们所能够得到的工资收入、社会保险、福利待遇水平等也会相应更高。这也就意味着，在同等条件下，高素质劳动者能够获得相对更高质量的就业。

二　我国就业质量的现状

（一）工资收入实现较大幅度增长

五年来，我国职工工资随着经济发展实现了较大幅度增长。全国城镇单位就

① 如《劳动合同法》规定："用人单位在制定、修改或者决定有关劳动报酬、工作时间、休息休假、劳动安全卫生、保险福利、职工培训、劳动纪律以及劳动定额管理等直接涉及劳动者切身利益的规章制度或者重大事项时，应当经职工代表大会或者全体职工讨论，提出方案和意见，与工会或者职工代表平等协商确定。"

业人员年均工资由2007年的24721元增加到2011年的41799元，增长了69.1%。2012年，全国城镇私营单位就业人员年平均工资达到28752元，较2011年增加4196元，同比名义增长17.1%，扣除物价因素后，实际增长14.0%。2012年，全国城镇非私营单位就业人员年平均工资达到46769元，与2011年的41799元相比，增加了4970元，同比名义增长11.9%，扣除物价因素后，实际增长9.0%。①

（二）社会保险事业取得长足发展

五年来，我国社会保险事业取得了长足的发展。一是社会保险制度建设取得了历史性突破。城乡基本养老保险制度全面建立，全民医疗保险基本实现。二是社会保险覆盖人群不断扩大。城镇职工基本养老保险和城乡居民社会养老保险参保人数达到7.87亿人，基本医疗保险参保人数超过13亿人。2012年底，全国参加失业保险、工伤保险、生育保险的人数分为15225万、19010万和15429万，分别比2011年底增加5.9%、6.9%和9.9%。三是连续提高企业退休人员基本养老金，且全部按时足额发放。2012年，企业退休人员平均养老金达到每月1700元，比2011年提高12.5%（见表1）。② 四是妥善地解决了关闭破产企业退休人员、困难企业职工、国企老工伤人员、未参保集体企业退休人员纳入社会保险等历史遗留问题。

表1　企业退休人员养老金增长情况

单位：元，%

指　标	2005年	2006年	2007年	2008年	2009年	2010年	2011年	2012年
企业职工养老金	698	815	925	1100	1225	1326	1511	1700(预计)
年增长比例	7.9	16.8	13.5	18.9	11.4	11.2	10.9	12.5(预计)

资料来源：尹蔚民主编《民生为本　人才优先》。

（三）工作条件得到明显改善

近五年来，我国安全生产形势持续稳定好转。一是事故总量大幅下降；二

① 国家统计局：《2012年城镇非私营单位就业人员年平均工资46769元》，2013年5月17日，http://www.stats.gov.cn/tjfx/jdfx/t20130517_402897149.htm。

② 尹蔚民：《民生之本　人才优先》，人民出版社、中国劳动社会保障出版社，2012。

是重特大事故大幅下降；三是主要相对指标大幅下降；四是安全生产整体水平明显提升，各省（区、市）的事故死亡人数下降幅度均超过10%。安全生产的整体状况改善，标志着劳动者最基本的劳动环境好转。

劳动者的工伤保险工作取得明显进展。一是工伤保险覆盖面迅速扩大。高风险企业、事业单位等依法参加工伤保险的工作得到有力推进。[①] 全年认定工伤的有117.4万人，比2011年减少2.8万人。二是工伤保险待遇水平持续提高。自2003年国务院颁布《工伤保险条例》以来，全国累计866万人享受了工伤保险待遇，各项待遇水平大幅提高。2007～2012年，伤残津贴、供养亲属抚恤金、生活护理费三项长期待遇的人均水平分别提高了198%、104%和212%。[②] 三是老工伤人员全部纳入工伤保险统筹管理。按照国务院的决策部署和《关于做好国有企业老工伤人员等纳入工伤保险统筹管理有关工作的通知》有关要求，各地层层落实责任制，做到政策落实、资金落实、管理服务落实。截至2011年底，全国共有312万国有企业老工伤人员纳入了工伤保险统筹管理，老工伤人员的工伤待遇从制度上得到了保证。[③] 四是工伤保险制度得到进一步完善。工伤保险市级统筹取得积极进展，到2011年底，全国已有98%以上的地市实现了工伤保险地市级统筹。同时，工伤预防和工伤康复试点工作也得到了规范和推进。

（四）工时工作取得积极进展

近年来，我国在加强特殊工时管理，以及与工时密切相关的劳动定额管理方面做了大量工作。同时，继续推动落实职工带薪休假制度。一是加强特殊工时管理工作。进一步完善企业特殊工时制度，修改论证了《特殊工时管理规定（草案）》，部分中央企业特殊工时制度进一步规范。截至2011年底，经人

① 人力资源和社会保障部《2012年度人力资源和社会保障事业发展统计公报》显示：截至2012年底，全国有19010万人参加工伤保险，比2011年底增加1314万人，其中，参加工伤保险的农民工达到7179万人，比2011年底增加352万人。

② 胡晓义：《把握新形势　开创新局面》，在全国工伤保险工作座谈会上的讲话，2013年5月9日。

③ 《中国人力资源和社会保障年鉴（工作卷）》，中国劳动社会保障出版社、中国人事出版社，2012。

力资源和社会保障部门审批并在有效期内实行特殊工时制度的企业约65800户，涉及职工1500万人。[①] 二是推进劳动定额定员标准化工作。三是继续推动落实职工带薪休假制度、高温天气劳动保护政策和女职工劳动保护特别规定。[②]

（五）劳动者权益保护得到加强

第一，劳动关系法制建设进一步加强。《劳动合同法》及其实施条例等法律法规得到进一步贯彻落实。劳动人事争议调解仲裁法律政策体系初步建立。人力资源和社会保障部先后颁布了《劳动人事争议仲裁办案规则》《劳动人事争议仲裁组织规则》等部颁规章以及一系列政策文件。各地普遍制定了地方性法律规章和配套政策。第二，劳动关系协调机制逐渐完善。企业劳动合同和集体合同签订率大幅度提高，截至2012年底，全国各类企业劳动合同签订率达到88.4%，签订集体合同131.1万份，覆盖职工1.45亿人。各地建立了协调劳动关系的三方机制组织1.7万个。三是劳动人事争议调解仲裁制度建设取得突破性进展，尤其是基层调解组织建设快速推进。全国已调整组建劳动人事争议仲裁委员会2793家，实现了争议处理体制、仲裁机构、办案程序、办案场所的统一。同时，全国已建立仲裁院1737家，拥有专兼职仲裁员3.7万人，队伍结构逐步优化，专业化程度逐步提高，依法立案处理了602.3万件劳动人事争议案件，结案率在90%以上。[③] 四是建立了全国统一的劳动保障监察工作体系，在健全机构、充实力量、提升素质、强化保障等方面不断取得进展。同时，制定了重大违法案件查处、跨地区案件协查、涉嫌欠薪犯罪移送程序等制度，劳动保障监察共查处违法案件205万件。

---

① 《中国人力资源和社会保障年鉴（工作卷）》，中国劳动社会保障出版社、中国人事出版社，2012。

② 邱小平：《稳中求进　开拓创新　全面推进构建中国特色和谐劳动关系》，《中国劳动》2013年第5期。

③ 邱小平：《深入学习贯彻党的十八大精神　全面推进劳动人事争议处理效能建设》，在全国劳动人事争议处理效能建设现场会的讲话，2013。

三　就业质量中存在的主要问题

（一）劳动报酬在初次分配中占比明显下降，工资收入分配差距较大，工资正常增长机制尚不完善

劳动报酬在初次分配中的占比从 1997 年的 54% 下降到 2009 年的 49.1%。行业之间、部分职工群体之间收入差距逐步拉大的趋势还没有根本扭转。2012 年，全国城镇私营单位就业人员年平均工资仅为城镇非私营单位就业人员年平均工资的 61.4%。[①] 国际劳工组织研究成果认为，工资水平低于社会平均工资一半的人员属于低工资人员，这类人员占全体工薪人员的比例，是衡量一个国家或地区就业质量的重要指标。

同时，我国工资收入分配领域金字塔形的格局没有明显改变。工资集体协商的覆盖面较窄，作用发挥得不够充分。工资集体协商作用发挥得不充分是造成劳动者报酬偏低的关键因素。

2010 年，主要发达国家基尼系数一般在 0.29 ~ 0.38，我国基尼系数达到 0.474，明显超过国际公认的 0.4 的警戒线，表明我国收入分配差距过大。

（二）社会保障有待完善

尽管近年来社会保障覆盖面迅速扩大，但要真正实现全民覆盖的目标还有相当大的差距，能充分享受到基本养老、基本医疗、失业、工伤、生育保险的劳动者依然有限。2012 年底，参加基本养老保险、工伤保险和失业保险的农民工人数分别为 4543 万、7179 万和 2702 万，仅占当年全国农民工总量 26261 万[②]的 17.3%、27.3% 和 10.3%。

与此同时，地区分割、城乡分割、群体分割，以及资源不能共享的现象仍存在于现行社会保障制度中。社会保险双轨制造成机关事业单位与企业退休人员待遇差距仍然过大。社会保障体系建设面临着城镇化进程加速、人口老龄化

---

① 刘学民主编《中国薪酬发展报告》，中国劳动社会保障出版社，2011。

② 《2012 年度人力资源和社会保障事业发展统计公报》。

加剧的巨大挑战，长期平衡和保值增值的压力不断加大，经办服务能力与事业快速发展要求不相适应的矛盾更加凸显。

（三）就业结构性矛盾突出，就业稳定性有待提高

中外比较，我国非工薪劳动者的比重过高。在发达国家的三次产业中，服务业就业人口比重均在65%以上；工业就业人口比例次之，在20%～30%；农业就业人口比例最低，不超过总就业人数的4%。与经济发展水平大体相当的国家相比，我国三次产业中农业就业比重相对过高，服务业就业比重相对过低。2012年，我国三次产业的就业比重分别为33.6%、30.3%和36.1%；[①]而与我国经济发展水平相当的巴西、乌克兰、土耳其、马来西亚、墨西哥、南非等国农业就业比重普遍低于我国。如2011年巴西、乌克兰、土耳其农业从业人员所占比重分别为19.3%、15.8%和22.9%；而三国服务业就业比重明显高于我国，三者的比重分别为59.1%、60.7和51.7%。

（四）职业安全卫生形势依然严峻，部分劳动者工时过长，休息休假不足

尽管近年来我国安全生产形势持续稳定好转，但安全生产领域仍然存在一些问题，事故发生数量和死亡人数仍处于高位，安全生产形势依然严峻，工伤事故率和职业病发病率依然较高。在许多企业，加班加点和超时工作比较普遍。长时间超时工作，会对劳动者的身心健康带来严重损害。[②]

（五）从业人员素质亟待提高

我国同发达国家相比，劳动者的素质亟待提高，美国、日本、英国劳动力人口中受过高等教育的比例分别达到了61.1%、39.9%和31.9%；而我国仅为7.4%。与此同时，我国技能人才总量不足，特别是高技能人才严重短缺。目前，我国技能劳动者占从业人员比例仅为城镇从业人员的1/3。全国技师、

---

① 《2012年度人力资源和社会保障事业发展统计公报》。

② 国际劳工组织研究成果认为，每周工作50小时以上为“工时过长”，每周工作60小时或以上为“工时特长”。

高级技师占技能劳动者总量的比例仅为4.8%，[①] 缺口很大，供给不足，且存在断档。

劳动生产率指标综合反映了劳动者在一定时期内创造的劳动成果的数量。与发达国家相比，我国劳动生产率水平仍然偏低。[②] 因此，我国在大力发展高新技术产业、促进产业升级的同时，应大力提高劳动者素质，进而有效地提高劳动生产率。

（六）劳动者权益保护有待加强，劳动关系和谐程度有待提高

当前及今后一个时期，我国劳动关系正处于矛盾多发期和凸显期。企业劳动合同签订率有待进一步提高。民营企业特别是民营小企业工会的作用发挥得不够充分。集体协商制度覆盖面较窄，集体合同签订率偏低，集体协商机制有待完善。劳动关系法律法规有待健全。劳动争议案件，特别是集体争议事件呈上升趋势，劳动争议处理机制有待加强。2012年，各级仲裁机构立案受理劳动人事争议64.1万件，比2011年增加8.8%，涉及劳动者88.2万人，比2011年增加13.2%。其中，集体劳动争议案件0.7万件，涉及劳动者23.2万人。当期共审结劳动争议案件64.3万件，比2011年增加8.5%。[③]

四　推动实现更高质量就业的基本思路和对策建议

（一）基本思路

1. 把实现更高质量就业摆在突出位置

在促进就业过程中，不仅要注重就业规模的持续扩大，还要注重就业质量的不断提高，使劳动者能够分享经济发展的成果，增加工资收入；能够得到比

---

① 王晓初、信长星主编《就业促进与职业能力建设》，中国劳动社会保障出版社，2012。

② 美、英、日三国劳动生产率（人均增加值，以PPP计算）分别为6.5万美元/（人·年）、5.1万美元/（人·年）和4.5万美元/（人·年），而我国人均劳动生产率分别仅相当于美、英、日的15.8%，20.1%和22.7%。

③《2012年度人力资源和社会保障事业发展统计公报》。

较充分的社会保障；能够在安全、卫生的劳动条件下工作；能够得到劳动权益保护，增强就业稳定性。

2. 建立和完善劳动标准体系

健全的劳动标准体系是衡量和提高就业质量的基础。因此，应加强就业、工作条件、劳动关系调整、职业技能培训、劳动安全卫生、社会保障、劳动行政管理等为主要内容的劳动标准体系建设，特别是应重点完善最低劳动标准，如完善最低工资标准、最低社会保险待遇标准、最长工时标准等。通过完善最低劳动标准，重点提升和保护小微企业、灵活就业人员等低收入劳动者的就业质量。

3. 加快完善集体协商制度

在社会主义市场经济条件下，由劳动力供求双方通过对等协商议定工资待遇等劳动条件，应是提高就业质量的基本途径。应加快制定有关集体协商和集体合同的法律法规，促进集体协商主体双方建立均衡对等的协商关系。同时，应抓紧建立健全党委领导、政府负责、社会协同、企业和职工参与、法治保障的劳动关系工作体制，形成构建和谐劳动关系的工作机制。

4. 完善劳动保障法律法规体系

劳动保障法律法规是劳动者权益和就业质量的根本保证。全面贯彻实施《劳动法》《劳动合同法》《就业促进法》《劳动争议调解仲裁法》《社会保险法》等劳动保障法律。抓紧制定与《社会保险法》配套的法律法规，制定基本劳动标准、人力资源开发等方面的法律；制定《职业技能培训条例》《人力资源市场管理条例》《集体协商和集体合同条例》《企业工资条例》《专业技术人才继续教育条例》《失业保险条例（修订）》《基本医疗保险条例》《社会保险基金监督管理条例》《女职工劳动保护规定（修订）》等行政法规。建立和完善行政执法责任制和评议考核制度，强化行政监督和问责制度，规范行政执法行为。

（二）对策建议

1. 在优化产业结构过程中，推动实现更高质量的就业

优化产业结构要求加快传统产业转型升级，推动战略性新兴产业、先进制造业、现代服务业等产业发展。优化产业结构必然会对就业格局产生重大而深远的影响。因此，需要制定相应的政策措施。一是在产业转型升级过程中，实施就业优先战略和更加积极的就业政策。在发展新兴产业、先进制造业和现代服务业中，注重创造更多高质量的就业岗位。二是在产业转型升级过程中，调整和优化就业结构，促进劳动力向符合产业结构调整的方向流动，创造绿色就业岗位，提高就业质量。三是着力加大人力资源的开发与培养力度。在产业转型升级过程中，大力开发和培训各类人才，特别是专业技术人才、职业技能人才和企业经营管理人才，使人才资源满足产业转型升级的需要，同时创造更多优质就业岗位。

2. 深化工资制度改革，完善工资决定和正常增长机制

深化工资制度改革，必须坚持以按劳分配为主体的原则，完善劳动、技术、管理等生产要素按贡献参与分配的机制，创造权利、机会、规则公平的竞争环境。关键是切实推动企业工资集体协商制度，加快建立职工工资决定机制和工资正常增长机制。一是进一步明确工资集体协商双方的权利和义务，并使劳资双方形成均衡对等的关系，展开协商，进一步提高集体合同覆盖率。二是大力推行多层次的地区性、行业性工资集体协商，提高双方的对等协商能力。探索由工会经过民主程序委托第三方与雇主开展工资集体协商的办法，以便提高中小微企业劳方开展工资集体协商的能力。三是探索扩展有代表性的工资集体合同的办法，同一地区、同一行业的企业工会和企业组织可批准有代表性企业经工资集体协商形成的集体合同在本企业实行，以便分享有代表性企业工资集体协商的成果。四是建立统一、规范的企业薪酬调查和信息发布制度，完善工资指导线制度。同时，根据经济发展、物价变动等因素，适时调整最低工资标准，使最低工资标准逐步在当地城镇从业人员平均工资的40%以上。

3. 降低失业风险，提高就业稳定性

提高就业的稳定性，一是要降低就业者的失业风险，延长“工作占有期”。通过实施鼓励企业和劳动者开展和参加技能培训的政策，提高劳动者的技能水平，进而延长劳动者在就业岗位上的工作时间。二是推进农业转移人口市民化。应重点提高农业转移劳动力就业的稳定性，缓解农业转移就业人口工作与家庭生活不协调的突出问题，把有稳定劳动关系或职业、在城镇居住一定年限的农村转移人口逐步转为城镇居民。还要制定有关政策，重点解决农村转移劳动力，特别是青年劳动力的职业技术培训、就业服务、社会保障、子女教育、城镇居住等实际问题，促进他们就业质量、社会保障和福利水平的提高。三是将临时工的占比保持在适当水平。临时工比例过高会影响整个就业形势的稳定，也不利于提高就业质量。同时，规范劳务派遣行为，使本应规范用工的企业规范用人。以劳务派遣方式用工的，应坚持同工同酬，消除职业歧视，保障劳务派遣人员的权益。

4. 完善顶层设计，进一步推进社会保障体系建设

一是加快推进社会保障体系建设。坚持全覆盖、保基本、多层次、可持续方针，由国家、企业和个人共同承担保障责任，把缴费型的社会保险作为核心制度，重点保障劳动者及其家庭的基本需求，顶层设计、统一管理城乡社会保障体系，逐步缩小地区之间、人群之间社会保障待遇差距。二是继续扩大社会保障的覆盖范围。扩面的重点应是农村转移就业人口、中小微企业的从业人员、个体工商户和灵活就业人员，并使他们能够逐步享受到基本养老、基本医疗、失业、工伤、生育各个险种的待遇。三是建立兼顾各类人员的社会保障待遇确定机制和正常调整机制。逐步形成各类人员合理的待遇水平关系，并随着国民经济的发展，实现社会保障待遇水平的持续提高。改革和完善企业和机关、事业单位社会保险制度，实现企业与机关、事业单位各项社会保险制度的有效衔接，消除社会保障双轨制带来的待遇不合理差距。四是拓宽和健全社会保障基金筹集机制。政府继续加大对社会保障的投入比例；制定有关政策，鼓励发展企业年金和职业年金，发挥商业保险的补充性作用；建立社会保险基金投资运营制度，使社会保险基金能够保值增值。

5. 充分开发人力资源，大力提高劳动者素质

当前及今后一个时期，需要重点采取以下措施：一是以市场需求为导向培养人才。应加强对高等教育培养目标、课程设置、教学模式等的评估和调整，同时，注重加强对学生职业能力的培养，使毕业生能够符合市场需求。二是制定鼓励政策，促进产学研用相结合，培养实用人才。支持有条件的企业与高校、培训机构、科研单位等联合办学、研发新产品，增加教育培训的有效性、针对性和实用性。三是适应产业转型升级对职业技能人才的需要，实现职业技能培训的全面升级。以高技能人才为重点，大力加强技能人才队伍建设。健全高技能人才培养、评价、使用、选拔、激励等工作机制。着力推进技师培训、高技能人才培训基地建设。切实发挥企业和行业组织在培养技能人才中的主体作用。四是破除体制机制障碍，促进各类人才合理流动，实现生产要素的最佳组合。在户籍、社会保险转移接续、保障型住房、子女入学、社会福利等多方面创造条件，为市场发挥资源配置基础性作用创造条件。

6. 加强劳动者权益保护，构建和谐劳动关系

一是进一步完善劳动标准体系并落实国家已有的劳动保障法律法规，保障劳动者享有最基本的就业质量。主要落实工作时间、休息休假、劳动安全卫生、工资保障、社会保险、女职工未成年工保护等劳动保障标准。二是加强劳动关系矛盾源头治理。进一步完善集体协商和集体合同制度，加强以职工代表大会为基本形式的企业民主管理，健全政府、工会和企业组织组成的协调劳动关系三方机制。三是加强劳动争议调解仲裁和劳动监察工作。进一步健全调解仲裁制度，发挥基层调解作用，把大量劳动争议矛盾化解在基层。同时，提高劳动仲裁效率，使劳动争议案件及时得到公正处理。还应通过完善劳动保障监察执法制度，及时查处违法案件，使劳动者合法权益得到切实保护。

Study of How to Facilitate and Realize Higher-quality Employment

Liu Yanbin

Abstract: Facilitating and realizing higher-quality employment are of significant meaning for improving livelihood and building the well-off society in an all-round way. Employment quality decides how well the workers and employees can blend with capital goods and how good the working conditions are where they work. Employment quality mainly depends on the level of economic development, supply-demand relations in the market, labor standards, laws and regulations, and performance of workers and employees. The basic ideas, policies and measures to facilitate and realize higher-quality employment are: implement the employment priority strategy and proactive employment policies; create higher-quality employment posts while optimizing the employment structure; accelerate the improvement of collective bargaining regulations and build the rational salary determination and normal growth mechanism; improve the performance of workers and employees; enhance the construction of social security system; improve labor standard system and build harmonious labor relations.

Key Words: Higher-quality Employment; Employment Quality; Employment Policy

B.3

推动实现更高质量就业政策体系建设

张丽宾　贾红梅*

摘　要：

2002～2010年，我国积极就业政策体系不断完善。“十二五”以来，我国政府先后制定出台了促进就业“十二五”专项规划、进一步完善高校毕业生就业政策、农民工市民化政策体系等，推动实现更高质量就业。但整体来看，目前我国劳动者的就业质量仍然不高，劳动力市场的制度性分割依然明显，就业机会不均等，就业歧视问题严重，劳资关系问题突出。建议进一步深入学习贯彻十八大精神，深刻领会推动实现更高质量就业的深刻含义，转变政策制定的思路；加强顶层设计、注重政策整合和系统化；深入调查研究，强化制定针对市场微观主体的促进就业质量提高的政策体系；健全和完善法律法规保障政策，加强执法，切实维护劳动者合法权益；进一步完善各项促进就业政策。

关键词：

更高质量就业　就业政策　就业质量

2002～2010年，我国积极就业政策体系不断完善，推动了就业质量不断提高。但整体来看，目前我国劳动者的就业质量仍然不高，劳动力市场的制度性分割依然明显，就业机会不均等，就业歧视问题严重，劳资关系问题突出。2011年以来，世界经济缓慢复苏，全球经济增长动力不足，就业岗位竞争日益加剧。从国内看，经济增速持续下行，国外需求增长乏力，难再有像4万亿

* 张丽宾，经济学博士，人力资源和社会保障部劳动科学研究所就业与人力资源市场研究室主任，研究员，主要从事就业和劳动力市场政策研究；贾红梅，人力资源和社会保障部劳动科学研究所助理研究员，主要从事就业和劳动力市场政策研究。

元那样的投资拉动，一些行业产能过剩严重，房地产投资走势存在较大不确定性，新的消费增长点尚未形成，微观经济运行较为疲弱，实体经济特别是小微企业生产经营总体仍比较困难，劳动力成本持续上升，部分行业就业稳岗压力加大。从劳动力供给面看，我国劳动年龄人口已达到峰值，青年人进入劳动力市场的年龄推迟，增量逐年下降，对岗位的要求不断提高，新生代农民工、高校毕业生等青年人的就业问题日益突出，大量低端的劳动密集型企业常年招工难，而新生代农民工又频繁流动；高校毕业生找不到理想的工作，青年失业率远远高于社会平均失业率；上千万的城镇失业人员就业困难，随着经济转型、结构调整，将产生新的就业困难群体。面对劳动力供求变化的新形势，积极就业政策体系也需要不断完善，由偏重于追求就业数量向扩大就业与提高就业质量并重转变。

一　构建推动实现更高质量就业的政策体系

“十二五”以来，我国政府不断完善积极就业政策体系，先后制定出台了促进就业“十二五”专项规划、进一步完善高校毕业生就业政策、农民工市民化政策体系等，推动实现更高质量就业。

（一）战略规划

2012 年 1 月，我国发布了《促进就业规划（2011～2015 年）》，这是我国首部由国务院批转的促进就业专项规划，在总结“十一五”就业工作经验的基础上，科学判断“十二五”就业形势，明确规定了“十二五”时期促进就业的指导思想、基本原则、发展目标、主要任务和保障措施。

2012 年 2 月，《关于学习贯彻胡锦涛总书记在中央政治局第三十二次集体学习时重要讲话精神进一步做好就业工作的通知》指出，胡锦涛总书记在讲话中明确要求，切实落实就业优先战略，实施更加积极的就业政策。2013 年 1 月，党的十八大报告明确提出推动实现更高质量的就业，提出贯彻劳动者自主就业、市场调节就业、政府促进就业和鼓励创业的方针，实施就业优先战略和更加积极的就业政策。引导劳动者转变就业观念，鼓励多渠道、多形式就业，促进创业带动就业，做好以高校毕业生为重点的青年就业工作和农村转移劳动力、城镇困难人员、退役军人就业工作。加强职业技能培训，提升劳动者就业创业能力，增强就业稳定性。健全人力资源市场，完善就业服务体系，增强失业保险对促进就业的作用。健全劳动标准体系和劳动关系协调机制，加强劳动保障监察和争议调解仲裁，构建和谐劳动关系。

（二）提高毕业生的就业质量

2011 年以来，各地区、各有关部门继续把高校毕业生就业摆在就业工作的首位，进一步加大工作力度，多渠道开发就业岗位，完善相关政策措施，切实加强就业服务，千方百计促进高校毕业生就业，出台了一系列重要的政策文件。

2011 年 4 月，中央组织部等有关部委联合下发了《关于继续做好高校毕业生三支一扶计划实施工作的通知》，决定继续组织开展高校毕业生“三支一扶”计划，从 2011 年起，每年选拔 2 万名，五年内选拔 10 万名高校毕业生到基层从事“三支一扶”服务。

2011 年 5 月，国务院下发了《关于进一步做好普通高等学校毕业生就业工作的通知》。该通知结合新形势指出，一要适应加快转变经济发展方式和调整经济结构的进程，积极拓展高校毕业生就业领域；二要鼓励引导高校毕业生面向城乡基层、中西部地区以及民族地区、贫困地区和艰苦边远地区就业；三要鼓励支持高校毕业生自主创业，稳定灵活就业；四要支持高校毕业生参加就业见习和技能培训，鼓励科研项目单位吸纳高校毕业生就业；五要大力加强就业指导、就业服务和就业援助。

2012 年 3 月，人力资源和社会保障部下发《关于做好 2012 年高校毕业生就业服务工作的通知》，要求各地要深入贯彻落实《关于进一步做好普通高等学校毕业生就业工作的通知》，进一步创新就业服务方式，完善就业服务措施，面向离校前高校毕业生广泛开展公共就业和人才服务进校园活动。

2012 年 3 月，人力资源和社会保障部与财政部联合下发了《关于加强高校毕业生职业培训促进就业的通知》，要求各地积极开展就业技能培训，广泛开展岗位技能提升培训，大力开展创业培训，加强培训信息引导，强化创业指导和创业服务，提供职业技能鉴定服务，落实职业培训补贴政策。

2013 年，全国高校毕业生就业总量压力继续加大，就业结构性矛盾依然突出，工作任务更加繁重。1 月，人力资源和社会保障部下发《关于做好 2013 年全国高校毕业生就业服务工作的通知》，要求各地要深入学习贯彻党的十八大精神，创新思路和措施，着力拓宽就业渠道，落实就业政策，完善就业服务，强化宣传培训，千方百计做好 2013 年高校毕业生就业工作。全面做好离校未就业高校毕业生实名制就业服务。

2013 年 5 月，国务院办公厅下发《关于做好 2013 年全国普通高等学校毕业生就业工作的通知》，该通知要求各地区、各有关部门要结合转方式、调结构的进程，积极为高校毕业生开发就业岗位，尤其要充分发挥战略性新兴产业、先进制造业、高新技术产业、智力密集型产业、现代服务业、现代农业发展对高校毕业生就业的拉动作用。

（三）促进创业提高就业质量

创业是就业之源，它不但具有就业倍增效应，而且能够最大限度地实现创业者的价值，从根本上提高就业质量。为此，2008 年提出创业带动就业战略以来，我国促进创业的政策体系不断完善，2011 年以来更为显著。

2011 年 4 月，中央组织部、人力资源和社会保障部联合下发《关于支持留学人员回国创业的意见》，这是第一次从国家层面对支持留学人员回国创业做出政策规定。该意见要求吸引广大留学人员回国工作、创业或为国服务；要结合经济社会发展和产业结构调整的需要，研究制订专项创业支持计划，有针对性地重点引进一批本地区发展急需和紧缺的留学人员回国创业。

2012 年 4 月，人力资源和社会保障部下发《关于推进创业孵化示范基地建设进一步落实创业帮扶政策的通知》，要求各地积极协调各方力量推进创业孵化基地建设，进一步落实帮扶创业实体的各项政策，切实加强对创业实体经营者的创业培训，不断完善创业孵化基地的服务功能，建立一批创业孵化示范基地。

2010 年 4 月，人力资源和社会保障部下发了《关于深入开展创业型城市创建工作绩效考核评估的通知》，明确放宽市场准入、改善行政管理、解决融资瓶颈、落实税收优惠、提升创业能力、加强创业服务、增加创业场地、鼓励带动就业等扶持政策等的考核标准，进一步深化创业型城市的创业环境，为创业者提供更好的创业服务。

（四）完善公共就业服务

公共就业服务包括职业介绍、职业培训等内容，完善公共就业服包括：进一步加强公共就业服务体系建设，完善公共就业服务机构管理体制，健全公共就业服务经费保障机制，面向社会更好地提供公共就业服务。就业服务能够提高劳动力供求匹配度，从而促进提高就业质量。

2011 年 9 月，人力资源和社会保障部下发了《关于加快推进就业信息公共服务网络建设的通知》，要求各地按照就业信息服务工作“统一标准、互联互通、覆盖全国、优质高效”的总体要求，建立由部、省、市三级组成的全国就业信息公共服务网络，实现全国各级公共就业和人才服务机构招聘信息互联互通和共享发布，为各类求职人员免费提供“信息真实、内容完整、岗位有效、查询便利”的就业岗位信息。

2012 年 7 月，国务院下发了《关于印发国家基本公共服务体系“十二五”规划的通知》，明确“十二五”时期政府应提供的劳动就业公共服务；提出了“十二五”时期劳动就业公共服务国家基本标准，并确定了综合服务平台建设、地方人力资源市场建设及就业失业动态监测方面的三大项工程。

2013 年 1 月，人力资源和社会保障部、财政部联合下发《关于进一步完善公共就业服务体系有关问题的通知》，明确了公共就业服务的基本原则是保基本、可持续、均等化，明确了公共就业服务范围及主要内容，要求加强公共就业服务体系建设，提升公共就业服务水平，健全公共就业服务经费保障机制，加强监督管理。

（五）扶持小微型企业，增加就业渠道

党中央、国务院高度重视小微型企业的发展，出台了一系列财税金融扶持

政策，取得了积极成效。针对国内外复杂多变的经济形势影响下小型微型企业经营压力大、成本上升、融资困难和税费偏重等问题，2012 年 4 月，国务院下发了《关于进一步支持小型微型企业健康发展的意见》。中小微企业是吸纳就业的主体，促进中小微企业发展有利于提升就业质量。该意见指出，为进一步支持小微型企业健康发展，要充分认识进一步支持小微型企业健康发展的重要意义，进一步加大对小微型企业的财税支持力度，努力缓解小微型企业融资困难，进一步推动小微型企业创新发展和结构调整，加大支持小微型企业开拓市场的力度，切实帮助小微型企业提高经营管理水平，促进小微型企业集聚发展，加强对小微型企业的公共服务。这也是国务院首次专门针对小微型企业出台文件。

（六）加强技能培训，促进就业能力提高

2011 年 7 月，中央组织部、人力资源和社会保障部发布《高技能人才队伍建设中长期规划（2010 ~ 2020 年）》，这是中国第一个高技能人才队伍建设中长期规划。该规划以健全面向全体劳动者的职业培训制度为基础，以实施国家高技能人才振兴计划为龙头，以提升职业素质和职业技能为核心，以用好用活高技能人才为根本，进一步健全和完善以培养、评价、使用、激励为重点的高技能人才工作体系，营造尊重劳动、崇尚技能、鼓励创造的良好氛围，形成有利于高技能人才成长和发挥作用的制度环境与社会氛围，推动技能劳动者队伍的发展壮大和整体素质的提高。

2012 年 4 月，人力资源和社会保障部发布《关于做好十二五期间职业技能鉴定工作的意见》，指出职业技能鉴定工作的指导思想是：深入贯彻落实科学发展观，以“公益为旨、服务为本、质量优先、高端带动、制度保障、技术支撑”为指导方针，以加强高技能人才队伍建设为主线，以提高职业技能鉴定质量为重点，推动鉴定工作科学化，促进鉴定考务规范化，实现鉴定机构公益性，确保鉴定工作公正性，维护职业资格证书的权威性。

2012 年 6 月，国务院办公厅转发了《关于加强企业技能人才队伍建设意见的通知》，该通知指出，加强企业技能人才队伍建设，是增强企业核心竞争力、推动产业转型升级和提升企业创新能力的内在要求，是加快经济发展方式

转变、促进产业结构调整的有效手段，是深入实施人才强国战略和科教兴国战略、建设人力资源强国的重要内容。

2012 年 6 月，人力资源和社会保障部、财政部、中国残疾人联合会联合印发《关于加强残疾人职业培训促进就业工作的通知》，对在全国范围内大力开展残疾人职业培训工作进行全面部署。该通知指出，大力开发残疾人人力资源，加强残疾人职业培训，是促进残疾人就业的重要手段。要加强残疾人职业能力建设，开展各种形式的职业培训；要提高残疾人职业培训质量，力求职业培训取得实效；要进一步强化政策扶持，加大资金保障和支持力度；要加强组织领导，大力开展宣传表彰。

（七）促进劳动关系和谐，提高就业质量

构建和谐劳动关系、改善劳动者就业环境和就业条件、维护劳动者合法权益是提高就业质量的重要方面。2011 年以来，我国在构建和谐劳动关系方面又出台了一些具体的政策。

2011 年 1 月，为进一步加强建设工程项目管理，切实解决建设领域拖欠农民工工资问题，人力资源和社会保障部、国家发展和改革委员会、监察部、财政部、住房和城乡建设部联合下发《关于加强建设工程项目管理解决拖欠农民工工资问题的通知》，要求加大解决建设领域拖欠工程款力度，切实解决拖欠农民工工资问题，严格建设工程项目分包管理，落实总承包企业的工资支付责任，强化建设工程项目审批等管理，有效预防产生新的工资拖欠，完善企业工资支付保障制度，确保农民工工资按时足额发放，落实地方政府监管责任，保证农民工工资支付保障工作取得实效。

2011 年 11 月，人力资源和社会保障部发布《企业劳动争议协商调解规定》，要求大中型企业依法设立调解委员会，并配备专职或者兼职工作人员；劳动者可以要求所在企业工会参与或者协助其与企业进行协商。

2012 年 1 月，交通运输部、人力资源和社会保障部、中华全国总工会联合下发了《关于在出租汽车行业开展和谐劳动关系创建活动的通知》，通过在出租汽车行业开展和谐劳动关系创建活动，推动出租汽车行业建立现代企业制度，全面贯彻落实劳动保障法律法规和政策规定，规范企业经营和用工管理，

加强企业党、团、工会组织和企业文化建设，广泛开展关爱驾驶员活动，维护驾驶员合法权益，促进企业健康发展，推动形成规范有序、公平合理、互利共赢、和谐稳定的出租汽车行业劳动关系。

2012 年 4 月，人力资源和社会保障部等七部门联合下发《关于做好淘汰落后产能和兼并重组企业职工安置工作的意见》。该意见要求，各地要将淘汰落后产能和兼并重组企业下岗失业人员纳入就业、再就业扶持政策体系，落实促进自主创业、鼓励企业吸纳就业和帮扶就业困难人员就业等各项政策。

2012 年 5 月，国务院发布《女职工劳动保护特别规定》，为适应我国经济社会发展新形势的需要，进一步加强女职工劳动保护工作，该规定主要从三个方面对 1988 年发布的《女职工劳动保护规定》做了完善：一是调整了女职工禁忌从事的劳动范围；二是规范了产假假期和产假待遇；三是调整了监督管理体制。

2013 年 1 月，人力资源和社会保障部、中华全国工商业联合会联合下发了《关于加强非公有制企业劳动争议预防调解工作的意见》，提出加强非公有制企业劳动争议预防调解工作的指导思想和目标任务，并在推动非公有制企业普遍建立劳动争议协商调解机制、充分发挥商会（协会）预防调解劳动争议的作用、加强非公有制企业劳动争议调解与仲裁工作的衔接、加强非公有制企业劳动争议预防调解工作的组织实施等方面提出指导意见。

2013 年 2 月，国务院批转了国家发展和改革委员会、财政部、人力资源和社会保障部制定的《关于深化收入分配制度改革的若干意见》，并下发了通知，要求各级政府要将深化收入分配制度改革列入重要议事日程，建立统筹协调机制，把落实收入分配政策、增加城乡居民收入、缩小收入分配差距、规范收入分配秩序作为重要任务，纳入日常考核。

2013 年 2 月，国务院下发了《关于印发国民旅游休闲纲要（2013～2020 年）的通知》，提出到 2020 年，职工带薪年休假制度基本得到落实，城乡居民旅游休闲消费水平大幅增长，健康、文明、环保的旅游休闲理念成为全社会的共识，国民旅游休闲质量显著提高，与小康社会相适应的现代国民旅游休闲体系基本建成。

二　现行就业政策体系存在的问题

（一）宏观经济政策还不能很好地体现“就业优先”，各项经济政策不能很好地相互协调和配合

虽然十七大以来，我国就提出了“就业优先”的发展战略，但是政府在制定宏观经济政策时还不能自觉落实“就业优先”，不能以促进就业为衡量政策效果的主要评价指标，不能很好地处理保稳定、调结构和保就业的矛盾，各项经济政策在促进就业方面相互协调和配合不足。

（二）政策仍然偏重数量目标，对质量目标仍然重视不足

迄今为止，就业评价指标仍然以“新增就业”“失业率”“小额担保贷款发放额”“各类群体就业率”“培训就业率”等数量型指标为主，导致各地、各部门在制定发展规划、具体政策时，仍然以就业数量为政绩考核指标，而没有自觉转变到追求就业质量的指标上来。

（三）缺乏配套细化，政策的可操作性不强

国家推动实现更高质量就业的大政方针已经明确，提升就业质量各个方面的政策都有原则性规定，但有些政策过于笼统、原则，可操作性不强，不够细致，普遍地缺乏实施细则，使得政策好看不好用，难以落实到位。比如法律方面，尽管《就业促进法》《妇女权益保障法》等法律文件都有男女平等就业的规定，但由于规定过于抽象、过于原则，没有责任主体，没有监管主体，也没有奖惩办法，平等就业、同工同酬落实起来很困难。又如我国出台了一系列促进大学生创业的政策，但在执行中没有收到预期效果，大学生创业需要多个部门的配合，涉及工商、税收、银行、劳动保障部门等，但各部门没有进行有效协调，大学生创业贷款已纳入再就业小额担保贷款政策，可大学生刚毕业没有财产可以进行抵押，导致创业者在需要进行贷款的时候，因达不到正规金融机构贷款条件而难以获得贷款。

（四）法律体系不健全，对劳动者权益保护不到位

除《就业促进法》《劳动合同法》《劳动争议调解仲裁法》外，目前我国一些重要领域，如劳动力市场管理、就业服务、职业培训、劳动关系等方面，还主要依靠政府的行政法规来约束。相比于法律的制定，行政法规制定的程序不够严格，缺乏权威性、稳定性和强制性，对于一些违规行为，难以有效制止，如我国对反就业歧视的一些规定散落在《宪法》《就业促进法》《劳动法》等法律中，由于条例不够细化，缺乏可操作性，因此当劳动者遭受到就业歧视时，不能运用法律程序来解决。

（五）就业服务相关政策不完善，没有形成统一的人力资源市场

目前，我国人力资源市场还不统一，城市和农村在就业服务设施和就业服务能力方面也还存在较大差距，特别是地区劳动力市场之间政策制度不衔接。从就业服务能力看，劳动力市场就业信息质量不高、时效性差，导致职业介绍、职业培训等就业服务效率不足的问题十分突出。从就业服务内容看，就业信息服务、就业援助、职业培训和技能鉴定等就业政策覆盖范围窄、落实不到位。因此，迫切需要政府根据城乡一体化发展的新形势，进一步完善相关政策，健全公共就业服务体系。

（六）培训政策与市场脱节，不能有效促进就业质量的提高

我国虽然出台了一系列培训政策，包括下岗失业人员的培训、农民工的培训、大学毕业生的培训，但培训效果远远没有达到预期目的。我国目前就业总量矛盾进一步缓解，但结构性矛盾越来越突出，最主要的原因就是人力资源市场技能人才短缺。职业教育专业机构与产业结构不相适应，导致大学毕业生就业困难。因此，解决大学生就业困难应从高等教育体制、实习制度、就业培训和中介服务等方面入手，提高人力资本与劳动力市场的匹配效率。

（七）劳动者权益保障政策不足，弱势群体的就业质量得不到保障

当前我国劳动关系不协调、就业不稳定的问题日益突出，企业用工不规

范，多数企业不愿和劳动者签订劳动合同，也不愿给劳动者上各项社会保险，劳动者的权益受损问题日益增多。城镇新增就业人员中约有1/3属于灵活就业，大多从事工资低、不稳定的临时性工作，劳动权利保障性差。但我国对于从事灵活就业的劳动者的保护政策存在空白，更不能很好地促进更多的灵活就业转向稳定性就业。

（八）就业歧视现象普遍存在，制约就业质量的提高

随着劳动力市场机制的不断完善，我们正在向平等就业的目标努力。但一些长期以来根深蒂固的就业歧视问题仍然没有得到缓解，户籍歧视、性别歧视、工作经验歧视、地域歧视、残疾人歧视等就业歧视现象仍然非常普遍。同时，又产生了一些新的就业歧视现象，即由代际传递导致的身份歧视，"官二代""穷二代"现象愈演愈烈，造成新的市场分割和新的就业不平等，严重制约了就业质量的提高，迫切需要制度求解。

（九）缺乏提高就业质量政策体系的顶层设计

目前，促进提高就业质量的政策政出多门，系统性、完整性不足，影响到政策的实施效果。推动实现更高质量就业政策的措施大多散见于就业、培训、农民工政策文件中，但尚未形成一个完整的推动实现高质量就业政策体系，尤其是现行相关政策，没有形成规章制度和长效机制。由于政出多门，现行关于推动高质量就业的政策仍不系统和不全面，各项政策间缺乏有机衔接。

三　完善推动实现更高质量就业政策体系的建议

第一，深刻领会推动实现更高质量就业的深刻含义，转变政策制定的思路。就业政策必须从单纯追求扩大就业向注重扩大就业、提高就业质量转变。为此，要转变考核评价体系，制定提高就业质量的考核评价体系，引导各地、各部门转变政策导向和行为导向。

第二，加强顶层设计、注重政策整合和系统化。要在十八大的精神指引下，由人力资源和社会保障部门牵头，由相关部门参加，加强提高就业质量政

策体系的顶层设计，既要协调好就业、社保、劳动关系等人力资源各业务领域的政策，也要协调好产业政策、财税政策、金融政策、教育政策与就业政策，从整体上形成我国促进就业质量提高的政策体系。

第三，细化政策，强化市场微观主体在提升就业质量方面的责任。如进一步减轻中小微企业负担的政策；进一步简化行政审批、放权让利、促进市场公平环境形成的政策；调整企业劳资关系的政策等。为宏观就业数量的扩大、就业结构的改善和就业质量的提高提供微观基础，真正提高劳动者的就业满意度和幸福感。

第四，健全和完善法律法规保障政策，加强执法，切实维护劳动者合法权益。尽快制定监管企业微观管理的政策法规，健全劳动标准体系和劳动关系协调机制方面的政策法规，如尽快出台《劳动就业和社会保障基本公共服务标准》，建立健全反就业歧视法律规控体系，出台《反就业歧视法》，增强和谐劳动关系和社会稳定度。

第五，进一步完善各项促进就业政策。一是实行更加有利于促进就业的财政保障政策。二是实行促进就业、创业的税收优惠政策。三是实行更加有利于促进就业的金融支持政策。四是实行更加有利于促进就业的对外贸易政策。五是实施鼓励劳动者多渠道、多种形式就业的扶持政策。

Building Policy System for Facilitating and Realizing Higher-quality Employment

Zhang Libin　Jia Hongmei

Abstract: Between 2002 and 2010, China kept improving its proactive employment policy system. Since the 12th Five-Year Plan was kicked off, the Chinese government has issued the 12th Five-Year Plan for improving the employment policies for university graduates, and the policy package for the urbanization of migrant workers, and facilitating and realizing higher-quality employment. In general, the employment quality of workers and employees in China is not high enough, the labor markets still differ heavily in regulations, job opportunities are distributed unevenly, and employment discrimination is quite serious; employee – employer conflict is quite prominent. It is recommended that we should study and implement the guidelines set forth at the 18th CPC Congress, understand the profound meaning of "facilitating and realizing higher-quality employment" and shift the thinking on policies; enhance the top-level design and focus on policy integration and systemization; make surveys and studies and work harder to make policy system of promoting employment quality targeted at micro players in the market; improve and perfect laws, regulations and policies and enhance law enforcement to safeguard the legitimate rights and interests of workers and employees; and improve all policies promoting employment.

Key Words: Higher-quality Employment; Employment Policy; Employment Quality

B.4

我国就业质量状况及其提升

高文书　高 梅*

摘　要：

本文阐述了就业质量的内涵和相关评价指标，从就业岗位开发、就业规模和结构、劳动报酬、工作时间、社会保障和劳动关系等方面，对我国的就业质量状况进行了考察。研究表明，近年来我国就业质量得到了明显提升，主要表现在就业岗位开发不断加强、就业规模不断扩大、就业结构不断优化、工资水平有所提高、社会保障覆盖面不断扩大、劳动关系有所改善。但是，目前我国仍然存在就业岗位供给相对不足、劳动报酬水平不高、行业间收入差距较大、存在就业歧视、就业稳定性较低等问题。本文从实施就业优先战略、完善劳动薪酬保障机制、优化公平就业环境等方面，提出了提升我国就业质量的对策建议。

关键词：

就业质量　就业岗位开发　就业促进　体面劳动

一　就业质量的内涵和评价指标

（一）就业质量的内涵

就业质量是与“体面劳动”密切相关的一个概念。1998 年 6 月，为了应对世界经济变化导致的失业人数剧增、工作环境恶化等问题，国际劳工组织

* 高文书，中国社会科学院人口与劳动经济研究所研究员，人力资源研究室主任；高梅，中国社会科学院研究生院政府政策系博士研究生。

（ILO）新任局长索马维亚在第 87 届国际劳工大会上首次提出了“体面劳动”概念，将其定义为“促进男女在自由、公平、安全和具备人格尊严的条件下获得体面的、生产性的可持续工作机会”。“体面劳动”主要包括四个方面的内容，分别是“促进工作中的权利、就业、社会保护和社会对话”。此后，很多国内外学者将这一定义作为就业质量而普遍使用。

在就业质量的具体含义上，目前国内学者还没有形成一个统一的、明确的定义。有学者认为，就业质量是一个衡量劳动者在整个就业过程中就业状况的综合性概念，它反映了劳动者在就业机会的可得性、工作稳定性、工作场所的尊严和安全、机会平等、收入、个人发展等有关方面的满意程度。①也有学者认为，就业质量包括了一切与劳动者个人工作状况相关的要素，如劳动者的工资报酬、工作时间、工作环境、社会保障等，所以，就业质量是反映整个就业过程中劳动者与生产资料结合并取得报酬或收入的具体状况之优劣程度的综合性范畴。②还有研究指出，就业质量还有中观和宏观层面的含义，即不仅包括劳动者自身的工作条件和感受等内容，而且包括劳动力供求状况和公共就业服务质量等，就业质量的内涵其实就是劳动力市场的运行状况。③

（二）就业质量的评价指标

关于就业质量的评价指标，学者们尚缺乏统一的认识。有学者认为，就业质量的研究应放在微观层面，其评价指标的选取也是与微观相对应的，认为就业质量的评价指标应包括 7 项内容：平等和权利保护、工作的稳定性、工作报酬、工作条件、健康与安全、福利和社会保障、职业发展前景。④有学者则认为，就业质量应从宏观层面进行研究，认为就业质量指的是某个范围内劳动者整体工作状况的优劣程度，应用社会保险参保率、劳动合同签约

---

① 高灵芝、张银：《城市边缘社区人力资源开发与社区就业质量研究——以济南市 H 社区为个案》，《山东社会科学》2004 年第 8 期。

② 刘素华：《就业质量：概念、内容及其对就业数量的影响》，《人口与经济》2005 年第 7 期。

③ 苏士尚：《就业质量问题研究》，首都经济贸易大学硕士学位论文，2007。

④ 张桂宁：《基于就业质量的职业意识教育探析》，《广西民族大学学报（哲学社会科学版）》2007 年第 5 期。

率、平均工资等宏观评价指标来衡量。[①] 还有学者认为，就业质量评价指标还应包括工作满意度之类的主观指标："就业质量的评价指标体系中只包括客观标准显然是不够全面的，因为仅用客观指标不能解释从绝对值看就业质量已经有一定提高，但是劳动者对就业质量的满意度却依然不高甚至下降的问题。"[②]

我们认为，在确定就业质量的具体评价指标时，可以借鉴国际劳工组织关于"体面劳动"的评价指标。国际劳工组织在评价"体面劳动"时，提出的指标大体有11个，即就业机会、足够的收入、合理的工作时间、工作的稳定性、工作与家庭生活的平衡、安全的工作环境、社会保障、社会对话和劳动关系、就业公平、不可接受的工作、经济和社会因素。[③] 可以看出，在上述11项指标中，除"就业机会"和"经济和社会因素"之外，其余9项指标都是与就业质量直接相关的。

本文旨在考察中国整体的就业质量状况，由于就业规模和就业岗位开发会直接影响就业质量的高低及变化，因此，我们认为"就业规模"和"就业岗位开发"也是衡量就业质量的重要指标。这样，在借鉴国际劳工组织"体面劳动"评价指标的基础上，并考虑到评价指标的可操作性和数据的可得性，我们主要从就业岗位开发、就业规模和结构、劳动报酬、工作时间、社会保障、劳动关系等方面来评价就业质量。

二　我国就业质量的现状

按上述评价指标对我国就业质量进行的考察表明，近年来我国就业质量得到了一定程度的提升，主要表现在就业岗位开发不断加强、就业规模不断扩大、就业结构不断优化、工资水平有所提高、社会保障覆盖面不断扩大、劳动关系有所改善等方面，但也存在一些问题，有待进一步解决。

---

① 刘素华：《就业质量：概念、内容及其对就业数量的影响》，《人口与经济》2005年第7期。

② 刘素华、孔燕然：《当前我国就业质量问题的新动向与道德、制度因应》，《河北师范大学学报（哲学社会科学版）》2013年第2期。

③ ILO, *Decent Work Indicators: Concepts and Definitions*, 2012.

（一）就业岗位开发不断加强，就业扶持政策不断强化

1. 城镇每年新增就业岗位在千万个以上

2012 年，我国实现城镇新增就业 1266 万人，比 2011 年多增了 45 万人，为过去 9 年来的最高水平。至此，从 2003 年至 2012 年，年均新增就业约为 1106.7 万人（见图 1），城镇登记失业率基本保持在 4% 左右的较低水平（见图 2）。

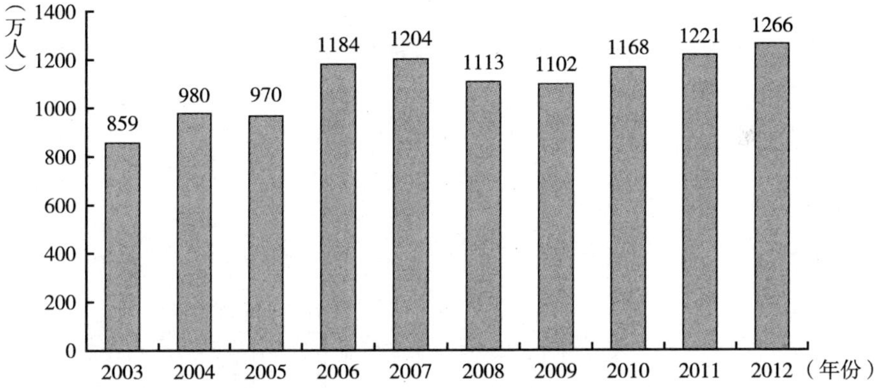

图 1　2003 ~ 2012 年城镇新增就业人数

资料来源：人力资源和社会保障部 2003 ~ 2007 年度《劳动和社会保障事业发展统计公报》及 2008 ~ 2012 年度《人力资源和社会保障事业发展统计公报》。

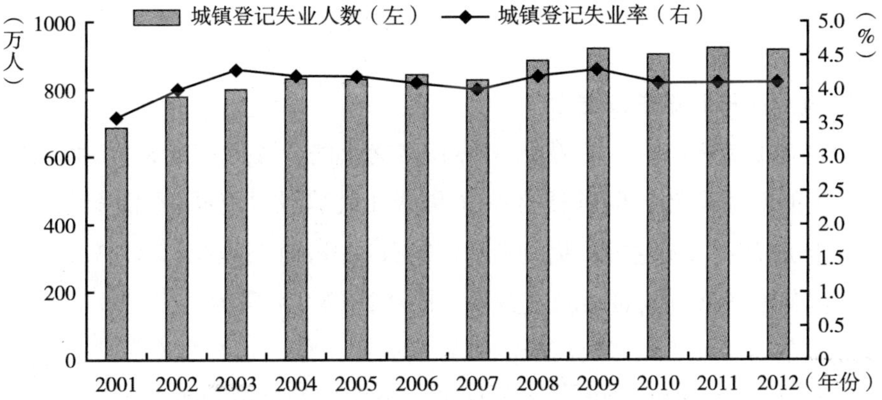

图 2　2001 ~ 2012 年我国城镇登记失业人数和失业率

资料来源：2001 ~ 2011 年数据来自《中国人口与就业统计年鉴》（2012），2012 年数据来自《2012 年度人力资源和社会保障事业发展统计公报》。

2. 城镇失业人员再就业人数逐年增长

2012年，我国城镇失业人员再就业人数为552万，与2011年基本持平；2003~2012年，我国城镇失业人员再就业人数总体上看是在稳步上升的，2004~2012年，我国城镇失业人员再就业人数基本保持在500万及其以上，2010年有一个较为明显的增加后，人数基本维持在550万人左右。其中，2012年城镇就业困难人员就业人数为182万人，与2011年基本持平；2003~2012年，城镇就业困难人员就业人数总体上看呈逐渐上升趋势，就业人数累计达到1524万人，年均就业人数达到152.4万人（见图3）。

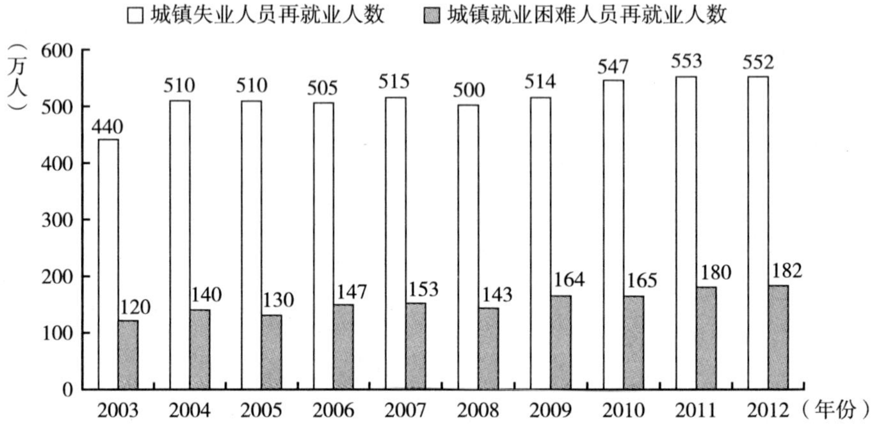

图3　2003~2012年城镇失业人员再就业人数和就业困难人员就业人数

资料来源：人力资源和社会保障部2003~2007年度《劳动和社会保障事业发展统计公报》及2008~2012年度《人力资源和社会保障事业发展统计公报》。

3. 就业扶持政策陆续出台

2007年8月30日，《中华人民共和国就业促进法》的颁布，对解决关系国计民生的就业问题、促进社会主义和谐社会建设具有重要而深远的意义。2008年9月18日，我国颁布实施《中华人民共和国劳动合同法实施条例》，要求全国各地各地方政府推动《劳动合同法》的贯彻实施。2009年2月3日，国务院发布了《关于做好当前经济形势下就业工作的通知》（国发〔2009〕4号），指出要实施更加积极的就业政策，全方位促进就业增长，稳定就业形势。2012年1月24日，我国《促进就业规划（2011~2015年）》（以下简称《规划》）提出要实施更加积极的就业政策，创造平等就业机会，构建和谐劳动关系，提高就业质量，努力实现充分就业。

针对高校毕业生、农民工、就业困难人员三类重点群体，国家又特别出台了特殊的就业扶持政策，具体如下。

（1）高校毕业生就业扶持政策

2009 年 1 月，国务院办公厅发布了《关于加强普通高等学校毕业生就业工作的通知》（国办发〔2009〕3 号），要求鼓励高校毕业生到城乡基层、中西部地区和中小企业就业，鼓励自主创业，鼓励骨干企业和科研项目单位吸纳和稳定高校毕业生就业。2011 年 6 月，国务院下发了《关于进一步做好普通高校毕业生就业工作的通知》（国发〔2011〕16 号），要求多渠道开发就业岗位，完善相关政策措施，切实加强就业服务，千方百计促进高校毕业生就业。2013 年 5 月，国务院办公厅发布了《关于做好 2013 年全国普通高等学校毕业生就业工作的通知》（国办发〔2013〕35 号），指出 2013 年全国高校毕业生就业总量压力继续加大，结构性矛盾十分突出，就业任务更加繁重，要求采取切实有效的措施，进一步做好高校毕业生的就业工作。2013 年 5 月，人力资源和社会保障部发布了《关于实施离校未就业高校毕业生就业促进计划的通知》（人社部发〔2013〕41 号），要求做好离校未就业高校毕业生就业工作。2013 年 6 月，人力资源和社会保障部、教育部和财政部联合下发了《关于做好高校毕业生求职补贴发放工作的通知》（人社部发〔2013〕43 号），要求从 2013 年起，对享受城乡居民最低生活保障家庭的毕业年度内高校毕业生给予一次性求职补贴。

（2）农民工就业扶持政策

2003 年 1 月，国务院办公厅下发了《关于做好农民进城务工就业管理和服务工作的通知》（国办发〔2003〕1 号）。2003 年 9 月，国务院办公厅转发教育部等部门《关于进一步做好进城务工就业农民子女义务教育工作意见的通知》（国办发〔2003〕78 号）。2004 年 12 月，国务院办公厅发布了《关于进一步做好改善农民进城就业环境工作的通知》（国办发〔2004〕92 号），要求进一步改善农民进城就业环境，维护农民工合法权益。2006 年 4 月，国务院办公厅转发劳动和社会保障部《关于做好被征地农民就业培训和社会保障工作指导意见的通知》（国办发〔2006〕29 号），要求各相关部门认真贯彻执行。

（3）就业困难人员就业扶持政策

2002年9月30日，中共中央、国务院发布了《关于进一步做好下岗失业人员再就业工作的通知》（中发〔2002〕12号），要求必须采取切实有效的措施，进一步做好就业工作特别是下岗失业人员再就业工作。2003年5月，国务院办公厅下发了《关于加快推进再就业工作的通知》（国办发〔2003〕40号），要求进一步做好就业和再就业工作，千方百计实现就业和再就业的工作目标。2005年11月，国务院发布了《关于进一步加强就业再就业工作的通知》（国发〔2005〕36号），指出，今后几年，就业和再就业工作的重点仍是解决体制转轨遗留的下岗失业人员再就业问题和重组改制关闭破产企业职工安置问题。2007年2月，国务院第169次常务会议通过了《残疾人就业条例》，2007年5月1日开始施行，同年6月，财政部、国家税务总局联合下发了《关于促进残疾人就业税收优惠政策的通知》（财税〔2007〕92号），国家税务总局、民政部、中国残疾人联合会下发了《关于促进残疾人就业税收优惠政策征管办法的通知》（国税发〔2007〕67号），民政部下发了《关于印发<福利企业资格认定办法>的通知》，这些文件对我国残疾人就业扶持政策做出了相关规定，主要内容涉及福利企业资格认定、税收优惠的政策调整等。

（二）就业规模不断扩大、结构不断优化

1. 城乡就业人数不断增加

统计数据显示，我国城乡就业人口规模逐年增大。2012年，我国城乡就业人数为76704万，与2003年相比增加了2968万，在这9年间年均增加了329.8万。从就业人口的增长率来看，2003～2012年就业人口增长率有升有降，但总体呈现出下降的趋势（见表1）。

2. 就业结构不断优化

（1）城乡就业结构不断优化

城镇就业人数保持较快增长，从2001年的24123万上升到2012年的37102万，年均增加约1179.9万，占全国就业人员总量的比重从2001年的33.1%上升到2012年的48.4%，每年大约增加1.4个百分点；而乡村就业人数则呈现逐年下降趋势，数量从2001年的48674万下降到2012年的39602

万，占全国就业人员总量的比重从 2001 年的 66.9% 下降到 2012 年的 51.6%（见表 2）。

表 1　2003～2012 年城乡就业人口及增长率

单位：万人，%

年份	城乡就业人口	新增加的就业人口	就业人口增长率
2003	73736	456	0.62
2004	74264	528	0.72
2005	74647	383	0.52
2006	74978	331	0.44
2007	75321	343	0.46
2008	75564	243	0.32
2009	75828	264	0.35
2010	76105	277	0.37
2011	76420	315	0.41
2012	76704	284	0.37

资料来源：2003～2011 年数据来自《中国劳动统计年鉴》（2012），2012 年数据来自《2012 年度人力资源和社会保障事业发展统计公报》。

表 2　2001～2012 年我国城乡就业人员数和比重

单位：万人，%

年份	城镇		乡村	
	就业人员	比重	就业人员	比重
2001	24123	33.1	48674	66.9
2002	25159	34.3	48121	65.7
2003	26230	35.6	47506	64.4
2004	27293	36.8	46971	63.2
2005	28389	38.0	46258	62.0
2006	29630	39.5	45348	60.5
2007	30953	41.1	44368	58.9
2008	32103	42.5	43461	57.5
2009	33322	43.9	42506	56.1
2010	34678	45.6	41418	54.4
2011	35914	47.0	40506	53.0
2012	37102	48.4	39602	51.6

资料来源：2001～2011 年数据来自《中国人口与就业统计年鉴》（2012），2012 年数据来自国家统计局网站。

（2）三次产业就业结构不断优化

2001 年，我国三次产业就业人员数分别为 36399 万、16234 万和 20165 万，到 2011 年我国三次产业就业人员数分别达到 26594 万、22544 万和 27282 万，在这 10 年间，第一产业就业人员数减少 9805 万人，第二产业增加 6310 万人，第三产业增加 7117 万人，可看出第一产业就业变动较大，其次是第三产业，最后是第二产业。三次产业就业人员比重由 2001 年的50. 0∶22. 3∶27. 7 转变为 2012 年的 33. 6∶30. 3∶36. 1，可看出第一产业比重在不断下降，第二、第三产业比重在不断上升，其中第三产业上升速度较快，超过第一产业成为我国就业人数最多的产业（见图 4）。

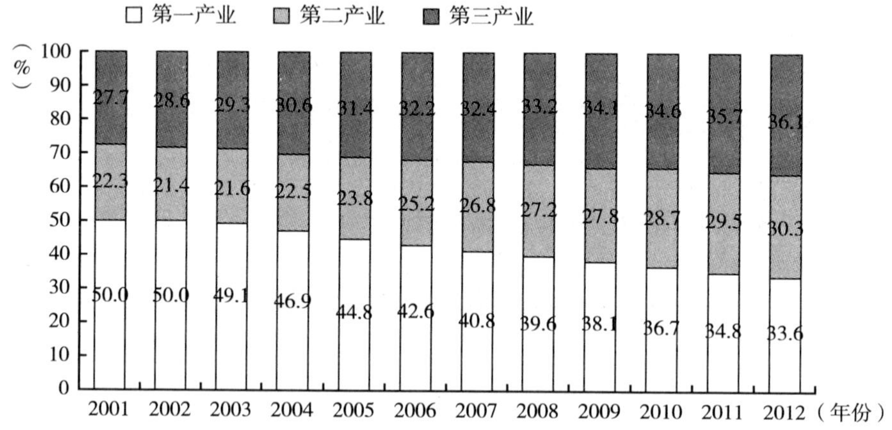

图 4　2001 ~2012 年我国三次产业就业人员比重

资料来源：2001 ~2011 年数据来自《中国人口与就业统计年鉴》（2012），2012 年数据来自《2012 年度人力资源和社会保障事业发展统计公报》。

（三）劳动报酬稳步提高

1. 城镇职工平均工资稳步提升

2001 ~2011 年，我国城镇就业人员平均工资由 10834 元提高到 41799 元，10 年间平均工资提高了 30965 元，年均提高 3096. 5 元；2001 ~2011 年，我国城镇在岗职工平均工资由 10870 元提高到 42452 元，10 年间平均工资提高了 31582 元，年均提高约为 3158. 2 元（见图 5）。2001 ~2011 年，我国城镇就业人员平均工资指数基本保持在 110 以上，城镇在岗职工平均工资指数也基本保持在 110 以上（见图 6）。

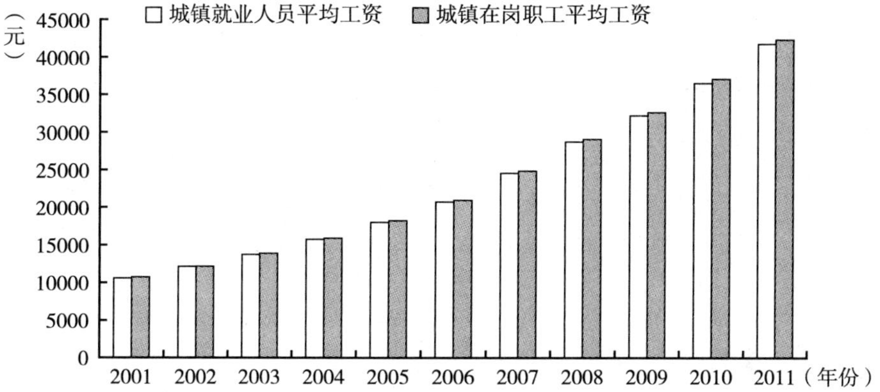

图 5　2001～2011 年城镇就业人员年平均工资

资料来源：《中国人口与就业统计年鉴》（2012）。

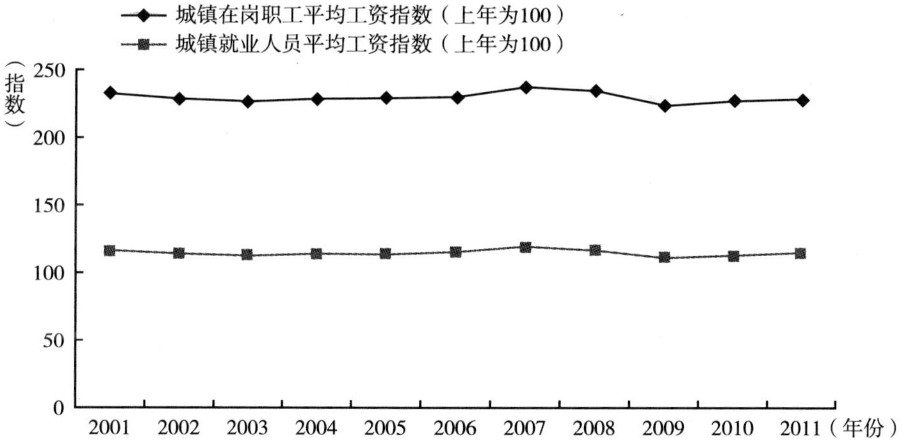

图 6　2001～2011 年城镇就业人员平均工资指数

资料来源：《中国人口与就业统计年鉴》（2012）。

2. 最低工资标准有所提高

2003 年 12 月 30 日，《最低工资规定》即中华人民共和国劳动和社会保障部第 21 号令正式颁布，2004 年 3 月 1 日起施行。至此，最低工资保障制度成为我国劳动和社会保障制度的又一新内容。我国内地所有省、自治区、直辖市人民政府都正式颁布并实施了当地的最低工资保障制度。国家统计局数据显示，2011 年全年，全国共有 25 个地区调整了最低工资标准，平均涨幅为 20.2%。以北京、上海为例，2002～2013 年，北京市的最低工资标准从每月的 465 元上升到 1400 元，这 11 年间最低工资增长约 2.0 倍；北京市职工平均工资由 2002 年的每月 1727 元提高到 2011 年的 4672 元，9 年间增长 1.7 倍；上海市的最低工资标准由 2002 年的每月 535 元提高到 2013 年的 1620 元，11 年间增加了 1085 元，增长约 2.0 倍；职工平均工资由 2002 年的每月 1480 元上涨到 2012 年的 4331 元，10 年间上涨了 2851 元，增长约 1.9 倍。

（四）工作时间呈下降趋势，但仍偏高

从城镇就业人员调查周平均工作时间来看，2005 年以来，劳动者工作时间呈现下降趋势。但是，城镇劳动者超时工作仍很严重。根据国务院《关于职工工作时间的规定》第三条，"职工每日工作 8 小时、每周工作 40 小时"。2003～2011 年，我国城镇就业人员调查周平均工作时间最少为 44.6 小时，最多为 47.8 小时，均超过了法定的每周工作 40 小时；对男性就业人员来说，其周平均工作时间均超过了女性就业人员；对女性就业人员来说，其周平均工作时间最少为 43.1，也超过了法定的 40 小时（见图 7）。

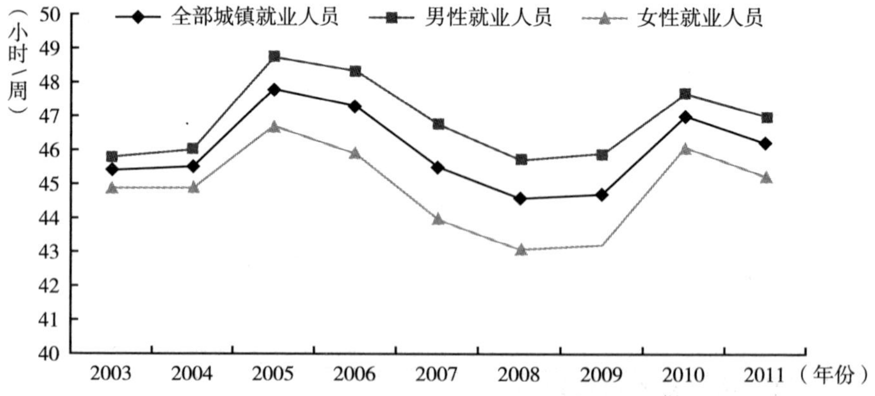

图 7　2003～2011 年城镇就业人员调查周平均工作时间

资料来源：历年《中国劳动统计年鉴》。

（五）劳动关系有所改善

随着《劳动法》《劳动合同法》《女职工劳动保护特别规定》等的陆续出台，劳动者的合法权益逐渐得到维护，企业的用工行为逐渐得到规范，劳动合同制度也得以完善。据人力资源和社会保障部发布的《2012 年度人力资源和社会保障事业发展统计公报》，2012 年底，全国企业劳动合同签订率达到 88.4%，比 2011 年提高 2 个百分点；经各地人力资源和社会保障部门审核备案的当期有效集体合同 131.1 万份，与 2011 年相比增加了 34.9 万份，增长率约为 36.3%；覆盖职工 1.45 亿人，与 2011 年相比增加了 0.23 亿人，增长率约为 18.9%。企业工会组织力量逐渐增强。《中国劳动统计年鉴》（2012）的数据显示，截至 2011 年底，全国共有基层工会组织 2319546 个，比 2010 年增加 343111 个，增长率约为 17.4%；覆盖企事业单位 1335582 个，比 2010 年增加 338972 个，增长率约为 34.01%；全国工会会员人数达 2.59 亿左右，比 2010 年增加 0.19 亿，增长率约为 7.9%。

（六）社会保障成绩显著

据人力资源和社会保障部发布的《2012 年度人力资源和社会保障事业发展统计公报》，2012 年全年五项社会保险（不含城乡居民社会养老保险）基金收入合计 28909 亿元，比上年增长 4866 亿元，增长率为 20.2%；基金支出合计 22182 亿元，比上年增长 4127 亿元，增长率为 22.9%。2012 年底，城镇基本养老保险覆盖人数为 30427 万，比 2011 年底增加 2036 万，参加基本养老保险的农民工人数为 4543 万，比 2011 年底增加 403 万；城镇基本医疗保险覆盖人数为 53641 万，比 2011 年底增加 6298 万；失业保险覆盖人数为 15225 万，比 2011 年底增加 908 万，其中农民工人数为 2702 万，比 2011 年底增加 311 万；工伤保险覆盖人数为 19010 万，比 2011 年底增加 1314 万，其中农民工人数为 7179 万，比 2011 年底增加 352 万；生育保险覆盖人数为 15429 万，比 2011 年底增加 1537 万。

三　我国就业质量存在的主要问题

（一）就业岗位供给仍相对不足，总量压力和结构矛盾并存

在全球经济增长速度放缓和我国经济转型升级的背景下，我国经济发展增速减缓，这对我国就业市场产生了较为明显的冲击效应。从 2008 年开始，我国城镇新增就业人数出现了一个明显的下降趋势，与 2007 年相比，新增就业人数减少 91 万人，2009 年与 2008 年相比又减少了 11 万人；从 2010 年开始，我国城镇新增就业人数迎来了一个缓慢的回升过程，但是截至 2012 年底，每年增幅呈逐渐下降趋势。2013 年第一季度，我国城镇登记失业率仍为 4.1%，城镇登记失业人数达到 926 万人，与 2012 年第四季度相比失业人数有所增加。同时，我国经济增长对就业增长的拉动作用较为乏力，如果仍保持现有的发展方式不变，那么我国的就业市场将会面临更严峻的考验。从长期来看，我国劳动力市场供需矛盾仍将持续，主要表现在以下几个方面。

第一，以高校毕业生为主的青年就业压力依然较大。根据人力资源和社会保障部发布的数据，2013 年全国普通高校毕业生规模达到 699 万人，与 2012 年相比增加了 19 万人，这也是新中国成立以来，高校毕业生最多的一年。而教育部在 2013 年 2 月初对近 500 家用人单位的岗位需求统计显示，这些单位 2013 年计划招聘岗位数同比平均降幅约为 15%，在高校毕业生人数增加的同时，就业岗位却在减少，可见就业形势十分严峻。另据人力资源和社会保障部的人力资源市场信息监测中心对全国 101 个城市的市场供求信息数据的统计，2013 年第一季度，在所有求职人员中，失业人员所占比重高达 50.6%，其中新成长失业青年占 23.9%，在新成长失业青年中应届高校毕业生占 44.7%。与 2012 年同期相比，新成长失业青年下降 4%，但应届高校毕业生却增长了 0.3%；与上个季度相比，新成长失业青年求职人数增加 17.8 万人，增长 16.6%，其中应届高校毕业生增加 4.7 万人，增长 9.4%。

第二，农民工就业群体规模较大。据国家统计局公布的2012年统计公报，2012年我国农民工总量达到了26261万人，与2011年相比，增长了3.9%，其中外出务工农民工16336万人，增长3.0%，本地务工农民工9925万人，增长5.4%。

第三，就业结构性矛盾突出。据2012年的《中国人口与就业统计年鉴》数据，在2011年全国就业人员中，初中及以下学历的就业人员比重为70.3%，高中及以下学历的比重达到了87%。可见，在我国就业市场上，劳动力的整体素质比较低。整个劳动力市场的就业主要集中在生产运输、设备操作及一般性商业服务这两大类部门，这两大类部门的用工量比重接近2/3。就业结构性矛盾十分突出，技术工人短缺的局面仍未得到有效解决。人力资源和社会保障部的人力资源市场信息监测中心数据显示，2013年第一季度，在劳动力需求上，对技术等级有明确要求的占总需求人数的57.8%，主要集中在初级技能人员、中级技能人员和技术员、工程师，其所占比重合计为49.6%；在供求对比上，各技术等级的岗位空缺与求职人数的比率均大于1，劳动力需求大于供给，其中高级技师、技师、高级工程师、高级技能的岗位空缺与求职人数的比率较大，分别为2.72、2.31、2.13和2.1。

（二）劳动报酬水平仍然不高，劳动份额占GDP比重下降

劳动报酬水平的高低是研究就业质量的核心问题。从整体上看，当前我国劳动报酬水平不高，长期在低位徘徊。在过去的几十年里，我国国民经济基本上保持了较快的增长速度，但从20世纪90年代以来，我国劳动份额在GDP中所占比重一直呈下降趋势，1995年劳动份额占比为45.65%，到2007年这一比例下降到38.77%。

从改革开放到2008年的30年中，我国财政收入年均增长率大约为15%，而我国职工年均实际工资增长率约为7.7%。[①] 1978年的全国职工工资总额（不包括各种福利、退休保障、医疗保障等非工资内容）相当于同年GDP总量的15.5%，到2008年这一比值下降到11.2%，1990~2008年，中国职工平均

① 周青梅：《我国就业质量问题研究》，《山东青年政治学院学报》2013年第1期。

劳动工资的增速总是比 GDP 增速低，在这一时期内，职工工资总额每年的增长速度比 GDP 增长速度平均要慢 3.8%。根据笔者的计算，2011 年全国职工工资总额相当于同期 GDP 的 12.7%，与 2008 年相比，虽有所提升，但这一比值仍没有超过 1978 年的比值。

据国家统计局最新数据，2012 年我国城镇私营单位和非私营单位就业人员年平均工资分别为 28752 元、46769 元，扣除物价因素后分别实际增长 14.0%、9.0%，两组平均工资都跑赢了 GDP 和 CPI，但是值得注意的是，这两个组别的平均工资的名义增长速度，与 2011 年相比分别回落了 1.2 个和 2.5 个百分点。

1994～2002 年，我国劳动者报酬在 GDP 中所占的比重呈现轻微波动，但 2002 年之后则明显加速下降；农业部门的劳动份额从 2002 年开始也出现了明显下降。2010 年全国总工会进行的一项调查显示，我国居民劳动报酬占 GDP 的比重，在 1983 年达到峰值 56.5% 以后，就持续下降了，到 2005 年已经下降到 36.7%，在这 22 年间下降了大约 20 个百分点，与 1978～2005 年劳动报酬份额持续下降形成鲜明对比的是，资本报酬在 GDP 中的比重上升了 20 个百分点。①

（三）行业间收入差距较大

近年来，我国行业大类间收入差距过大的趋势并未得到有效遏制，差距较大问题仍很严峻。2003～2011 年行业大类间城镇就业人员平均工资高低差的倍数分别为 4.49、4.46、4.73、4.69、4.40、4.37、4.21、4.20、4.17，从 2005 年开始呈现逐渐下降趋势，但到 2011 年这一差距仍在 4 倍以上，差距较大。

国家统计局的数据显示，我国 2012 年城镇私营单位就业人员年平均工资 28752 元，与 2011 年的 24556 元相比，增加了 4196 元，同比名义增长 17.1%，增幅降低 1.2 个百分点。按行业类别看，年平均工资最高的三个行业

① 李强：《全国总工会最新调查：劳动薪酬占 GDP 比重连降 22 年》，《解放日报》2010 年 5 月 17 日。

分别是信息传输、软件和信息技术服务业（39518 元，是全国的 1.37 倍），科学研究和技术服务业（36598 元，是全国的 1.27 倍），以及金融业（32696 元，是全国的 1.14 倍）；而最低的三个行业分别是农、林、牧、渔业（21973 元，是全国的 76%），住宿和餐饮业（23933 元，是全国的 83%），以及居民服务、修理和其他服务业（24068 元，是全国的 84%），年平均工资最高行业是最低行业的 1.80 倍。

我国 2012 年全国城镇非私营单位就业人员年平均工资为 46769 元，与 2011 年的 41799 元相比，增加了 4970 元，同比名义增长 11.9%，增幅下降 2.5 个百分点。按行业类别看，年平均工资最高的三个行业分别是金融业（89743 元，是全国的 1.92 倍），信息传输、软件和信息技术服务业（80510 元，是全国的 1.72 倍），以及科学研究和技术服务业（69254 元，是全国的 1.48 倍）；而最低的三个行业分别是农、林、牧、渔业（22687 元，是全国的 49%），住宿和餐饮业（31267 元，是全国的 67%），以及水利、环境和公共设施管理业（32343 元，是全国的 69%），最高与最低行业平均工资之比是 3.96∶1，比 2011 年的 4.17∶1 差距有所缩小。

（四）就业歧视仍然存在

所谓就业歧视，是指在求职过程中，由于性别、身份、年龄等一些与求职者个人工作能力无关的因素的影响，而使条件相近的求职者不能同等享有公平的就业机会的一种现象。目前，就业歧视现象仍是我国就业市场面临的突出问题，就业歧视的存在也将严重制约我国就业质量的进一步提高。

一是存在身份歧视。在我国经济增长放缓的背景下，加上高校毕业生的逐年增多，许多用人单位不惜用尽一切手段“优中选优”，如在招聘时设置学校门槛、户籍门槛等。还有些用人单位在招聘职工时，要查应聘者“三代”，即博士学校、硕士学校和本科学校，对于本科学校不是“985”或“211”高校的应聘者，无论博士和硕士学校有多好一律不予考虑。

二是存在性别歧视。在就业歧视的众多表现形式中，这一现象是最为严重的。很多用人单位在招聘职工时，虽然在招聘条件里没有明确注明只招男生，但是在实际招聘过程中则完全倾向于男性应聘者。行政、会计、教师等一些传统上比较倾向于女性的岗位，现在也都在逐渐转向男性。原劳动和社会保障部2003年的调查显示，67%的用人单位曾向应聘者提出过性别限制；中国政法大学2008年的调查报告显示，在就业歧视中，性别歧视是居于第一位的就业歧视。

三是存在其他歧视。在就业体检环节，国家明确禁止用人单位对应聘者进行乙肝检查，违规单位最高可罚款1000元，但有些用人单位在实际操作过程中仍“我行我素”。据中国政法大学宪政研究所《2011年国家公务员招考中的就业歧视调查报告》，2011年中央国家机关公务员招考所涉及的9762个岗位中，健康和年龄两种类型的就业歧视比例均为100%。除了身份、性别和健康歧视外，高校毕业生还面临着身高、相貌、血型、星座等五花八门的就业歧视形式。

（五）就业稳定性较低

就业稳定性是评判就业质量的重要指标之一。就业稳定性低，会加剧摩擦性失业，使得就业在短期内的波动较为严重。根据正略钧策管理咨询公司发布的《2012年度中国薪酬白皮书》，2011年调研企业的整体离职率平均值为26.8%，其中制造业、综合服务业和工程建设行业离职率较高，分别达到了35.6%、34.8%和30.2%，这表明中国大部分企业中有超过1/4的员工在当年发生过离职行为。报告还显示，“80后”及“90后”员工离职率较高，平均值在30%以上，高出企业员工平均离职率5%左右。根据麦可思发布的《2010年中国大学生就业报告》，大学毕业生半年内离职率约为38%，三年内平均工作单位数为2.0个。

就业不稳定现象在农民工群体中同样突出。根据2012年清华大学“新生代农民工研究”课题组的调查数据，截至2011年，就总体而言，传统农民工平均每份工作的持续时间为6.2年，大约是新生代农民工每份工作平均持续时间（2.1年）的3倍，离职原因中排在第一位的是工资或福利待遇差。另据全国总工会2010年发布的《关于新生代农民工问题的研究报告》，2009年，新生代农民工外出务工后，平均更换工作的次数为1.44次，是传统农民工的2.9倍。

四　提升就业质量的对策建议

（一）实施就业优先战略

在党的十八大报告中，我国明确表示要把就业作为一个新的战略，这充分说明我国对就业的重视程度。在转变经济发展方式、调整经济结构和发展城镇化的过程中，尤其要处理好经济增长和就业之间的关系，彻底转变从前的增长优先战略，实施就业优先战略，努力实现经济增长和就业之间的良性互动。在产业政策的选择上，要积极实施有利于就业的产业政策，在经济增长的同时，创造更多的就业机会，调整产业布局和优化产业结构时，要充分考虑其对就业可能产生的影响，重点支持就业吸纳力较强的产业和企业的发展，如现代服务业、劳动密集型企业等。在相关政策的配套上，加强财政、金融、贸易、税收等政策与积极的就业政策之间的协调力度，在加大公共财政资金投入的同时，积极完善这些配套政策的支持。在推动经济增长的各要素投入中，要重视人力资源开发对经济增长的推动作用，让人力资源成为促进我国经济持续、健康发展的优势资源。

（二）继续提高职工工资水平，完善劳动薪酬保障

一是政府要发挥调控作用。一方面，政府要积极推动工资集体协商制度的建立和完善。针对地方有关工资集体协商制度缺少操作细则的问题，中央要实行这一制度与政府绩效考核挂钩，督促地方尽快出台有关的地方法规，并制定切实可行的实施细则。另一方面，政府要完善工资指导线制度，尤其是最低工资标准制度。要建立起最低工资标准正常增长机制，同时加强监督力度。二是企业要树立正确理念。企业要转变过去靠压低劳动者工资提高利润的做法，要依据市场经济规则进行人力资源管理和确定职工工资。三是工会要发挥谈判作用。建立工资集体协商制度，加强工会的组织力量，让其能真正代表企业职工同企业主就工资问题进行协商。

（三）健全人力资源市场，优化公平就业环境

应尽快建立全国统一的人力资源市场，优化市场环境，充分发挥市场对人力资源的配置作用。一是健全和完善人力资源市场的法制，包括规范国家宏观管理人力资源市场行为的法规、规范中介组织行为的法规、规范人力资源市场主体行为的法规、规范市场秩序的法规等。二是健全统一的就业政策体系。促进就业公平，建立城乡、不同所有制部门、不同群体的统一的就业管理制度。三是健全统一的公共就业和人才服务体系。整合人力资源市场，建立统一管理、全面覆盖、布局合理、形式多样的公共就业和人才服务体系。

（四）加强职业技能培训，增强就业稳定性

解决劳动力供需矛盾、增强就业稳定性的有效途径是加强劳动者的职业技能培训。一是要将职业技能培训作为一个长期战略任务来抓。国家要有一个整体规划，采取灵活多样的培训形式，针对不同劳动群体，开展有针对性的职业教育和培训。二是职业培训内容要与社会需要紧密结合。职业培训不仅应该适应劳动者当前的岗位竞争需要，还应该能够满足其未来职业发展的需要。尤其针对城乡未继续升学的初高中毕业生，要大力开展劳动预备制培训。三是不断创新职业培训机制。在办学方式上，要充分发挥社会培训机构的积极作用，鼓励这些培训机构与用人单位建立合作关系，实现学校直接到企业的两点模式；在培训方式上，要采用多种教学方式，将集中培训与就地培训相结合、全日制培训与在职培训相结合、理论培训与实践培训相结合等，提高职业培训的针对性和灵活性。

（五）进一步完善社会保障体系，构建和谐的劳动关系

一是加大财政对社会保障的支持力度，在扩大社会保障覆盖面的同时，提高社会保障水平。在财政支出上要确立社会保障优先原则，并明确中央和各级地方政府在社会保障上的财政责任，逐步提高社会保障在财政支出中的比例。大力推进养老保险制度改革，加快养老保险省级之间的统筹进程，逐步做实个人账户；尽快完善医疗保险制度，及时解决企业职工负担重、困难职工参保难

等问题；进一步促进失业保险对就业的带动作用，将失业保险与医疗救助、住房救助、职业培训等相关制度很好地结合起来，最终建立综合性的社会救助制度；将非正规就业者纳入社会保障范畴，严格执行相关标准，从而提高他们的就业稳定性，以保护他们的合法权益。对农民工来说，当前最重要的就是扩大工伤保险和大病医疗保险的覆盖面，提高保障标准，切实保障农民工的生命安全。二是加强社会保障的执行力度。要加强对用人单位和劳动者的宣传和培训力度，让他们真正了解社会保障相关法律法规和相关政策内容。要真正落实劳动法律法规的相关要求，提高执法监督强度，规范企业用工行为。建议成立一个专门的社会保障监督委员会，这个委员会成员至少要由政府人员、用人单位和劳动者三方构成，加强对用人单位相关法律法规落实情况以及社会保障基金运行情况的监督。要加强劳动监察部门对企业的监督力度，督促企业尽快与劳动者签订正规的劳动合同，并及时为劳动者缴纳社会保险，针对企业用工过程中出现的任意延长试用期、拖欠工资、增加劳动强度、无故辞退员工等行为给予严厉处罚，并记入企业诚信档案。

Quality of Employment in China and Its Improvement

Gao Wenshu　Gao Mei

Abstract: This thesis introduces the connotations and relevant evaluating indicators of employment quality. It studies the employment quality in China from the perspectives of developing employment posts, employment scale and structure, labor remunerations, working hours, social security and labor relations, etc. The research reveals that employment quality in China has experienced considerable progress in recent years. And such progress is mainly represented by greater efforts to develop employment posts, larger employment scale, optimized employment structure, higher salaries, wider coverage of social security, and better employee-employer relations. Nevertheless, China now still faces many problems such as relatively short supply of employment posts, not quite high labor remunerations, relatively huge gap in incomes among different sectors, employment discrimination, and relatively low employment stability. The thesis, from the perspectives of implementing employment priority strategy, improving labor remuneration security mechanism and optimizing fair employment environment, has proposed the counter measures to improve employment quality in China.

Key Words: Employment Quality; Development of Employment Posts; Promote Employment; Decent Work

重点群体篇

Reports on Major Groups

B.5 中国大学毕业生就业状况及质量分析

王伯庆　郭娇　门垚*

摘　要：

大学毕业生就业反映了高校的培养质量和社会需求，而如今的大学生就业难则反映出了高校扩招以来，大学毕业生数量增长与产业结构之间不匹配，以及高校对毕业生就业能力的培养与产业需求相脱节。本文介绍了麦可思对大学毕业生进行的大样本调查研究，列举了翔实的数据，来分析大学生毕业半年后就业的整体去向、就业状况、未就业状况、低就业状况以及毕业三年后的中期发展等状况。

关键词：

大学生就业　就业质量　社会需求

* 王伯庆，博士，麦可思创始人；郭娇，博士，麦可思研究院院长；门垚，麦可思研究院高级研究员。

一 研究概况

（一）研究背景

就业是国家政治与经济景气的最重要指标。党中央、国务院也坚持把促进就业作为保障和改善民生的头等大事，党的十八大报告指出："要推动实现更高质量的就业。就业是民生之本。要贯彻劳动者自主就业、市场调节就业、政府促进就业和鼓励创业的方针，实施就业优先战略和更加积极的就业政策。"

2013 年，中国普通高等教育本专科毕业生为 699 万人，如此大规模的大学毕业生融入劳动力市场，大学毕业生的就业问题也成为国家和社会关注的问题之一。《国家中长期教育改革和发展规划纲要（2010 ~ 2020 年）》中提出："要全面提高高等教育质量，特别是提高人才培养质量。"党的十八大明确提出，努力实现就业更加充分，推动实现更高质量的就业，做好以高校毕业生为重点的青年就业工作。

大学毕业生群体是党的十八大所提出的推动实现更高质量就业的一个重要群体，提高高等教育的质量，是促进大学毕业生就业数量和质量的有效途径之一。国家对提高高等教育质量的重视从未减弱，出台了一系列的政策和措施。

要解决中国大学生的就业难题、提高高等教育的培养质量，科学的方法是以劳动力市场的供需为出发点，对劳动力数量和质量的供需关系进行调查和分析判断，在系统的高校毕业生数据积累和分析基础上，制定相应的政策措施，改革高等教育，使高等教育所培养的人才符合社会发展的需要，从而提高就业质量。

（二）研究方法和数据

本文的研究数据基于麦可思对全国大学毕业生的跟踪调查。本次采用的数据包括对 2011 届大学毕业生毕业半年后的抽样调查数据和对 2008 届大学毕业生毕业三年后职业发展的抽样调查数据。① 其中，2011 届大学生毕业半年后的抽样调查于 2012 年 3 月初完成，抽样达到 59.6 万余人，回收问卷约 25.6 万份，回收率约 43%。2008 届大学生毕业三年后职业发展的抽样跟踪调查于 2012 年 2 月底完成，2008 届大学生曾经在其毕业半年后进行过调查（2009 年 2 月完成，回收问卷约 21.8 万份），2011 年底到 2012 年初的调查是对这一调查过的群体毕业三年后的再次跟踪调查，回收有效问卷近 6 万份。

上述调查的对象均为“211”院校、非“211”本科院校、高职高专院校、本科院校高职高专部的毕业生，不包括成人高等教育院校、军事院校和港澳台院校的毕业生。调查以电子邮件方式向毕业半年后的 2011 届大学生和毕业三年后的 2008 届大学生发放答题邀请函、问卷客户端链接和账户号，答题时间为 15 ~ 20 分钟。两类调查的答题问卷互不相同。

二　大学毕业生就业状况分析

（一）大学生毕业半年后的整体去向分析

大学生毕业半年后的整体去向反映了大学生在毕业后短期内的流动趋势和当前就业市场形式的状况；而通过与往届就业情况对比，也可以对 2013 年就业市场的“健康”状况做一个有效、及时的检查。图 1 是中国 2009 ~ 2011 届大学生毕业半年后②的去向分布图。从图中可见，在 2011 届大学毕业生中，有 82.1% 的毕业生毕业半年后处于受雇全职或半职工作状态，1.6% 的毕业生选择自主创业。从图 1 中同时可以发现，2011 届大学毕业生在国内外读研的比例较 2010 届增加了 1.3 个百分点，高职高专生毕业后读本科的比例上升了

① 本文对比数据中用到了 2009 届、2010 届大学生毕业半年后的调查数据以及 2007 届大学生毕业三年后的调查数据。其中 2009 届毕业半年后调查有效样本数约为 22 万份，2010 届约为 23 万份，2007 届毕业三年后调查有效样本约为 11 万份。

② 毕业半年后：指的是毕业第二年的 1 月以后。麦可思在此时展开调查，收集数据，此时大学毕业生的就业状况趋于稳定。

0.6 个百分点，说明有更多的大学毕业生选择了继续深造来提升自己在职场中的竞争力，也从一定程度上暂缓了这些毕业生的就业。

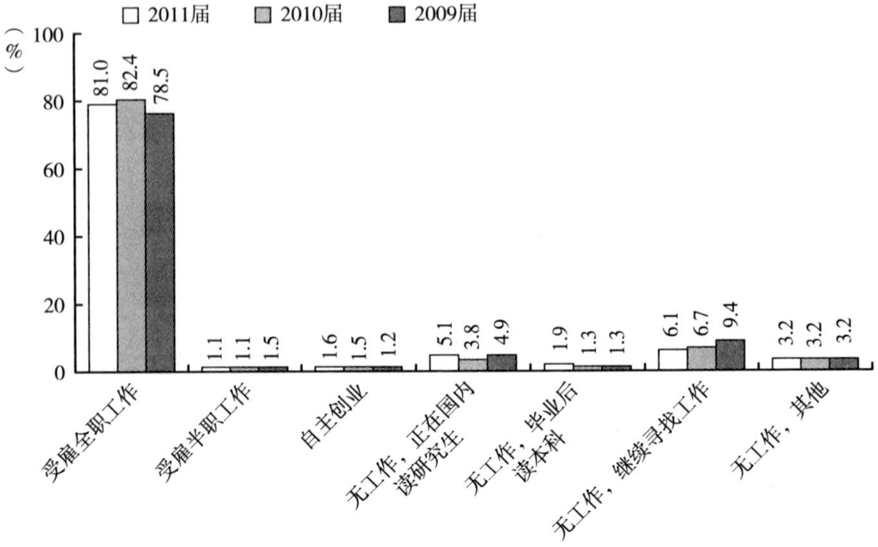

图 1　2009～2011 届大学毕业生毕业半年后的去向分布

资料来源：麦可思“中国 2009～2011 届大学毕业生社会需求与培养质量调查”，下文数据若无特殊说明，均来源于此。

（二）大学毕业生毕业半年后的就业状况分析

1. 大学毕业生毕业半年后就业率有所上升

2011 届毕业半年后就业率为 90.2%，比 2010 届的 89.6% 略有上升。其中，本科院校 2011 届毕业生毕业半年后就业率为 90.8%，与 2010 届该指标基本持平；高职高专院校 2011 届毕业生毕业半年后就业率为 89.6%，比 2010 届该指标上升了 1.5 个百分点。同时，本科与高职高专毕业生毕业半年后就业率差距持续缩小。高职高专毕业生就业率的不断上升表明近几年高职高专院校在人才培养的定位上注重了社会需求。

2. 大学生毕业后倾向于在经济发达地区就业

中国大学生倾向于选择在经济发达的东部地区就业，而较少选择在经济相对落后的西部地区就业。具体而言，2011 届本科毕业生毕业半年后就业区域主要集中在泛长江三角洲区域经济体，为 26.1%；泛渤海湾区域经济体为 23.1%；泛珠江三角洲区域经济体为 21.1%。2011 届高职高专毕业生毕业半年后就业地也主要集中在这三个区域，所占比例依次为 23.1%、25.3% 和 20.8%。由此不难看出，经济发达的东部对毕业生的吸引力远大于其他地区，但是也会因人才过于密集而造成就业紧张、就业竞争压力大，甚至人才浪费。

3. 半数大学毕业生毕业半年后选择在地级城市及以下就业

2011 届大学毕业生毕业半年后有 20% 选择在直辖市就业，30% 选择在副省级城市就业，50% 选择在地级城市及以下就业。其中，本科毕业生选择在直辖市就业的比例比高职高专毕业生高 3 个百分点。中国大学生连续三届就业的城市类型分布相对比较稳定，所以并不存在近几年所谓的有大量毕业生不选择在一线城市求职，而转向二、三线城市的现象。

4. 民营企业/个体是吸收大学毕业生就业的主力军

用人单位的类型从市场需求的角度反映了对应届毕业生的需求，什么样的用人单位招收应届毕业生多少，说明了这一类型用人单位需求量的大小。民营企业/个体是 2011 届大学毕业生毕业半年后就业最多的用人单位类型，本科院校中有 46% 的毕业生就业于民营企业/个体，高职高专院校则为 66%。同时，用人单位的性质也反映了不同单位对不同学历毕业生的需求。本科院校中有 11% 的毕业生选择在政府机构/科研事业单位就业，高职高专院校为 5%。而政府机构/科研事业单位因为其性质，对高学历人才的需求相对要大一些。既然民营企业/个体是吸收大学毕业生的主力军，为了解决大学生就业难的问题，建议政府对民营企业/个体在税收、人才引进等方面实行政策倾斜，为民营企业/个体提供更加广阔的发展空间。

三　大学毕业生毕业半年后就业质量分析

（一）近五成大学生毕业半年后对就业状况表示满意

对工作的满意程度是一个相对比较主观的判断，但是也反映了应届毕业生就业后对自己工作现状的自我判断，甚至可能会影响这些人在工作单位的去留，即工作稳定性。图 2 显示了 2011 届大学毕业生毕业半年后的就业满意度。

2011 届大学毕业生毕业半年后的就业满意度为 47%，即在毕业半年后就业的毕业生中，有 47% 的毕业生对自己的就业现状表示满意。其中，本科院校毕业生毕业半年后的就业满意度为 50%，高职高专院校的为 44%，表明本科生因为其学历在就业选择上占有一定优势，更有可能找到自己满意的工作。

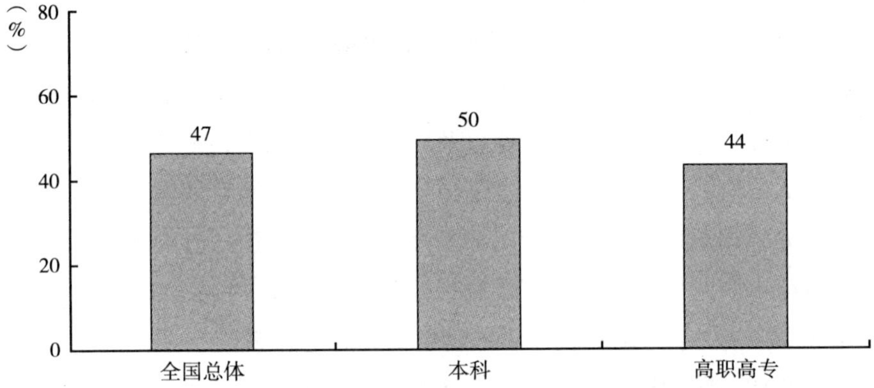

图 2　2011 届大学毕业生毕业半年后的就业满意度

图 3 显示了 2011 届本科和高职高专毕业生毕业半年后在各类型用人单位的就业满意度。2011 届本科毕业生毕业半年后在政府机构/科研事业的就业满意度最高，为 60%；在民营企业/个体的就业满意度最低，只为 43%。高职高专毕业生毕业半年后在政府机构/科研事业的就业满意度最高，为 57%；在非

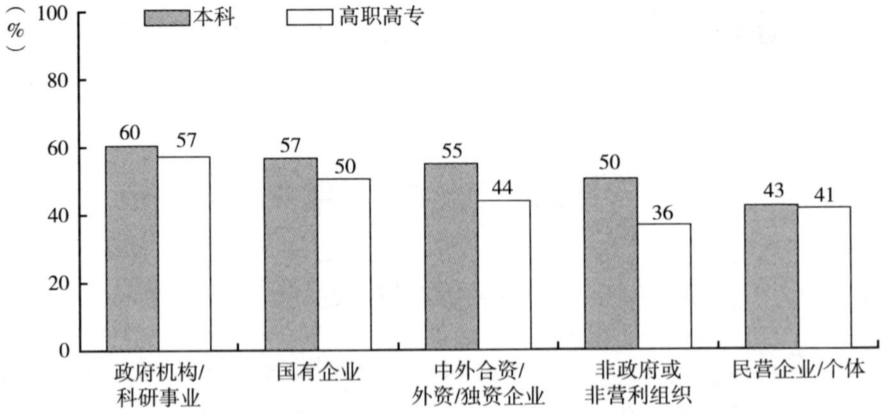

图 3　2011 届大学毕业生毕业半年后在各类型用人单位的就业满意度

政府或非营利组织的就业满意度最低，只为36%。毕业半年后在“政府机构/科研事业”就业的毕业生中，就业满意度可能源于工作安全感、社会地位，或者一些隐性的福利待遇。

（二）大学毕业生毕业半年后月收入持续增长

图4为2009～2011届大学毕业生毕业半年后的月收入①变化图。从图中可见，大学毕业生半年后月收入2010届、2011届连续两届呈现增长趋势。全国2011届大学毕业生月收入（2766元）比2010届（2479元）增长了287元，其中本科毕业生2011届（3051元）毕业半年后的月收入比2010届（2815元）增长了236元，高职高专毕业生2011届毕业半年后的月收入（2482元）比2010届（2142元）增长了340元。月收入的持续增长与物价水平的不断上涨相关。通过了解往届数据的变化，应届毕业生能给自己一个更好的定位，而高校也能根据这些信息帮助毕业生们及时调节好对薪资的期待。

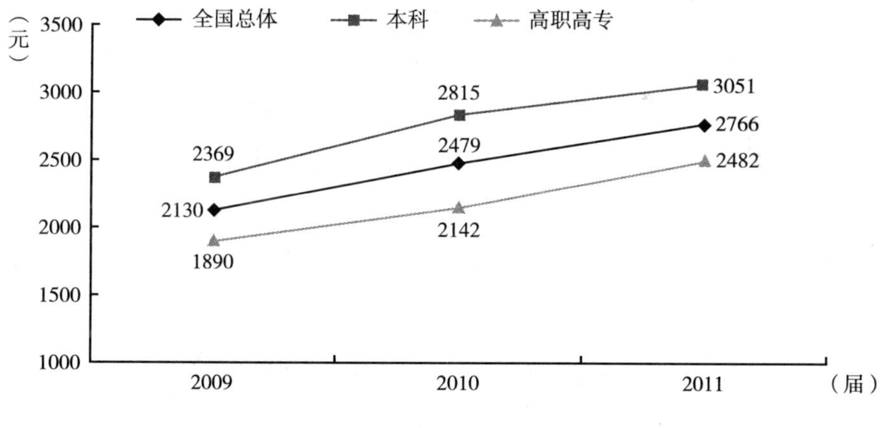

图4　2009～2011届大学毕业生毕业半年后的月收入变化

（三）大学毕业生毕业半年内的工作稳定性较差

图5中反映了大学毕业生毕业半年内的离职率呈现上升趋势。2011届全

---

① 月收入是指工资、奖金、业绩提成、现金福利补贴等所有的现金收入。毕业半年后的月收入是指大学生毕业半年后实际每月工作货币收入的平均值。

国大学毕业生有41%毕业半年内发生过离职，相当于每五个大学毕业生中就有两个在半年内离职，比2010届上升了7个百分点。其中，高职高专毕业生毕业半年内的离职率高于本科毕业生，有52%的高职高专毕业生半年内发生过离职，也就是说每两个高职高专毕业生里在半年内就有一个发生过离职。“211”院校半年内离职率为19%，非“211”本科院校该指标为31%。2011届大学毕业生毕业半年内离职的人群有98%发生过主动离职，而主动离职的主要原因是个人发展空间不够（30%）和薪资福利偏低（21%）。高离职率对大学毕业生与用人单位双方都带来损失：毕业生要承担失业风险及再次求职的成本；用人单位浪费了培训成本。怎样才能降低大学毕业生半年内的离职率（尤其是主动离职率）？这是值得毕业生与用人单位合作来解决的一个问题。

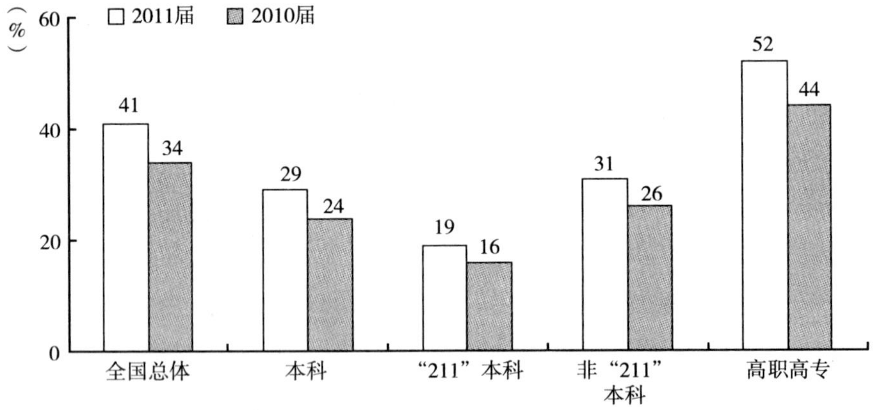

图5　2010届、2011届大学毕业生毕业半年内的离职率

四　大学毕业生中期发展分析

（一）大学生毕业三年内实现月收入倍增

从图6中可见，2008届大学毕业生在毕业三年后平均月收入为4445元（本科为5066元，高职高专为3823元）。而2008届毕业生半年后的月收入为 1890 元（本科为 2133 元，高职高专为 1647 元），三年来月收入涨幅平均达到 2555 元，涨幅超过了一倍。其中，本科毕业生的月收入涨幅达到 2933 元，涨幅比例为 138%；高职高专毕业生的月收入涨幅为 2176 元，涨幅比例为 132%。从数据中可见，大学毕业生工作三年后的收入都会比毕业半年后高出一倍多，这就给还在寻找工作的应届毕业生一个信息，不要过多的看重刚参加工作时候的收入，而应该把眼光放长远，发现不同职业的发展路线，从而找到适合自己的工作，而不是只考虑寻找短期收入高的工作。

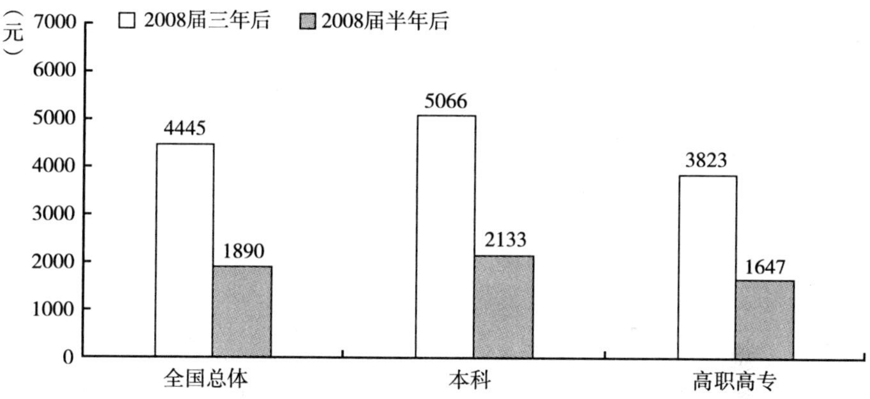

图 6　2008 届大学毕业生毕业三年后的月收入变化

（二）近六成大学生毕业三年内获得职位晋升

图 7 为 2008 届大学毕业生三年内的职位晋升比例和晋升次数。从图中可以看出，2008 届大学毕业生毕业三年内有 58% 的人获得职位晋升，其中本科该比例为 55%，低于高职高专毕业生在毕业三年内的职位晋升比例（62%）。与 2007 届相比，本科这一比例略有下降，高职这一比例略有上升。2008 届大学毕业生三年内平均获得职位晋升 0. 9 次，其中本科毕业生为 0. 8 次，略低于高职高专毕业生（1. 0 次）。有 34% 的本科毕业生在毕业三年内获得过 1 次晋升，高职高专该比例为 33%；有 6% 的本科毕业生在毕业三年内获得过 3 次及以上的晋升，高职高专该比例为 10%。本科毕业生的晋升相对较慢，可能源

于他们从事的职位本身起点较高，要通过更严格的资格考试，或更长时间的经验积累。

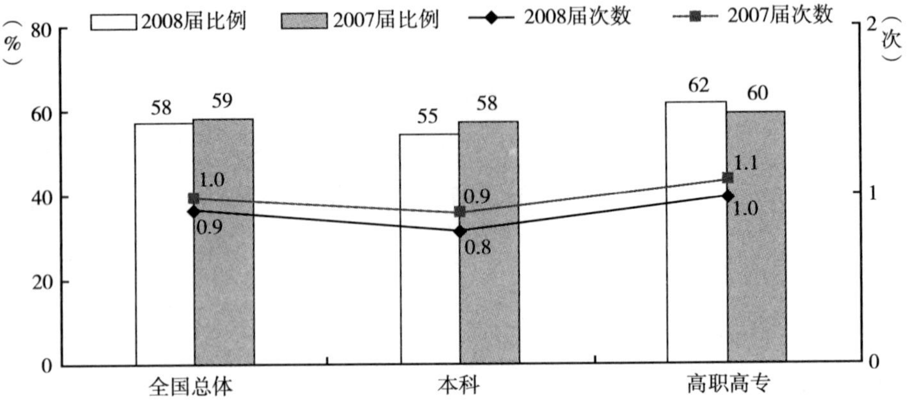

图 7　2007 届、2008 届大学毕业生毕业三年内平均获得职位晋升的比例和次数

图 8 和图 9 为 2007 届大学毕业生毕业三年后认为对职位晋升最有帮助的大学活动分布图。2008 届本科毕业生认为在校期间对职位晋升有帮助的大学

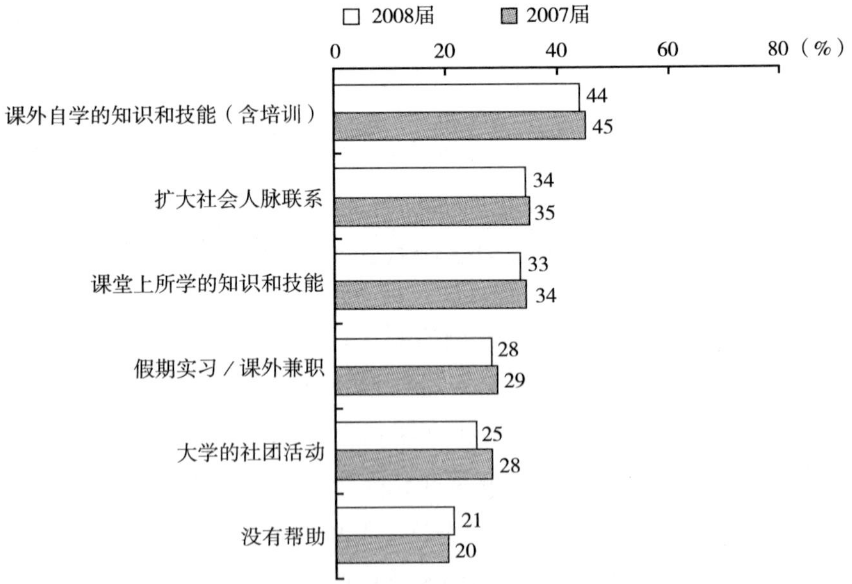

图 8　2007 届、2008 届本科毕业生毕业三年后认为对职位晋升有帮助的大学活动（多选）

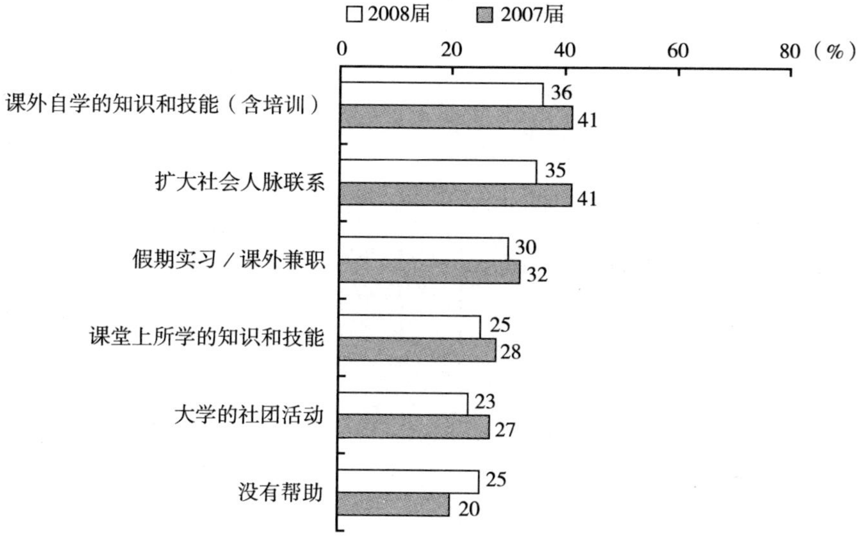

图9　2007届、2008届高职高专毕业生毕业三年后认为对职位晋升有帮助的大学活动（多选）

活动主要是课外自学的知识和技能（含培训），为44%；其后为扩大社会人脉关系（34%）和课堂上所学的知识和技能（33%）。2008届高职高专毕业生认为对职位晋升有帮助的大学活动主要是课外自学的知识和技能（含培训）（36%）、扩大社会人脉关系（35%）、假期实习/课外兼职（30%）。除了用于传授知识的"第一课堂"，高校还要善于利用"第二课堂"（包括假期实习/课外兼职、课外自学的知识和技能等），来帮助毕业生在职场里更有发展后劲。

（三）大学生毕业三年内平均为2.3个雇主工作

图10为2007届、2008届大学毕业生毕业三年内的平均雇主数量。从图中可见，2008届大学毕业生在毕业三年内平均为2.3个雇主工作过，其中本科毕业生的平均雇主数为2.1个，低于高职高专毕业生的平均雇主数（2.6个）。雇主数量越多，则工作稳定程度越低。可见，高职高专毕业生的工作稳定性较差。高校在帮助毕业生就业的时候，可以针对这一点进行进一步调研，究竟是什么原因使他们选择离开。

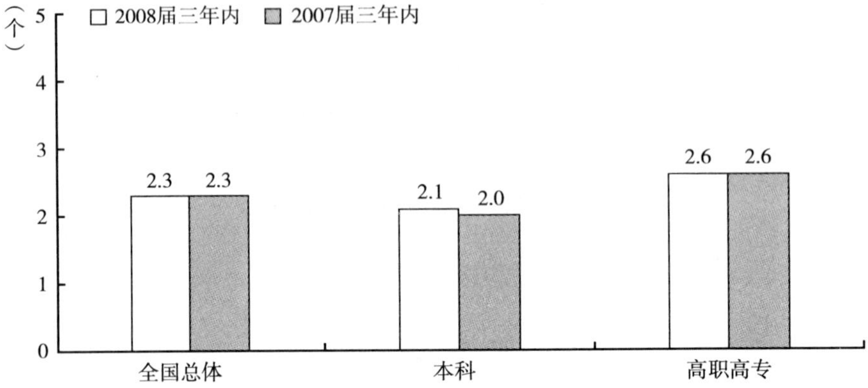

图10　2007届、2008届大学毕业生毕业三年内有过的平均雇主数

五　大学毕业生的低就业分析

（一）14%的大学生毕业半年后处于低就业状态

盖洛普（Gallup）对美国近几年各月和各年的低就业（underemployment）情况进行了调查，发现2010年美国的低就业率在18%～20%。其中，盖洛普将低就业定义为"非自愿性半职工作"（involuntary part-time job），即劳动者期望能做全职工作，但是由于就业困难不得不暂时接受半职工作。① 根据这一定义，结合中国大学毕业生的具体情况，本文将"低就业群体"定义为毕业半年后，从事与专业不相关的工作或从事半职工作，并且在本地区月收入处于最低的25%的毕业生。这一群体包括自愿低就业和非自愿低就业两种类型。其中，造成非自愿低就业的原因是求职时找不到专业对口的岗位，而其他原因造成自愿低就业。低就业比例计算时的分子是处于低就业状态的毕业生人数，分母是就业的毕业生总数。低就业的比例可以反映毕业生的就业质量。

图11显示了2011届大学毕业生半年后处于低就业状态的人群比例。从图

① 全职工作指平均每周工作32小时或以上；半职工作指平均每周工作20～31小时。资料来源：盖洛普官方网站，http：//www. gallup. com/home. aspx。

中可见，2011 届大学毕业生毕业半年后有 14.0% 处于低就业状态，其中有 10.4 个百分点的毕业生处于自愿低就业状态，而另有 3.6 个百分点的毕业生处于非自愿低就业状态。2011 届本科院校毕业生毕业半年后有 13.3% 处于低就业状态，高职高专院校这一比例为 14.6%。同时发现，如图 12，在 2011 届大学毕业生中，女性毕业生毕业半年后处于低就业状态的比例（本科为 15.9%，高职高专为 19.4%）高于男性毕业生（本科为 9.6%，高职高专为 9.4%）。已经有很多国内外的文献研究女性在劳动力市场中的弱势地位，在大学毕业生中，也存在同样的现象。

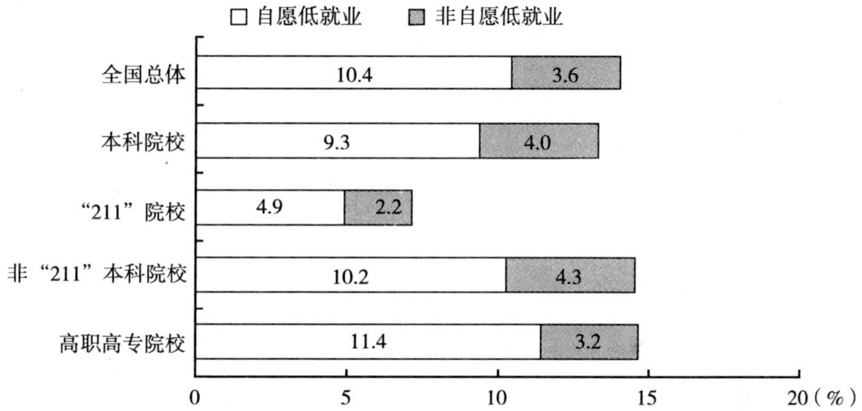

图 11　2011 届大学生毕业半年后低就业群体的比例

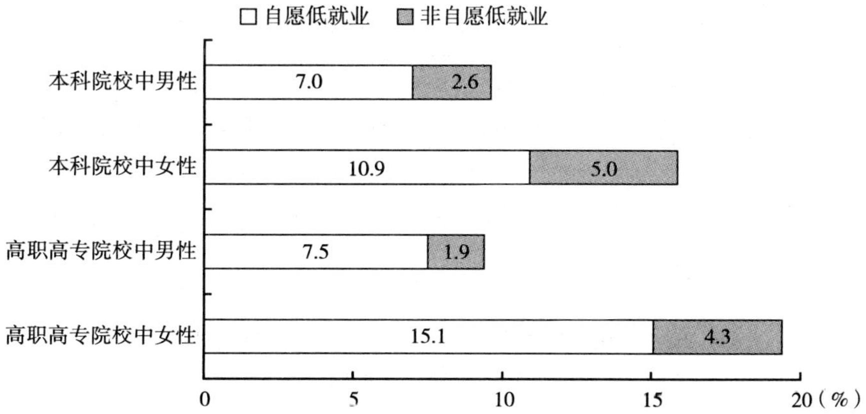

图 12　2011 届不同类型院校男/女毕业生中低就业群体比例

同时，研究发现，不同区域的毕业生毕业半年后处于低就业状态的比例也不相同，图 13 显示了毕业半年后在不同区域经济体就业的 2011 届本科、高职高专院校毕业生毕业半年后处于低就业状态的比例。从图中可见，在 2011 届本科院校毕业生中，毕业半年后在陕甘宁青区域经济体就业的毕业生处于低就业状态的比例最高，为 17.5%；在泛渤海湾区域经济体就业的毕业生处于低就业状态的比例最低，为 11.2%。在 2011 届高职高专院校毕业生中，在西南区域经济体就业的毕业生处于低就业状态的比例最高，为 17.8%；在泛渤海湾区域经济体就业的毕业生处于低就业状态的比例最低，为 12.8%。从数据中可见，在经济发达地区就业的毕业生处于低就业的比例较低，而在经济相对欠发达地区就业的毕业生低就业比例相对较高。这可能和区域间高等教育发展水平的不同相关。经济发达地区的高等教育发展水平相对较高，无论是毕业生的生源质量还是培养质量都会相对较高，因此在这些地区就业的毕业生的就业质量则相对较高。

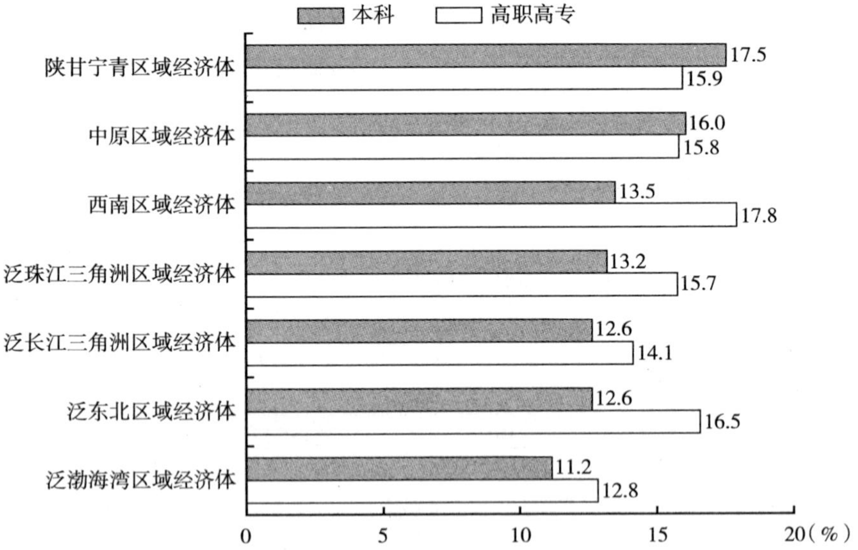

图 13　2011 届大学毕业生毕业半年后在不同区域经济体就业的处于低就业状态的比例

注：西部生态经济区因为样本不足，没有包括在内。

同样，毕业半年后在不同城市类型就业的毕业生的低就业比例也不相同。图 14 显示了 2011 届大学毕业生毕业半年后在不同类型城市就业且处于低就业状态的比例。从图中可见，在 2011 届大学毕业生中，毕业半年后在地级城市及以下就业的毕业生处于低就业状态的比例最高，本科为 17. 2%，高职高专为 18. 3%；而在直辖市就业的比例最低，本科为 6. 2%，高职高专为 7. 9%。

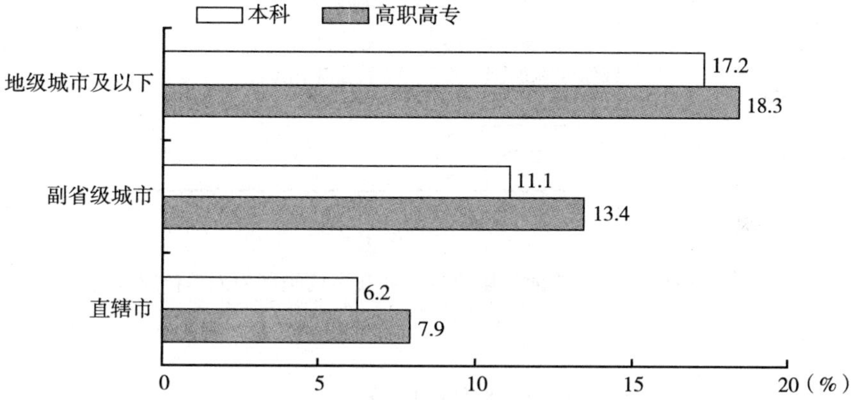

图 14　2011 届大学毕业生毕业半年后在不同类型城市就业的处于低就业状态的比例

图 15 显示了 2011 届大学生毕业半年后在不同类型用人单位就业的处于低就业状态的比例。从图中可见，2011 届大学毕业生中毕业半年后在政府机构/科研事业单位就业的处于低就业状态的比例最高，本科为 20. 7%，高职高专为 26. 5%。而在中外合资/外资/独资企业就业的比例最低，本科为 7. 5%，高职高专为 8. 1%。大学毕业生在政府机构/科研事业单位就业的处于低就业状态比例高，主要是由于自愿低就业造成的。根据之前的分析，2011 届大学毕业生在政府机构/科研事业单位就业的满意度最高，可见，这些毕业生是为了工作安全感、社会地位或其他隐性福利待遇而自愿接受低工资。

图 16 显示了 2011 届来自不同家庭职业阶层的大学毕业生毕业半年后处于低就业状态的比例。从图中可见，在 2011 届大学毕业生中，来自无业与退休家庭的毕业生毕业半年后的低就业比例最高，本科为 13. 7%，高职高专为 18. 5%。

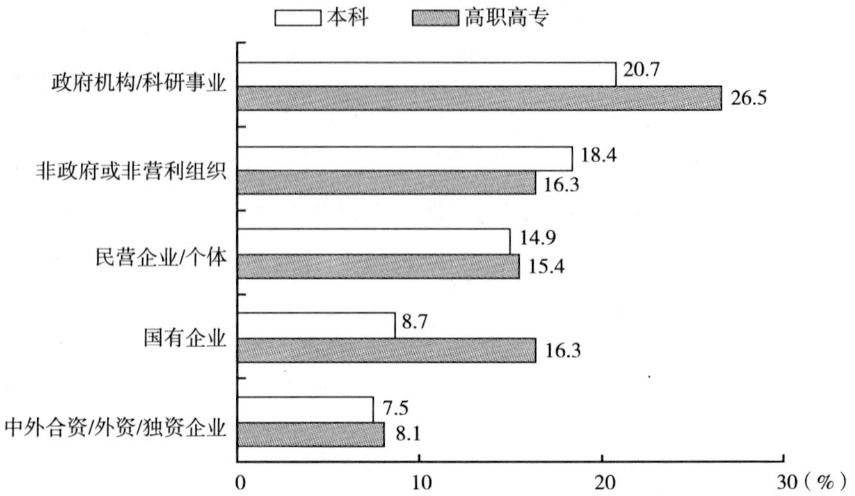

图 15　2011 届大学毕业生毕业半年后在不同类型用人单位就业的处于低就业状态的比例

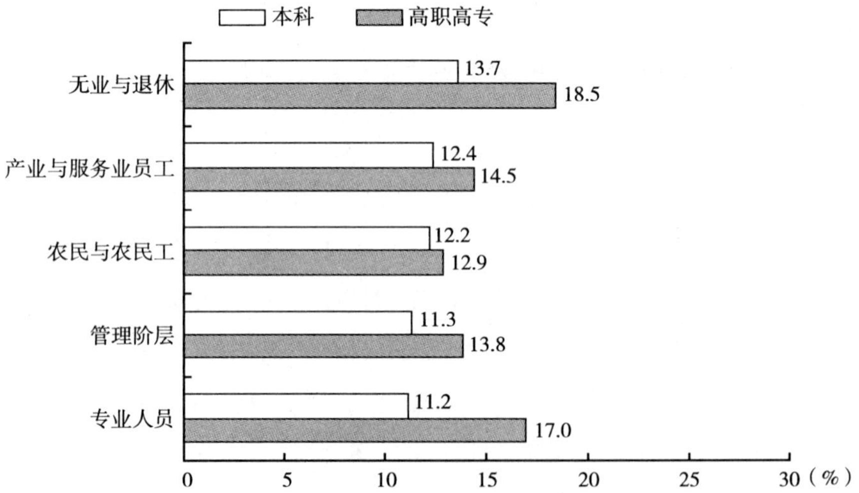

图 16　2011 届来自不同家庭职业阶层的大学毕业生毕业半年后处于低就业状态的比例

图 17 和图 18 分别显示了 2011 届本科和高职高专毕业生毕业半年后处于低就业状态比例最高的前五位职业类。从图中可见，2011 届本科毕业生毕业半年后从事社区工作者职业类的低就业比例最高，为 43.8%；其次为行政/后

勤职业类，为 32. 1% 。2011 届高职高专毕业生半年后从事行政/后勤职业类的低就业比例最高，为 35. 3% ；其次为保险职业类，为 28. 3% 。

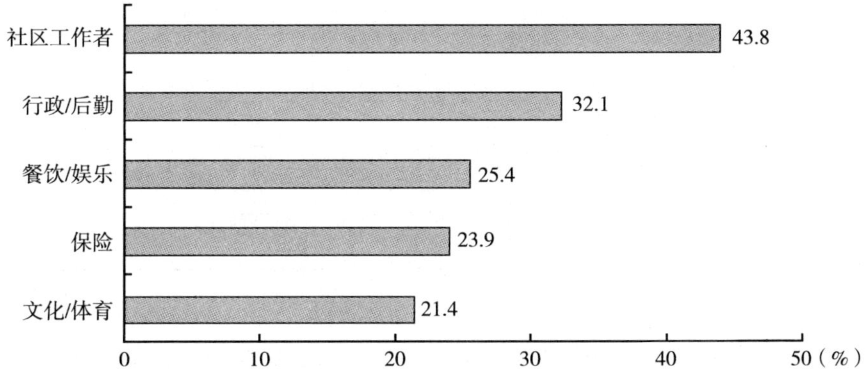

图 17　2011 届本科毕业生半年后低就业比例最高的前五位职业类

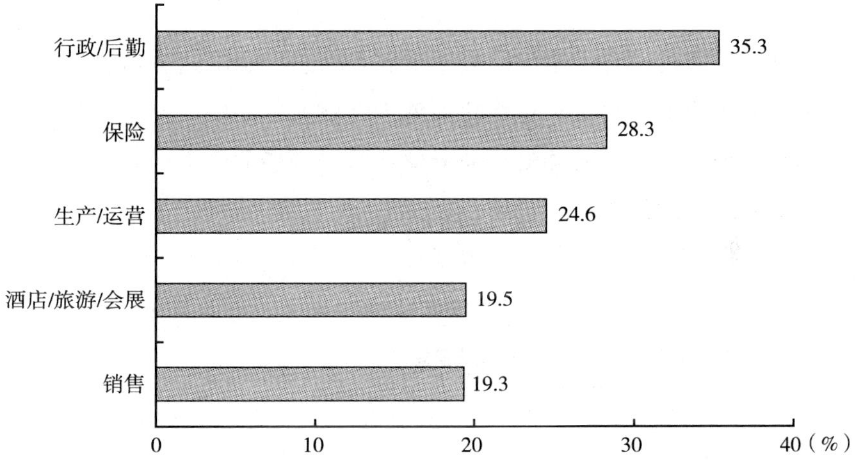

图 18　2011 届高职高专毕业生毕业半年后低就业比例最高的前五位职业类

图 19 显示了 2011 届本科、高职高专毕业生毕业半年后低就业比例最高的前五位行业类。从图中可见，2011 届大学毕业生毕业半年后在政府及公共管理行业类就业的低就业比例最高，本科为 27. 2% ，高职高专为 34. 6% ；其次为行政、商业辅助业行业类，本科为 24. 3% ，高职高专为 28. 2% 。从数据中可以发现，从事非技术类等职业的毕业生和在政府、行政、餐饮、零售等行业就业的毕业生低就业的比例较高。

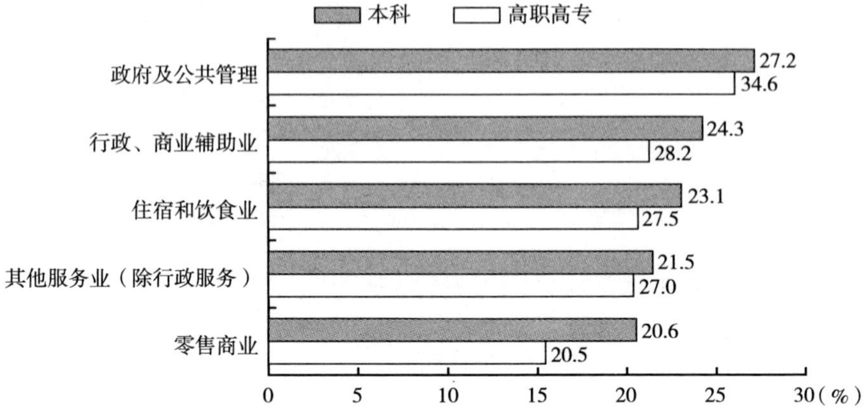

图 19　2011 届大学毕业生毕业半年后低就业比例最高的前五位行业类

（二）低就业会影响毕业生毕业半年后就业满意度

既然有一成多的毕业生半年后处于低就业状态，那么这会对这些毕业生产生什么影响？本研究分析了毕业半年后处于低就业状态的毕业生的就业满意度以及对母校的满意度，同时和处于非低就业状态的毕业生进行对比，从而发现低就业对毕业生产生的影响。

图 20 显示了 2011 届大学毕业生毕业半年后处于低就业状态群体的就业满意度。从图中可见，2011 届大学毕业生中，毕业半年后处于低就业状态的群体的就

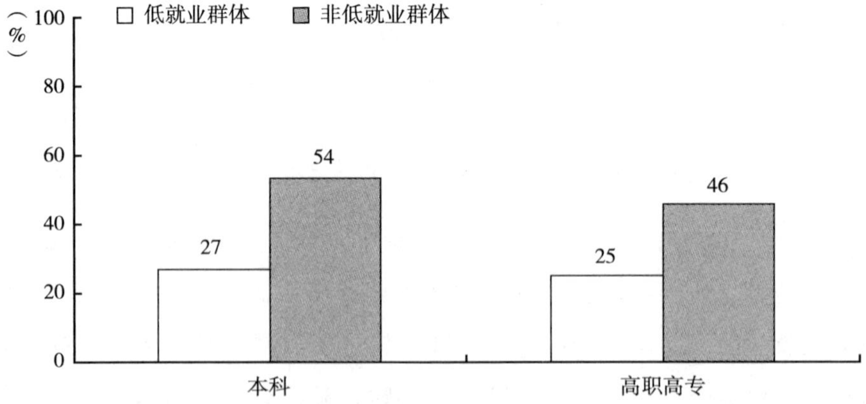

图 20　2011 届大学毕业生毕业半年后处于低就业状态群体与非低就业状态群体的就业满意度对比

业满意度远远低于处于非低就业状态的群体。具体来看，本科毕业生处于低就业群体的就业满意度为27%，低于处于非低就业状态的群体（54%）；高职高专毕业生处于低就业群体的就业满意度为25%，低于处于非低就业状态的群体（46%）。

六　结论和政策建议

本文主要对中国2011届大学毕业生的就业状况、就业质量、低就业情况，以及2008届大学毕业生毕业三年后的中期发展情况进行了分析。随着中国高校生源数量的逐年下降，未来大学毕业生的数量可能也会有所下降，但随着中国产业结构的不断调整升级，对大学毕业生的需求将会增加。因此，中国大学生的就业问题将会从就业难转向如何提高就业质量上。大学毕业生群体是党的十八大所提出的高质量就业的一个重要群体，如何提高其就业质量，是中国高等教育面临的一个主要的问题。根据上述分析，本文提出以下建议。

（一）调整专业结构，满足社会需求

中国目前的一些专业设置存在不合理现象，一些专业招收了过多的学生，而社会对这些专业的需求却是有限的，而另一些专业是国家发展所需要的，但招生量很少。建议根据区域经济发展对人才的需求情况出发，对不同区域供大于求的专业限制招生，对供不应求的专业和国家产业转型所需要的专业扩大招生。

（二）改进培养模式，提高就业质量

目前，高校培养的人才还不能完全满足社会的需求，毕业生的就业质量还不是很高，毕业生的就业满意度低、职业期待吻合度不高、专业相关度偏低、短期内频繁调换工作、低就业比例较高都反映了就业质量问题。建议高校提高学生的培养质量，调整课程设置，鼓励学生参加课外社会实践活动，监测并改进职业测评等服务的效果，帮助学生宽口径就业，减少“待定族”比例，降低毕业半年内主动离职率，提高就业满意度，帮助毕业生在职场里有更强的发展后劲。

（三）鼓励和引导高校毕业生到中小企业、基层就业

调查显示，有约一半的大学生毕业后到300人以下的中小企业就业，有约

一半的毕业生到民营企业/个体就业。可见，中小企业，特别是民营企业/个体是吸收大学毕业生的主力军。虽然中小企业在待遇等方面不如大企业，但中小企业中的机会较多，对大学毕业生的锻炼也较强。同时，中小企业的工作具有更多活力，能够包容大学生的个性，也更加适合大学毕业生的发展。因此，应鼓励大学毕业生多到中小企业、基层就业。同时，政府也可以采取一定的政策，在税收等方面给予中小企业一定的政策，促进中小企业的发展，鼓励中小企业吸纳更多的大学毕业生就业。

（四）鼓励大学毕业生到中西部地区就业

大学毕业生的就业区域选择存在着不平衡的现象，有大量毕业生选择到东部地区就业，从而造成了中西部欠发达地区面临人才紧缺的情况，而东部发达地区由于涌入了大量毕业生，出现了人才供大于求的情况。这如果不加以干预，则会落入“人才吸引困难—经济发展落后—人才吸引困难”的恶性循环。近几年政府已经出台了一系列鼓励大学毕业生到中西部地区、经济落后地区、基础岗位就业的相关政策，例如，“农村教师特岗计划”和“大学生志愿服务西部计划”等。这些政策的目的是鼓励大学应届毕业生到中西部地区就业，但这些毕业生是否能长期服务于中西部地区，是需要考虑的主要问题之一，如果毕业生只是为了某些目的而短期留在中西部地区，则相当于中西部地区为东部地区培养了高素质人才。因此，需要给大学毕业生留在中西部地区就业提供一定的与事业发展相关的政策，如果有较多的在中西部地区就业的大学毕业生可以获得更好的事业发展，将会吸引更多的毕业生到这些地区就业。

Employment Situation of China's University Graduates and Employment Quality Analysis

Wang Boqing　Guo Jiao　Men Yao

Abstract: The employment of university graduates reflects the education quality of universities and social needs. However, the difficult employment situation faced by university graduates nowadays reflects the fact that the increase in the number of university graduates does not match with the industrial structures and that the universities fail to train the graduates' employment capacity needed by the industries since the Chinese universities began to enroll more students. This thesis introduces the large sample survey made by MyCOS on university graduates. In addition, it lists the detailed data to analyze the general disposition, employment, unemployment, low-level employment and mid-term development in three years since graduation of the university graduates.

Key Words: Employment of University Students; Employment Quality; Social Needs

B.6

我国大学生就业准备状况分析与研究

石 磊　彭平根　龙燕梅*

摘　要：

本文采用专业测评与调查问卷相结合的方式，分析研究了当前我国大学生的就业准备状况。采用专业的测评工具，评估出大学生的就业准备度水平，并结合来自大学生、高校、企业三方的调研数据，综合分析目前大学生就业准备存在的主要问题及相应对策。研究表明，大学生的就业准备状态将制约其就业竞争力。因人而异是高校就业指导的基本原则，就业准备度测试有利于把握学生差异程度，就业指导工作重点应放在对学生职业素养培训与辅导上，建议高校延伸校企合作内涵，提升就业指导工作的专业化水平。

关键词：

大学生　就业准备　就业竞争力

一　引言

（一）研究背景

党的十八大报告指出，就业是民生之本，应做好以高校毕业生为重点的青年就业工作。① 近些年，“大学生就业难”一直是社会热议话题。然而，现实

* 石磊，中国国际技术智力合作公司常务副总经理、中智上海经济技术合作公司总经理；彭平根，中智人力资源管理咨询公司人才评鉴与发展中心首席专家兼执行总经理；龙燕梅，中智人力资源管理咨询公司人才评鉴与发展中心高级咨询顾问兼产品研发部总监。

① 《实施就业优先战略和更加积极的就业政策　推动实现更高质量的就业》，人力资源和社会保障部部长尹蔚民讲话稿，2012。

中一边是大学生就业难的现象，另一边却是用人单位的尴尬，他们时常抱怨优秀毕业生难觅、招聘到岗的大学毕业生不好用、职场新人适应力差等系列问题。可见，高等教育人才培养机制与社会人才需求在对接上已出现严重偏差。

高校不能一味看重学生的专业知识和求职应聘的“考试”技能，还应当关注和理解社会的需求方向与企业的用人要求，真正将提高大学生就业竞争力落到实处，以缩短毕业生走出校门踏上工作岗位的落差，强化人才与市场接轨。大学生的就业准备①不但应包括以专业知识为基础的“硬技术”，而且应包括应用知识和适应社会的“软实力”，从而达到社会用人要求，促进大学生的充分就业。

要解决我国大学生就业准备问题，科学的方法是以社会的人才需求为出发点，围绕入职一年内职场新人应必备的职业素质进行调查和探讨，在客观的数据分析基础之上，提出相应措施，改善大学生就业准备现状，助力高校强化与提升学生人才的品质，优化就业结构，有效缩短大学生考用落差，提供切合用人单位需求的优质应用型人才，达到深化高校人才培育、链接用人需求与学用合一的目标。

（二）研究概况

本报告是对2013年“CIIC（中智）专业版《大学生就业准备度（个人版）测验》”（以下简称为“CIIC-WRT”）的测评数据和为本研究编制的“大学生就业准备情况调研问卷”搜集来的调查数据进行综合分析而得。

“CIIC-WRT”参阅和借鉴了大量国内外文献，以企业管理人员、高校就业指导教师、大学生三类不同人群为受访对象，提取出入职一年内职场新人的必备素质，从做人、做事、自我管理、职业心态四大方面入手，构建出“大学生就业准备度模型”，围绕“有计划地做事、与伙伴友好合作、礼貌沟通、进取好学、职业心态”五大维度评估大学生的就业准备程度。各项维度的计分采用0~10分的标准分计分方式，分为高分（D≥8）、中分（8>D>3）、

---

① 大学生就业准备是指大学生为了增加“获得满意度较高、竞争性工作岗位的可能性或接近程度”而进行的心理、综合素质和能力方面的准备。

低分（D≤3）三个等级；最终报告的准备度分值采用标准百分制计分方式，在0% ~100%；评级根据常模界定，依次划分为优秀（X≥80%）、良好（80% >X≥70%）、一般（70% >X≥50%）、警惕（X<50%）四等级。该测验具有良好的测量特性，经统计分析，总量表和15个分量表均具有良好的一致性，信度水平较高；[①] 在效度方面，其内容效度比较理想，[②] 且具有一定的结构效度，[③] 适用于待就业群体了解自身就业准备程度。鉴于该测验已得到广泛应用，是中智公司的一款成熟型专业应用产品，故本研究将该测验作为数据采集的主要工具。

在此基础上，我们编制了“大学生就业准备情况调研问卷”，分“学生版”“高校版”和“企业版”，从大学生、高校和企业三方加深对大学生就业准备等问题的探讨。我们将院校划分为华东、华南、华中、华北、中西部等地域，采取结合地域覆盖原则随机抽取的方式。调研对象均为“211”院校、非“211”本科院校、本科院校高职高专部的在校大学生，不包括成人高等教育院校、军事院校和港澳台院校。测评和调查均以电子邮件方式，分别向自愿报名申请参加调研的学生发放免费测评与调查问卷客户端账号（两者为同一账号）。最终，我们在报名系统中随机抽取了来自全国71所高校的2665名申请者，向他们发放了测评调查账号，作答有效率为100%。

针对高校和企业的调查问卷仅作为对大学生就业准备调研工作的有益补充，并非本研究的核心内容，故调研规模有所减少。调查以电子邮件方式分别向高校教师发放答题邀请函、向企业人力资源工作者发放问卷客户端链接作为数据采集方式，共采集了来自61所高校的104位就业指导教师（含校级、院系级的就业指导教师）和327位企业人力资源工作者的反馈，问卷有效率均为100%。

---

① 该测验具有良好的测量特性。整份测验的 α 系数达到0.961，表明总量表具有良好的一致性。15个分量表的 α 系数从0.695到0.763，可见各分量表的信度水平较高。

② 以分量表总分与总量表总分的相关作为衡量内容效度的指标，显示出各分量表与总量表的相关区间为0.455 ~0.887，均达显著水平，表明其内容效度比较理想。

③ 以各分量表与总量表总分相关超过各分维度间的相关考察量表的结构效度，各分量表之间的相关区间为0.300 ~0.678，总的来说，各分维度与量表总分的相关度超过各分维度之间的相关度，说明15个分量表之间具有相对独立性和关联性，具有一定的结构效度。

（三）主要结论

本研究数据显示，我国大学生的就业准备程度不高，总体平均就业准备度为56%，处于“一般”水平；仅不足四成（占38.57%）的大学生就业准备度达到“良好”水平（80%＞X≥70%）及以上；六成以上（占61.43%）的大学生就业准备度在“一般”水平（70%＞X≥50%）及以下，其中竟有41.54%的大学生就业准备度处于“警惕”水平（X＜50%）（见图1）。虽然本次测评采用的“CIIC-WRT”为自陈式量表，但是由于采用自愿报名方式进行，从而在一定程度上确保了作答者有良好的合作意愿，最大限度地避免自陈式量表常遇到的社会称许性问题。大学生答题的过程正是一个自我了解和探索的过程，这与不少参加测评的大学生给予我们的积极反馈一致。因此，我们认为，本测评结果能够比较真实、客观地反映大学生就业准备度现状。

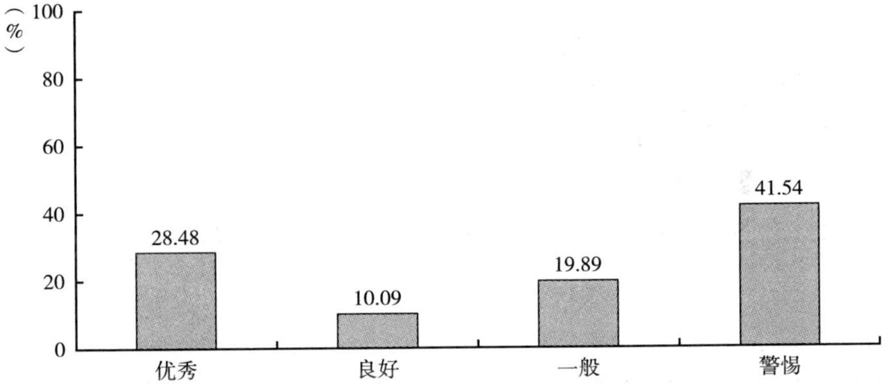

图1　我国大学生就业准备度等级分析结果

测评统计分析结果进一步显示，大学生的“做事”“做人”逊色于“自我管理”和“职业心态”，其中“做事”最为欠缺；具体而言，在“职业心态”“进取好学”“礼貌沟通”“与伙伴友好合作”“有计划地做事”五大维度中，“有计划地做事”的显著性低于其他四个维度。在以上五大维度下属的15个指标中，“礼貌表达”和“条理性”偏低，与其他13个指标有显著性差距。这表明作为即将踏入社会的职场新人，大学生的职业化程度亟待加强。特别是在“形成良好的工作习惯，适应新环境高效率地完成新任务”，以及“在职场上能够礼貌得体地与人沟通”这两大方面，都存在着很大的提升空间。

此外，调研结果反映出，大学生对高校提供的就业指导服务工作充满期待。从就业指导服务的满意度调查看，大学生表达出对高校就业指导服务工作专业化、职业化程度亟须提升的期望。

总而言之，大学生的就业准备状况直接制约着他们的就业竞争力，建立以企业对新人的职业素养基本要求为基础的大学生就业准备度评判标准，既有利于提升“就业率”，又有利于提高“就业力”。提高大学生就业准备度，不单是学生自身的责任，也是高校和企业的责任，需要整合社会资源，提升高校专业化、专门化和专家化的就业指导能力。

二　大学生就业准备状况评估与调查分析

（一）大学生就业准备程度评估分析

“CIIC-WRT”的测评数据显示，我国大学生的整体就业准备度平均值仅为56%，为“一般”水平。尤其是，共有61.43%的大学生就业准备度在“一般”水平之下（含“一般”），在群体中占大多数，其中，41.54%的大学生就业准备度为“警惕”水平。可见，面临就业问题，大多数大学生并没有达到良好的准备状态。

进一步的统计分析结果表明，大学生就业准备度在学校所在地域上并没有呈现出显著性差异；有意思的是，大学生就业准备度在年级上呈现出了显著性差异。大一和大三高于大二和大四，且大一的显著性高于大四，但其余各年级之间并无显著性差异。我们推测，这与大学生所处的年级状态有关。相比于大二、大三特别是大四的学生，大一学生新进入校园，满怀憧憬，充满朝气和斗志，乐于尝试和接受各种新生事物，学习状态较好；由此可见，高校就业指导工作需要更加重视对大二学生，特别是大三和大四学生就业准备状态提升的问题。

我们发现，一般本科院校大学生就业准备度的显著性高于一本院校、985

院校和211院校，其他各院校之间并没有呈现出显著性差异。这表明，可能由于没有名牌、重点大学的光环，一般本科院校的大学生在就业准备工作中反而更加务实。这就能解释为什么在实际求职中，一般本科院校的学生仍然能得到很多用人单位的青睐。这也表明，一本院校、985院校和211院校大学生的就业准备工作形势不容乐观。

本研究数据还呈现出，在性别方面大学生就业准备度存在显著性差异，男生明显高于女生。具体表现在“礼貌沟通”“进取好学”“职业心态”方面，男生均明显高于女生；而在“有计划地做事”和“与伙伴友好合作”方面并没有呈现出显著性差异。由此我们分析，这也许能够折射出女生在展现自我、树立目标等方面较男生更为缺乏自信心，从而影响到她们的就业准备程度。在高校就业指导工作中，需更加关注女大学生的就业准备状态。

构成大学生就业准备度五大维度的测评数据显示，“职业心态”“进取好学”“与伙伴友好合作”“礼貌沟通”“有计划地做事”均处于中分水平（8 > D > 3）（见图2）。相比较而言，“职业心态”维度的显著性高于其他四个维度，而“有计划地做事”维度的显著性低于其他四个维度。这反映出大学生对待个人就业问题有一定的重视意识，面临求职问题，他们愿意付诸行动，尝试通过个人努力去达成目标。同时反映出，在职场工作本身的职业习惯、职业规范和职业素养等方面，大学生离职场需具备的职业化要求尚有差距。

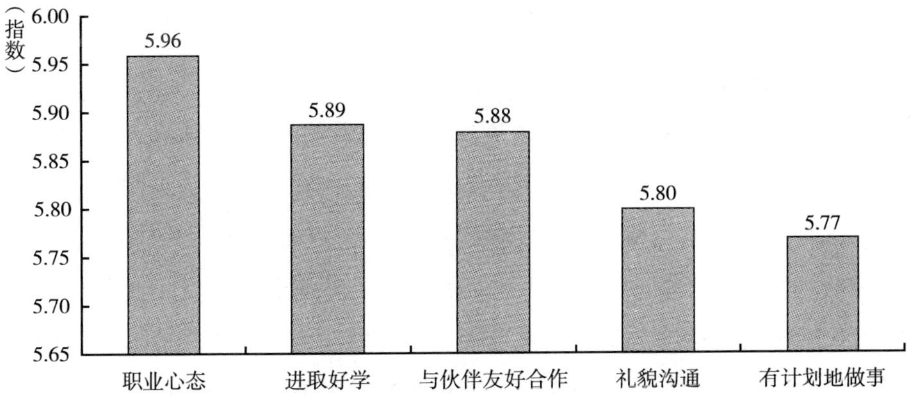

图2　我国大学生就业准备度五大维度测评结果

1. “职业心态”维度分析

“职业心态”是从职场心态角度，通过所归属的“责任心”“主动性”“自我调适”和“正面思考”四个指标评估大学生在适应职场环境、接受职业要求、完成职业任务过程中所需要的职场心态。

结果显示，大学生在“责任心”和“主动性”两个指标上的显著性高于“自我调适”和“正面思考”两个指标（见图3）。这表明在职业心态方面，在双向选择、自主择业的大环境下，大学生尚能做到明确自我角色和职责，主动行动，对个人行为负责。但对这个群体而言，如何保持良好心态，善于看到事物积极向上的一面；如何坦然面对困境或障碍，主动调节自身心理与行为，适应外在环境的变化，依然是值得关注和有待改善的问题。

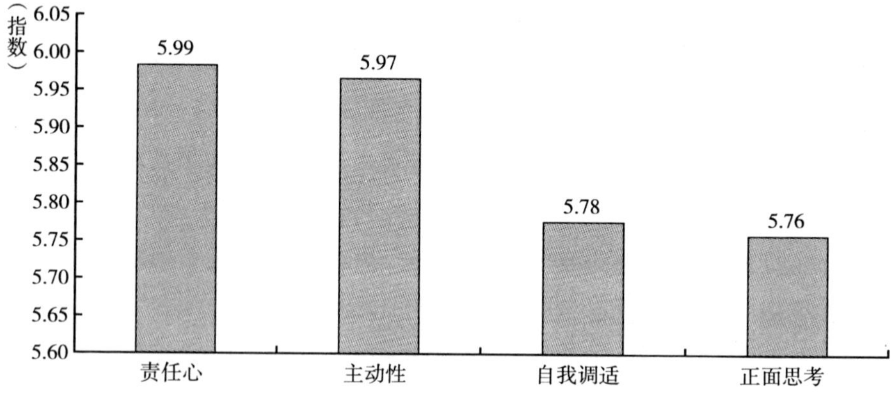

图3　“职业心态”各指标分析结果

2. “进取好学”维度分析

“进取好学”是从自我管理角度，通过下属的“主动学习”和“上进”两项指标评估大学生积极进取、主动追求卓越的内在心理特征。结果显示，这两项指标的平均得分没有体现出显著性差异（“主动学习”为5.93，“上进”为5.91）。这表明在进取好学方面，不少大学生展现出了积极向上、追求进步的特点。这在一定程度上反映了在当下竞争日益激烈的求职环境下，不少大学生具有积极进取的一面。由此说明，当代大学生就业竞争力的提升，不应停留在解决他们提升就业意愿的问题，而要更加聚焦于高校就业指导工作是否有能力真正帮助大学生将就业准备的工作落到实处的问题。

3. “与伙伴友好合作”和“礼貌沟通”维度分析

“与伙伴友好合作”和“礼貌沟通”是从做人的角度，分别通过下属的“谦虚”“包容接纳”“开放分享”指标和“礼貌表达”“主动沟通”“积极倾听”指标，评估大学生在人际关系中友好合作、达成目标的行为特征，以及在一般人际交往中促成和谐人际关系的内在心理特征。

结果显示，在“与伙伴友好合作”维度，大学生“谦虚”指标的显著性高于“包容接纳”和“开放分享”两项指标（见图 4）。这体现出不少大学生在与伙伴合作时，愿意请教他人，更加关注自我体验和个人成长，倾向于和自我认同的伙伴相处，有改善个人不足的意愿，却并不愿意向他人分享自己的心得体会和经验教训，对与己有差异的人或新鲜事物，不愿主动了解与接纳。这在一定程度上将影响大学生在职场上与人相处的融洽程度。

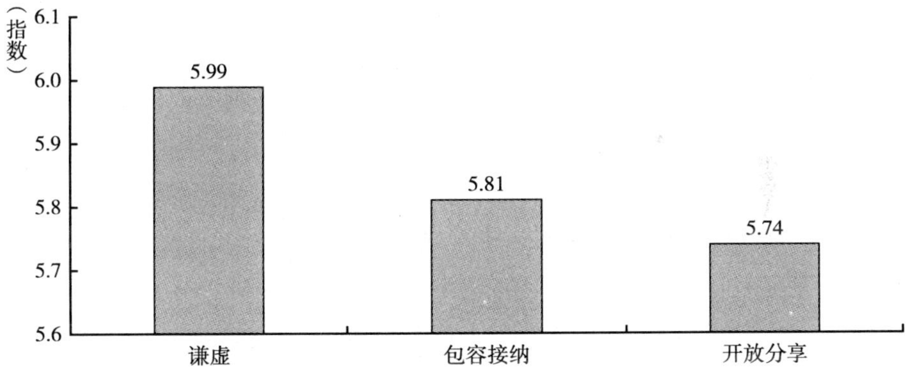

图 4　“与伙伴友好合作”各指标分析结果

在“礼貌沟通”维度，大学生“礼貌表达”指标的显著性低于“主动沟通”和“积极倾听”两项指标（见图 5）。这反映出在与人沟通的过程中，大学生愿意做出正面回应，并主动与他人交流，但恰当地以符合沟通场景的语言表达自己的见解则略显逊色。大学生在交流沟通过程中，如何做到良好的语言和行为输出，将直接影响到他们在未来职场上能否有效展现个人才华、快速获得他人认同，值得关注。

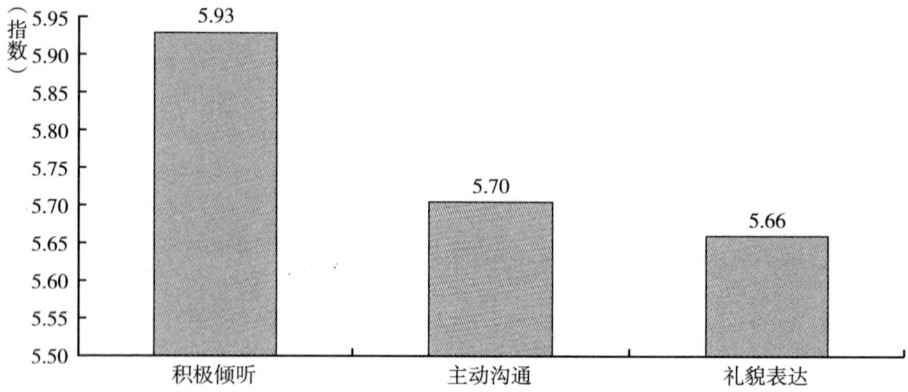

图5 “礼貌沟通”各指标分析结果

4. “有计划地做事”维度分析

“有计划地做事”是从做事的角度，通过下属的“条理性”“时间管理”和“关注结果”三项指标，评估大学生在多任务复杂情景中达成目标任务的行为特征。

结果显示，大学生“条理性”的显著性低于“时间管理”和“关注结果”两项指标（见图6），这表明在“有计划地做事”方面，大学生对目标和结果较为关注，在达成目标的要求下，更愿意集中精力在重要、优先的事项上。但相比而言，他们对如何有计划、有步骤地安排生活与学习进程，确保各事项有条不紊进行的态度与行为则表现得相对较差。这体现出不少

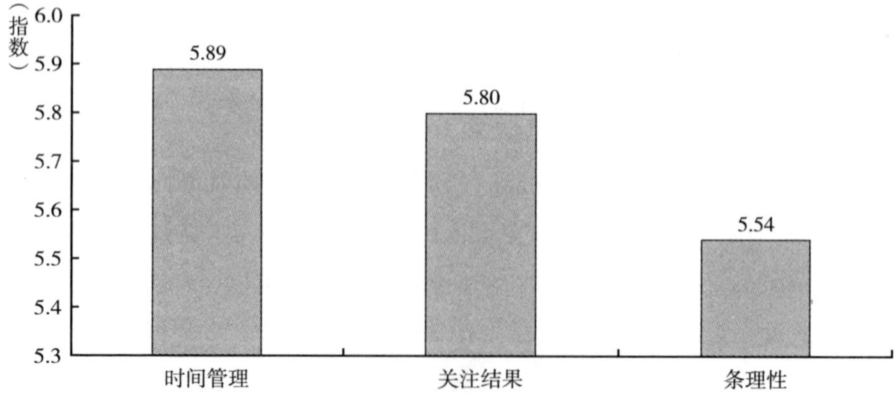

图6 “有计划地做事”各指标分析结果

大学生受随意性、不受约束的倾向影响，做事缺少计划性，缺少良好的工作习惯。

综上所述，纵观15项指标的测评数据，大学生在“条理性”与“礼貌表达”两项指标的显著性上低于其他指标（见图7）。如何有效地与人沟通，合时宜地表达个人看法；如何形成良好的工作学习习惯，高效能地完成各项事宜，这两大问题直接影响到大学生的职业化程度，需要引起高校就业指导工作者的高度重视。

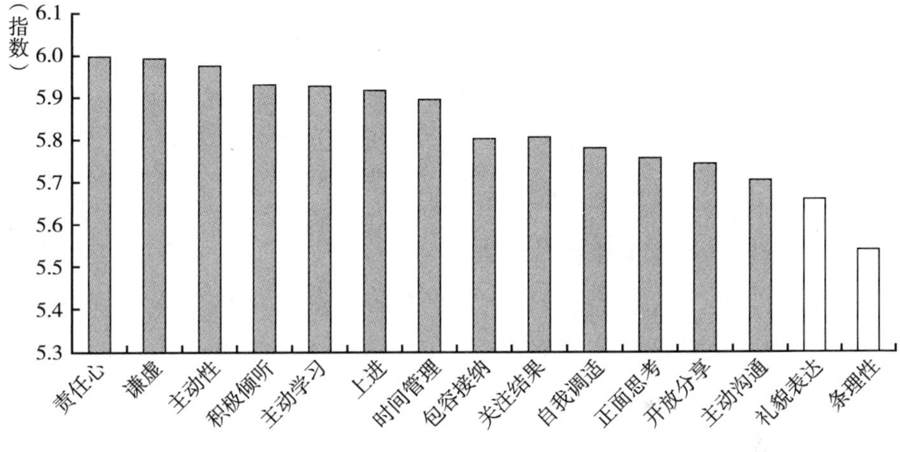

图7　大学生就业准备度15项指标分析结果

（二）大学生对个人就业准备的认知分析

“学生版”调查问卷通过对大学生个人就业意向、个人就业准备途径及其对企业职场新人要求的认识等信息，更全面地获得大学生对个人就业准备的一些自我认识情况。

1. 大学生个人就业意向分析

调查显示，列前三位的大学生就业意向分别是“政府机关/事业单位”“三资企业（外商独资、中外合资、中外合作）”“央企/国企”。众所周知，明确就业意向，往往是大学生找工作的第一步，但数据显示仍有13.70%的大学生处于就业意向模糊状态，缺少找工作的方向，从而难以有的放矢地做好就业准备工作。

排在前三位的大学生就业意向行业分别是“教育科研”“金融业”和“公共管理与社会组织”。由此看来，相对稳定或者高薪水平的行业（如金融业），依然是大学生求职的热门。

调查显示，与传统的“千军万马挤独木桥”、一心奔往一线城市的就业观不同，大学生在选择就业单位时，依次看重的因素是“收入与待遇”“个人发展平台”和“单位声誉与社会地位”。同时，现实的生存和发展压力促使越来越多的大学生逃离“北上广”，而选择“二三线城市（含省会城市）”（高达66.75%）；当然，依然有24.05%的大学生选择坚守或奔向“北上广”。我们认为，无论大学生就业选择更加看重什么、选择了怎样的城市，都反映了当前大学生就业的理性化和多元化思考。寻找和选择适合于自己的生活与工作方式，是有助于大学生调整好就业准备状态的。

2. 大学生个人就业准备途径分析

调查显示，在个人就业准备中，大学生主要通过社会实践和提高专业成绩等方式来完善自我能力素质（见表1）。同时，通过参加学生组织或社团活动等方式来完善自我个性品质（见表2）。在个人就业准备的系列工作中，大学生个人主要完成的行为是“关注并搜集就业信息”“撰写个人简历”“筛选目标就业岗位”“参与校园宣讲会、招聘会等”。

表1　大学生完善个人就业准备能力所采取的方式

单位：%

方式	占比
参加实习，在实践中提高自己的能力	15.95
参加学生会、社团活动等，并在其中担任一定的职务	15.72
强化专业课学习，争取在年级中较好的排名	15.72
课外增强专业知识学习，考取各类职业证书	14.06
关注有关能力提升方面的书籍、资料等	12.66
与职场人士交流，听取他们的经验	10.49
关注各类职场讲座，了解自身能力的短板	7.79
向老师或相关就业专家咨询如何提高个人能力	7.61

表 2　大学生在校期间完善自我个性品质、适应职场需求的方式

单位：%

方式	占比
参加学生组织或社团活动	25. 50
与家长、老师及有经验的职场人士保持沟通交流	23. 67
参加企业实习，在实践中塑造职业性格	21. 19
多看一些反映职场现象的影视、文学作品等	12. 01
通过一些性格测试量表来了解自己的性格特点	10. 19
参加各种有关性格完善的讲座	5. 31
去学校的心理咨询中心向相关的老师咨询	1. 32
以上皆无	0. 81

由此可见，目前大学生有一定的就业准备意识，个人进行就业准备的途径也较为多样。但是，为什么依然存在大学生整体的就业准备度不高的状况？我们分析，这可能更加体现出大学生渴望高校专业化指导与服务的需求，单凭学生的自我探索和努力是难以全面改善其就业准备状况的。

（三）企业校园招聘现状的基本情况分析

“企业版”调查问卷数据表明，近三年企业每年招募大学应届生的人数相对平稳，但大规模吸纳应届生的并不多（见图 8）。约七成企业近三年来平均每年只招募 1～50 名应届毕业生，且八成以上企业的校园招聘关注毕业生院校

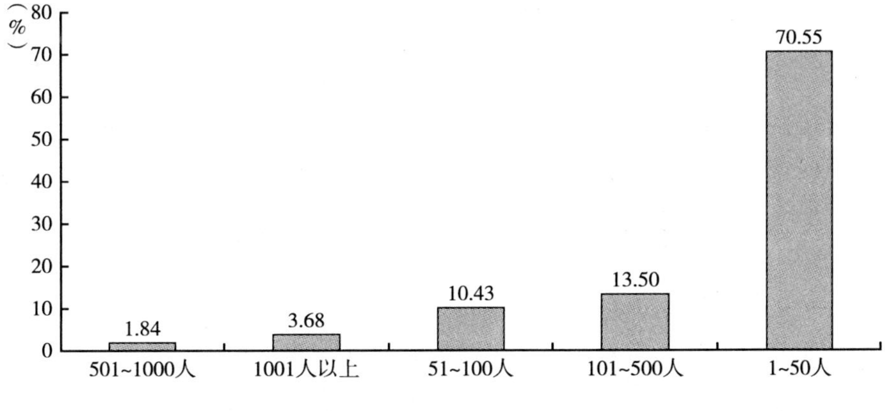

图 8　近三年企业平均每年招募应届毕业生的人数分布

层级。相比而言，普通一本院校大学生得到了企业更多的青睐（占26.06%）；另外，分别有25.15%和18.94%的企业表示希望招募到来自211院校（非985）、985院校的应届生。

我们进一步了解到，对于新入职的应届毕业生，较多企业（占35.38%）能给到的平均月薪为3001～4000元（员工试用期后的税前月平均收入，不包括福利、奖金等）。

（四）高校就业指导工作开展的基本情况分析

“高校版”调查问卷数据显示，据往届毕业生就业经验，列高校实际就业单位类型前三位的是“央企/国企”“三资企业”“政府机关/事业单位”（见图9）。该就业结果与大学生个人就业意向略有出入。我们分析，实际政府机关/事业单位的招考难度高，导致了大学生就业“理想与现实”的差距。此外，不难看到，“央企/国企”是承担我国大学生就业的主力军。

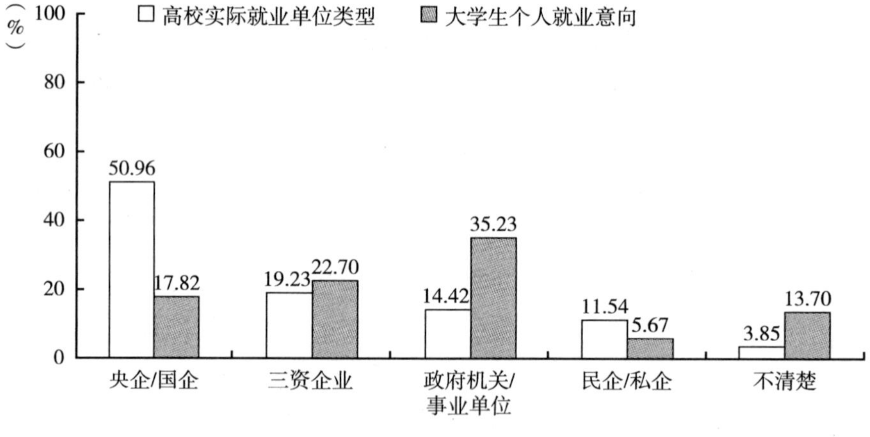

图9 大学生实际就业单位与个人就业意向单位对比

数据还显示出，不同高校开始开展就业指导工作的年级有较大差别，有33.33%的高校一般在学生大四时才开始对学生进行职业规划及就业方面的指导或培训；有33.33%的高校在学生大一时，就展开了职业规划和就业指导或培训，着手较早（见图10）。我们认为，对大学生展开职业教育的时间越早越好，这样有利于逐步培养学生的就业理念，发展职业能力。相比较而言，对大四学生开展的就业指导工作，一定程度上是针对毕业生就业率采取的短期措施。

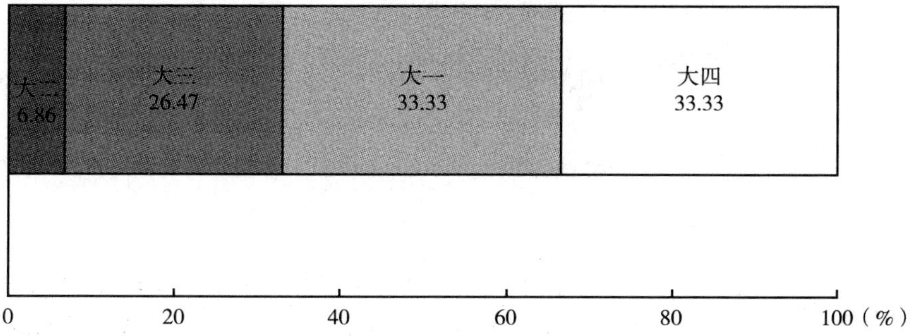

图 10　不同高校开始开展就业指导工作的年级分布

从数据中可进一步了解到，目前在高校就业指导工作中，借助专业外力，使用过第三方专业机构提供服务的比例较低，多数表示从来没有使用过第三方专业机构服务（75.49%）；在仅有的24.51%的表示使用过第三方专业机构提供的服务中，以“就业指导”“职业素质测评”“师资培训”为主（见图11）。值得关注的是，从使用过第三方专业机构提供服务的反馈看，评价还是比较积极的，表示“比较满意”的过半，“一般满意”的近半，仅有5%表示“比较不满意”，而“非常满意”和“非常不满意”的极端评价均无。由此看来，高校对外部专业支持的效果，总体上是认可的。

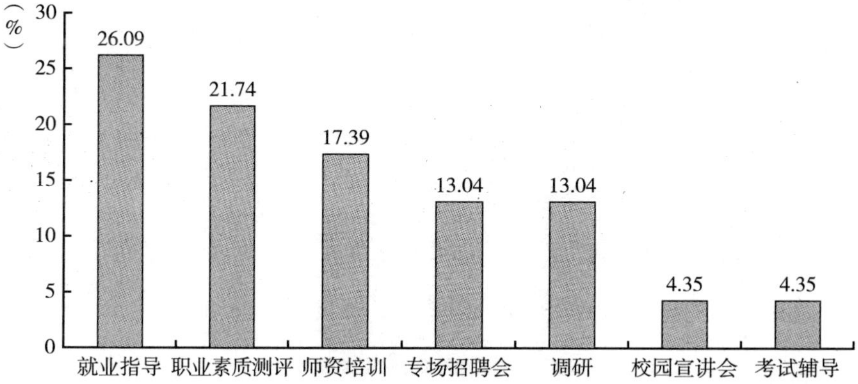

图 11　高校使用过的第三方专业机构服务类型分析

值得一提的是，在“高校在以下哪些就业工作环节中特别需要第三方专业机构提供服务”的反馈中，高校就业指导教师认为亟须提供专业支持的环节是“学生职业生涯规划（自我认知、职业发展方向定位等）”“就业指导老师的专项培训及个人发展”“学生求职技能培训（就业信息搜集、就业材料准备、面试技巧等）”等。

三　三方对大学生就业问题的对比分析

如前所述，在本研究中，我们倡导大学生就业准备以社会用人要求为方向，因此，以下将企业、高校与大学生三方对企业新入职大学生的素质要求、高校就业指导工作、校企合作需求等问题的看法进行对比研究。

（一）关于企业所注重的大学生能力素质和个性品质对比分析

从表3、表4可见，大学生对企业所注重的能力素质和个性品质要求的理解均存在一定偏差。大学毕业生在职场上做一个有责任、肯承担、言行一致的人，会更受企业的欢迎和认可。

表3　企业、高校和大学生三方注重的大学生能力素质对比

单位：%

排序	选项	学生认为企业注重的能力	学生认为学校应当注重培养的能力	企业认为学生缺乏的能力	企业认为学校最该培养学生的能力
1	团队合作能力	16.46	14.05	10.45	13.27
2	言语沟通能力	14.56	11.08	5.61	7.18
3	学习能力	13.85	10.91	3.63	8.70
4	敬业精神和责任心	9.07	3.80	18.05	14.00
5	执行力	8.73	5.57	7.25	7.69
6	应变能力	7.65	9.23	7.51	5.66
7	创新能力	6.90	8.16	5.53	4.93
8	适应能力	6.78	7.30	11.66	12.04
9	分析与思维能力	5.32	7.44	7.34	7.90
10	专业知识掌握水平	5.08	6.45	4.58	6.09
11	时间管理能力	1.59	3.23	6.56	3.92
12	外语水平	1.29	2.51	2.07	2.10
13	文字撰写能力	1.08	3.37	2.33	1.67
14	国际化视野	0.67	3.36	2.85	1.81
15	熟练掌握办公软件	0.51	1.51	2.50	1.74
16	科学研究素养	0.45	2.03	2.07	1.31

表4 高校、企业和大学生三方注重的大学生个性品质对比

单位：%

排序	选 项	学生认为企业注重的个性品质	企业注重的大学生个性品质	学校认为企业注重的大学生个性品质
1	上 进	24. 35	11. 13	8. 80
2	责任心	20. 54	16. 81	24. 93
3	诚 实	10. 69	13. 65	13. 78
4	乐 观	6. 18	4. 87	4. 11
5	主 动	5. 56	14. 16	8. 21
6	热 情	5. 31	6. 83	3. 23
7	稳 重	5. 01	2. 78	4. 69
8	谦 和	4. 59	4. 80	4. 40
9	忠 诚	4. 24	6. 13	7. 92
10	谨 慎	3. 64	1. 07	1. 47
11	专 注	2. 54	4. 49	1. 76
12	坚 韧	1. 64	3. 79	5. 87
13	直 率	1. 52	0. 51	0. 88
14	乐 群	1. 22	3. 41	6. 16
15	敢 为	1. 21	0. 76	0. 88
16	礼 貌	1. 17	2. 21	0. 88
17	包 容	0. 37	1. 77	0. 59
18	开 放	0. 23	0. 82	1. 47

（二）关于企业发布就业信息渠道的对比分析

我们看到，未来就业信息的渠道将充分采用现代技术手段，尤其是新媒体技术手段，如利用社交网络平台等大学生关注的渠道，扩大企业招聘信息的有效传达量。

（三）关于企业关注的有助于大学生就业的个人材料对比分析

从调研结果看（见图12），我们建议大学生就业准备应当注重加强实践性和实用性的个人材料。作为应聘者，缺乏实习、实践经历的简历往往难以脱颖而出，也就减少了展示其他学习证书的机会。

（四）关于对高校就业指导工作评估的对比分析

在“造成学校就业工作有难度的主要原因”的调查中，来自高校、大学生和企业三方的共识是“学校普遍缺乏专业实践教学”。此外，在企业和学生

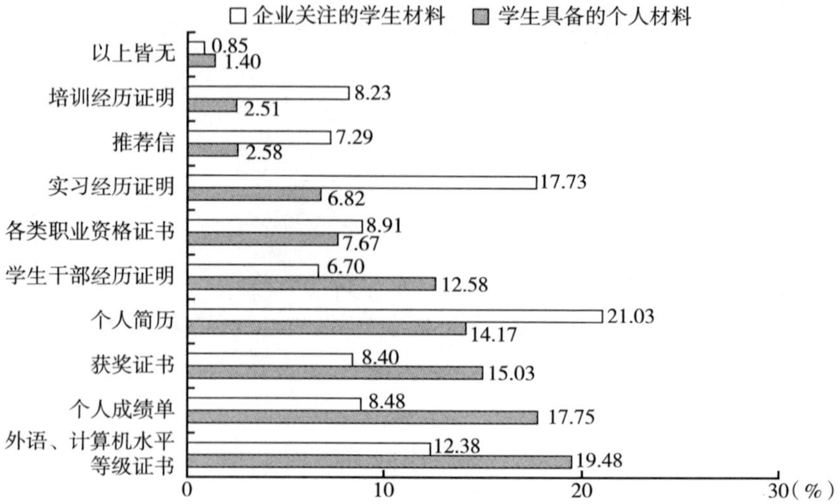

图 12　企业关注的有助于大学生就业的个人材料分析

都认为的“学校没有合理利用好企业资源”反馈中，高校对此意识并不强，这意味着高校教育的市场化导向仍待加强。

数据显示，高校就业指导工作自认为应当提升的是“提供专业化和个性化的就业指导”“指导学生进行科学的职业规划”“加强就业心理辅导”等（见表 5）。不难发现，这些均是就业指导服务中为学生提供的个性化指导工作，它对就业教师的专业化、职业化能力提出了挑战。

表 5　高校就业指导工作自认为亟须提高和改进的方面

单位：%

方面	占比
提供专业化和个性化的就业指导	28. 37
指导学生进行科学的职业规划	19. 15
加强就业心理辅导	15. 96
进行创业指导	10. 64
进行相关专业与职业技能培训	9. 93
提供就业实习或实践机会	6. 03
开展相关的职业能力竞赛	3. 19
邀请相关企业有职场经验的人士与学生进行交流	2. 48
进行就业政策和法律指导	2. 13
提供准确有效的就业信息	1. 42
组织校园招聘会	0. 71

（五）关于在大学生就业问题上企业能提供的帮助的对比分析

调查显示，高校就业指导工作渴望走近企业，认为企业能为大学生提供实践机会是最实在的支持（见图 13）。不难发现，从提升大学生实践能力的角度看，校企合作的空间还很大。

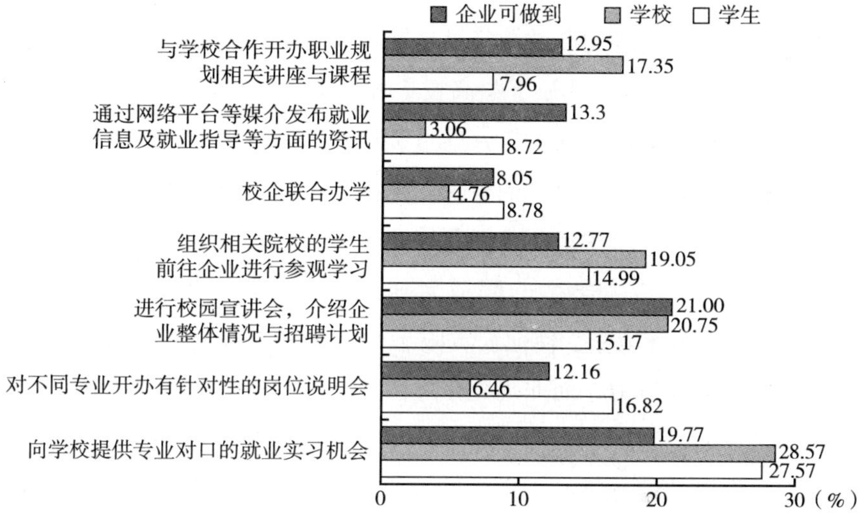

图 13　在大学生就业问题上企业能提供帮助的分析

四　我国大学生就业准备存在的问题

（一）高校就业定位分析

绝大多数大学生最终都会转变为社会劳动者，其间必然要经历转型和适应的过程。高校就业指导的定位应当是如何帮助学生缩短转型的时间和快速提升就业能力。如果高校只是将就业指导的焦点放在就业率上，那么指导方向就会有偏差。仅注重追求求职技巧和策略方面的准备，结果只能是大多数学生成为“求职面霸”。他们不是通过提高就业准备度来提升自己的就业竞争力，而是凭借临时包装、机会主义等来获得工作，当然是难以确保就业的。

另外，缺乏就业力的大学生即使获得了工作，走向了社会，受其就业竞争力的限制，保持工作并做好工作也将遭遇很大挑战。若毕业生不能得到用人单位的认可，不能获得良好的社会口碑，对学校长期的就业指导工作也将带来负面影响，必然造成就业任务的更大困难，如同陷入恶性循环。

（二）高校人才培养方向分析

解决大学生就业问题的有效途径是培养符合社会发展需求的人才，即培养“适销对路”的人才，这在本质上是高校人才培养方向的问题。我们对大学生就业准备状况进行研究的初衷，正是通过关注和理解社会用人的人才要求，与高校共同探索构建合理人才培养的模式。把提升大学生就业力作为目标，将培养符合社会经济发展要求的优质人才与毕业生就业结合起来，就是加强大学生知识应用的能力，塑造大学生的职业素养，引导大学生做好“硬技术”与“软实力”的就业准备工作，使他们放眼于个人未来长远的职业发展规划，获得踏入职场的就业竞争力，而非局限于一般就业技巧和策略的就业准备，停留于毕业找到工作而已。

另外，我们既然倡导提升大学生的就业力，那么就需要培养学生个人的核心竞争力。“差异化战略形成核心竞争力”的思路不仅适用于企业，而且适用于个人。市场经济下的大学生就业是竞争性的就业过程，求职者要想脱颖而出，则要靠“人无我有，人有我优”的差异化实力。高校就业指导部门作为学校人才的出口，建议设立职业素养培训课程，甚至可以计算学分；通过开发学生专业教材、开设师资专业培训等方式，加强就业指导工作的专业性。

（三）高校工作资源分析

本研究中，我们旨在探讨如何以学生为本，以社会人才需求为方向，打造专业化就业指导教师队伍，推进大学生职业化进程。鉴于此，我们对高校就业指导工作资源的分析，重点放在师资力量、经费支持和外部合作。

不难理解，要培养出符合市场需求的职业化人才，高校就业指导工作的教师队伍首先需要具备职业化、专门化和专家化的实力。一个完善的就业服务体系应当是集服务、管理、咨询和教育于一体的。从实践效果看来，就业指导工作的方式，最有效的还是“一对一”的形式。也就是说，高校的就业指导教师要具备为学生提供有效信息和个性化指导的能力，如对市场就业环境和一些行业、岗位的工作要求和发展趋势等有所了解，并具有心理咨询分析能力，能为学生提供个别职业咨询服务。由此可见，打造一支专业化的就业指导教师队伍，是高校就业指导工作有效开展的关键。而目前，我国高校就业指导教师的整体专业能力距离职业化、专门化和专家化甚远，亟须专门的、系统化的培训与指导，需要整合资源，借助外部专业力量。

要想建立起集管理、服务、咨询、教育于一体的就业服务体系，高校的经费支持力度应当加大，增加资金投入，建立起完善的网络系统管理，设立大学生服务专线，打造一支能为毕业生提供个别咨询和心理辅导的专业就业管理队伍。高校就业指导教师的学习是个与时俱进的过程，他们所获得的培训和指导不应只为了获得上岗证书，而应当获得系统化的“授之以渔”的方法论与经验体系，这是一个持续的学习过程。

综上所述，大学生就业是个社会问题，高校要提供专业化的就业指导服务，仅凭一己之力，难以担当。改变传统说教与理论的教育方式迫在眉睫，大学生需要社会实践能力的指导，高校要以开放与接纳的心态，请用人单位和第三方专业人力资源服务机构走进校园，走近学生和教师，他们带来的不仅仅是信息提供、技巧指导等，更有对就业观念、职业化精神、商业环境等的分享与领悟，这些资源对大学生就业都是极有益处的。

五　我国大学生就业准备问题的发展趋势与政策建议

从大局看，解决大学生就业问题，做好以高校毕业生为重点的青年就业工作，不能只是推动就业数量的提高，更要推动就业质量的提升和就业结构的优化。高校所培养出来的大学生，当他们走出校门时，应当成为高素质的劳动者、符合社会经济发展要求的优质人才，而不是徒有一纸文凭、毫无竞争力的失业人群。未来我国大学生就业工作目标的发展趋势必将由当前看重就业率转向看重就业力，改善大学生的职业素质是根本，把短期化、模式化的就业指导工作转变为长效化、差异化的指导与服务是必然方向。建议在高校就业指导工作实践中，通过制度和政策保障，促使就业指导工作落到实处，重视大学生就业准备工作，推进大学生职业化进程，衔接人才培养的市场化需求。

高校培养出的大学生终究是社会人，因此，改善大学生就业难的问题，是所有高校共同面对的问题。就业准备或就业指导的工作重点应放在对学生职业素养培训与辅导上，建议相关部门在提升高校就业教师的专业化方面加大投入，提供可供就业指导教师参考的统一教材，建立起完善的针对就业指导教师的培训体系。

Analysis and Study of Employment Preparedness Among University Graduates in China

Shi Lei　Peng Pinggen　Long Yanmei

Abstract: The thesis adopts combination of professional evaluation and questionnaire survey, and analyzes and studies the employment preparations of university graduates nowadays. By using the professional evaluating tools, the thesis evaluates the level of their employment preparations and analyzes major problems and counter measures for their employment preparations based on the survey data involving university graduates, universities and enterprises. Studies show that state of their employment preparations will constrain their employment competitiveness. "Different policies for different graduates" is the basic principle for the employment guidance in universities. The evaluation of employment preparations can help understand how much difference there is among graduates. And the employment guidance should focus on training and tutoring the students' vocational quality. It recommends that universities should enrich the contents in the university-enterprise collaboration and improve the professional level of employment guidance.

Key Words: University Students; Employment Preparation; Employment Competitiveness

B.7

推动实现农民工高质量就业研究

张一名　张建武　薛继亮*

摘　要：

2012年农民工总量继续增加，中西部地区的经济结构和产业结构调整，导致其吸纳农民工的能力持续增强，使得跨省流动农民工所占比重稳步下降。虽然农民工工资稳步提高、拖欠工资问题继续改善，但是农民工大龄化趋势日益凸显，劳动技能不高、签订劳动合同率低、社会保障水平低、居住条件差等问题依然突出，影响着农民工就业质量的提高。为此，本文从就业市场分割影响农民工公平就业、农民工就业歧视问题严重、农民工就业劳动关系、社会保障问题以及农民工就业的附属问题短期内难以解决等方面，论证了农民工就业质量不高的原因。最后，本文对此提出了对策和建议。

关键词：

农民工　就业质量　劳动关系　就业环境

一　背景

就业是民生之本。党的十八大报告指出要推动实现更高质量的就业，做好以高校毕业生为重点的青年就业工作和农村转移劳动力、城镇困难人员、退役军人就业工作。其中的农民工群体是中央提出的重点就业群体，也是就业环境、待遇、权益、稳定性等就业质量相对较低的群体。2012年农民工

* 张一名，中国劳动保障科学研究院政策仿真研究室主任，农民工问题研究中心主任，研究员；张建武，华南师范大学劳动经济研究所所长，教授，博士生导师；薛继亮，内蒙古大学博士。

总量继续增加，中西部地区的经济结构和产业结构调整，导致其吸纳农民工的能力持续增强，使得跨省流动农民工所占比重稳步下降。虽然农民工工资稳步提高、拖欠工资问题继续改善，但是农民工大龄化趋势日益凸显，劳动技能不高、签订劳动合同率低、社会保障水平低、居住条件差等问题依然突出。要想实现中国经济发展人口红利的持续作用，必须促进农民工的高质量就业。

二　农民工就业的基本状况

（一）农民工的就业总量与就业结构

1. 农民工的就业总量

2008～2012 年，农民工数量，包括外出农民工和本地农民工数量，持续增加，其中 2012 年全国农民工总量达到 26261 万人，外出农民工 16336 万人，住户中外出农民工 12961 万人，举家外出农民工 3375 万人，本地农民工 9925 万人，分别增加 983 万人、473 万人、377 万人、96 万人、510 万人，增长幅度分别为 3.9%、3.0%、3.0%、2.9%、5.4%。

2. 就业农民工的文化教育程度不高

目前，我国农民工的文化程度以初中为主，其中青年农民工和外出农民工的文化程度较高。2012 年，不识字或识字很少、小学、初中和高中文化程度的农民工与中专及以上文化程度农民工的比重分别为 1.5%、14.3%、60.5%、13.3% 和 10.4%。农民工的文化程度明显高于非农民工的文化程度。我国农民工的文化程度分布呈现出外出农民工的文化程度高于本地农民工，农民工文化程度又明显高于非农民工的现象。[①]

3. 农民工的培训不足，有待加强

2012 年，依然是大部分农民工没有参加过任何技能培训，并且青年农民

① 从 2012 年外出农民工和年轻农民工的文化程度来看，高中及以上文化程度的分别占 26.5% 和 36.4%，比 2011 年 30 岁以下年轻农民工中高中及以上文化程度的比重增加了 2.4 个百分点，比外出农民工、本地农民工和非农民工中高中及以上文化程度的比重都要高。

工参加农业技术培训的比例也比较低（见表1）。[①] 但是，年长的农民工比青年农民工接受农业技术培训的比例高，呈现出年龄层次越低，越不愿意接受农业技术培训的分布。这说明了农村青年劳动力更倾向于非农产业就业，非农产业就业倾向使得青年农民工更愿意接受非农业职业技能培训而在城镇就业。

表1　不同年龄组农民工参加培训情况

单位：%

年龄段	参加过农业技术培训	参加过非农业职业技能培训	两项培训都没有参加过
16～20岁	4.0	22.3	76.0
21～30岁	6.2	31.6	66.0
31～40岁	11.0	26.7	68.0
41～50岁	14.9	23.1	69.5
50岁以上	14.5	16.9	74.5

4. 农民工从业以制造业、建筑业和服务业为主

2008～2012年，农民工在制造业中的就业比重最大，其次是建筑业和服务业。从2008～2012年农民工就业的行业分布来看，建筑业和制造业两个行业的变化比较明显，最大的变化是建筑业吸纳农民工就业的比重逐年增大，已经从2008年的13.8%增加到2012年的18.4%，增长了近5个百分点；相比而言，制造业对农民工的吸纳能力则趋于下降，就业比重从2008年的37.2%下降到2012年的35.7%。

（二）农民工工资待遇和社会保障

1. 农民工工资待遇不断提高，但总体处于偏低水平

2008～2012年农民工收入增长幅度较大，并且表现出东部、中部、西部地区农民工收入差距越来越小的趋势。外出农民工的月收入水平不断提高。截

① 数据显示：2012年，接受过农业技术培训和非农业职业技能培训的农民工比重分别为10.7%和25.6%，两项培训都没有参加的农民工占比为69.2%。在青年农民工中，21～30岁、31～40岁的接受非农业职业技能培训的青年农民工比例分别为31.6%、26.7%，高于年长的农民工参加过非农业职业技能培训的比例，其中41～50岁、50岁以上农民工接受非农职业技能培训的比例分别为23.1%、16.9%。

至2012年底，外出农民工人均月收入水平为2290元，比2011年提高241元，增长幅度为11.8%，但增加额比2011年同期减少118元，增幅回落9.4个百分点。

农民工工资虽然有了较长时期的增长，但是与全国平均货币月工资相比，农民工工资还是处于较低水平。2008～2011年，外出农民工月收入和全国平均工资的差额越来越大，他们的差额由2008年的1068.17元/月扩大到2011年的1434.25元/月，差额的扩大幅度都在10%以上。

2. 农民工参加社会保险的水平有所提高，但总体水平仍然较低

2012年，雇主或单位为农民工缴纳养老保险、工伤保险、医疗保险、失业保险和生育保险的比例分别为14.3%、24.0%、16.9%、8.4%和6.1%，分别比2011年提高了0.4个、0.4个、0.2个、0.4个和0.5个百分点。2008～2012年，外出农民工的养老保险、医疗保险、失业保险和生育保险的参保率提高了4个百分点左右，而“五险”中参保率相对较高的工伤保险并没有显著提高（见表2）。

表2　外出农民工参加社会保障的比例

单位：%

保险	2008年	2009年	2010年	2011年	2012年
养老	9.8	7.6	9.5	13.9	14.3
工伤	24.1	21.8	24.1	23.6	24.0
医疗	13.1	12.2	14.3	16.7	16.9
失业	3.7	3.9	4.9	8.0	8.4
生育	2.0	2.4	2.9	5.6	6.1

（三）农民工就业压力和就业环境

1. 拖欠工资状况持续改善，但部分行业拖欠工资严重

2008～2012年，被雇主或单位拖欠工资的农民工比例呈现出逐年下降的态势（见图1），这主要得益于解决和遏制农民工工资拖欠的一系列政策措施的正确实施。2012年，外出受雇农民工被雇主或单位拖欠工资的比重为0.5%，比2011年和2008年分别下降了0.3个百分点和3.6个百分点。

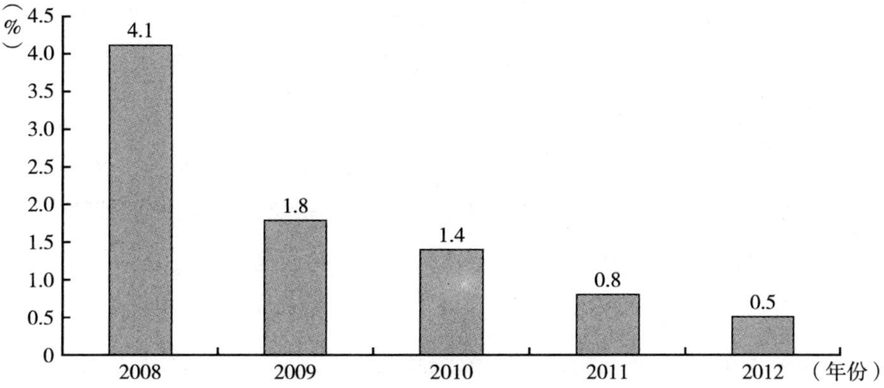

图1　外出农民工被拖欠工资的比重

从行业和地区的工资拖欠情况看，农民工就业主要集中在制造业、建筑业和服务业等行业，其中，建筑业的工资拖欠问题仍然最为严重，制造业次之，服务业最好。在政府集中治理力度最大的建筑业，工资拖欠的比重有了较大幅度的下降。2012 年建筑业农民工被拖欠工资的占 1.5%，比 2011 年下降 0.4 个百分点。

2. 外出农民工劳动时间有所下降，但总体处于工作超时状态

2010～2012 年，外出农民工劳动时间有所下降。2012 年外出农民工平均每天工作 8.7 小时，比 2011 年有所下降，低了 0.1 小时。外出农民工平均每个月工作 25.3 天，平均在外从业时间为 9.9 个月。在外出农民工中，每天工作超过 8 小时的比例为 39.6%，但是仍有 29.6% 的农民工每天工作 10 小时以上。虽然 2012 年外出农民工劳动时间偏长的情况有所改善，但是每周工作时间超过劳动法规定 44 小时的外出农民工比重依然高达 84.4%。

（四）农民工就业劳动关系有待改善

当前的劳动力市场面临着巨大挑战，农民工劳动关系逐渐成为社会关注的热点。农民工就业的工作环境、劳动保护、劳动争议解决等还存在不尽如人意的地方。

1. 收入结余少，尤其是中西部地区农民工

2012 年，外出农民工每人月均收入扣除生活成本，可以结余 1557 元，但是中部、西部地区农民工在东部地区的收入结余分别是 1518 元和 1344 元；西部地区农民工在中部、西部地区务工比在东部地区务工分别多获得 228 元和 90 元；中部地区农民工在中部、西部地区务工比在东部地区务工分别多获得 64 元和 130 元。这说明中西部地区外出农民工在东部地区务工生活开支较大，收入结余少。在中西部区域发展战略推动下，中西部就业机会不断增加，农民工也更倾向于选择就近就业。这是当前农民工流动格局发生变化的一个主要原因。

2. 农民工签订劳动合同状况改善不明显

2012 年，外出农民工与雇主或单位签订劳动合同的比例变化不大，为 43.9%，与 2011 年基本持平，并没有明显的改善。从 2012 年底与农民工签订劳动合同的分行业比重来看，建筑业为 75.1%，制造业为 48.8%，服务业为 60.8%，住宿餐饮业为 62.4%，批发零售业为 59.9%，其中未签订劳动合同比例上升的是建筑业，比 2011 年上升了 1.5 个百分点。

3. 农民工就业稳定性差

2008 ~ 2012 年，首次外出的农民工占多数，特别是在 2009 ~ 2011 年外出的比重较高。这虽然说明了在此期间农民工就业机会增加，但也说明了外出农民工就业稳定性差，在大量新增外出的同时，也有大批农民工回流。外出农民工中 2008 年以前开始外出的不到 1/3。

三　农民工就业质量提高的制约因素

（一）中国长期形成的二元体制和就业市场分割影响农民工公平就业

户籍制度和地理环境分隔是造成城乡分割的最主要原因。户籍制度造成城乡劳动力市场的分割，劳动力市场分割导致农民工就业竞争激烈，引起农民工跨区域就业；地理环境的分隔导致农民工就业成本增加、就业信息匮乏、就业机会减少。就业身份障碍和就业信息障碍直接降低了农民工参与就业的机会，最近几年的连续“民工荒”就说明了这一点。

行业分割和单位分割导致工资差别的进一步扩大，劳动技能差别和农民非市民身份差别都可以通过工资差别来实现转化。在单位分割的劳动力市场下，较大地限制和约束了农民工就业的范围和就业深度，限制了农民工就业的行业选择，抑制了农民工收入的提高。

（二）农民工就业歧视问题仍然存在

1. 就业机会歧视

农民工的就业机会歧视表现在职业和工种限制，尤其是国有企业、行政事业等；此外，还体现在对农民工城市就业的歧视性收费上，农民工在城里还要办证交费。这种农民工就业歧视性的收费无形中提高了农民工城市就业的交易成本，增加了城市居民就业的比较优势。

2. 就业待遇歧视

农民工就业待遇歧视，既包括工资歧视，也包括就业环境、就业培训、就业保障等非工资形式的歧视；另外，也表现在培训、失业及医疗保障等就业福利方面。农民工不仅从单纯的工资率上要远远低于城市职工，而且还存在着整体的收入分配不公。虽然文化素质、专业技术等个体特征的差异是主要原因，但同一区域两大群体之间同时存在着如此大的绝对和相对收入差距，是不合理的。①

3. 就业权益歧视

对农民工就业权益的歧视几乎贯穿其就业过程的始终。由于农民工身份归属的悬置，同样情况下其权益更易受到侵害，如拖欠和克扣工资、工时过长、劳动条件差、基本人权问题受到损害等。从工作环境中职业安全的歧视，到付出劳动后得不到应有报酬的工资拖欠，再到工伤、医疗等社会保障的歧视，这些不仅严重损害了农民工的合法权益和身心健康，而且直接影响着农民工的基本生活，并且容易导致农民工城市贫困和农民工与城市社会的冲突激化。②

---

① 冯虹、杨桂宏：《户籍制度与农民工就业歧视辨析》，《人口与经济》2013 年第 3 期。

② 张体魄：《我国就业歧视研究进展述评》，《华东经济管理》2013 年第 2 期。

（三）农民工的当期收入与社会保障的长远选择存在矛盾

1. 工资低收入与工伤、医疗高支出的矛盾

大多数农民工文化程度和工作技能低，只能从事劳动密集型的简单劳动，工资收入远低于城市社会平均工资水平，加之城市的平均物价高，门诊医疗和住院费用高，在急需的工伤和医疗保障方面表现尤为突出。①

2. 农民工流动性大与社会保险统筹层次较低的矛盾

由于各地经济发展水平存在明显差异，我国社保还停留在小统筹的水平，农民工输出地的内地欠发达地区与输入地的沿海发达地区相比，社保缴费和社保待遇更是存在着很大的差异。而农民工频繁转换打工地区，使社保迁移成为一个难题。

（四）农民工的城市融入问题短期内难以解决

1. 子女上学问题

对于进城务工的农民工子女就学问题，现在国家解决的方法是以流入地政府为主，以公立学校为主，这些办法在实际执行的过程中并不容易得到贯彻执行。政策执行难、户籍制度和高昂的借读费等条件，使得这些农民工的子女只好在民工自己办的学校里就读，农民工的子女接受教育的权利得不到保障。

2. 夫妻两地问题

农民工长期活动在大城市或发达地区，受现代文明的影响，他们在思想观念、生活方式上或多或少发生着变化，加上农民工家庭成员长期分居，夫妻共处和感情交流的时间很少，容易产生距离甚至感情破裂，从而导致家庭解体。尽管离婚在农村家庭中为数不多，但由于外出打工而引起婚姻破裂的却在逐渐增多。

3. 农民工住房问题

（1）外出农民工仍是以雇主或单位提供住宿为主

2008～2012 年，农民工居住情况呈现出与他人合租住房比重上升、独立

① 罗小兰：《我国最低工资标准农民工就业效应分析——对全国、地区及行业的实证研究》，《财经研究》2007 年第 11 期。

租赁住房比重下降以及务工地自购房比重下降、乡外从业回家居住比重上升的趋势。2012 年，农民工住房仍以雇主或单位提供为主，各种形式的住宿情况见表 3。

表 3　外出农民工在不同地区务工的住宿情况

单位：%

住宿情况	2008 年	2009 年	2010 年	2011 年	2012 年
单位宿舍	35.1	33.9	33.8	32.4	32.3
工地工棚	10.0	10.3	10.7	10.2	10.4
生产经营场所	6.8	7.6	7.5	5.9	6.1
与他人合租住房	16.7	17.5	18.0	19.3	19.7
独立租赁住房	18.8	17.1	16.0	14.3	13.5
务工地自购房	0.9	0.8	0.9	0.7	0.6
乡外从业回家居住	8.5	9.3	9.6	13.2	13.8
其他	3.2	3.5	3.5	4.0	3.6

（2）四成外出农民工雇主或单位不提供住宿，也没有住房补贴

2012 年，由雇主或单位提供免费住宿的农民工仅占 49.5%，41.3% 的农民工的雇主或单位不提供住宿，也没有住房补贴，仅有 9.2% 的农民工雇主或单位有住房补贴，但是不提供住宿。雇主或单位不提供住宿的农民工每人月均需支付居住费用 334 元，占其月均收入的 14.9%，占其在外月均消费支出的 45.8%。这说明了外出农民工的居住环境依然不容乐观。

四　农民工高质量就业的对策建议

（一）打破农民工就业市场分割，保障农民工就业公平

一是实现城乡劳动者比较充分就业。通过建立起比较完善的城乡一体化促进就业（创业）政策体系和服务体系，使有培训愿望的城乡劳动者都有机会接受政府补贴性的职业技能培训，实现新增就业。二是建立城乡一体化的劳动就业管理制度。大力推进城乡一体化的公共就业服务制度建设，使在法定劳动

年龄内有就业能力和就业愿望的城乡劳动力能够自由实现非农产业就业。三是加快建立覆盖城乡劳动者的就业凭证管理制度。进一步普及和推广社会保障卡，使社会保障卡成为记载城乡劳动者就业、失业、再就业、技能培训和鉴定、劳动合同、享受公共服务以及参加社会保险等劳动保障信息的凭证。四是建立城乡一体化的就业登记和失业统计制度。可以按照城乡有别、相互对接、逐步统一的原则，分别在农村和城镇建立就业登记和失业统计制度，在运行的过程中逐步并轨，逐步建立健全覆盖城乡的就业和失业统计及监测体系。

（二）推进农民工市民化

一是对现行户籍制度进行改革。推进农民工市民化，必须尽快全面破除当前二元户籍管理的制度壁垒，建立全国统一的户籍登记制度。在破除城乡二元户籍壁垒的过程中，尽可能地把迁徙自由作为公民的基本权利严加保护。各地区城镇可以通过降低准入门槛，推进农民工市民化，真正实现农民工身份与职业的双重转变。

二是拓展农民工就业渠道，增强农民工就业能力。从城乡统筹的视角出发，各地区可以通过建立现代劳动就业制度，取消对农民工就业的种种限制，拓展农民工就业渠道，促进城乡一体化的劳动力市场的形成。各地区要千方百计增强农民工就业能力。

三是建立和完善农民工社会保障制度，为建立城乡一体化劳动力市场创造条件。建立和完善农民工社会保障体系，是对农民工基本权利的认可和保护，是社保工作不断创新的过程。在这样一个过程中，一要提高农民工社会保障水平，通过设立符合各地农民工发展现实的专项社会保障制度；二要针对农民工弱势群体的特征，建立专门针对农民工的社会救援制度，包括贫困救助以及法律援助等。

四是改革土地制度，完善土地流转政策。要大力培育完善的土地市场，通过市场机制形成合理的土地转让机制，同时积极发展为耕地流转提供中介服务的市场组织，规范耕地流转市场的运行。改革失地补偿制度，加快土地流转制度改革和制度创新，对失地农民工可以采取以“土地换社保”的方式进行安置，并进入社会养老保险体系，让农民工在失去土地后，通过领取养老金或者按照一定比例让农民工以农村土地换取城市住房等形式融入城市。

（三）加大教育培训力度，改善农民工就业劳动关系

第一，加强综合性职业技能培训基地建设。各地区需要整合职业教育培训资源，通过创建综合性职业技能训练基地，实现农村劳动力转移培训、在职职工培训、技能训练和考核鉴定以及返乡创业培训和再就业培训。根据目前的培训机构主要集中在城市的现状，努力推进培训实体向乡镇延伸，依托乡镇开展引导性培训，逐渐形成完善的职业教育培训体系。

第二，大力开展劳动者职业技能培训。在实施“百万农村青年技能培训工程”的契机下，各地要通过技工学校、综合性职业培训基地和各类职业教育以及培训机构大力开展劳动者职业技能培训，尤其是农民工的非农业就业培训，组织农村剩余劳动力参加定向培训和订单式的短期培训，做到农民工就业能力的提升。

第三，全面开展创业培训。各地区需要积极组织具有创业条件和意向的农民工进行提高创业能力的培训。各地劳动保障部门要建立创业培训专家咨询委员会，把工商、税务、财务等创业能力和政策培训、开业指导、小额担保贷款以及小微企业运行等扶持政策结合起来，促使农民工创业。

第四，充分发挥工会保护农民工权益的重要作用。在推进农民工就业中，要关注农民工权益保护，将此作为新时期工会工作的重点内容。在工会组织过程中，尽可能地吸纳农民工加入工会组织体系，实现农民工权益的真正保护，避免农民工自发的不合法维权现象发生，维护社会稳定。

（四）维护农民工权益，改善农民工就业环境

第一，全面推行一体化、多层次、可衔接的社会养老保险制度。确保城镇企业职工基本养老保险、城乡居民社会养老保险和被征地农民养老保障实现全覆盖，企业退休人员全部实现社会化管理，逐步全面实现城乡养老保险制度的顺畅衔接转移。

第二，建立城乡一体化的多层次医疗保险体系。实现城乡居民医疗保险制度与城镇职工基本医疗保险制度相衔接，实现城乡一体化的医疗保险制度。

第三，完善城乡一体化的新型社会救助体系。以城乡低保对象，城市

"三无"对象，重点优抚对象，流浪乞讨人员，农村重灾户、特困户、五保户等特殊困难群体为主要救助对象，坚持以政府救助为主导，相关政策扶持为补充，社会各类捐赠为辅助，逐步健全城乡一体化的社会救助体系。

第四，加强合同管理，切实维护城乡劳动者合法权益。指导和督促用人单位与农民工签署合同，并且杜绝劳动合同签订中的歧视现象。针对克扣、拖欠工资，超时加班和逃避参加社会保险等违法行为，要严格执法，确保农民工享受到《劳动保障监察条例》中的各项权益。

（五）统筹农民工城乡就业，实现城乡就业一体化

统筹城乡就业是一种制度创新，是实现劳动力资源优化配置的方式之一。统筹城乡就业的本质是劳动力在城乡间、区域间有序流动和城乡劳动力实现统一、有效的市场化配置。统筹城乡就业要求各级政府打破传统计划经济体制下形成的利用行政手段将劳动力分割为城镇劳动力和农村劳动力、本地劳动力和外来劳动力的就业管理体制，按照市场经济的要求，承认和实现劳动力择业自由和选择工作地点的自由，让劳动力在经济规律调节下在城乡间、区域间、行业间流动，实现劳动力市场的自由公平竞争和社会保障制度的完善。

Study of How to Facilitate and Realize High-quality Employment for Migrant Workers

Zhang Yiming　Zhang Jianwu　Xue Jiliang

Abstract: In 2012, the population of migrant workers in China continued to grow. As Central China and West China adjusts economic structure and industrial structure, these regions are constantly improving their capacity to absorb migrant workers. In this way, the proportion of trans-provincial migrant workers in the total migrant worker population is falling down steadily. Though the salaries of migrant workers keep rising, and the problem of wage arrears are being alleviated constantly, there are still prominent problems such as aging migrant workers, not high working skills, low rate of signing labor contracts, low level of social security, and poor living conditions, which hinder the migrant workers' employment quality from progress. As a result, the thesis analyzes the causes of not high employment quality of migrant workers from such perspectives as the separation of employment market impacting on the fair employment of migrant workers, serious discrimination against migrant workers, migrant worker-employer labor relations, social security and attached problems of migrant workers' employment, which cannot be solved in a short period. Last but not least, it proposes solutions to these problems.

Key Words: Migrant Workers; Employment Quality; Labor Relations; Employment Environment

B.8

温暖工程，促进弱势群体就业：非政府组织在就业培训中的重要作用

陈广庆*

摘 要：

大力发展职业教育，对解决我国就业问题和“三农”问题、实现“消除贫困”的联合国千年发展目标、促进教育和社会公平、构建社会主义和谐社会具有重要意义。由中华职业教育社倡导实施的温暖工程公益项目，创造了“非政府组织主导实施和政府部门参与相结合，以公益性职业教育和培训为主要内容，广泛整合社会资源、典型项目推进”的独特模式，形成了“以服务大局为宗旨、以改善民生为根本、以促进就业为目标、以市场需求为导向、以技能培训为重点、以项目管理为模式、以动态监管为保障、以强化服务为纽带”的重要经验。温暖工程的实施，对促进和实现教育公平、建设学习型社会、建立面向人人的职业教育培训体系，尤其是对如何发挥非政府组织在促进经济社会发展中的重要作用，具有一定的借鉴意义。

关键词：

职业教育 就业 非政府组织 温暖工程

我国是一个人口总量大、农村人口众多的国家，在人口素质较低、经济发展基础薄弱、就业形势日益严峻的情况下，解决就业问题和“三农”问题，实现“消除贫困”的联合国千年发展目标，促进教育和社会公平，构建社会主义和谐社会，是摆在我们面前的重要课题。职业教育作为一种独特的教育类

---

* 陈广庆，中华职业教育社总干事。

型，是一种面向人人的平民教育，是促进就业和提高就业质量的重要措施，在我国经济社会发展中具有重要的战略地位。

中华职业教育社是我国近现代第一个倡导研究和推行职业教育的社会团体，由著名爱国民主人士黄炎培先生联合蔡元培、梁启超等教育界、实业界知名人士于1917年在上海创立，迄今已有近百年的历史。温暖工程是中华职业教育社倡导实施的一项职业教育公益项目，是非政府组织参与社会工作、为弱势群体服务、协助党和政府解决城乡富余劳动力就业问题、使劳动力资源得到合理配置的一个实践探索，取得了良好的经济效益和社会效益，得到了社会各界的广泛赞誉和好评，是统一战线为经济社会发展服务的一个品牌工程、亮点工程。温暖工程的实施对促进和实现教育公平、建设学习型社会、建立面向人人的职业教育培训体系，尤其是对如何更好地发挥非政府组织在构建社会化职业培训体系中的功能和作用具有一定的借鉴意义。

一　温暖工程的基本概况

1993年10月，为解决我国城乡大批富余劳动力就业问题，时任中共中央总书记江泽民提出，希望各民主党派中央和无党派人士协助党和政府研究、解决好我国城乡大批富余劳动力就业问题。为响应党和国家号召，时任全国人大常委会副委员长、中华职业教育社理事长的孙起孟先生，于1994年提出了实施温暖工程的设想。

中华职业教育社1995年初正式启动实施温暖工程以来，以“为国分忧，为民效力；急人所急，雪中送炭；灯亮一盏，光洒成片；不厌其小，务求其实；矢志不渝，做好做大”为宗旨，通过各种形式的职业教育和培训、职业指导和介绍，并把这两种手段紧密结合起来，为社会上迫切需要创造和优化就业条件的富余劳动力提供服务，帮助、指导他们就业转岗，合理开发利用人才资源，促进生产力的发展和社会稳定，开辟了一条协助政府解决困难群体就业、实现社会公平的新途径。

截至2012年底，温暖工程已在全国建立培训基地113个，联合1000余所各类职业院校和培训机构，面向农村富余劳动力、下岗失业人员、复转军人、残疾人员等城乡弱势群体和监狱在押人员等社会特殊群体，开展公益性职业教育和培训，累计培训各类人员 1141.62 万人，帮助实现就业 309.93 万人，资助贫困生 62.68 万人，资助金额 6.28 亿元，为促进社会主义新农村建设及构建社会主义和谐社会作出了重要贡献。

温暖工程始终得到中共中央、国务院的高度重视和亲切关怀。温家宝同志于 2005 年 7 月专门就温暖工程工作做出重要批示，对温暖工程的实施成果给予充分肯定；2007 年，温暖工程作为统一战线服务经济社会发展的三大项目之一，被写入中共中央文件；2005 年，贾庆林同志出席温暖工程实施十周年总结表彰大会并发表重要讲话；李克强、张德江、刘延东等同志对温暖工程都做出过重要指示。2012 年 3 月 3 日，胡锦涛同志对温暖工程做出重要批示："要支持中华职业教育社继续实施好温暖工程。"2013 年 4 月，全国政协主席俞正声对温暖工程做出重要批示："发展职业教育、提高职业能力是提高劳动生产率、提高就业水平的基础建设，也是贫困地区脱贫的重要措施。中华职教社为发展职业教育、推动温暖工程发展，做了大量卓有成效的工作。望继续努力，为贫困农民家庭脱贫致富做出更大贡献。"

2011 年 12 月，中华同心温暖工程基金会成立。温暖工程进入了一个崭新的发展阶段，由最初的以城乡下岗再就业人员培训为主的单一类型项目培训，逐渐发展成一项涵盖城镇下岗再就业人员培训、农业实用技能培训、特殊群体培训、资助职业学校困难学生等多种培训类型和服务内容的综合性公益项目，其主要类型有以下四种。

（一）面向城镇下岗失业人员，开展就业帮扶

就业是民生之本，直接关系到人的生存、价值和尊严，影响国家的改革、发展和稳定大局。温暖工程创立之初，时值城市下岗职工大量涌现，中华职业教育社各级组织全面动员，积极开展多种类型的就业技能培训，成立职业介绍所进行职业介绍和就业指导，为城市转岗、失业人员提供"培训—职业指导和介绍—安置就业（自主创业）—再培训"的一条龙服务，帮助他们实现就业或自主创业。如云南中华职业教育社的各级地方组织先后成立了中华职业介绍所，为下岗失业人员提供再就业服务，共联系用工单位 1.71 万个，接待求

职人员3.1万多人次，介绍1.7万余名下岗失业人员和城乡待业人员实现就业。

（二）面向农村和农业生产需要，开展职业教育培训

1. 温暖工程“双百计划”

2007年，中华职业教育社与中央统战部联合农业部、原劳动和社会保障部、教育部、农业部、原建设部等启动“温暖工程百县百万农民培训计划”，把职业教育和培训、职业指导和介绍紧密结合起来，大力促进农村富余劳动力转移，帮助农民脱贫致富，实现“一人就业，全家脱贫”的目标。截至2007年底，在中央各部委共同努力下，“双百计划”在全国900多个县份得以实施，其中中华职业教育社系统承担378个县，单独完成培训任务45.3万人，为促进社会主义新农村建设及构建社会主义和谐社会作出了积极贡献。

2. 社会主义新农村建设带头人培训项目

中华职业教育社于2008年开始，与湖南中华职业教育社、湖南省扶贫办启动实施了社会主义新农村建设带头人培训班项目。目前，已累计举办35期培训班，共免费培训48个贫困县4000多个村的村干部4487名，培训覆盖面占湖南省行政村近1/10。2012年，河北、甘肃、青海中华职业教育社也陆续启动了新农村建设带头人培训班，共培训420多人。2012年，回良玉同志对中华职业教育社实施的新农村建设带头人培训班给予高度认可，并批示：“请中农办予以研究。”

3. 温暖工程可口可乐农民培训项目

2005年，中华职业教育社在湘南江永县开展温暖工程可口可乐农民培训项目，通过校企合作，共培训学员3期，累计培训玩具（衣车）、钳工工种农民工1551人，其中1523人顺利实现转移就业。该项目使农村富余劳动力实现了由体力型就业向素质型就业、由低层次就业向高层次就业、由外出后被动就业向外出前主动就业转变，增强了转移农民适应市场需要的就业能力，提高了劳务输出的质量和就业稳定性，使千余户农村贫困家庭获得了稳定收入。同时，该项目也为江永县引进外商投资办厂起到了牵线搭桥作用。通过温暖工程可口可乐农民培训项目的引领作用，江永县引进了两家外商企业，投资额在上

亿元，总计使5000多人直接或间接受益，为湘南地区经济的发展作出了重要贡献。

4. 海南中华职业教育社开展“三社帮一村”活动

海南中华职业教育社创新思路，构筑了“三社帮一村”的发展新模式。海南中华职业教育社、农村信用社、农民专业合作社相互协作，整合海南中华职业教育社培训优势、农村信用社资金优势和农民专业合作社组织优势，积极开展农民职业技术培训和小额贷款知识培训，以培训和融资为载体，形成了“给农民贷款、教农民技术、帮农民经营、促农民增收”的一条龙模式，目前已累计培训农民34万余户，发放小额贷款43亿元，培训后的农民不良还款率降至2%以下。王岐山、回良玉等领导同志多次对这项工作做出重要批示，要求认真总结经验，确保这项工作的可持续开展。

（三）在新疆、西藏开展国家通用语言培训项目

为落实中央新疆工作座谈会会议精神，满足少数民族青年学习国家通用语言文字的愿望，中华职业教育社自2010年11月起在新疆实施通用语言培训项目。该项目以国家通用语言培训为切入点，根据学员就业需求和项目地产业经济发展需要，辅助开展职业技能培训，帮助维吾尔族青年掌握国家通用语言和一技之长，从而使其达到转移就业、脱贫致富的目的。截至2013年5月底，共投入资金1300万元，在新疆7个地州18个县市和新疆生产建设兵团农一师、三师、十四师共举办201期培训班，20606名维吾尔族青年参加了免费学习培训，15503人初步掌握了使用国家通用语言的能力并陆续就业，就业率为75%。

1. 项目实施背景

我们在调研中发现，18～35岁的维吾尔族青年迫切需要就业，但因为不懂国家通用语言，被许多企业拒之门外。教育部门只负责在校生的双语教学，虽然新疆各级劳动部门在开展职业技能培训时也开展“双语培训”，但由于他们的主要职能是职业技能培训，师资、经费等无力顾及语言培训。也就是说，有很大一部分少数民族青年的语言培训工作没有相关部门帮助落实。于是，中华职业教育社决定通过项目实施解决这一社会问题。2010年11月，项目正式

在喀什地区的疏附县和克孜勒苏柯尔克孜自治州的阿图什市启动实施。

2. 项目的主要效果

第一，引起中央领导和有关部门的重视。李克强总理、张德江委员长、刘延东副总理分别做出批示，对项目的经验和培训效果给予充分肯定，要求中央有关部门及新疆维吾尔自治区政府、新疆生产建设兵团给予大力支持。新疆维吾尔自治区党委书记张春贤说："语言培训项目抓住了根本，符合新疆的实际，抓的很有现实意义，是一项民心工程。项目对于帮助少数民族群众实现充分就业，对于实现新疆的长治久安很有意义。"2011 年 10 月，人力资源和社会保障部部长尹蔚民在中央统战部召开的联席会上表示，人力资源和社会保障部要负责少数民族地区农民工的双语培训工作，由农民工工作司具体负责。由此，少数民族地区农民工的双语培训工作正式成为政府职能部门的服务内容。

第二，发挥了良好的示范带动作用。中华职业教育社在疏附县试点实施项目仅一个月，喀什地委行署就认为项目切入点好、培训模式科学高效，出资 600 万元在全区的 11 个县复制推广。2013 年，新疆维吾尔自治区政府决定投资 3000 万元，在全疆的 24 个县推广该项目。考虑到中华职业教育社具有成熟的项目管理经验，新疆维吾尔自治区人力资源和社会保障厅决定通过政府购买服务的形式，把项目的部分内容交给中华职业教育社实施。这是中华职业教育社直接参与政府购买社会服务的一次新探索。

（四）实施贫困地区职业教育项目，促进连片特困地区经济发展

1. 实施温暖工程毕节项目，为毕节实验区建设服务

2010 年 7 月，为落实胡锦涛等中央领导对贵州省毕节试验区工作重要指示精神，中华职业教育社开始参与统一战线"同心·智力支持工程"，通过实施温暖工程毕节项目，开展中职学历教育，帮扶毕节实验区提高职业教育水平。

该项目采取联合办学模式，动员了中华职业教育社联系的 13 个省市的 29 所优质职业院校与毕节 15 所中职院校对接，采用"1 + 1 + 1"培养模式招收初中毕业生，进行中职学历教育，即毕节学生第一年在毕节地区学校学习，第二年到合作学校学习，第三学年由合作学校负责安排实习。学习期满，由合作学校颁发毕业文凭及技能资格证书，并负责推荐工作。温暖工程每年拿出 300

万元，按照每人每年 1370 元标准给予补助，并对家庭特别困难的学生予以生活补助。

该项目形成党委政府统一领导、统一战线支持协调、相关部门积极配合、职业院校具体实施的工作格局，走出了一条政府统筹、教育等相关部门协助支持、职业院校和企业具体参与的职教扶贫、智力扶贫的新路子。截至目前，3 年共计招生 8839 人，其中 2010 级共 1595 名学生正在顶岗实习，2011 级共 1531 名学生于 2012 年转入 22 个区外合作学校学习，2012 年毕节 15 所中职院校共招收新生 2506 人。

2. 在六盘山、大别山、中央苏区等连片特困地区开展“温暖工程·教育移民项目”

《中国农村扶贫开发纲要（2011～2020 年）》明确提出，把六盘山区、武陵山区、大别山区等区域的连片特困地区作为国家今后 10 年扶贫攻坚主战场。借鉴武陵山区助学项目模式，根据张榕明理事长的指示，2013 年，中华职业教育社在六盘山区、大别山区以及中央苏区的陕西省、甘肃省、宁夏回族自治区、青海省、河南省、安徽省、湖北省、江西省等 8 个省份实施“温暖工程·教育移民项目”，以帮助更多的孩子和家庭早日实现脱贫致富。

该项目根据各地实际需要，在东部发达地区或当地中心城市选择一批优质中职学校作为项目实施学校，面向六盘山区、大别山区、中央苏区，选拔有意愿继续学习，同时品学兼优的农村贫困学生接受中等职业教育。受助学生前两年在校学习，第三年由学校负责安排顶岗实习，实习期满合格后帮助推荐就业。参加项目的学生在享受国家对中职优惠政策的基础上，通过本项目的公益资助完成学业。被选拔的学生在校期间按照每人每年 2000 元标准予以资助。项目已于 2013 年 3 月正式启动实施，共招收 2000 名贫困学生，资助金额约为 400 万元。

二　温暖工程的主要模式

在实施温暖工程的过程中，中华职业教育社秉承黄炎培的“大职业教育”思想，始终围绕党和国家中心工作，创新职业教育，探索创造了独具特色的

“非政府组织主导实施和政府部门参与相结合，以公益性职业教育和培训为主要内容，广泛整合社会资源、典型项目推进”的温暖工程模式。

（一）坚持非政府组织主导和政府参与相结合，发挥非政府组织的社会功能

温暖工程在中国各式各样的职业培训中，是一个非常独特的类型，它是由一个非政府组织来进行总协调推动发展的，具有这样大的规模和影响，能使如此多的群众受益，在中国是少见的。温暖工程的模式不同于任何一个政府机构公益项目模式和非政府组织公益项目模式，它集政府力量和社会力量于一身，政府参与和非政府组织实施相结合，学校培训和企业订单一条龙，一人就业全家脱贫。温暖工程的模式使它能够在扶贫事业中与市场机制中的企业组织和政府机制中的政府组织相比，具有很大优势。

（二）以公益性职业培训为主，面向社会弱势群体开展培训和就业服务

温暖工程是以公益性职业培训为主要内容，面向社会开展职业教育和培训服务，是中国非常独特的一个职业教育与培训典型。由于温暖工程公益培训项目的多样性，也带来培训模式的多样化。温暖工程采用的培训模式主要有以下几种。

1. “企业订单、政府统筹、社会赞助、学校培训”模式

这是在实施可口可乐农民工培训项目过程中创建的模式。这种培训模式的主要做法是：一方面，通过广泛联系合作企业，有效解决培训设备和培训资金问题，同时，也有效解决经过培训后学员的就业去向问题。当时，主要合作企业有 3 家。其中，可口可乐（中国）有限公司提供培训资金 100 万元；东莞浩昌玩具厂提供教学实验实习设备，并推荐培训学员就业；北京美好愿景房地产有限公司提供学员生活费 10 万元，并提供培训工作用车。另一方面，通过充分挖掘和利用社办学校的优质职业教育资源，并积极争取地方政府及教育部门的大力支持，确保招生、管理等各项工作的顺利进行。湖南科技职业学院、江永县职业中专学校是项目的直接和重要参与者，除此之外，也得到了永州市

委市政府、江永县委县政府及教育行政部门等地方政府部门的大力支持。

2. 工学交替培训模式

这是一些团体社员学校结合当地实际情况，面向贫困地区学生开创的温暖工程脱贫培训模式。这种模式实行学习学期和工作学期交替进行，学员在学习学期接受学校理论知识教育，在工作学期进入订单企业顶岗工作，不仅锻炼了实践技能，还获得了相应报酬，形成了“政府扶助＋学员自力更生”的积极脱贫模式。学员通过培训学习，掌握专业技能并获得相应文凭后，进入订单企业工作，就业稳定，真正达到了“学成一个人，脱贫一家人”的目的。

3. 基金运作模式

福建中华职业教育社于2007年底成立福建温暖工程促进会，建立了300多万元的温暖工程专项基金，有效地推动了温暖工程的深入开展。福建中华职业教育社多年来围绕党和国家工作大局，积极向与中华职业教育社有关联的统战对象推介温暖工程的特色和优势，目前，福建中华职业教育社已成立了农民和大学生回乡创业基金，企业家已加盟温暖工程，每年出资150万元，连续3年出资450万元，每个项目贴息借款3万元，3年归还。本金回收后，由福建中华职业教育社继续作为青年农民回乡创业基金，循环运作。

4. 订单培养模式

湖北中华职业教育社在实施温暖工程的过程中，注重培训和就业对接，针对不同培训对象和用人单位的不同要求，做到培训专业与农民需求对接、与企业用工需求对接，坚持按订单设置课程，按订单定向培训，以当地龙头企业为主，以就近转移为主，向内转移与向外转移相结合，并紧密联系各类劳务机构，广泛采集就业信息，保证了转移就业率。

5. “就业＋助学”模式

2009年，中华职业教育社启动实施了温暖工程就业助学计划，该计划由社团、学校、企业和贫困县地方政府共同实施，面向欠发达地区农村青年，以“工学一体化学习方式”，既安排受助对象就业，又解决受助对象接受网络高等教育，使之边工边读取得大专乃至本科学历，为其搭建就业与学习的成长平台，从而实现“一人就业，全家脱贫”的目标。

（三）广纳社会资源，沟通教育系统内外

温暖工程尽可能地整合并合理利用社会资源，做好教育系统内外的沟通，形成部门联动优势，共同推进职业教育和培训。以农村职业培训为例，温暖工程将教育培训、维权服务、就业服务、社会建设等有关职能综合起来，整合培训资源，在充分发挥部门联动优势方面做了很多努力。例如，为做好农民工培训工作，努力建立起教育部门、人力资源和社会保障部门等有关部门以及企业、学校、社会上下贯通、内外呼应的培训工作机制，充分发挥部门联动优势。这是对提高培训质量、实现充分稳定就业进行的积极探索。在培训中，教育部门可以提供教育信息、组织、管理等；人力资源和社会保障部门既可以发挥技能培训的优势，还可以利用就业安置职能，尽力把培训学员送到劳动用工较好、较规范的企业中，从而提高就业稳定率。

三　温暖工程的主要经验

温暖工程是职业教育扶贫的一项重要公益实践。经过 18 年的发展，温暖工程的服务范围和影响力不断扩展，为进一步发展奠定了基础，其主要经验有以下几点。

（一）以服务大局为宗旨，围绕党和国家工作重心开展工作

在围绕党和国家工作中心、服务科学发展大局前提下开展职业教育和扶贫助教工作，是温暖工程充满活力的根本。纵观温暖工程的发展历程，其每一次重大项目的推进都与党和国家同时期的重点工作紧密相关。无论是创立初期针对城镇下岗失业人员开展的就业服务和培训，还是在国家提出西部大开发战略时推出的一系列培训项目；无论是近些年来启动实施的“双百计划”、社会主义新农村建设带头人等项目，还是目前正在实施的同心温暖工程国家通用语言培训项目，都是围绕中心、服务大局的努力。实践充分证明，主动参与党和国家的重点工作，围绕发展大局开展服务，是温暖工程必须坚持的正确方向，也是温暖工程工作不断开创新局面的根本要求。

（二）以改善民生为根本，坚持以人为本的价值追求

职业教育应该是个体进行生存自主选择、寻求生命体验、追求生命意义、焕发生命活力的过程，应该将引导人寻找和发现自己生命及其意义作为自己的出发点。黄炎培先生也将“谋个性之发展”放在职业教育目的的首位。温暖工程在实施过程中，秉承以人为本的价值追求和培训理念，尊重和关注广大民众的教育和发展需求，即按照贴近民众、方便民众接受教育培训的原则，下沉工作重心；按照民众生产生活的实际需要，确定培训内容、时间和方法；按照区域特点，多渠道、多层次、多形式地开展教育培训工作，最大限度地满足民众的多元化需求。温暖工程实践充分证明，只有坚持以人为本的价值追求，职业教育和培训工作才会更富有魅力、更富有生命力。

（三）以促进就业为目标，抓住职业教育为就业服务的宗旨

就业问题关系国计民生。就个人而言，不能就业就意味着无法谋生；就社会而言，不能实现充分就业，将直接影响经济发展和社会稳定。温暖工程因协助政府解决就业问题而创立，在实施过程中，更是始终关注民众的就业问题，特别是城乡困难群体的就业问题，始终以“有业”“乐业”和“创业”“兴业”为目标，推进职业教育工作。实践证明，温暖工程紧紧抓住了职业教育的就业服务宗旨，紧密围绕就业开展服务和培训工作，方向明、措施实，得到了社会各界的认可和广大民众的广泛赞誉。

（四）以市场需求为导向，科学设置项目内容

温暖工程在实施过程中，始终坚持面向基层，坚持围绕下岗失业人员、城乡富余劳动力、残疾人员、特困家庭学生等困难群体及监狱在押人员的特点和具体需求，开展有针对性的培训，为他们提供高质量的培训服务。这是温暖工程不断发展壮大的生命力所在。实践证明，只要温暖工程坚持面向基层，坚持重心向下，充分关注广大民众特别是弱势群体最普遍、最迫切的需求，不断深化和创新服务，就能使温暖工程始终保持旺盛的生命力。

（五）以技能培训为重点，发挥中华职业教育社“教育性”优势

美国诺贝尔经济学奖获得者舒尔茨曾经说过：“改善穷人福利的决定性因素不是空间、能源和耕地，而是人口质量的提高和知识的进步。”因而，帮助弱势群体提高自身素质，特别是提高掌握谋生技能，是实现脱贫致富的金钥匙。中华职业教育社联系、团结着职业教育领域内最具权威的专家学者，2000多个团体社员大部分是职业学校和培训机构。中华职业教育社在实施温暖工程的过程中，始终坚持发挥自身“教育性”优势，充分整合系统内的教育资源，以技能培训为着力点，为社会上迫切需要创造和优化就业条件的富余劳动力提供帮助。

（六）以项目管理为模式，以动态监管为保障，让项目在阳光下运行

对公益项目来说，管理是生命线，监督是保护神。在多年实践的基础上，中华职业教育社广泛吸取了其他公益项目的经验和教训，制定了科学的项目管理模式。项目制管理模式的要点有以下几点：一是实行契约化管理，创设首席责任人制度；二是实行信息化管理，建立数据库，严格档案管理制度，实施即时动态监控；三是实行过程管理，公开项目实施全过程，接受社会监督；四是实行社会化评估，邀请第三方独立对项目进行评估。实践证明，让项目在阳光下运行，是保障项目有效、健康实施的重要前提。

（七）以强化服务为纽带，广泛动员社会各方力量参与

温暖工程是一项社会系统工程，它的成功开展和顺利实施离不开各级党委和政府的重视、支持和帮助，需要社会各方面的广泛参与。在温暖工程的实施过程中，中华职业教育社依靠统战性、教育性、民间性的优势，以强化服务为纽带，积极争取国内外社会教育资源，广泛动员和联合社会各方力量，为温暖工程的顺利开展提供了重要的人、财、物等方面的支持。实践证明，只有强化服务职能，坚持与教育、人力资源和社会保障等有关部门以及企业、学校、社

会各方的积极沟通，坚持广泛动员社会力量参与，建立合作机制，形成部门联动优势，温暖工程的工作质量才能得以不断提高，取得的社会成效才会更加明显。

实践证明，中华职业教育社开展的温暖工程公益项目是统一战线为经济社会发展服务的直接手段和有效载体；是围绕中心、服务大局，协助党和政府促进就业、改善民生的有效载体；是帮扶、救助社会弱势群体，扶危济困，促进社会实现公平正义的有效载体。我们将抓住政府管理职能转变和社会慈善救助工作社会化这一有利时机，不断研究、创新公益项目模式，在加强项目监管和评估的基础上，实现公益资金利用最大化和公益项目效果最大化，努力开创温暖工程新局面，为建设社会主义新农村和构建社会主义和谐社会作出新的更大贡献。

Warmth Project to Promote Employment of Disadvantaged Groups

Chen Guangqing

Abstract: Great efforts to develop vocational education is of great significance for China to solve the problem of employment and the address the issues of "Agriculture, Rural Areas and Farmers", achieve the UN Millennium Development Goals of "eliminating poverty", promote fair education and society, and build the harmonious socialist society. The Warmth Project initiated by Chinese Vocational Educational Institute has created the unique model featured by "initiation and execution by NGOs and participation by government agencies, focus on public-interest vocational education and training, integration of social resources, and development of typical projects". Till today, the Warmth Project has gained the significant experience which is summarized in the following phrases, "aimed at serving the overall development, focusing on improving livelihood, targeted at promoting employment, oriented at market needs, highlighting skill training, adopting the model of project management, based on dynamic supervision and bonded by enhanced service". The Warmth Project does help promote and realize education equity, build learning society, establish the vocational education & training system for all, and in particular encourage NGOs play an important role in promoting economic and social development. It is worth learning to some extent.

Key Words: Vocational Education; Employment; NGOs; Warmth Project

就业服务篇

Reports on Employment Services

B.9 促进我国人力资源服务业发展的思路

陈建辉　王晓辉*

摘　要：

本文回顾了我国人力资源服务业的发展历史，分析了人力资源服务业发展现状和存在的不足，并提出了促进人力资源服务业发展的五条思路，分别是制定和完善促进人力资源服务业发展的政策体系，加强人才服务业法制化建设和标准化建设，建立健全人才服务业的多元投入机制和多元运营模式，转变政府职能、建立人才服务业发展的长效机制，以及加强和国外境外人才服务公司合作。

关键词：

人力资源服务业　人才服务　发展思路

我国人力资源服务业[①]还很年轻。其雏形是1979年成立的中国第一家人

* 陈建辉，中国人事科学研究院人力资源市场研究室主任，中国社会科学院人口与劳动经济研究所博士后；王晓辉，中国人事科学研究院博士。

① 人才服务业是人力资源服务业的组成部分，在人才工作领域通常叫人才服务业。

才服务企业——北京外企服务集团（FESCO）。1983 年，沈阳市人事部门成立了我国第一家人才服务机构。1984 年，国家劳动人事部成立了全国人才交流咨询中心，之后各地纷纷建立起类似的人才服务机构。但是人力资源服务业作为一项新兴产业正式被提出是在 2007 年，之后我国人力资源服务业得到了较快发展。本文将主要分析我国人力资源服务业发展现状、存在的问题，并提出进一步促进人力资源服务业发展的思路。

一　我国人力资源服务业发展的现状

经济社会的发展是人力资源服务业发展的原生动力。我国经济社会发展较为快速的阶段是 1978 年改革开放以后，据国家统计局数据，国内生产总值（GDP）从 1978 年的 3645 亿元，增长到 2012 年的 519322 亿元，增长了 141 倍；全国就业人数从 1978 年的 40152 万人，增长到 2012 年的 76704 万人，增长了 91%；第三产业的构成比例从 1978 年的 23.9% 增加到 2012 年的 44.6%。随着我国经济社会发展，我国人力资源服务业也逐步得到发展，人力资源服务业的战略地位不断凸显，多元化多层次的服务体系不断完善，服务能力日益增强，服务内容进一步丰富，产业集聚效应初步显现。

（一）人力资源服务业的战略地位不断凸显

人力资源是第一资源，人力资源服务业对国家与地区经济社会发展、提高就业质量发挥着非常重要的作用，比如人力资源服务业作为新兴产业，其本身可以吸纳众多就业人员；人力资源服务业作为生产性服务业，能够提供就业平台，提高劳动者素质，减少市场配置人力资源的信息不对称，增强人力资源流动效率，改善劳动关系，保障劳动者合法权益，等等，从而提高就业能力、就业水平和就业质量，维护社会和谐稳定；人力资源服务业对我国实施就业优先战略和人才强国战略也具有重要的推动作用。因而，人力资源服务业也不断得到党和国家的重视，其战略地位不断提升。2007 年 3 月，国务院发布了《关于加快发展服务业的若干意见》，将人力资源服务业首次写入国务院文件，提出“发展人才服务业，完善人才资源配置体系，为加快发展服务业提供人才保障"，"扶持一批具有国际竞争力的人才服务机构"。这标志着人力资源服务业已成为一个相对独立的服务行业，并纳入了服务业发展的总体规划。当年11月，在人才服务业博览会上，原人事部领导对人才服务业给出了定义，并提出发展人才服务业的基本思路。2010年，国家发布了《中长期人才发展规划纲要（2010～2020年）》，进一步提出要"大力发展人才服务业"。国家发展和改革委员会公布的《产业结构调整指导目录（2011年本）》，已将人力资源服务业以及人力资源市场及配套服务设施建设列入鼓励类行业目录。《人力资源和社会保障事业发展"十二五"规划纲要》（人社部发〔2011〕71号）也明确了发展人力资源服务业的任务与推进计划。2012年，国务院批转《促进就业规划（2011～2015年）》，规划提出要大力发展人力资源服务业，加快建立专业化、信息化、产业化的人力资源服务体系。党的十八大报告也指出"健全人力资源市场，完善就业服务体系"，以推动实现更高质量的就业。

（二）多元化多层次的服务体系不断完善

在政府政策引导与行业需求的推动下，多种所有制结构及国家级、省级、县级多层次、实体化和网络化等多样化的人力资源服务体系不断完善。据人力资源和社会保障部的统计数据，截至2012年底，我国已设立县级以上公共就业和人才服务机构以及各类人力资源服务企业28356家，其中，县级以上公共就业服务机构有6914家，占人力资源服务机构总量的24.4%；人才公共服务机构有2939家，占10.4%；国有性质人力资源服务企业有1204家，占4.2%；民营性质人力资源服务企业有17087家，占60.3%；港澳台及外资性质的服务企业有212家，占0.7%（见图1）。非公有制人力资源服务企业数量约占61%。截至2012年底，全国各类人力资源服务机构共设立固定招聘（交流）场所2.1万个，建立各类人力资源市场网站9206个。从我们的调研情况来看，目前部分省市逐步放宽外资企业来华经营门槛，比如江苏、浙江和上海人力资源服务产业园区，人力资源服务企业的外资控股比例可以达到70%，而珠海则允许外资全资入股。

（三）服务能力日益增强

近年来，我国人力资源服务业规模不断扩大，针对个人和用人单位的服务

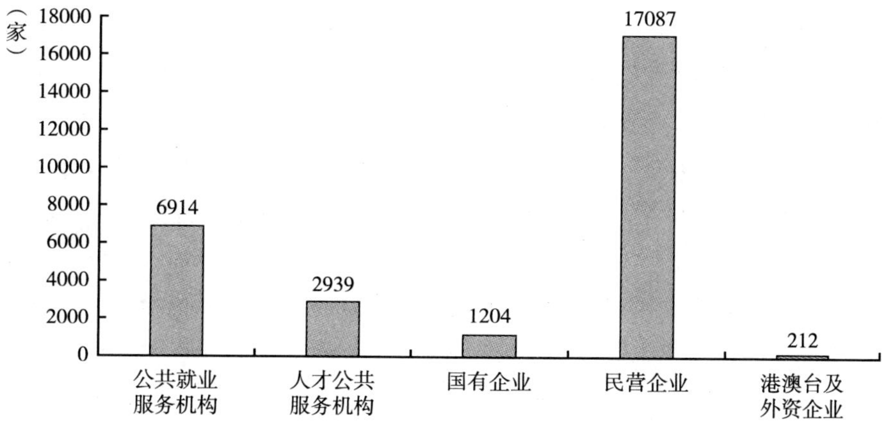

图1　2012年我国人力资源服务机构数量与构成

接待数量、招聘会场次、招聘岗位数等不断增多，人力资源服务业的从业人员学历不断提高，职业素质不断增强，人力资源服务业总体服务能力日益提升。据人力资源和社会保障部统计，2012年全行业营业总收入已达5765亿元（含服务外包等业务代收代付部分的4160亿元），全国各类人力资源服务机构共接待流动人员42978万人次，登记要求流动人员24532万人次，共帮助9547万人次找到了工作或转换了工作岗位，比2011年增长26%；全国各类人力资源服务机构共为1888万家次用人单位提供了各类人力资源服务；共举办各类现场招聘会（交流会）20.8万场次，其中高校毕业生专场交流会6.5万场次，农民工专场交流会5.9万场次。参会求职人员11182万人次，参会单位790万家次，提供招聘岗位信息10421万条。截至2012年底，全行业从业人员已达33.6万人，其中，取得从业资格证的有111012人，占从业人员总量的33.0%，与2011年同期相比上升了2.8个百分点，从业人员队伍的整体素质进一步提高。

（四）服务内容进一步丰富

随着求职人员和用人单位需求的多元化，人力资源服务内容从当初的职业介绍、职业培训、流动人员档案管理等业务，拓展到招聘服务、人力资源培训、人员测评、高级人才寻访、人事劳务外包、人员派遣、人力资源管理咨询等，服务业态进一步丰富。据人力资源和社会保障部统计，2012 年各类人力资源服务机构共举办各类培训班 18 万次，培训各类人员 873 万人次；为 35 万家用人单位提供了劳务派遣服务，派遣各类人员 1345 万人次；为 279 万人次提供了人才测评服务；为 145 万家用人单位提供人力资源管理咨询服务；为 43 万家用人单位提供人力资源外包服务；高级人才寻访（猎头）服务进一步发展，成功推荐选聘各类高级人才 88 万人次（见图 2）。

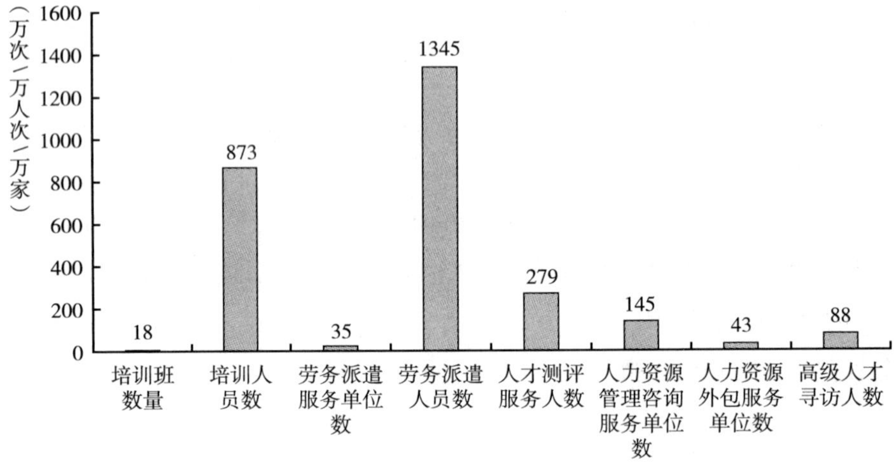

图 2　2012 年我国人力资源服务业态服务数量

（五）产业集聚效应初步显现

产业集群可以产生协同和集聚效应，近几年来我国的人力资源服务产业园区有所发展，吸引了许多国际和国内知名的人力资源服务企业入园，产业集聚效应初步显现。2010 年 11 月 9 日，我国人力资源服务产业第一个国家级集聚区——“中国上海人力资源服务产业园区”正式揭牌运营，该园区集聚了一批行业内知名的人力资源服务机构，着力发展高级人才寻访、人才测评、薪酬管理和人力资源管理咨询等中高端人才服务。2011 年 11 月 20 日，人力资源和社会保障部又批准设立了第二个国家级人力资源服务产业园——“中国重庆人力资源服务产业园”，该园区的功能定位为综合性的人力资源市场、社保信息中心、就业服务平台、人力资源服务产业基地等，同时，产业园身兼

“部市共建公务员录用考试测评基地”和“国家级专业技术人员继续教育基地”两个国家“基地”项目。2012年7月21日，人力资源和社会保障部又批准河南省筹建了第三个国家级人力资源服务产业园——“中国中原人力资源服务产业园区”。此外，浙江、安徽、山西、山东、江苏等地都在加快推进人力资源服务产业园建设。从上海人力资源服务产业园的经营情况看，现已集聚机构75家，2011年实现税收1.4亿元，2012年实现税收3.98亿元。其他省市也创办了人力资源服务产业园区，比如，据我们的调研数据，“苏高新人力资源产业园”目前已集聚人力资源服务机构143家，2012年，核心区人才广场累计引进高端人力资源服务机构30家，其中综合排名前100强的企业13家。产业园已入驻的品牌人力资源服务机构包括中智、上海外服、前程无忧、诺姆四达等，人力资源产业链已经初步形成。北京易才集团、意大利排名第一的人力资源公司杰艾集团、亚洲最大百货零售公司永旺旗下美思佰乐、健维医疗（高端健康咨询）、易学企业管理咨询公司5家企业先后入驻产业园。苏州高新区人才市场已晋升为江苏省省级人力资源市场，产业园已形成了完备的功能布局、管理职能、政策配套、服务功能及孵化平台的“一园多区”综合发展格局。

（六）服务品牌化日趋重视

随着经济国际化与市场竞争的加剧，人力资源服务业的品牌经营得到了重视，我国人力资源服务企业的品牌知晓度不断提升。比如，在中国企业家联合会发布的“2012年中国企业500强”中，中国国际技术智力合作公司（CIIC，列第318位，以下简称“中智”）、北京外企服务集团有限责任公司（FESCO，列第392位，以下简称“北京外企”）两家企业进入人力资源、技术智力、劳务等国际合作及其他对外经济合作服务行业。在中国服务业“500强”企业中，中智列第102位，北京外企列第119位。2006~2012年，中智连续7年列中国人力资源企业第一位。另据2013年HRoot旗下人力资源期刊《人力资本管理》发布的“2013大中华区人力资源服务品牌榜单”，中国控股的人力资源服务企业居前20位的有8家，包括中智、前程无忧（51job）、北京外企、用友（yonyou）、智联招聘（zhaopin.com）、上海外服（SFSC）、北森（Beisen）、凯洛格（KeyLogic），其中中智排第3名，前程无忧排第8名，北京外企排第9名。

二　我国人力资源服务业发展中存在的问题

我国人力资源服务业虽然近几年得到了较快发展，但还很年轻，行业整体实力较为薄弱，引导和支持人力资源服务发展的法规制度不完善、政策支持不够，民间资本进入人力资源服务业动力不足，人力资源服务机构投资主体的多元化程度还不高，影响了整个行业的发展。

（一）行业整体实力较为薄弱，缺乏国际知名的自主本土品牌

我国人力资源服务业的规模不大，还不能形成规模效应，缺乏有国际竞争力的本土品牌，整体实力较为薄弱。比如，2012 年我国人力资源服务业营业总收入 5765 亿元（含服务外包等业务代收代付部分的 4160 亿元）。而 2008 年国际人力资源服务业总营业额近 4000 亿美元，仅德科（Adecco）、万宝盛华（Manpower）、任仕达（Randstad）的营业额就达 800 亿美元。另外，在中国有影响力的智联招聘有外资背景，中华英才网被美国招聘巨头怪兽公司（Monster）全面收购，北京外企上海分公司也与德科合资。

（二）政策体系还需进一步健全

目前，人力资源服务业的战略地位凸显，但行业产值还不高，中央层面虽然出台了有关服务业的宏观政策，但具体针对人力资源服务业的政策还不够。而地方政府只有少部分发布了较为系统的促进人力资源服务业发展的政策。比如，2012 年江苏省委办公厅、省政府办公厅共同印发了《关于加快人力资源服务业发展的意见》（苏办发〔2012〕22 号，以下简称《意见》），这是全国第一部由省级党委、政府出台的人力资源服务业发展规范性文件，《意见》系统提出了人力资源服务业发展的目标思路和政策措施，在服务创新、政策扶持、项目推动等方面提出了明确的指导意见，提出了实施人力资源服务业“四大工程”，即高端人才培育工程、骨干企业培育工程、产业园区建设工程、标准化建设工程。人力资源和社会保障部也以办公厅的名义将该《意见》转发给各地，请各地结合实际认真学习借鉴。此外，浙江、辽宁、湖南等地也出台了促进人力资源服务业发展的政策文件。

（三）法规体系与标准化体系还需进一步完善

人力资源服务业相关的法律法规还很不健全，严重影响到人力资源服务业的健康发展。由于历史原因，有关人才中介机构、人才服务的适用法律主要是《人才市场管理条例》及相关法规，而有关职业介绍机构、就业服务的适用法律主要是《就业促进法》《劳动合同法》《就业服务与就业管理规定》及相关法规。在全国层面，还缺乏统一的法规依据，新的《人力资源市场条例》尚未出台，致使人力资源服务机构在准入、自律、监管、退出等方面无法统一。在实践中，人力资源服务机构和政府主管部门往往无所适从。此外，困扰人力资源服务业发展的因素还有行业标准化水平太低、绝大部分服务缺乏标准。

（四）市场对人力资源服务业发展的基础性作用还较薄弱

我国人力资源服务业是在政府人力资源和社会保障部门主导下发展起来的，当前政府力量在人力资源服务业中依然扮演着主要角色。有些地区，政府所属人力资源服务机构几乎垄断了该地区的业务，严重影响了民营人力资源服务机构的发展，进而影响了人力资源服务业的发展。2011 年，中国人事科学研究院就《国家中国人才中长期发展规划纲要（2010～2020 年）》颁布一周年的实施情况进行调研，发现对人才工作和人力资源服务业发展，各级政府很热心，而民营人力资源服务机构、用人单位和人才则比较冷淡，这种“一热一冷”现象值得深思。政府热，市场冷，是因为政府干预太多，越俎代庖，大包大揽。市场的作用没有充分体现，民营机构的积极性得不到发挥，所以就“冷”。虽然政府鼓励各类资金投资人力资源服务领域，但措施不够具体。当前依然是政府投入为主，社会参与很少。

三　促进我国人力资源服务业发展的思路

结合我国人力资源服务业的现状，针对我国人力资源服务业发展中存在的问题，我们提出如下促进人力资源服务业发展的思路。

（一）制定和完善促进人力资源服务业发展的政策体系

人力资源服务业是新兴产业，具有产业发展的共性。政府应该制定和完善促进产业发展的政策。政策内容框架如表 1 所示。

表 1　人力资源服务产业政策

序号	类别	小类
1	产业引导政策	产业发展规划
		产业支持计划
		产业发展公共服务
2	产业准入政策	准入许可
		经营许可
		收费许可
		服务审批
3	产业宏观政策	财政政策
		税收政策
		金融政策
		保险政策
4	产业监管政策	人力资源服务机构年审政策
		人力资源服务活动监管政策
		人力资源服务机构诚信体系政策
		人力资源服务机构绩效考评制度
		人力资源服务机构退出制度

1. 产业引导政策

主要包括：①产业发展规划。政府制订产业发展规划，明确产业发展的指导思想、基本原则、发展目标、发展重点、发展举措、保障措施等。②产业支持计划。政府制定有针对性和倾斜性的政策，为人力资源服务业的发展创造良好的政策环境。③产业发展公共服务。政府提供人力资源服务业发展所需的政策咨询、人才引进培养、金融税收、市场信息、经营场所等方面的公共服务。

2. 产业准入政策

为鼓励社会力量进入人力资源服务业，政府应进一步规范市场准入条件，降低准入门槛，具体包括：①准入许可。包括机构设立所需要的场地、设施、注册资金、规章制度、人员资质等。②经营许可。政府允许人力资源服务机构开展服务的范围和项目。③收费许可。机构可收费的服务项目、收费的标准等。④服务审批。对不同服务活动采取不同的审批方式，如大型现场招聘会，采取逐次审批；对常规性活动，采取年度审批或备案。

3. 产业宏观政策

产业宏观政策主要包括：①财政政策。主要有政府投资政策，如拓展就业资金的使用范围，在就业资金中增列人力资源服务发展资金；设立人力资源服务业发展专项资金和产业引导资金；财政补贴政策，包括支持人力资源服务业发展的贷款贴息、专项工作补助、政府奖励，如近年来不少地区出现了用工难，地方政府为鼓励人力资源服务机构帮助企业招工，根据招工数量给予经费补贴。②税收政策。制定和完善有利于人力资源服务业发展的税收政策，如对人力资源服务业实行免税或减税政策。对高端人才服务项目，如人才猎头，免收营业税和所得税，针对一般服务项目适当减税。③金融政策。创新金融政策，解决人力资源服务业发展所需的贷款和融资问题。根据人力资源服务业的特点，开发适合人力资源服务业的信贷产品，建立人力资源服务业的信用担保制度。④保险政策。研究开发适合人力资源服务业的保险品种。

4. 产业监管政策

为保证人力资源服务业健康发展，有必要加强产业监管。产业监管政策包括：①人力资源服务机构年审政策。②人力资源服务活动监管政策。③人力资源服务机构诚信体系政策。④人力资源服务机构绩效考评制度。⑤人力资源服务机构退出制度。

（二）加强人力资源服务业法制化建设和标准化建设

政府应当根据人力资源服务业的发展需要，结合大部制改革的有关要求，研究起草《人力资源市场管理法》等法律法规，为人力资源服务业的发展提供更好的法制环境。政府要制定或委托行业协会制定全国人力资源服务标准体系和各项人力资源服务标准；加强人力资源服务标准的宣传、推广和咨询工作；按照人力资源服务标准，对人力资源服务领域进行监督、检查和等级评定。对于某些带有地方特点和企业特点的人力资源服务机构和服务产品，可以制定地方标准和企业标准。

（三）建立健全人力资源服务业的多元投入机制和多元运营模式

应按照政企分开、政事分开、事企分开的原则，继续推进政府所属人力资源服务机构体制改革。根据事业单位分类改革的趋势，将政府所属人力资源服务机构的市场经营性服务职能逐步和公共服务职能分离，成立国有人力资源服务公司，划归国有资产管理部门管理。国有人力资源服务公司要突破地域限制和部门限制，[1] 借助市场机制作用，通过设立分公司、拓展业务、兼并重组等各种有效方式，提升自身规模化、品牌化、网络化水平，形成一批知名品牌和有国际竞争力的人力资源服务机构。

鼓励社会资本进入人才资源服务业并做大做强。我国已经出现了中华英才、智联招聘、前程无忧等知名民营人力资源服务企业，但是整体上看，各地民营人力资源服务机构规模较小，经营范围狭窄，发展乏力。为做大民营人力资源服务机构，一要打破政府所属人力资源服务机构的垄断地位，营造公平的竞争环境，二要给予民营人力资源服务机构和政府所属人力资源服务机构同样的产业政策和产业支持。

此外，应当进一步鼓励境外资本进入人力资源服务业领域。大力引进国际知名人力资源服务企业，鼓励其与国内企业合资合作，外资控股比例可放宽。研究外资全资成立人力资源服务机构的可行性。政府还应发动社会各方力量，调动各方面的积极性，关注人力资源服务业，投身人力资源服务业，形成政府机构所属人力资源服务机构、国营人力资源服务企业、民营人力资源服务机构、外资人力资源服务机构等多元多类服务机构并存的格局。各类机构能共同存在、相互促进，从而为人力资源提供更完善的服务。

（四）转变政府职能，建立人力资源服务业发展的长效机制

为进一步加强人才工作，促进人力资源服务业的发展，政府人力资源

---

① 当前政府人才服务机构从属于某一人力资源和社会保障厅局，只能在某个具体的区域或行业开展某些具体业务，这种体制束缚了人才服务机构做大做强。

和社会保障部门要转变职能，主要在制定人才政策法规、构建人力资源服务体系、培育和发展人才资源市场等方面发挥积极作用。要充分发挥市场在配置人才资源中的基础性作用。在加强政府对人才资源宏观调控的同时，充分利用价值规律和市场机制，促进人才资源的高效配置。政府培育了人力资源服务业，在人力资源服务业发展到一定程度时，就应该逐步退出竞争性和经营性服务领域，将属于市场的活动归属于市场，不与民争利。政府应当从提供人力资源服务的“运动员”身份转型为引领人力资源服务业发展的“教练员”和监管人力资源服务业发展的“裁判员”。只有当各方主体角色定位清楚、不存在越位和错位时，人力资源服务业发展的长效机制才能形成。

（五）加强和境外人力资源服务公司的合作

境外人力资源服务业发展较早，形成了很好的行业规范，涌现了很多知名的服务企业。我国人力资源服务需求的市场巨大，可以吸引境外人力资源服务机构前来合作。我国有市场，但经验不足、技术落后、人才匮乏，境外机构有经验、有技术、有人才，但需要市场，因此二者的合作空间很大。我国服务机构可以走出去，派从业人员到境外学习，也可以开放市场，让利请进境外人力资源服务公司。通过竞争与合作，学习境外人力资源服务业的先进管理经验和前沿知识，提升我国人力资源服务的能力和水平。

Ideas on Promoting Development of Human Resource Service Industry in China

Chen Jianhui　Wang Xiaohui

Abstract: The thesis reviews the development history of human resource service industry in China, analyzes the current development and deficiencies of human resource service industry, and proposes five ideas on promoting human resource service industry, namely, making and improving policy system that promotes human resource service industry, enhancing legislation and standardization of human resource service industry, establishing and improving diversified investment mechanism and operating models of human resource service industry, shifting government roles to establish long-term mechanism for development of human resource service industry and enhancing collaboration with overseas, HK, Macau and Taiwan human resource service companies.

Key Words: Human Resource Service Industry; Talent Service; Developing Ideas

B.10

推动实现更高质量就业：中国南方人才市场的经验

盛南方*

摘　要：

中国南方人才市场通过公共服务和市场化服务的优势，多渠道开发就业岗位，充分释放重点政策效力，创新多种服务形式，突破区域界限，优化了人才结构，在推动高质量就业方面积累了一定的经验，取得了初步成效。同时，在实现更高质量就业过程当中也存在着一些问题，针对有关问题，本文提出了多个方面的意见和建议。

关键词：

就业质量　服务体系　就业平台

中国南方人才市场成立于1995年9月13日，是人力资源和社会保障部与广州市政府联合组建的国家级区域性人才市场，围绕党和国家长期关注的就业工作重点，主要发挥了人才引进、配置和高校毕业生就业服务的职能作用。成立以来，以“服务人才、服务社会”为宗旨，以推进人力资源服务专业化、产业化、信息化、国际化发展为目标，在人才高质量就业方面开展了多项卓有成效的工作，2012年，时任国务院总理温家宝等领导专程来到中国南方人才市场高校毕业生专场招聘会视察调研，充分肯定了南方人才市场促进高校毕业生就业工作；同年，中国南方人才市场被评为广东省就业先进单位，取得了显著的人才效应和社会效益。

---

* 盛南方，中国南方人才市场管委办主任，全国人才交流协会副会长。

一　促进更高质量就业的主要举措

（一）发挥公共服务和市场化服务的特点与优势，多渠道开发就业岗位，创造充分的就业机会

人才是第一资源，高校毕业生更是国家着力培养的优秀人才，是推动未来经济发展和社会进步的生力军。一方面，高校毕业生就业服务的公益化发展是国家的指导性要求和关注的重点；另一方面，灵活的市场化服务拥有更丰富、更广阔的社会资源，对促进这一群体的就业具有独特优势。由此可见，公共服务和市场化服务都是实现高校毕业生高质量就业的有效途径。

1. 以高校毕业生就业工作为重点，建设和完善人才公共服务体系

2003 年，中国南方人才市场经原国家人事部批准，正式成立了广州大学生就业市场，这是全国首家为高校毕业生提供公共就业服务的专业性市场。2005 年，高校毕业生就业接收信息平台投入使用，对学生的信息进行动态管理。2006 年，中国南方人才市场在广州大学城成立服务中心，把服务前移到大学城，方便与大学城师生对接。这些都是改善高校毕业生就业渠道的有益尝试，是服务高校毕业生就业的重要平台和窗口。

中国南方人才市场通过大学生服务平台，每年都举办大型毕业生供需见面会，积极为校企搭建沟通桥梁。2004 年以来，广州生源高校毕业生未就业登记人数为 12. 1 万，发放公共就业服务卡 12. 1 万张，办理入户卡 17. 4 万多份，提供免费人事档案保管 20 多万份，设立就业见习示范基地 202 家，为 2 万多人发放就业见习补贴。共举办广州生源大型专场供需见面会 70 多场，进场企业超过 6 万家次，进场毕业生达 130 万人次，在全国高校毕业生中具有较大的影响力。

2. 以资源整合促就业为着眼点，创立“1 +9 联动”、市场化服务和公共服务结合的服务模式

中国南方人才市场采取 1（市高校毕业生就业指导中心） +9（其余所有 9 个业务部门）联动的公共服务工作机制，配合疏通就业渠道，提供就业供求

信息，共同推进准就业见习，推荐广州生源高校毕业生就业。在南方人才市场内部，对于未就业的广州生源高校毕业生，所有业务部门都会共同进行推荐，因为业务部门有丰富的企业客户资源，有需求的信息。目前，通过9个业务部门推荐成功就业的人数占总人数的60%以上。各业务部门利用自身资源来支撑高校毕业生就业指导中心的前台服务，例如，南方人才网为所有未就业广州生源高校毕业生提供网上推荐服务；南方人才网、交流信息部配合高校毕业生就业指导中心举办系列就业匹配会活动；广州南方人才资源租赁中心为高校毕业生就业指导中心提供人才派遣岗位信息；广州南方人才资源评价中心为广州生源高校毕业生提供免费的职业指导测评服务；等等。各业务部门和高校毕业生就业指导中心形成了前台和后台的服务关系，市场化服务和公共服务有机结合，充分利用了整体资源，从多方面促进了高校毕业生的高质量就业。

3. 以优化资源配置为着力点，打造和构建了供需双方自由选择的人才交流配置平台

中国南方人才市场以现场招聘会（有形平台）和南方人才网（网络平台）为切入点，发挥两大平台的各自优势，在提供充分就业机会的同时，也满足了不同群体的多种就业需要。

一是南方人才现场招聘会充分发挥了人才交流主渠道作用。目前，南方人才现场招聘会每周举办时间超过五天，已占广州人才交流市场70%以上份额。成立以来，南方人才现场招聘会已举办了逾5000场，进场招聘单位70万家次，进场人才数量近1400万人次。近五年来，每年都举办近500场招聘会，进场人才数量年均超过100万人。

为了提高求职人群的人岗匹配度，南方人才现场招聘会还进行了行业细分，开设了近30个行业的专场招聘会，其中建筑/房地产、化工、机械、生物医药等招聘会在行业内取得了较好的求职和招聘效果，赢得了良好的口碑。

二是南方人才网作为全国政府所属人才服务机构网站的排头兵，发展迅速。根据权威机构的调查，其访问量和简历数量居国内人才网站的前五名。目前共有会员企业逾48万家，个人注册简历量累计超过700万份，每月发布职位信息48万条，网站日均页面浏览量超过1200万次。2008年10月13日，南方人才网英文版开始上线运行，目前已积累了30多万份简历，为网站的国际化打下了坚实基础。

南方人才网还根据招聘求职方式的不断变化，深入开拓了“视频招聘”和“微招聘”平台，不断探索新的招聘方式，引导用人单位通过视频、微博等平台和渠道接触求职者，进行有效招聘。同时，依托 job168 数据中心，为招聘单位构建工作岗位描述百科全书，有力地提升了招聘效果和人岗匹配的精准度。

三是南方猎头平均每年推荐上岗的人才逾百名。2004 年以来，南方猎头成功服务超过 1000 名高级经营管理和专业技术类人才，为数百家企业找到了合适的人才。目前，南方猎头已建立起超过 30 万份中高级人才简历库。

（二）充分释放重点政策效力，努力营造了良好的就业环境

政策和制度对推动就业发挥着支持和保障作用，近年来，国务院、广东省政府和广州市政府相继出台了一系列政策，扶持重点群体就业。如何落实政策并发挥政策的最大效力成为每一个有责任感的人才服务机构面临的重要问题。中国南方人才市场在研究政策、落实政策的基础上深入探索，在就业扶持领域进行了积极的实践和创新。

1. 重视制度保障的支撑作用，积极争取和推动政府购买高校毕业生就业服务

中国南方人才市场开展高校毕业生就业公共服务，积极争取上级主管部门广州市人力资源和社会保障局的大力支持。2003 年推动建立了高校毕业生“联席会议”“未就业登记”“未就业援助”三大制度。原广州市人事局也于 2004 年下发了《关于对广州市为高校毕业生就业提供公共服务的机构给予专项补贴的通知》，明确了高校毕业生人事档案接转和整理、广州生源高校毕业生人事档案保管、赴外省举办招聘会、广州生源高校毕业生专场招聘会、公共就业指导和未就业登记、就业推荐六个政府购买服务项目，确立了政府购买服务的长效机制，这是中国南方人才市场开展公共服务的制度保障。

2. 加强就业指导和服务，拓展高校毕业生就业新领域

2012 年初，中国南方人才市场全面实施“岗位拓展计划”，推出了“阳光就业”高校毕业生公共就业服务品牌，搭建了“阳光就业”公共就业服务新

平台，努力建设标准化、专业化、一体化的服务模式，大力拓宽就业渠道：一是加强就业指导服务。2012 年在广州地区 10 所高校举办“阳光就业”毕业生就业创业系列校园讲座近 40 场，参加的学生人数约 1 万余名，反响热烈。讲座邀请了就业指导资深人士对毕业生进行就业辅导，内容涉及就业形势、面试技巧、职场礼仪等方面，以促进就业、鼓励创业为根本出发点，着力提高毕业生就业竞争力。二是广泛宣传高校毕业生就业政策。编印《大学生就业与创业指导手册》，免费赠与广州地区 27 所高校，通过网络宣传和校园宣传，及时让广大毕业生了解有关就业方面的新政策、新措施。三是做好就业援助工作。通过开展 2012 届广州生源贫困家庭毕业生信息摸查工作，以及召开贫困生座谈会和报告会，掌握广州市贫困家庭高校毕业生的具体情况。通过制订相应的有针对性的帮扶计划、确定专人“一对一”帮扶、优先推荐就业等措施，全力确保广州生源困难家庭高校毕业生 100% 就业。

截至 2013 年 2 月，2012 届广州生源高校毕业生就业率为 95.1%。2012 年，共举行 32 场现场供需见面会、10 场就业见习匹配会，参会用人单位 7086 家，提供职位 2.6 万个，7300 多人初步达成就业意向。

（三）创新多种服务形式，努力培养高校毕业生良好的就业能力

高校毕业生高质量就业是一个长期的过程，在这一过程中，就业指导和创业帮扶都发挥着至关重要的作用。同时，毕业生自身的素质和能力也成为直接影响就业质量的关键因素。多年以来，中国南方人才市场深入大学生群体，开辟多种渠道，力图解决高校毕业生就业中的关键性问题。

1. 搭建就业缓冲平台，建设就业见习示范基地，充实高校毕业生职业技能

建立高校毕业生就业见习示范基地是解决高校毕业生就业问题的有效渠道，也是缓解就业压力的有效措施。2009 年以来，中国南方人才市场积极加快高校毕业生就业见习示范基地的建设步伐，争取一批有实力的企业成为广州市就业见习示范基地。经过不懈努力，目前已有高校毕业生就业见习示范基地 202 家，其中“国家级就业见习示范基地”1 家、“广东省就业见习示范基地”3 家。2012 年广州市就业见习示范基地共组织 5119 人参加就业见习活动，发放补贴 1300 多万元。其中，90% 以上的学生通过就业见习平台成功就业。高

校毕业生就业见习工作搭建起了见习企业和见习毕业生之间双向了解的桥梁，进一步优化了高校毕业生的就业渠道，同时也为企事业单位提供了一个有效的选人用人、双向交流的平台。

2. 贯彻落实“创业扶持计划”，鼓励和支持高校毕业生自主创业，以创业促就业

为了进一步实施扩大就业的发展战略，促进以创业带动就业，中国南方人才市场结合广州市创业扶持政策，重点针对高校毕业生群体，在培育创业主体、拓展创业空间、加强创业服务、优化创业环境、鼓励开展各种类型的创业活动等方面进行了大胆尝试，营造了鼓励大学毕业生创业的良好氛围。

2012 年，中国南方人才市场结合“创业扶持计划”，以承办 2012 年首届“赢在广州”大学生创业大赛为支点，重点推进了创业培训和创业服务。2012 年首届“赢在广州”大学生创业大赛，广州地区 30 多所高校约 800 支大学生创业团队报名参赛，大赛从初选到总决赛，历时 6 个月，6 个决赛获奖项目直接获得进驻创业（孵化）基地的资格。2013 年，中国南方人才市场还将继续组织第二届“赢在广州”大学生创业大赛，参赛对象将覆盖整个广东省内的普通高校，活动预计将有超过 1000 个创业团队及项目参加，最后将决出 30 支精英团队竞逐创业大奖。为了让创业项目拥有更好的落地条件，大赛将引入风投机构与创业大学生面对面交流，为创业项目赢得更多的创业投资创造机会，同时，中国南方人才市场还将组织“我的创业故事”校园巡回分享会及大学生创业项目成果展，邀请创业成功高校毕业生和首届“赢在广州”大学生创业大赛晋级的 20 强创业团队代表走进校园，与有志于创业的学生代表进行经验交流和创业心得分享，同时在各大高校举办大学生创业项目成果展，尤其是展示首届大学生创业大赛创业项目最新发展成果，增强大学生创业的意识和信心。

为强化高校毕业生创业指导服务，2011 年 5 月，中国南方人才市场还建立了广东省首家“大学生创业苗圃”，提供政策咨询、项目推介、创业培训、创业孵化、小额贷款、开业指导、跟踪辅导等“一条龙”服务，将创业实训、创业孵化、创业指导结合起来，建立起了不同阶段大学生创业的全方位、阶梯型的服务体系。迄今为止，中国南方人才市场在广州地区高校组织了 5 场创业项目推介会，评审出40多个创业项目入驻创业苗圃进行孵化，其中10个创业项目获得了良性发展，都成功注册了公司，并运作良好。特别值得关注的是，“手之创”大学生创业项目在2012年成功申请三个专利，获得创新资金30万元；该创业团队还在2012年中国技术创业协会孵化联盟——“广州联炬杯”科技创业大赛中，荣获一等奖，另一个“瀚潮环保科技”创业项目获得了该项赛事的三等奖。

（四）突破区域界限，优化人才结构，畅通各类人才跨区域的职业通道

广州作为国家中心城市，是珠江三角洲地区人才资源配置的枢纽。中国南方人才市场立足广州地区，放眼珠三角，很好地将自身人才中转站的功能与珠三角人才资源市场有机结合，将人才服务平台延展至整个华南地区，并利用珠三角转型升级的契机，引导人才的合理流动与配置，促进人才结构的优化。在此基础上，构建了组团进重点院校揽才的畅通渠道，开创了穗、港、澳、台两岸四地人才交流与合作的模式。

1. 积极推进珠三角区域联动，利用合力效应，构建高校毕业生就业服务大平台

2009年以来，中国南方人才市场积极推动珠三角九城市人才服务机构的资源共享、政策协调、制度衔接和服务贯通，以打造珠三角高校毕业生就业服务大平台为突破口，搭建人才交流一体化的联动平台。先后举办了“广佛人才一体化大学生专场招聘会”“广佛肇人才一体化大学生专场招聘会”和“珠三角九城市高校毕业生就业联合招聘大会”。①

2009～2012年，连续四年成功牵头主办珠三角九城市联合高校毕业生就业服务系列活动。以广州市为主会场、珠三角其他八城市为分会场的“珠三角九城市高校毕业生就业联合招聘大会”已成为每年的重要工作，广州、深圳、珠海、佛山、江门、东莞、中山、惠州、肇庆九城市同一时间、同一标识、统一宣传口径，在各自城市举办高校毕业生就业专场供需见面会，每次联

① 杨晓冬：《努力构建穗港澳台人才交流与合作高地》，《中国组织人事报》2011年11月18日。

合招聘会组织招聘企业规模均超过2000家，提供数万个职位，进场毕业生超过10万人。在招聘大会期间，以南方人才网为主平台的“珠三角九城市高校毕业生就业网上招聘服务月”也同时启动，提供毕业生网上就业服务。四年来，参加网上招聘的用人单位超过5000家，提供职位逾6万个，实现了毕业生供求信息多地互通，很好地营造了促进高校毕业生充分就业的大环境。

2. 走进“985”高校，对接服务，加大招才引智工作力度

中国南方人才市场把毕业生就业工作作为人才工作和就业工作的结合点，围绕服务经济社会发展、建设人才队伍，赴省外“985”高校引进高层次优秀毕业生。2012年与清华大学就业指导中心进行了有效对接，搭建起了清华大学学生到广州实习实践、创业服务平台。6月，清华大学学生实习与就业基地落户中国南方人才市场；7~8月，近百名清华学子前往广州，在20多家重点企事业单位进行了为期1个月的“走进广州”百人实习计划。10月，中国南方人才市场组织广州汽车集团、广州医药集团、广州国际集团、广州广船国际、广州工贸集团等42家广州市属重点企事业单位携985个备招聘职位进入清华园，举办广州“走进清华”招贤纳才推介会和专场招聘会，有390多人达成了初步就业意向。2013年初，我们又将与清华大学的合作模式推广到北京大学、中国人民大学。3月底，广州企事业单位“走进北大”专场推介会和招聘会成功举行；4月18日，北京大学党委副书记叶静漪到中国南方人才市场为北京大学学生就业实习基地揭牌。至此，清华大学、北京大学两所高校学生在广州的实习、实践、就业服务平台完全搭建起来，为广州吸引更多清华、北大优秀毕业生发展创业打开了绿色服务通道。

此外，为了实现多地高校毕业生顺利来穗就业，不断完善广州市人才结构，中国南方人才市场从2002年开始，每年组织广州市大型企事业单位赴长沙、武汉、成都、西安、北京、长春等城市招聘优秀应届高校毕业生，十年以来，赴省外招聘会共组织了逾2000家单位，提供了近5万个招聘岗位，入场学生近40万人，为外地学生入穗就业、广州企业招贤纳才提供了沟通的平台和对接的渠道。

3. 两岸四地合作互动，深入探索区域人才交流与服务高效运行机制

南方人才市场牵头成立了珠三角城市群人才交流一体化战略联盟，并形成了联盟成员主任联席会议制度，在人才信息共享、人事代理、人才租赁、人才交流、人才测评和高校毕业生就业等领域合作进行探讨和交流，为人才跨区域就业与服务奠定了良好基础。2011年以来，南方人才市场分别与我国香港、澳门、台湾人才交流服务机构签订合作协议，使广州与港、澳、台人才交流与合作进入了一个新阶段，完成了穗、港、澳、台人才交流与合作大平台的搭建工作。

2012年6月，应台湾中华人力资源发展学会的邀请，中国南方人才市场与珠三角城市群人才一体化联盟成员单位珠海、中山、东莞、佛山、惠州、肇庆等城市人才服务机构共同组团，赴台湾地区开展交流和学术研讨考察活动，活动期间，与台湾地区人力资源服务机构就人才引进、网站合作、招聘测评、创业平台等项目合作充分交换了意见，有效地促进了珠三角地区与台湾地区人力资源机构的对接与合作，为构建两岸人才交流的畅通渠道奠定了良好基础。

二　实现更高质量就业过程中主要存在的问题

（一）就业总量压力和结构性矛盾并存，结构性矛盾将更加突出

广州地区有各类高等院校近80所，每年广州生源高校毕业生逾5万人，加上往届未就业毕业生和外地来穗求职毕业生，每年需提供就业帮扶的待就业高校毕业生人数近30万。高校毕业生就业形势复杂严峻，工作任务更加艰巨繁重。

随着高等教育日益大众化、普及化，很多大学生没有走出精英心态，与人才市场需求错位严重，就业意向集中在经济发达地区的大、中城市以及政府部门、事业单位和大型国有企业，而中西部地区、民营企业则受到冷落，根据中国南方人才市场《2012年广州市高校毕业生就业择业心态调查》的数据统计，超过70%的高校毕业生首选就业意向为政府机关以及国有企事业单位，而选择私营民营企业、农村基层、自主创业的毕业生仅为5.9%，从侧面反映了当前高校毕业生在就业区域、单位选择上存在着较严重的趋同现象，政府机关、事业单位和国有大中型企业依然是高校毕业生求职就业的热门，而与之相对应的是，中西部地区、民营中小型企业人才缺乏。

（二）大学生创业群体的素质较低、能力不足，创业环境有待改善

当前，高等教育基本以专业为主，大学生关注的是本专业的知识，综合能力较弱，缺乏应变能力，创业能力素质也比较低，在判断决策、市场调研、产品研发等方面的能力都比较薄弱；社交能力缺乏，大学生参加社会实践机会较少，与企业、客户等社会各方面难以形成有效的沟通；缺乏风险承担能力，大学生资金少，人生经历相对单纯，挫折和失败经历少，遇到困难和风险没有能力承担。

创业的社会氛围不浓，受“学而优则仕”等传统观念的影响，机关和事业单位成为当今大多数大学生施展抱负的首选舞台，如果无法如愿，进入大型国有企业或外资企业就成为高校毕业生的次优选择，接下来是进入中小企业，直到走投无路才可能想到去创业，绝大多数毕业生创业的主动性和自信心都不足。从广州地区大学毕业生自主创业情况看，大学毕业生创业的总量较少，创业项目覆盖面狭窄，成功案例不多。

（三）人才服务信息化建设相对滞后，亟待进一步发展

我国人才服务信息化建设总体水平较低，目前政府公共人才服务机构在人才服务信息化方面区域发展不均衡，缺乏实质性协作，人才网站合作的主要方式还是互建链接、阶段性召开网上大会等，相互开放人才库、人才一地注册、联盟内网站同时生效等整合统一的状态还未形成，致使各系统之间信息交换、共享存在诸多困难，在一定程度上降低了公共就业服务效率。这不仅影响着我国人才服务市场规模的扩大，而且成为高质量就业的一大瓶颈。

（四）劳动者自身素质和职业技能有待提升

大力提高劳动者素质是提升就业质量的基础和关键。经济全球化、科技进步和加快转变经济发展方式都要求劳动者必须具备更高的职业技能和更强的适应能力。

以应届高校毕业生就业为例，现阶段，大学教育内容与大学生就业实际脱

节的现象普遍存在重理论知识传授，轻实际能力培养，导致高校毕业生群体缺乏必要的技术和实践经验。大部分企业反映，应届大学生入职后，学什么专业干什么工作，实际知识运用率不足40%，而且多数学生表现出学过的知识不能转化为自身在岗能力，我国大学生一般适应周期在1~1.5年，之后才能独立完成工作，而发达国家大学毕业生的到岗适应期是2~3个月。

三　对推动实现更高质量就业工作的展望与建议

推动实现更高质量的就业是一个带有战略性、综合性、动态性和长期性的重大任务，需要全社会做出相应的努力才能不断取得成效。

（一）加大政策支持与资金投入，完善以创业带动就业为重点的公共服务体系

在我国当前的情况下，创业对于实现求职者的人力资本价值、落实“创业带动就业”战略、推动经济结构的演变与升级、促进和谐社会的构建与发展等都具有十分重要的意义。政府首先应致力于积极搭建创业服务平台，鼓励和引导人力资源服务机构为创业者提供创业信息、咨询指导。其次，还应加强创业培训工作。通过实施创业培训补贴等办法，鼓励有创业需求的群体参加创业培训。对于大学生创业，政府的帮扶作用更是不可小视，广州市就为促进大学生就业采取了一系列措施：如为扶持高校毕业生自主创业而设立的“高校毕业生创业项目补贴”“小额担保贷款促就业”等政策，为自主创业的大学生提供一定额度创业补贴和小额担保贷款，这些政策在一定程度上促进了大学生创业，但政府帮扶在持续性上有待加强，政策扶持力度还应该进一步加大。同时，引导高等院校研发比较规范、适用、系统的创业教育，不仅要培养大学生的创业思维和创业观念，还要加强培训大学生创业所需要的各种技能，最终使大学生具有一定的创业能力。

此外，政府还应扩大与创业有关的公共服务覆盖面，加大对人力资源服务机构开展就业指导、实习指引和创业咨询等公共服务的购买力度，在就业创业的信息共通方面，更要鼓励各级人力资源机构加快信息化建设，保障就业信息

共享。创建招聘单位数据库、岗位数据库、求职人员数据库等就业服务的网络平台，并形成市、县（区）、街道、社区四级网络架构。

（二）改革人才培养模式，使人才培养适应社会发展的需要

目前，我国高等教育面临着结构不合理、发展路径单一、内部学科设置雷同、缺乏特点等问题。各类高等院校应以市场需求为导向，推进专业设置制度改革和教学内容调整，改变专业设置雷同与市场脱节的局面和教学内容滞后于产业结构变化对技能与知识需求的状况。把满足毕业生就业的“最终需求”作为教学目标，始终坚持以就业为导向的目标，切实保证学生顺利就业。同时，充分尊重学生对学科专业设置和选择的意愿，创新教学模式，从单一课堂教学向课堂教学与实践教学相结合的开放式教学转变，将课堂实验、案例分析、基地实习等形式结合起来，加强学校与企业的合作，并推进以项目为导向的产学合作，提升学生的职业技能和综合素质，让学生在各种社会实践中成长，探索出一条学校、企业、社会相结合的高校毕业生就业之路。

（三）大胆创新用人机制，形成科学合理的用人观

人才是第一资源，人才是企业发展的关键。但是在企业招聘中，重学历轻能力、重资历轻业绩、唯亲唯利等错误的用人现象比比皆是。因此，企业在招聘中，首先要制定合理的用人标准。在用人过程中尊重员工、重视员工，为人才提供安全的就业屏障，更多地吸引人才，这不仅能够提高在岗人才的满意度，而且能为企业持续吸引优秀人才提供帮助。

（四）改变传统观念，调整自身心态，树立正确的择业观

大学生在择业时应转变就业观念，正确评价自己，树立从一线岗位做起的心态，根据自身条件对所从事的行业、地域做出合适的规划，同时，也要积极地调整职业期望，使求职的心理定位与目标一致。同时，大学生在就业前要有意识地培养自己的实际操作能力，为尽快投入工作打好基础。除了掌握扎实的专业知识之外，还应利用业余时间大胆参加社会实践、兼职等，这些都是在未来尽快适应工作环境的有效途径。

Improving Service System, Building Employment Platform and Facilitating and Realizing Higher-quality Employment

Sheng Nanfang

Abstract: human resource markets in South China, by taking advantage of their public service and market-oriented service, develop employment posts in various channels, fully release the effects of major policies, offer [illegible] forms, break away the regional borders, and optimize human resource [illegible] this way, these human resource markets have accumulated some experience [illegible] facilitating high-quality employment and gained some results. At the same time, some problems also arise in the process of realizing higher-quality employment. To address these problems, the authors have given many comments and proposals.

Key Words: Employment Quality; Service System; Employment Platform

B.11

加强人力资源服务标准建设，推动就业质量提高：以北京市为例

张宇泉*

摘　要：

人力资源服务业作为直接向社会提供人力资源管理与开发服务的行业，
[redacted] various innovative service 本文通过对制定实施
structure. In ，得出：制定实施人
服务标准，加强了人力资源服 in 提升了人力资源服务
行业的建设水平和能力，对提升就业质量、促进充分就业起到了重要作用。

关键词：

人力资源服务标准　更高质量就业

一　制定实施北京人力资源服务标准与实现更高质量就业的关系

北京人力资源服务标准是全面规范人力资源服务行业行为的准则，包括对人力资源服务机构的规范和对招聘、职业介绍、人才测评、高级人才寻访等11项业态的全面规范。通过对人力资源服务机构和服务业务的规范，推动人力资源市场的完善和发展，对实现更高质量就业和社会经济发展将起到积极的促进作用。可以说，北京人力资源服务标准与实现更高质量就业是相互促进的，北京人力资源服务标准的制定与实施促进了更高质量就业的实现，更高质量就业的实现也推动了北京人力资源服务标准的完善。

---

* 张宇泉，中国人才交流协会副秘书长，北京人力资源服务行业协会常务副会长。

二　北京人力资源服务标准制定的历程和主要内容

为加强人力资源服务行业自律管理、促进北京人力资源服务业发展，北京人力资源服务行业协会在北京市人力资源和社会保障局（以下简称“市人社局”）的具体指导帮助下，从2004年开始制定《人才服务规范》《人才服务机构等级划分与评定》，2006年10月8日，《人才服务规范》《人才服务机构等级划分与评定》企业标准经北京市质量技术监督局（以下简称“市质监局”）备案后发布；2007年8月13日，《人才服务规范》《人才服务机构等级划分与评定》地方标准经市质监局发布，从2007年12月1日起正式实施；2012年，根据建立统一、规范、灵活人力资源市场的要求，按照市人社局的要求，对《人才服务规范》《人才服务机构等级划分与评定》进行修订，并更名为《人力资源服务规范》《人力资源服务机构等级划分与评定》（以下简称“北京人力资源服务标准”），目前已上报市质监局，由市质监局颁布实施。北京人力资源服务标准的制定实施，进一步规范了行业行为，加强了行业自律管理，推动了行业健康有序发展，对促进北京地区充分就业、提升就业质量起到了积极作用。

（一）北京人力资源服务标准制定的背景

1. 北京人力资源服务标准的制定是人力资源服务业发展形势的要求

人力资源服务业是生产性服务业的重要组成部分，是围绕人力资源配置、管理、开发提供相关服务的专门行业的综合体，涵盖了十几种业态。大力发展人力资源服务业，有利于发挥人力资源作为经济社会发展第一资源的优势作用，推动人力资源优先开发，提升人力资源管理和利用水平。从1983年我国第一家政府所属人才服务机构成立到2013年的30年间，我国人力资源服务业得到快速发展，截至2011年底，全国各类人力资源服务机构达5.6万家，从业人员37.7万人；北京市人力资源服务机构有1062家，从业人员15116人，为促进国家和首都社会经济发展起了积极的推动作用。

2007年3月，国务院印发的《关于加快发展服务业的若干意见》首次将人才服务业作为服务业中的一个重要门类，强调要“发展人才服务业，完善人才资源配置体系，扶持一批有国际竞争力的人才服务机构”。2007 年，胡锦涛总书记在党的十七大报告中提出：“建立统一规范的人力资源市场，形成城乡劳动者平等就业的制度。”2008 年，国家人事部与劳动和社会保障部合并为人力资源和社会保障部，随后，北京市也成立了人力资源和社会保障局，改变了过去人事与劳动相分离的局面。北京人力资源服务标准的制定、修订和实施正是适应人力资源服务业快速发展形势的需要应运而生的。

2. 北京人力资源服务标准的制定是促进首都人力资源市场规范化管理的需要

2004 年，北京人力资源市场非常活跃，人才流动频繁，但人力资源市场制度尚不健全，虽然政府也制定出台了一些管理制度，但这些文件更多是从法的层面提出的，条款不够具体。行业的发展要靠政府部门的法律法规，但更重要的是需要行业的自我约束、自我管理、自我完善和自我发展。只有将政府的依法管理与行业的自律管理相结合，才能实现行业的健康有序发展。制定北京人力资源服务标准的初衷正是加强人力资源市场的规范化管理。

3. 北京人力资源服务标准的制定是促进人力资源市场诚信体系建设的需要

北京市认真贯彻全国人才工作会议精神，制定了《首都中长期人才发展规划纲要（2010～2020 年）》，提出了“用 10 年时间打造世界一流人才之都”的奋斗目标。落实全国和北京市中长期人才发展规划纲要，建设世界一流的人才之都，需要人力资源市场诚信体系建设的支撑。制定北京人力资源服务标准，正是通过规范人力资源服务业务和人力资源服务机构，加强人力资源市场诚信建设，严格自律，争先创优，构建良好的人力资源市场环境，促进行业的健康和谐、稳定持续的发展。

4. 北京人力资源服务标准的制定是加强人力资源服务机构建设和提升从业人员整体素质的需要

北京人力资源服务机构的规模、服务质量参差不一，有年收入达几十亿元、上百亿元并被评为 AAAA 级的人力资源服务机构，也有收入在几万元、几十万元以下的小机构。机构规模不同，机构从业人员素质也不相同，尤其是一些小机构业务开展少、从业人员少、学习培训少、人员素质低，制约了人力资源服务业的发展。制定北京人力资源服务标准，对不同等级的机构划定标准，使小机构明确了努力方向，并通过对人力资源服务机构的规范和帮扶，固强扶弱，提升人力资源服务机构的建设水平。同时，通过对机构从业人员、服务项目、设施设备、服务环境、规章制度等五个方面和 11 项服务规范量化标准的要求，目的在于获得人力资源服务最佳秩序，全面提高为客户服务的质量、效率和水平，促进行业健康发展。

（二）北京人力资源服务标准的制定经过

北京人力资源服务行业协会的标准制定工作起步较早，2004 年开始启动《人才服务规范》《人才服务机构等级划分与评定》企业标准的制定工作，2006 年 10 月发布实施。为扩大标准的覆盖面，使其对北京地区所有人力资源服务机构都具有指导性、规范性和适用性，在实施企业标准的同时，北京人力资源服务行业协会在原北京市人事局的指导下，又着手企业标准升级地方标准的工作，2007 年 8 月 13 日，《人才服务规范》《人才服务机构等级划分与评定》地方标准由市质监局发布，从 2007 年 12 月 1 日起正式实施。在地方标准实施的同时，从 2011 年开始，经市人社局批准同意，市质监局批准按二类研究项目和一类制定项目立项进行调研和修订，2013 年 2 月，由市人社局正式报市质监局审批。目前，已通过了一个月的公示和专家论证，预计 2013 年下半年发布实施。

（三）北京人力资源服务标准的主要内容

新修订的北京人力资源服务地方标准由《人力资源服务规范》《人力资源机构等级划分与评定》组成。

1.《人力资源服务规范》

共分为 12 个部分，包括“通则”“求职招聘服务”“人才招聘洽谈会”“信息网络服务”“高级人才寻访”“职业指导服务”“素质测评服务”“培训服务”“咨询顾问服务”“流动人员人事档案管理服务”“人力资源外包服务”和“劳务派遣”。

2.《人力资源机构等级划分与评定》

《人力资源机构等级划分与评定》规定了人力资源服务机构等级划分与代号、等级划分的基本条件及机构等级评定与管理。

服务机构等级划分与代号规定，服务机构的等级用英文字母 A 及其数量表示，从低到高依次为 A 级、AA 级、AAA 级、AAAA 级、AAAAA 级。

服务机构等级的划分实行评价要素量化打分制和评定基本条件相结合的原则。机构在评定等级时，除应满足相应等级的评定条件外，还应满足相应等级的分值要求。如，A 级的分值为 60～99，AA 级的分值是 100～139，AAA 级的分值是 140～199，AAAA 级的分值是 200～239，AAAAA 级的分值是 240 及其以上。

服务机构等级的基本条件按照不同的等级对机构成立时间、注册资本、从业人员、设施设备、服务环境、规章制度分别有不同的要求，等级越高，要求越高。如，A 级机构成立时间满 1 年，持人力资源服务许可证；注册资本不少于 10 万元，或净资产达到 30 万元、从业人员中持有人力资源市场从业人员资格证书的不少于 5 人；从业人员本科及其以上学历的比例不低于 20%；年度业务培训人均不少于 40 课时，固定服务场所建筑面积不少于 50 平方米；等等。AAAAA 级机构则要求成立时间满 1 年，持人力资源服务许可证；注册资本不少于 100 万元，或净资产达到 1200 万元、从业人员不少于 80 人，从业人员中持有人力资源市场从业人员资格证书率不低于 65%；从业人员本科及其以上学历的比例不低于 60%；年度业务培训人均不少于 40 课时；服务场所建筑面积不少于 2000 平方米；等等。

该标准还对评定机构、评定原则、评定程序、服务机构等级申请评定程序、证书标志的制作与管理、等级有效时间等做了明确规定，非常便于操作。如评定程序规定，受理服务机构等级评定申请采取不定期方式，接到服务机构申请材料后评委会办公室应组织专家组，在 20 个工作日内完成审核工作，并反馈意见；材料审核合格的机构，专家组应在 30 个工作日内组织完成现场评查，并向评委会提交书面评查报告；评委会在收到评查报告后，适时组织评审工作，并出具评审结果；通过评定的服务机构应予以公示，公示时间不少于 10 个工作日；等等。修订后的机构等级划分明确，申请服务机构可以在申请等级前按照标准进行自我打分测评，据此改进工作，达到标准分值要求。

三　北京人力资源服务标准的地位、成效及作用

（一）北京人力资源服务标准的地位及成效

“标准就是生产力”，“谁掌握了先进的标准，谁就掌握了未来的主动权”。北京人力资源服务标准是我国第一部经政府标准认证管理部门批准发布的人力资源服务标准，是全面规范人力资源服务业行为的准则，该标准的制定与实施，对构建北京人力资源服务行业监督与诚信体系，规范市场行为和强化行业自律、行业管理产生了积极影响。九年来，北京人力资源服务标准的制定、修订与实施，进一步规范了行业行为，加强了行业自律性管理，有力地推动了行业的规范化发展，提升了北京地区人力资源服务业整体水平，为首都经济社会发展提供了坚强的人才保障和智力支持，为落实人才强国战略和就业优先战略、促进首都经济社会发展、把北京建设成国际化大都市起到了积极的推动作用。

（二）北京人力资源服务标准的作用

1. 促进了人力资源服务业的规范化发展

任何一个行业要做到健康有序发展，就必须有规范行业行为的准则，除了政府部门的法律法规和有关规定外，另一个重要方面就是行业的自律管理，而行业自律管理的重要手段就是标准。行业标准既是政府法规政策内容的补充，也是政府法规政策的细化和延伸，标准与政府部门的法律法规相比，其内容更具针对性和指导性。例如，1997 年 10 月，《北京市人才市场管理条例》颁布实施；1998 年 9 月《北京市人才招聘办法》《北京市人才市场中介服务机构管理办法》《北京市人才招聘洽谈会管理办法》颁布；《北京市劳动力市场管理条例》也于 1998 年 9 月实施。上述法规主要是从行政上进行依法管理，带有命令性、强制性，而北京人力资源服务标准则是推荐性标准，是行业进行自我约束、自我管理的标准，因而更细致、更具体，更加人性化，更易于接受和管理。比如，北京人力资源服务标准对人力资源服务机构的从业人员、注册资

本、设施设备、业务范围、服务环境、服务流程和等级评定程序等都予以细化规范，对目前普遍开展的求职招聘服务、招聘洽谈会等11项业务进行了具体量化，对不同等级分别有不同的量化标准和要求。人力资源服务标准的具体规范和引导，提升了人力资源服务业的自律能力和管理水平，促进了人力资源市场的规范化管理。

2. 促进了人力资源市场诚信体系建设

当前，我国人力资源市场诚信体系尚未完善，同业机构恶性竞争，市场招应聘活动和服务行为不规范、不诚信现象时有发生，人力资源市场还存在着不正当竞争，无经营许可证人力资源服务机构的滋生扰乱了市场秩序，另外，黑中介滋生蔓延，不但侵害了用人单位和求职个人的合法权益，而且扰乱了正常的人力资源市场秩序，败坏了人力资源市场的信誉。调查显示，业内机构对同业恶性竞争反映较多，一直以来要求严格规范竞争行为和市场秩序。

北京人力资源服务标准全面细致地规范了人力资源服务机构的服务，倡导诚实守信、合法经营，努力构建良好的诚信环境。如《人力资源服务机构等级划分与评定》对服务机构各等级的基本条件做了详细规定和要求，而且有具体的量化标准。《人力资源服务规范》对从业人员有明确的要求，其行为要求是：以人为本，尊重客户；仪表端庄，服务规范；主动热情，文明礼貌；有效沟通，团结协作。从业人员的服务准则是：遵守法律规定；遵守行规、行约和相关规章制度；按公共服务规则或约定事项办理相关业务，重承诺，守信用，为客户保守秘密。在人力资源服务标准的框架体系内引导广大人力资源服务机构严格自律，促进了人力资源服务业的持续、稳定和健康发展。北京人力资源服务标准实施以来，首都人力资源市场得到进一步净化，黑中介得到有效遏制，合法人才机构得到肯定和支持，促进了人力资源服务业诚信评价机制的形成。近年来，虽然也发生了一些滋扰市场秩序的违纪现象，但总体来说没有发生大的欺诈案件。

3. 促进了人力资源市场服务功能的健全

目前，我国的人力资源市场基础比较薄弱，市场机制不健全，服务功能不完善，制约着人力资源市场的发展。北京人力资源服务标准的制定实施，对人力资源市场服务功能的健全起到了积极的推动作用。例如，北京人力资源服务标准对求职招聘服务、人才招聘洽谈会、信息网络服务、高级人才寻访、职业指导服务、素质测评服务、培训服务、咨询顾问服务、流动人员人事档案管理服务、人力资源外包服务和劳务派遣等业务进行了全面规范。这些业务既有传统业务，又有新兴业务；既有中低端业务，又有高端业务。人力资源服务标准的贯彻实施，更加有利于规范和引导人力资源服务机构完善自身的服务业务和功能，有利于进一步发挥人力资源市场在人力资源配置中的基础性作用。

4. 促进了人力资源从业人员素质的提高

人力资源服务从业人员是人力资源服务业的主体，从某种意义上说，从业人员素质的高低决定了人力资源服务业整体水平的高低。当前，人力资源从业人员素质普遍较低，政府有关文件虽然也有规定，但都是从宏观上提出要求，并不具体。人力资源服务标准很重要的一个内容就是对从业人员的素质做出了具体规范。例如，北京人力资源服务标准不仅基于相关法律法规，对人力资源服务机构从业人员的数量、从业资格证书的持有情况做了基本规定，而且对从业人员素质提出了更高要求。在人力资源服务机构等级评价标准中，从业人员的知识水平、技术能力、爱岗敬业、诚实守信、文明服务等方面的素质都成为考核的指标，员工的管理和培训也被纳入了评价标准体系，促进了从业人员素质的提高。2011 年，北京全市共有人力资源服务业从业人员 15116 人，其中具有从业资格证书的有 6078 人，持证率达 40%。从业人员文化结构为：硕士及其以上学历 946 人，占 6.3%；本科学历 8311 人，占 55.0%；大专及以下学历 5859 人，占 38.8%。从以上数据可以看出，首都从业人员队伍建设正在稳步推进。与 2009 年同期相比，2011 年从业人员队伍规模进一步扩大，同比增长 30.1%；文化程度有所提高，其中，本科以上学历从业人员所占比例较 2009 年增长 40.1%，人员素质逐步提升；此外，在从业人员中，外籍人员和海外留学归国人员日渐增多。

5. 促进了人力资源市场积极向上良好环境的形成

《人力资源服务机构等级划分与评定》建立了一整套系统、科学的评价机制，按照人力资源服务机构的不同层次划分为 A ~ AAAAA 五个不同的等级，各个等级都有相对应的规定要求和量化指标。人力资源服务机构的等级不仅代表了一个机构的实力和品牌，而却反映了一个机构的信誉和价值。人力资源服务机构等级评定能够使人力资源服务机构认清自己所处的位置，找准自己的定位，从而看到差距，找到问题，进而针对问题分析原因，改进工作。例如，北京市西城区人才交流服务中心因没有开展高端业务而不能评上 AAAA 级，他们借西城与宣武两区合并成立新西城区的东风，开展了人才素质测评业务，达到了标准，不仅通过了 AAAA 级评定，而且促进了机构的全面建设。北京四达人才服务中心通过 AAAA 级评定改进工作，将档案库房加装了防盗门。北京市教育系统人才交流中心及时解决从业人员持证率低、无阅档室等问题，也顺利地通过了 AAAA 级评定。从 2006 年 10 月北京人力资源服务企业标准实施以来，先后有 52 家人力资源服务机构通过 A ~ AAAA 等级评定，其中，北京市人才服务中心、北京双高人才发展服务中心、北京外企人力资源服务有限公司、中国诚通人力资源有限公司等 15 家人力资源服务机构通过 AAAA 级评定，北京市丰台区人才服务中心、北京市人才档案公共管理服务中心、北京市工业系统人才开发中心等 27 家人力资源服务机构通过 AAA 级评定，北京市石景山区人才服务中心、北京市工商人才服务中心等 6 家人才服务机构通过 AA 级评定，北京市房山区人才服务中心、北京望达人力资源咨询有限公司等 4 家人力资源服务机构通过 A 级评定。通过网上公示、颁发标牌和证书，人力资源服务机构等级评定在首都人力资源服务业产生强烈反响，激发了人力资源服务机构的进取心，形成了一个比学赶帮超的积极向上的良好环境和氛围，促进了北京地区人力资源服务业的发展。

6. 促进了劳动者更高质量的就业

一直以来，北京人力资源服务行业协会认真贯彻落实人才优先战略和就业优先战略，把促进就业作为行业工作的首要任务，努力做到为政府分忧、为大学生解难。近年来，北京人力资源服务标准的贯彻实施，提高了首都人力资源服务业的整体水平，提升了行业的整体实力，为扎实做好就业工作、促进首都劳动者更加充分地就业奠定了良好基础。例如，北京积极开展了“新芽计划——助力大学生就业公益行”系列活动，该活动开展五年来，协会与会员单位多次组织大型企业、人力资源专家走进北京高校，为大学生创业就业提供咨询和培训，举办人才推荐会、特训营、职业导航课，开展校园活动支持、社会实践、招聘等活动，促进了大学生就业；在政府有关部门帮助和指导下，很多会员单位建立了大学生就业实践基地，增加了大学生就业培训和实践机会；会员单位还积极拓宽招聘渠道，创造条件，多次举办定期招聘会、专场洽谈会和网上招聘会，尽力为大学生提供就业机会；按照市人社局的统一部署，开展了高校毕业生就业服务月活动和“春风行动”，有力地促进了各类人员的就业。2011 年，到人力资源服务机构登记求职人次达到 1532 万，求职成功 245 万人次，推荐成功率达 16.0%；全市共有人力资源服务数据库 674 个，显存求职信息总量 6.6 亿条，全年入库信息总量 5982 万条，累计服务用人单位 190 万次，发布招聘信息 2419 万条，发布求职信息 2204 万条，网站年访问量 33 亿次；全年举办招聘会 7170 场，301 万人次参会求职，服务用人单位 17.4 万次，发布招聘岗位 263 万个次，达成意向 71 万人次；劳务派遣服务用人单位 2901 次，派遣 14.8 万人次，要求登记派遣人数 3.1 万人次；人力资源管理咨询服务用人单位 12364 次，服务个人 27.9 万次；人力资源外包服务用人单位 68673 个；市区两级人才、职介机构现存流动人员 176 万份，比 2010 年增加 38.3 万份；素质测评服务共组织测评 53808 次，测评 23.4 万人次；猎头服务用人单位 921 次，成功推荐 34176 人，培训服务举办培训班 8053 次，培训人员 25.5 万人次。

四　结论与建议

（一）结论

北京人力资源服务标准的制定和实施发挥了规范、引导市场的作用，提升了北京人力资源服务行业的自律能力和整体水平，促进了人力资源市场诚信体系建设和健康有序发展。同时，对促进劳动者充分就业，不断提升就业质量起到了重要作用。实现人力资源服务业标准化是大势所趋。北京人力资源服务标准作为国内出台实施的第一部人力资源服务标准，从企业标准发布实施至今已经 7 年，经过了两次修订升级，但仍存在很多不足，尤其是随着形势的发展，还会出现新的要求，因此，要在实施中认真总结经验，注意发现问题，及时进行修订，使其更加符合首都人力资源服务业发展实际，逐步实现首都人力资源服务业标准化、规范化、科学化，发挥其在落实人才强国战略和就业优先战略中的作用。

（二）建议

为进一步发挥人力资源服务标准在规范行业行为，促进人力资源市场发展和实现更高质量就业中的作用，提出以下建议。

一是，加强标准的宣传与推行。当前，标准宣传力度不够，北京地区的很多人力资源服务机构对标准缺乏足够认识。标准的制定重要，标准的宣传和推行更重要。因此，政府部门和行业协会要密切协作，进一步加大宣传力度，采取一定措施，使北京地区的人力资源服务机构能够自觉按标准要求去规范管理。

二是政府部门要给予更多的支持和帮助。北京人力资源服务标准的宣传、培训、修订需要一定的经费支持，政府部门要给予更多的关心、指导和帮助，特别是要给予必要的经费支持。同时，要把政府法律法规的执行和人力资源服务标准的贯彻实施结合起来，发挥法律法规的更大效力和标准的更大作用。政府部门还要加大执法力度，加强监督检查，使人力资源市场得到进一步净化。

三是尽早出台国家人力资源服务标准。要用标准全面规范人力资源市场，提升我国人力资源服务业水平，充分发挥人力资源服务标准在促进我国社会经济发展、实现更高质量的就业中的作用。

Enhancing the Establishment of Human Resource Service Standards to Improve Employment Quality: The Case of Beijing

Zhang Yuquan

Abstract: human resource service industry, which directly provides the society with human resource management and development service, has major responsibility to improve employment quality and realize full employment. The thesis, by analyzing the background, current situation, contents and roles of making and implementing human resource service standard system, has concluded that making and implementing human resource service standard system has enhanced the self-discipline management in human resource service industry, improved the performance and capacity of developing human resource service industry and played an important role in upgrading employment quality and promoting full employment.

Key Words: Human Resource Service Standards; Higher-quality Employment

B.12 我国人力资源服务产业园区发展现状与前瞻

董良坤　汪 怿*

摘　要：

人力资源服务产业园是人力资源服务业发展的新兴领域和重要内容，是加快转变经济发展方式、推动更高质量就业、实施人才强国战略、推动人力资源服务业创新的必然要求。推动人力资源服务业发展，必须准确把握政府与市场、公益性市场与经营性市场、产业转型与自主创新、整体规划和重点推进的关系，必须明确战略定位，创新运行机制，强化产业政策聚焦，构建集群发展模式，创新多元投入机制，加强规范化管理，推动战略联盟及国际化发展。

关键词：

人力资源服务业　就业　产业园区

党的十八大报告从战略的角度把推动更高质量的就业、实现就业更加充分作为全面建设小康社会的重要目标，并据此提出，要健全人力资源市场，完善就业服务体系。人力资源服务业是围绕人力资源配置、管理、开发提供相关服务的生产性服务行业，人力资源服务产业园是人力资源服务产业集聚的形态，是人力资源服务业发展的新兴领域和重要内容。从现代服务业的角度来看，人力资源服务产业园本质上是生产性服务业的一种特殊组织形式和产业集聚平

---

* 董良坤，上海市公共行政与人力资源研究所（上海市社会保险科学研究所）人力（人才）资源研究室副主任，助理研究员；汪怿，上海市公共行政与人力资源研究所（上海市社会保险科学研究所）人力（人才）资源研究室主任，研究员。

台。2008 年大部制改革后，随着人力资源市场化进程加快，作为人力资源服务业集聚发展的新型产业组织，战略性布局的人力资源服务产业园区正在逐步成为推动现代服务业发展的重要增长极。同时，作为人力资源服务产业化进程的探索性载体，国内人力资源服务产业集聚园区的强势崛起，不仅代表着一种全新的行业成长和产业发展模式，而且构成了现代服务业创新体系的重要组成部分。

一　我国人力资源服务产业园的发展现状及态势

（一）国家级人力资源服务产业园的创新探索和强势崛起

2010 年 11 月 9 日，由人力资源和社会保障部、上海市人民政府共建的“中国上海人力资源服务产业园区”正式揭牌，这不仅是国内人力资源开发进程中的一个标志性事件，也是推进人力资源市场建设进程中的一项重要产业创新。作为国内人力资源服务领域第一个国家级行业发展集聚区，中国上海人力资源服务产业园区定位于“集聚产业、拓展服务、孵化企业、培育市场”四大功能，规划面积 2.05 平方公里，目标是形成以上海人才大厦、新理想国际大厦为载体的人力资源服务企业集聚地，以上海人才培训广场、上海市青少年活动中心为载体的人力资源培训机构集聚地，以上海人才大厦延伸楼宇为载体的人力资源服务外包产业基地，以周边楼宇为载体的后台服务和呼叫中心基地等物理空间布局。

2011 年 8 月，人力资源和社会保障部批准筹建“中国重庆人力资源服务产业园”，这是国家在西部地区战略布局的唯一一个人力资源服务产业园。根据规划，该产业园占地约 158 亩，建筑面积约 32 万平方米，主要功能定位于“综合性人力资源要素市场、城乡统筹的人力社保信息中心、多功能的社会保障服务平台和多元化人力资源服务产业基地”，致力于打造西部一流、国内领先和与国际接轨的人力资源服务产业总部基地。同时，人力资源和社会保障部与重庆市在该产业园内还共建公务员考试（重庆）测评基地、国家级专业技术人员继续教育基地，这也是中国重庆人力资源服务产业园功能建设的又一个创新举措。

2012 年 7 月，人力资源和社会保障部又正式批复河南省筹建“中国中原人力资源服务产业园区”方案，该产业园区是代表中部崛起的一个国家级人力资源服务产业园。根据规划，该产业园区建筑面积约 23.3 万平方米，主要功能定位于综合性的人力资源要素市场、多元化的人力资源服务产业基地和多功能的人力资源与社会保障服务平台。园区建成后，将制定出台促进人力资源服务业发展的优惠政策，加大招商引资力度，发挥园区集聚产业、拓展服务、孵化企业、培育市场的功能，为中原经济区建设提供强有力的人才智力支撑。

此外，北京、苏州和广州等地都在积极推动筹建国家级或省级人力资源服务产业园区，国内人力资源服务产业园区建设布局正在强势崛起。

（二）区域性人力资源服务产业园区建设正现燎原之势

除了国家级人力资源服务产业园区的战略布局外，2011 年 8 月，几乎和重庆同时筹建的还有“中国山西人力资源服务产业园区”。所不同的是，这是山西省“自筹自建”性质的地方性人力资源服务产业园区。根据其规划，其目的是集中国内外最优秀的人力资源服务机构，以山西省人力资源服务产业园区为平台和依托，集聚智力优势，以最小的成本为山西产业发展提供人才、智力和人力资源支撑，最终在集聚人才智力资源的基础上，形成立足山西、服务本土、辐射中西部地区的人才大市场。

在省级人力资源服务产业园区建设规划方面，2012 年 2 月，安徽省人力资源和社会保障厅批复马鞍山人力资源服务产业园为省级园区，该园区占地 3000 多平方米，预计可以引进 20 家左右国内外知名人力资源服务企业；2012 年 9 月，作为浙江首个省级人力资源服务产业集聚区，宁波人力资源服务产业园在该市江东区正式开园，预计整个园区入驻企业总数在 50 家左右；2013 年 2 月，杭州人力资源服务产业园正式获批，其一期核心区建筑面积 2.6 万平方米，强调打造集“多功能的社会保障服务平台、多元化的人力资源服务产业基地、多渠道的人力资源解决方案产品创新基地”于一体的产业园；2013 年 5 月，以“扎根嘉兴、接轨沪杭、辐射华东、走向全国”为目标，浙江嘉兴首家人力资源服务业产业园正式挂牌运行，其核心启动区总面积 4.5 万平方米，该园区提出要打造成国内一流的“人才产业基地、人才培训基地、服务外包基地、就业创业基地”。

特别值得关注的是，2012 年 4 月，江苏以省委、省政府名义率先出台《关于加快人力资源服务业发展的意见》，提出 2015 年要在全省范围内建成国家级人力资源服务产业园 1 家，省级和市、县级人力资源服务产业园分别建成 20 家和 50 家，行业营业收入突破 1000 亿元。目前，已纳入苏州高新区服务产业发展规划及重点扶持项目的苏州高新区人力资源服务产业园（省级）正在代表江苏申报筹建国家级产业园集聚区，包括吴江、常熟、大丰等县级市人力资源服务产业园也都正式“亮牌”。

（三）国内传统人力资源服务业集聚区依然具有比较优势

以北京、深圳、苏州等为代表的区域性人力资源服务业发展一直在国内保持领先地位。比如，北京作为国家首都和政治、文化、国际交往中心，其人力资源市场开放度、活跃度及产业水平一直处于国内领先水平。早在 2007 年，《北京人才服务标准》就已正式发布，这是当时国内第一个人力资源服务行业的地方标准。2008 年国家大部制改革后，北京也是国内第一个从体制上实现对人力资源市场进行统一监管的市域。

深圳作为国内人力资源服务业的市场化“范本”，同样一直引领着珠三角人力资源服务产业的“风向”，特别是在服务外包发展方面，深圳具有独特的市场基础和产业优势。比如，以深圳方胜（FESCO）、深圳菲斯克（SZFESCO）等为代表的人力资源服务机构，号称目前国内人力资源服务外包的权威研究基地，从某种程度上，这也标志着深圳已经成为国内人力资源服务行业中经济总量最大、产品最多、国际化程度最高的地区之一。

作为长三角人力资源服务产业聚集区发展的领先区域之一，苏州高新区人才广场位于苏州高新区 CBD 核心区域，总投资 3.5 亿元，主楼 25 层，高 99.2 米，建筑面积达 55000 平方米，拥有目前号称国内建筑面积最大的人力资源服务大厦。该广场 2007 年 10 月正式开工，是当年苏州市重点建设项目，并于 2010 年 9 月正式启用。作为全国规模最大、功能最齐全的综合性人力资源服务平台之一，该人才广场按照现代化、智能化、人性化的标准建设，将其功能定位于功能齐备的区域公共人力资源服务平台、中高端人力资源服务产业的聚集区、苏州乃至长三角地区中高端人力资源服务产业的聚集区，其“抱负”和“理想”依稀可见。

综上可见，国内人力资源服务产业园区建设发展所呈现的“燎原之势”，不仅在深刻改变着整个人力资源服务业的发展模式，而且客观上正在形成人力资源产业园区发展的竞争格局。

二　目前我国人力资源服务产业园发展面临的难题和挑战

加快人力资源服务产业园区建设和发展，不仅是基于国家层面推动经济发展方式转变和促进各地产业结构调整的重要举措，也是体现民生为本、人才优先发展战略的重要产业创新。但是，综合国内各地人力资源服务产业园区发展的实际进程和整体推进程度看，目前其还难以完全适应国内现有人力资源开发配置的市场化进程与需要，也和国内人力资源服务业的加快发展要求有一定差距和制约，具体表现在以下几个方面。

（一）推动人力资源服务产业园发展的整体合力尚未形成

从国内人力资源服务产业园起源看，从中国上海人力资源服务产业园区正式挂牌开始，到目前为止仅有两年多的发展历程，既没有国外的成熟模式可资借鉴，又没有国内相关园区的成功经验。同时，对人力资源服务产业园区的形成机制还存在一定认识局限，特别是对涉及园区发展的市场监管和产业准入、基本公共服务和非基本公共服务、园区产权与资产经营等深层问题的认知度还不是很清晰。因此，在各地人力资源服务产业园建设的探索方面，还没有形成国家、地方政府和产业园建设、管理及运营等各方主体的整体合力，特别是社会环境及公众对人力资源服务产业园建设还没有形成高度统一认识，在国内各地人力资源服务产业园区的整体规划、建设管理等方面还缺少“顶层设计”，进而影响和制约了产业园公共服务资源的整合、“软性”服务能力的配套和综合公共服务能力的有效提供。

（二）人力资源服务产业园建设管理的体制创新动力不足

一是市场化体制机制还没有完全建立起来。源于人力资源市场化配置过程中的政府行政职能呈现“强势”特征，长期以来更多地采用行政手段来推动人力资源市场发展，并按照管理党政机关的模式来管理人力资源市场，缺乏明确的授权和委托机制，某种程度上“政事不分”和“事企不分”的局面还没有彻底改变，缺乏市场化的体制和机制创新动力。

二是产业园区建设的主体还没有真正到位。目前，已经实现运营或正在筹建的部分人力资源服务产业园区，既面临着管理体制机制创新等瓶颈约束，又存在着区位选择、功能定位、政策资源整合等难题或矛盾，特别是国内现有产业园区建设，从功能定位、载体建设、环境配套到人才公寓建设、政策聚焦等方面，都缺乏明确的实体性职能管理机构和服务机构，由此，造成部分国家级产业园区现有的政策支持和规划调整难以落地，体现决策协调、建设管理和运营服务的多元主体还没有完全到位。

（三）推动人力资源服务产业园发展的政策支持还较欠缺

一是行业发展及产业政策缺乏聚焦。由于不同政策的制定部门缺乏信息沟通机制和利益诉求差异，造成有限的政策资源和政策投入呈现“碎片化”特征，特别是各地在制定地方性产业发展目录、制定入园企业准入标准、部分行政审批项目权限下放、信息技术认证、允许外资控股政策试点、制定行业统计标准及指标等方面还没有实质性内容。

二是地方性财税政策支持体系不完善。比如，在财政补贴方面，缺少贷款贴息、经费补助和奖励等多种方式支持发展的相关政策，既没有通过贷款贴息、经费补助等方式给亟待资金支持的企业以必要的资源，也缺少有效的政府奖励形式，鼓励人力资源服务企业加快服务创新、提升服务水平、促进就业，以更好地为企业和人才服务。又如，在税收减免方面，我国人力资源服务企业缺少有效的税收激励政策。长期以来，我国执行较为严格的税收政策，在企业所得税、营业税等方面执行标准不统一，缺少税收减免优惠，园区机构的税费差额征收、重复征收和跨地征收等问题，还缺乏统一、规范的政策支持及扶持体系。此外，还缺乏行业发展、服务创新和品牌建设等方面的政策引导机制。

（四）支撑国内人力资源服务产业园发展的市场化环境不完善

一是国内人力资源服务产业园的同质化“迷局”初显。目前，不管是已经挂牌的国家级人力资源服务产业园建设，还是获得筹建资格和正在申报国家级或省级人力资源服务产业园的功能定位，大多集中在“集聚产业、专业服务、孵化机构和培育市场”这十六个字的语义表述上，还缺乏适合当地经济社会发展实情、产业结构特征和人力资源市场化水平等要素的个性化和差异化功能定位。

二是人力资源服务产业链不合理。目前，国内大部分人力资源机构的服务模式相似、服务功能同质和服务产品单一的情况普遍存在，人力资源服务产品单一、同质化，难以满足市场的差异化需求，特别是大部分人力资源机构的服务产品还集中在人事代理、人才派遣等环节的代收、代缴与申报服务，以及档案管理、工资代发等低端服务，而体现管理咨询、教育培训、职能外包等中高端服务业务领域还比较薄弱。

三是政府的行业管制及标准缺乏，形成了“大市场、弱产业”的不平衡格局。比如，行业标准制定和施行、人力资源安全、派遣业务范围界定、外资股权比例确定、技术先进型企业认定、总部企业型认定、协调国际习惯与政府规制、创新企业登记等规制不系统，人力资源服务业的整体发展还缺乏有效规范。

（五）发展人力资源服务产业园的多元化投入机制不完善

投入机制方面的问题，主要是地方政府对产业园建设的财政资金投入力度有限，尚未建立人力资源服务业发展专项资金或产业引导资金，特别是对公共服务平台、标准制定、政策研发等公益性服务缺少专项资金扶持，在鼓励人力资源服务领域投资力度方面还没有具体措施，未能为人力资源服务业企业特别是中小企业提供持续性保障，同时，也缺乏吸纳和募集社会资金、放大投入的机制。同时，地方政府的人力资源和社会保障部门作为园区建设的单一项目法人，从总体规划、政策供给和公共服务，到建设投入及资金银行融资等方面，基本还是“统揽统包”，由此表现为建设主体单一、投资主体单一、融资渠道单一和投融资模式单一等特征。银政合作还比较滞后，一方面，银行信贷等金融支持力度还比较小，产业园区在信贷产品、信用担保、利率支持等方面都缺乏必要的支持；另一方面，各类民间资本或社会资本对产业园区建设的关注度及投入支持不够，不同地区的产业园建设还没有形成多元化的建设投入机制。

总体来看，源于国内不同区域的经济社会发展水平、产业结构特征、市场化环境等不平衡因素，人力资源市场化进程特别是人力资源服务产业园区发展水平还存在着明显差异，行业发展的整体竞争力不强以致对国民经济发展的贡献率不高，以及与当地产业结构升级、城市转型和发展方式转变要求还有不适应之处等，构成国内人力资源服务产业园区加快发展的严峻挑战和制约因素。

三　进一步推动我国人力资源服务产业园加快发展的多维思考

（一）加强对人力资源服务产业园区发展的战略指导

鉴于人力资源服务业在构建国家现代服务业发展体系中的重要地位和作用，建议由人力资源和社会保障部等有关职能部门牵头，调动和组织专门力量，重点研究制定国家层面的《国家人力资源服务产业园区专项发展规划》或《国家级人力资源服务产业园区管理办法（试行）》，或制定出台《关于进一步推进国家人力资源服务产业园区建设与发展的指导意见》等，作为国家大力发展人力资源服务产业园区的规范性文件，为国内人力资源服务产业的下一步发展战略布局提供引导和指导。

但是，不管以“规划”还是“意见”等形式，既要明确产业园的认定标准，严格认定程序，建立和完善退出机制，又要控制总量，优化布局，严防一哄而上，避免质化竞争，鼓励差异化发展；既要契合发挥当地资源、体制和市场优势，又要考量当地经济社会发展实际、产业结构和文化传统等因素，统筹引导和规范不同区域人力资源服务产业园区的有序发展、科学发展和可持续发展。

（二）明确人力资源服务产业园区发展的战略定位

在国家已经明确把人力资源服务业列入服务业“十二五”规划及产业目录基础上，进一步明确界定人力资源服务业集聚发展的战略定位，以高端推动、产业引导、政策扶持和环境营造为重点，以更大程度地发挥市场机制的作用为基础，以提高人力资源服务供给能力和促进人力资源服务业规范发展为主要任务。要把建设和发展人力资源服务产业园区作为转变发展方式、优化产业结构和提升区域“软实力”的重要途径，逐步形成以国家级产业园区为示范龙头，以省（市）级产业园区或基地为骨干，以地方特色性产业集聚区为支点，加快推动形成人力资源服务产业园区整体发展的战略格局。

同时，基于不同区域的经济社会发展水平、产业特点和人力资源市场化程度等差异，不同地区的人力资源服务产业园区建设既要服从人才优先、民生为本的人力资源和社会保障事业发展的现实需求，又要发挥市场机制运作和政府职能推动的优势互补，并在更大程度上鼓励各地探索政府推动下的市场主导发展模式，促使人力资源服务产业园真正成长为推动人力资源服务产业发展的市场化力量。

（三）引导人力资源服务产业园的管理运营机制创新

从国内现有人力资源服务产业园区管理体制看，无论是政府主导、市场主导，还是两者的结合，都要全面考虑当地的政府管理体制、市场化程度、创新环境以及地方财税政策等基础条件。因此，体现政事分开、政企分开和管办分离，要明确政府职能在人力资源市场建设、人力资源服务业发展和推动产业园建设管理的有限职责，不仅要重视设立精干高效、职责灵活的管理体制和运行机制，而且要合理界定决策协调、建设管理和运营服务等主体界面的权利与义务，形成权责一致、分工合理和监管有力的人力资源服务产业园管理体制及运营机制。

同时，基于政府推动和市场运作的原则，改变传统产业园或专业园区“一套班子、两个牌子”的管理模式，要鼓励有条件的地区积极探索人力资源服务产业园的市场运作模式，可以尝试人力资源服务产业园运营模式的公司化治理模式，并运用市场化机制选聘职业经理人团队，以专业化运营为入园企业提供市场化服务。

（四）强化人力资源服务业发展的产业政策聚焦

一要支持人力资源服务产业园区在体制机制创新、公共服务、信息平台和外资机构股权占比等方面率先探索和先行先试，重点研究有限开放外商人力资源机构独资试点、鼓励离岸服务外包、引导外资从事离岸外包业务等产业导向。二要优化财政支持引导方式，建立发展专项资金和引导资金，统筹地方各类财政支持和扶持资金，加大财政支持力度，通过对入园人力资源服务企业提供贷款贴息、财政补贴（企业）、奖励（高管个人所得税），奖励落户园区的服务外包机构和呼叫中心等项目，多方面支持人力资源服务产业园区及入园企业发展。三要加大人力资源服务业的税收扶持力度，重点解决目前各地园区反映的重复征税、差额征收、派遣业务增值运用和呼叫中心全额征税等问题。同时，借助国家在部分现代服务业开展“营改增”试点的契机，研究支持中小人力资源服务机构发展的具体税收政策措施，以期在税收制度设计源头上助力人力资源服务业加快发展。

（五）构建人力资源服务产业园区的集群发展模式

由于人力资源服务业务更多依附于产业、客户分布的特殊性，既要考虑产业园区的集聚发展模式，又要兼顾人力资源服务业的辐射模式，因此，在发挥国家级产业园区的示范、辐射和带动作用基础上，各地人力资源服务产业园区的建设及发展路径选择，既要体现当地社经济社会发展水平、城市功能发展布局、行政分权和空间区位等特点，又要考量市场环境、产业分布和机构集聚度等因素，以专业化、市场化为导向，以管理输出、产品输出、品牌输出或服务输出等方式，通过探索以外包服务、职业培训、评价或测评、呼叫中心等业务为依托的“一园＋多区”“主园＋分园”或“主园＋分基地”等模式，引导和推动人力资源服务产业向规模化、集约化方向发展，进一步增强人力资源服务产业的整体实力和竞争力。

（六）创新人力资源服务产业园建设的多元投入机制

一是按照行政推动与市场运作相结合的原则，探索建立以政府投入为导向、社会投入为补充的产业园多元化资金筹措机制，引导和支持条件成熟和市场环境比较好的地区组建人力资源服务产业投资基金。同时，通过地方各级财政设立人力服务业发展专项引导资金，重点对进入人力资源服务产业园区的功能创新产品、技术平台、研发费用等进行支持。

二是引导风险投资支持人力资源服务机构发展。要加大金融支持力度，推动银政合作，强化金融机构与人力服务机构的联系，积极支持符合条件的服务业企业通过银行贷款、发行股票债券等多渠道在境内外资本市场筹措资金，改善人力资源服务企业投融资环境。要进一步推动信用担保体系建设，积极搭建融资平台，为中小企业发展提供资助或贷款贴息补助，鼓励各类创业风险投资机构和信用担保机构对发展前景好、吸纳就业多以及运用新技术、新业态的企业开展业务。搭建人力资源服务产业综合投融资平台，通过引进各类风险投资机构和社会资本，重点支持和投向人力资源服务产业中的服务外包、人力资源衍生服务、人力资源传媒等处于成长期的产业领域，推动金融资本的融资优势和人力资源服务的产业优势的互补。

三是创新人力资源服务产业投融资模式。要探索尝试引进专业产业园专业运营商、风险投资、私募股权等社会资本介入和参与产业园建设、运营及管理，通过控股、合作或合资等多种形式以及政府补贴、政府购买服务、税收优惠等政策支撑，创新产业园的商业模式和投融资模式，鼓励和吸引民间资本甚至国外资本参与各地人力资源服务产业园的产业体系构建。

（七）加强人力资源服务产业园发展的规范化建设

一是围绕产业目录、统计口径、从业标准、行业标准和品牌认证等环节，制定和出台国家人力资源服务行业基础性标准体系，重点是建立行业标准及产业“身份认证”机制，即改变传统的“三产分类”模式，通过梳理《国民经济行业分类》中没有载明的新兴行业和新型业态名称及经营范围表述用语，以扩充“小类”到“中类”的方式，改“职业中介服务”为“人力资源服务”，并把“人力资源咨询”从大类“咨询”中划出，进而形成人力资源服务业的规范统计口径和统一标准。

二是建立人力资源服务产业园评估指标体系，可由各地人力资源行业协会牵头，重点从园区孵化能力、新产品研发水平、服务创新能力、公共服务环境、园区绩效及其国际化程度等方面建立园区发展评估指标体系。

三是推动建立人力资源服务行业职业资格准入国家标准，通过制定国内统一的人力资源服务行业从业标准和专业资格培训体系，加快打造一批适应人力资源服务产业发展的高端职业经理人群体。

（八）推动人力资源服务产业园区的战略联盟及国际化发展

结合下一步国内人力资源服务产业园区的战略布局，建议由人力资源和社会保障部等职能部门牵头，抽调专门力量调研和提出框架性方案，重点依托上海、重庆、河南等率先建设人力资源服务产业集聚区的区域或城市，在产业目录、园区管理、产业政策、标准制定、指标体系、财税政策设计、信息服务、行业监管等方面建立合作、协作和互通机制，加强协调，共同行动，协同推动全国性和区域性人力资源服务产业园区的战略结盟及合作发展。

适应国际人力资源服务领域竞争日益激烈和应对人力资源市场进一步开放的需要，通过建立园区与国际间人力资源服务业交流合作网络，重点加强与国际知名人力资源机构合作，鼓励有条件的产业园区通过引进国际先进人力资源服务理念、项目、技术、标准和管理模式，着力培养一批具有国际竞争力的人力资源服务机构，更好地借助产业园平台，利用好国内国外两个人力资源市场、两大资源，进一步提高国内人力资源服务业的国际竞争力。

Current Development and Future Prospect for Human Resource Service Industrial Parks in China

Dong Liangkun　Wang Yi

Abstract: Human resource service industrial park is the emerging field and major content in the development of human resource service industry. It represents the logical requirement for accelerating economic growth pattern, facilitating higher-quality employment, adopting the strategy of human resource-driven power, and facilitating innovations in human resource service industry. At present, the national industrial parks in China are making great innovation efforts, many regional industrial parks are being developed, and the conventional clusters still possess advantages. At the same time, China is still facing such problems as yet-to-be-established overall synergy, insufficient motivation for institutional innovation, weak government support, less-developed market environment, and backward diversified input mechanism. To facilitate development of human resource service industry, it is imperative to accurately handle relations between government and market, between public interest and operating market, industrial transformation and independent innovation, overall planning and focus promotion. Besides, it is also necessary to clarify strategic positioning, make innovative operating mechanism, strengthen focus of industrial policies, build the model of cluster development, make innovative mechanism of diversified input, enhance regulated management, and push forward strategic alliance and international development.

Key Words: Human Resource Service Industry; Industrial Parks; Current Situation; Development

B.13

以就业为导向的人力资源市场指数体系构建研究

黄 梅*

摘　要：

本文围绕影响人力资源市场供需变化的长期趋势和短期变动，构建了综合反映人力资源市场供给、需求、匹配、薪酬和流动状况、发展趋势的人力资源市场指数，并以此为基础，初步形成了由监测指标体系、数据采集体系、指数分析体系、指数应用体系和指数实施保障体系构成的人力资源市场指数体系框架，以期深度挖掘人力资源市场供需状况和发展趋势信息，有效提高人力资源市场供需的匹配效率，为政府部门制定更加有效的宏观就业政策提供决策支撑。

关键词：

就业　人力资源市场　指数体系

当前和今后一个时期，我国就业形势将更加复杂、严峻，实现劳动者更加充分的就业，是摆在党和国家工作突出位置的一项任务。更好地实施人才强国战略，也迫切要求优化人力资源配置，不断提高人力资源开发与经济布局和社会发展需求的适应性和匹配度。从人力资源市场管理的角度看，信息化管理是实现人力资源配置市场化的基础性工作，只有借助信息化的手段，才能实现高效地处理人力资源市场供需的海量数据和固定逻辑，提高人力资源市场服务效率和服务质量。但从我国人力资源市场信息化现状来看，信息化基础还比较薄弱，市场信息的流动和共享渠道不畅，信息搜集、整理和发布的系统不完善，市场服务能力和

* 黄梅，中国人事科学研究院助理研究员，管理学博士。

服务效率亟待提高，相关理论研究明显滞后。基于此，从国家宏观调控的角度，要更好地发挥人力资源市场的信号功能，提高人力资源市场的配置效率，制定更加有效的宏观就业政策。研究建立以指数体系为基础的人力资源市场监测体系，是加强统一、规范的人力资源市场建设必须先行的一项基础性工作，是实现高质量就业、挖掘人力资源市场供需状况和发展趋势信息的重要手段。

一　人力资源市场指数的内涵和功能

（一）内涵界定

本文所述的人力资源市场指数（human resources market index），是通过信息采集体系，将人力资源市场中人力资源供需、匹配、薪酬、流动等状况通过特定的计算方法，以指数形式呈现的数据。它反映了人力资源市场供需状况的历史变化趋势，有利于对未来人力资源市场供需发展趋势进行监督和测量。

（二）功能作用

人力资源市场指数应具备检索功能、统计功能、咨询功能和监测功能，并能在以下方面发挥重要作用：第一，准确反映人力资源市场周期变化情况，即展现人力资源市场运行是处于波动的上升阶段还是下降阶段，以及波动的幅度；第二，正确评价当前人力资源市场运行状态，恰当地反映人力资源市场的冷热程度；第三，系统描述人力资源市场运行轨迹，预测人力资源市场发展趋势，在重大经济形势发生转折时，能够及时发出预警信号，防止发生巨大波动；第四，客观反映人力资源市场的政策效果，判断人力资源市场政策运用是否得当，是否起到了促进人力资源市场平稳较快发展的效果；第五，有效分析和预测主要行业重点职业招聘状况以及不同求职群体的求职状况，为供需双方以及职业培训机构提供参考信息。

二　人力资源市场指数体系框架

人力资源市场指数体系构建是一项系统工程，应包括人力资源市场指数的业务运行系统和运行保障系统两个部分。基于此，本文按照国家统一、规范、灵活的人力资源市场建设的总体要求，在已有研究的基础上，以人力资源市场机制理论为主要方法论基础，综合运用调查分析法、文献分析法、专家咨询法等，形成人力资源市场指数体系的基本框架，即监测指标体系、数据采集体系、指数分析体系、指数应用体系、实施保障体系（见图1）。其中，指数分析体系是核心，但要保证指数体系更好的应用，还必须做好监测指标体系设计、数据采集体系设计等基础性工作，以及评价分析、预测预警、政策建议、信息发布等应用性工作以及实施保障工作。

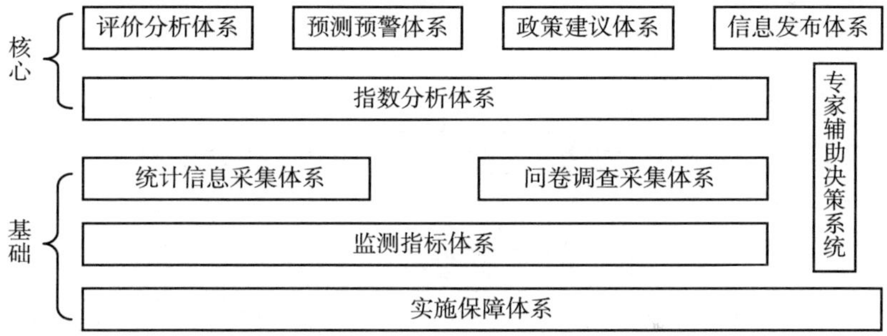

图1　人力资源市场指数体系总体框架

三　监测指标体系设计

（一）总体结构

基于对人力资源市场指数体系内涵的把握，监测指标体系的构建遵循全面性、客观性、可操作性、可比性、综合性、灵敏性及前瞻性等原则，按照“选择指标筛选方法、提出预想指标体系、确定最终指标体系”的设计步骤，在吸收国内外相关理论和先进实践经验的基础上，依据人力资源市场的实际情况，按照上述人力资源市场监测指标体系设计步骤，从经济学、管理学和系统论的视角进行有针对性的创新，并兼顾人力资源市场管理的需要，重点关注人力资源市场的供求机制、薪酬机制、竞争机制和流动机制，从人力资源市场供需本身出发，围绕影响人力资源市场变化的长期趋势和短期变动，紧紧抓住影响人力资源市场变动的薪酬因素，构建人力资源市场供给、需求、匹配、薪酬和流动五位一体的人力资源市场监测指标体系，其中，流动指标是对供给指标的有益补充，在一定程度上可反映人力资源市场供给数量和结构的动态变化，具体结构如图 2 所示。

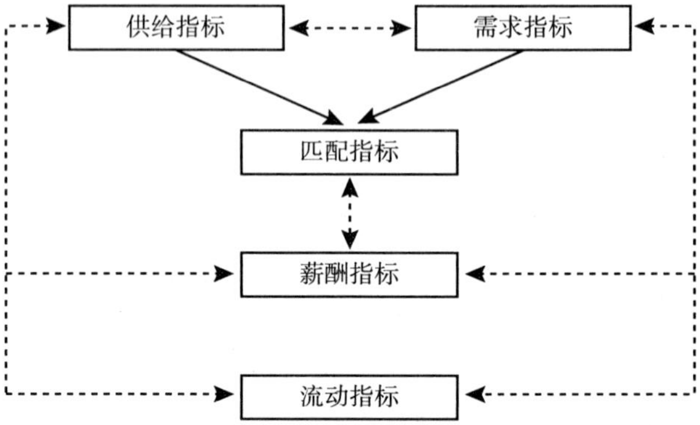

图 2　人力资源市场监测指标体系结构

注：图中实线表示具有直接决定关系，虚线表示具有相互影响关系。

人力资源市场监测指标体系由供给指标、需求指标、匹配指标、薪酬指标和流动指标五个分指标构成，能够反映人力资源市场的三个主要矛盾，即供求总量矛盾、结构性矛盾和薪酬价位矛盾，基本能够反映人力资源市场的总体运行状况和未来发展趋势。其中，供给指标和需求指标是从“量”的方面来解释供给和需求问题，匹配指标则解决“质”的问题。

（二）层次体系

先进的人力资源市场指数体系必须满足数据准确、代表性强、方法科学、传输及时的总体要求，做到全面反映人力资源市场的基本状况和变化趋势，及时跟踪人力资源市场变化情况，准确预测预报各类突发事件，以更好地服务于人力资源管理的需要。基于此，本文形成一套由 5 个一级指标、10 个二级指标、26 个三级指标支撑的人力资源市场监测指标体系的层次结构模型（见表 1）。

表 1　人力资源市场监测指标体系

<table>
<tr><th>目标</th><th>一级指标</th><th>二级指标</th><th>三级指标</th></tr>
<tr><td rowspan="26">人力资源市场运行状况</td><td rowspan="4">供给指标</td><td rowspan="2">供给总量</td><td>现场求职人数</td></tr>
<tr><td>网络求职人数</td></tr>
<tr><td rowspan="2">供给信心</td><td>求职即期信心</td></tr>
<tr><td>求职预期信心</td></tr>
<tr><td rowspan="4">需求指标</td><td rowspan="2">需求总量</td><td>现场招聘人数</td></tr>
<tr><td>网络招聘人数</td></tr>
<tr><td rowspan="2">需求信心</td><td>招聘即期信心</td></tr>
<tr><td>招聘预期信心</td></tr>
<tr><td rowspan="11">匹配指标</td><td rowspan="2">总量匹配</td><td>现场求人倍率</td></tr>
<tr><td>网络求人倍率</td></tr>
<tr><td rowspan="9">结构匹配</td><td>行业求人倍率</td></tr>
<tr><td>企业类型求人倍率</td></tr>
<tr><td>企业规模求人倍率</td></tr>
<tr><td>职业求人倍率</td></tr>
<tr><td>年龄求人倍率</td></tr>
<tr><td>学历求人倍率</td></tr>
<tr><td>专业求人倍率</td></tr>
<tr><td>工作状态求人倍率</td></tr>
<tr><td>工作经验求人倍率</td></tr>
<tr><td rowspan="4">薪酬指标</td><td rowspan="2">承诺薪酬水平</td><td>承诺薪酬平均水平</td></tr>
<tr><td>职业承诺薪酬水平</td></tr>
<tr><td rowspan="2">承诺与期望薪酬差异</td><td>承诺与期望薪酬平均水平差异</td></tr>
<tr><td>职业承诺与期望薪酬水平差异</td></tr>
<tr><td rowspan="3">流动指标</td><td>流动速度</td><td>区域外流入率</td></tr>
<tr><td rowspan="2">流动方向</td><td>行业变动率</td></tr>
<tr><td>职业转换率</td></tr>
</table>

（三）指标价值

在人力资源市场监测指标体系中，人力资源市场供给指标、需求指标、匹配指标、薪酬指标是核心，流动指标是对供给指标的有益补充。各指标的分析价值和应用价值如表 2 所示。

表 2　人力资源市场监测指标体系的价值

一级指标	二级指标	分析价值	应用价值
供给指标	供给总量	反映人力资源市场求职者总量及变动趋势	有利于企业及时了解供给信息，适时做好人才储备，并为政府有效引导求职者提供依据
	供给信心	测度求职者对即期人力资源市场运行态势做出的定性判断，及对未来发展变化的定性预期	
需求指标	需求总量	反映人力资源市场招聘需求总量及变动趋势	有利于求职者及时了解需求信息，在流动中实现增值，并为政府及时应对市场瞬息变化提供依据
	需求信心	测度招聘单位对即期人力资源市场运行态势做出的定性判断，及对未来发展变化的定性预期	
匹配指标	总量匹配	反映人力资源市场供需总量匹配程度及其变动情况	有利于供需双方及时了解市场匹配信息，引导求职者在区域、产业、行业间有序流动
	结构匹配	反映人力资源市场供给结构与需求期望、供给期望与需求结构的匹配程度及其变动情况	
薪酬指标	承诺薪酬水平	反映人力资源市场招聘职业的承诺薪酬与上年度社会平均工资的差异水平及变动趋势	有利于政府部门及时发布薪酬波动信息，稳定人力资源供求关系，实现对人力资源市场的宏观调控
	承诺与期望薪酬差异	反映重点或部分热门职业供需双方在薪酬认可方面的差距及变动趋势	
流动指标	流动速度	反映区域外人力资源流入本区域人力资源市场的速度	有利于政府部门及时了解人力资源流速、流向，以便适时制定人力资源发展政策
	流动方向	反映某区域人力资源市场求职者求职前后的行业变动和职业转换情况	

四　数据采集体系设计

（一）基本构成

按照上述人力资源市场监测指标体系的总体框架设计，本文建立由统计信息采集体系和问卷调查采集体系构成的人力资源市场监测数据采集体系。统计信息采集体系根据人力资源市场监测指标体系中相关指标对数据的具体要求，主要通过统计的方式，为人力资源市场监测体系的运行提供数据支持。问卷调查采集体系主要针对人力资源市场供给信心指标和需求信心指标数据，通过问卷调查方式，就人力资源市场供求总量和结构正在或即将发生的变化开展信心调查，并根据调查结果对供求信心进行分析，从而为人力资源市场监测的供求指标测算提供数据支持。具体监测指标的数据采集渠道如表 3 所示。

表 3　监测指标数据采集渠道

一级指标	二级指标	三级指标	数据采集渠道
供给指标	供给总量	现场求职人数	统计信息采集体系
		网络求职人数	
	供给信心	求职即期信心	问卷调查采集体系
		求职预期信心	
需求指标	需求总量	现场招聘人数	统计信息采集体系
		网络招聘人数	
	需求信心	招聘即期信心	问卷调查采集体系
		招聘预期信心	
匹配指标	总量匹配	现场求人倍率	统计信息采集体系
		网络求人倍率	
	结构匹配	行业求人倍率	统计信息采集体系
		企业类型求人倍率	
		企业规模求人倍率	
		职业求人倍率	
		年龄求人倍率	
		学历求人倍率	
		专业求人倍率	
		工作状态求人倍率	
		工作经验求人倍率	
薪酬指标	承诺薪酬水平	承诺薪酬平均水平	统计信息采集体系
		职业承诺薪酬水平	
	承诺与期望薪酬差异	承诺与期望薪酬平均水平差异	
		职业承诺与期望薪酬水平差异	
流动指标	流动速度	区域外流入率	统计信息采集体系
	流动方向	行业变动率	
		职业转换率	

（二）采集周期

由于人力资源市场供需受到订单冷旺季、各类院校学生毕业、重大节假日等因素的影响而呈现周期性波动，再加上人力成本制约等因素，实时统计可能过于频繁，按季度统计的时效性又较差，因此按月度来采集数据相对合理。

（三）采集点设置

目前，我国统计调查对象以公共就业和人才服务机构为主，社会力量举办的人力资源服务机构往往是被动参与。根据中国人力资源市场信息监测中心《2011 年第二季度部分城市公共就业服务机构市场供求状况分析》，其样本覆盖全国 102 个城市的公共就业服务机构。而社会力量举办的人力资源服务机构仅限于填写统计表格，其基本业务情况往往不在统计范围之内，在统计调查工作中参与不足，力量发挥不够。这与近年来社会力量举办的人力资源服务机构发展迅速，且规模有赶超公共就业服务机构之势的事实相悖。因此，在继续搞好公共服务体系信息统计工作并利用其提供的基础数据的同时，要充分发挥各类人力资源服务企业的作用，建立人力资源市场供求信息数据的直接采集渠道，即建立一线人力资源服务机构进行数据直接上报的数据采集网络体系。采样点的设置是基于全面布局的重点抽样，是有代表性的抽样。

五　指数分析体系设计

（一）层次结构

基于人力资源市场监测指标体系的基本框架，本文将建立如图 3 所示的人力资源市场指数体系层次模型。

（二）指数编制

编制综合指数时，要坚持同度量、指标绝对值与指数相对值相结合等原则，并采用长期趋势未来变化预测、微观基础上的宏观模型等编制原理，基本

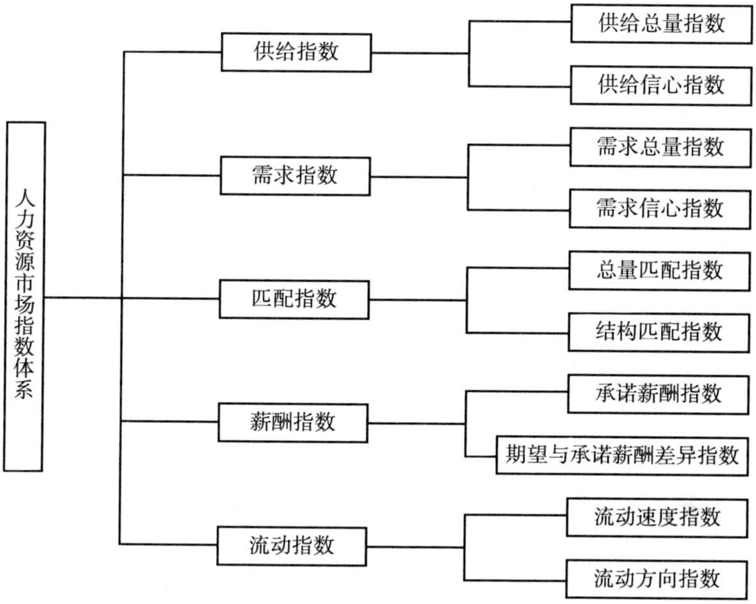

图 3　人力资源市场指数体系层次模型

编制步骤包括：确定各指标的权重，计算三级指标的绝对数值、计算二级指标的绝对数值、计算分指数（一级指标），最后计算综合指数。

（三）有效性检验

由于人力资源市场指数是历史数据的统计合成结果，本文并不是要去证明分指数之间的相关性，只是要说明人力资源市场指数能反映客观存在的事实，提供反映人力资源市场变化的一种语言，信息接受者可基于该项事实做出相应的决策。因此，人力资源市场指数有效性检验主要应为经济意义检验，即人力资源市场指数体系是否符合区域社会经济发展状况。经济意义检验是在进行人力资源市场指数体系应用之前，根据整理过的区域人力资源市场历史数据，主要选取以事实（重大事件的发生、重要政策的出台、自然灾害的发生等）为依据的有效性检验方法。该指数体系只有有效地解释了区域人力资源市场的过去，才能被社会接受。如不能有效地解释过去，还必须对其进行相应调整。

六　指数应用体系设计

（一）评价分析体系

基于人力资源市场指数的人力资源市场评价分析体系，具体包括人力资源市场总体运行评价、主要矛盾评价、供需主体信心评价、供求走势与GDP 增长趋势吻合度评价四个部分。以基于某区域历史数据形成的人力资源市场供给指数和需求指数为例（见图 4、图 5），从图中可清晰地看到，2009 年 9 月至 2010 年 2 月，该区域人力资源市场的供需缺口较大，招聘单位出现了较为严重的“用工荒”，而这一矛盾在 2010 年 3 月以后逐步得到了缓解。

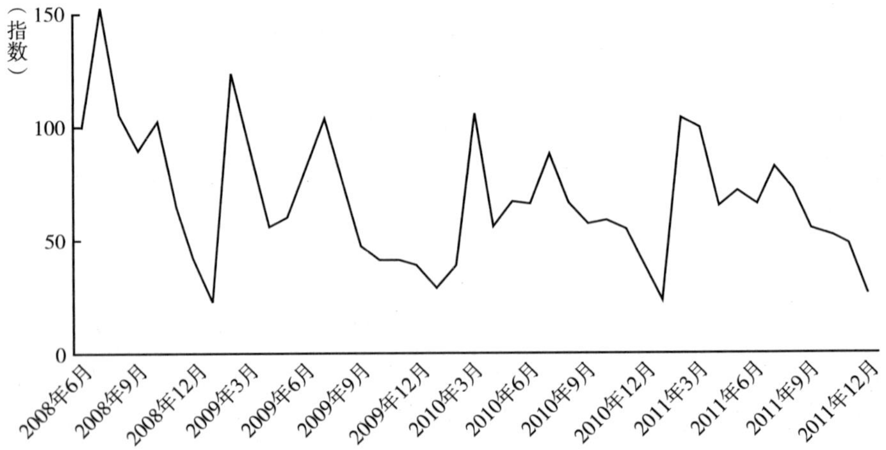

图 4　某区域人力资源市场供给指数示意

注：基期为 2008 年 6 月。

（二）预测预警体系

基于人力资源市场指数的人力资源市场预测预警体系，拟借助景气灯号模型，对人力资源市场供求总量、匹配、紧缺等进行预测预警。人力资源市场景

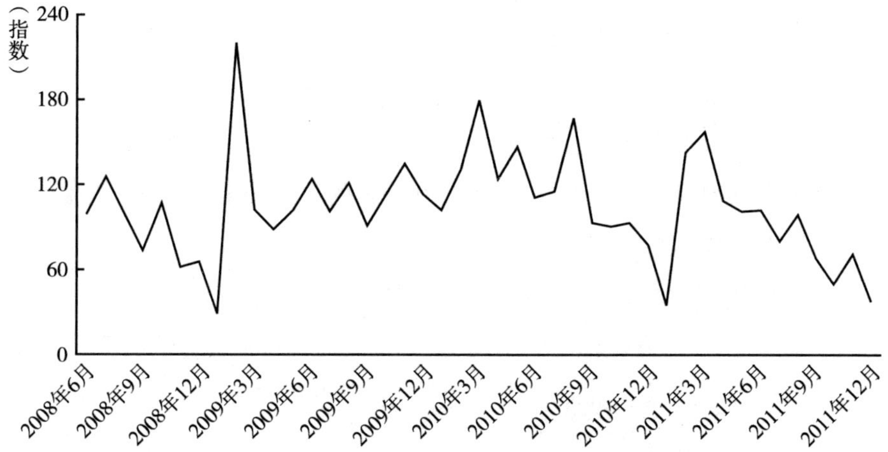

图 5　某区域人力资源市场需求指数示意

注：基期为 2008 年 6 月。

气灯号模型，拟以一组类似于道路交通管制信号灯的标识，向社会各界发布反映人力资源市场当前运行状态的不同信号，通过观察信号的变动情况，可以直观判断当前人力资源市场的整体情况。

（三）政策建议体系

基于人力资源市场指数的人力资源市场政策建议体系，可根据人力资源市场评价分析体系、预测预警体系的分析结论，并借助于专家辅助决策系统，通过相关软件完成数据分析和政策建议报告的撰写过程，为政府对人力资源市场的宏观管理提供决策支持。专家辅助决策系统主要是针对社会热点和市场走势，运用信息技术，定向、随时和连续地征询专家意见，为宏观管理和市场资源配置提供专家咨询服务。比如，可以针对一些地区持续出现的“用工荒”问题，启用专家辅助决策机制，通过调查问卷的方式，让专家就“用工荒”问题的社会影响、持续时间、解决对策等问题提供帮助。专家辅助决策系统的建立，首要任务是必须建立一个涵盖经济、社会、心理、劳动、组织行为、人力资源各方面专家组成的咨询团队，这样才能保证对重大问题的决策支持力度。

（四）信息发布体系

基于人力资源市场指数的人力资源市场信息发布体系，将借助于电视、广播、报纸、网络等多种渠道，定期向政府、求职者、企业、培训机构传递人力资源市场供求状况及走势信息，引导人力资源的合理流动。借鉴国内外经验，信息发布体系具体包括以下内容。

第一，提供多元化的信息服务产品。适应人力资源市场供需双方的需求变化，提供多元化、精细化的公共服务产品和市场性服务产品，例如，主要行业招聘需求特点与走势报告、特定群体求职指数报告（应届大学毕业生、下岗失业人员、外埠人员）、重点职业供需匹配特点及走势报告、重点职业薪酬特点与走势报告等，以满足人力资源市场供需双方不断变化的信息服务需求。

第二，建立周期多样化的信息发布制度。采用月度发布的形式，借助于电视、广播、报纸、网络、移动通信等多种渠道，定期发布公共服务产品和市场性服务产品，以便向政府、求职者、企业、培训机构传递人力资源市场供求状况及走势信息，引导人力资源的合理流动。

第三，保障招工不足企业和就业困难群体的信息需求。要强化对企业的用工指导和招聘服务，重点向招工不足企业及时提供政策咨询和信息服务，引导企业根据人力资源市场供求状况增强岗位的吸引力和竞争力；同时，也要引导广大求职者适应市场需要，加强对就业困难群体的就业指导，重点对未就业的高校毕业生、城乡新成长劳动力等群体进行职业指导和信息服务。

第四，搭建符合人力资源服务业发展方向的服务平台。要不断研究人力资源服务业的发展方向，深入了解人力资源供需双方的实际需求，以此为核心，不断开发设计更便捷、更人性化、更个性化的信息服务平台。

七　实施保障体系设计

要保证人力资源市场监测体系顺利实施，必须满足数据搜集定期化、数据结构同一化、数据内容真实化、数据录入便捷化、数据分析智能化和监测工作制度化等方面的具体要求。基于对这些实施关键点的考虑，本文主要从实施主体、监测手段、经费投入、法律法规、制度安排等方面诠释人力资源市场监测的实施保障体系。

（一）实施主体

目前，我国人力资源市场监测实施的主体是政府主管部门及其所属的事业单位。从近年来的监测实践来看，监测力量严重不足，负责监测工作的专职人员偏少，监测的专业化程度也不高。而在美国，劳工部劳工统计局是劳动力市场信息监测的主要职能部门。经过 100 多年的实践和发展，劳工统计局在劳动力市场信息监测方面已经形成了完善的架构、一体化的信息网络和流畅的工作流程，人力资源市场监测分工细致。基于此，要在明确人力资源市场监测实施主管部门基础上，整合现有监测实施机构，明确监测工作的职责分工体系，加大相关专业人员的补充力度和能力建设力度。

（二）监测手段

如前所述，我国人力资源市场信息采集与处理方式和手段相对落后，对计算机网络调查等现代信息化手段的应用严重不足。要保证能及时有效地进行数据分析及生成报告，可以根据研究需要开发相应的数据录入网络平台，以确保数据录入便捷化、及时化、有效化。并依托政府所属部门或第三方以及其他属性的机构，强化相关研究，及时优化监测内容体系，完善信息分析框架与模型，提供丰富的监测分析产品。

（三）经费投入

根据发达国家的经验，人力资源市场监测工作需要政府专项经费予以支持。而且，随着市场在人力资源配置中基础性作用发挥程度逐步增强，政府对人力资源市场监测的投入也随之增强。而在我国，经费投入问题一直是困扰人力资源市场监测工作的一大难题。因此，为保证监测工作的有效开展，应参照国际惯例，建立人力资源市场指数运行经费投入制度，形成以政府为主体、市场性产品收益为补充的多元投入保障机制，确保人力资源市场指数体系的高效运行。

（四）法律法规

在美国，劳工统计局与各州政府、地方政府有关机构存在数据共享关系，且数据共享方式和内容根据法律法规规定的数据购买和交换协议具体实现。而目前，我国在人力资源市场指数体系建设与实施方面的法律法规尚处于缺位状态，致使人力资源市场数据的采集与共享等都缺乏必要的法律法规支撑。因此，为保障人力资源市场监测体系能顺利运行，应尽快出台相关法律法规。

（五）制度安排

人力资源市场指数体系要持久有效地发挥作用，就必须形成有效的人力资源市场监测工作制度。建立数据共享与交换机制是各国人力资源市场监测的共性措施。因此，要保证人力资源市场监测工作顺利进行，人力资源市场管理部门要与工商部门、编制管理部门、网络管理部门、教育部门以及信息统计部门等建立数据共享机制，实现人力资源市场数据的及时获取。因此，要保障持续、定期地搜集数据，必须建立人力资源市场监测工作制度，明确人力资源市场监测工作流程、各部门的相关责任义务及相应的经费保障等。

Study of How to Build Index System for Employment-oriented Human Resource Market

Huang Mei

Abstract: The thesis, based on long-term trend and short-term changes of demand-supply relations in the human resource market, establishes the human resource market index reflecting the supply, demand, matching, remunerations, remuneration flow, and development trend in human resource market. Starting with this, it has established the human resource market index system framework consisting of monitoring indicator system, data collection system, index analytical system, index application system and index implementation guarantee system, in an effort to keep up with the demand -supply situation and information concerning development trend of human resource market, effectively improve demand-supply matching efficiency in the human resource market, and provide support for government agencies to make more effective macro employment policies.

Key Words: Employment; Human Resource Market; Index System

劳动关系篇

Reports on Labor Relations

B.14 构建和谐劳动关系　实现高就业质量

唐 鑛　汪 鑫　周亚颖*

摘　要：

我国劳动关系正朝着和谐稳定的方向不断发展，但要实现十八大报告提出的“推动实现更高质量的就业”，我们需要进一步加强和谐劳动关系的建设，为劳动者提供一个安全稳定的就业环境。本报告着眼于我国现阶段的劳动关系状况，从实际出发探讨我国劳动关系存在的问题，并从就业环境、劳动标准体系、劳动关系协调机制、劳动保障监察和争议调解仲裁等方面，提出了相关政策建议。

关键词：

劳动关系　就业质量　和谐稳定

一　引言

继1999年国际劳工组织提出“体面劳动”概念之后，越来越多的国外

* 唐鑛，中国人民大学劳动人事学院副书记，教授；汪鑫，中国人民大学劳动人事学院博士；周亚颖，中国人民大学劳动人事学院硕士。

学者和国际组织开始关注“就业质量”。而在国内，就业作为民生之本，党的十八大报告也明确提出我国应“推动实现更高质量的就业”。为更好地研究就业质量，各国学者不断探索构建就业质量的指标体系，各国际组织也发布了不同的研究结果。直至 2010 年 2 月，联合国欧洲经济委员会（UNECE）综合国际劳工组织（ILO）、欧盟委员会（European Commission）、欧洲基金会（European Foundation）的指标体系，构建了统一的“就业质量”指标体系，包括就业安全与规范、劳动报酬、工作时间和工作生活平衡度、工作稳定性及社保、协商与谈判机制、技能培训、员工关系与工作动机七大维度。

结合我国的现实国情，我国学者也对中国的就业质量评价指标进行了探索。早期的研究者大多采用就业环境、就业能力、就业状况、劳动者报酬、社会保护五个维度作为衡量就业质量的重要指标。近年来，越来越多的学者将劳动关系纳入就业质量的评价指标体系。可见，劳动关系作为最基本的社会经济关系，开始引起社会的普遍关注，已逐渐成为就业质量评价的重要维度之一。构建和谐稳定的劳动关系，为劳动者营造良好的就业环境，保障劳动者平等获得劳动所得、享受社会保护的权利，将有助于实现更高的就业质量。

二　我国劳动关系的现状

随着改革开放的不断深入、国有企业改制、大量外资和合资企业引入，我国劳动力市场结构发生了根本性变化，劳动关系变得更加灵活多样。当前，中国劳动关系的主要现状表现为以下几方面。

（一）劳动关系的市场化基本完成

随着改革的深入，我国劳动关系的运行机制逐步由最初以政府为主体的行政控制，转变为以企业为主体的市场调节机制，劳动关系的市场化逐步加深。其主要体现在三个方面：第一，在劳动关系的性质上，由国家代表社会的利益一体化劳动关系，逐渐转变成由雇主和劳动者构成的两个独立利益主体之间的雇佣关系；第二，劳动从业人员向第三产业转移，由于受第三产业企业特点的影响，第三产业的从业人员工资差异大、工作流动性高，劳动者的就业状况很大程度上受企业和市场环境的影响；第三，市场化经济体制改革以来，国有、集体企业就业占比逐渐下降，非公有制企业从业人员比重逐年增加，劳动关系状况受市场影响加大。

2012 年底，全国就业人员共计 76704 万，比 2011 年底增加 284 万；从事三次产业的就业人员分别 33.6%、30.3%、36.1%。[1] 对比 2007 年底全国就业人员数量（75321 万）和三次产业就业人员占比（分别为 40.8%、26.8%、32.4%），存在较大差异。不难发现，第一产业的就业人员在市场经济的推动下，不断向第二产业、第三产业转移（见图 1）。

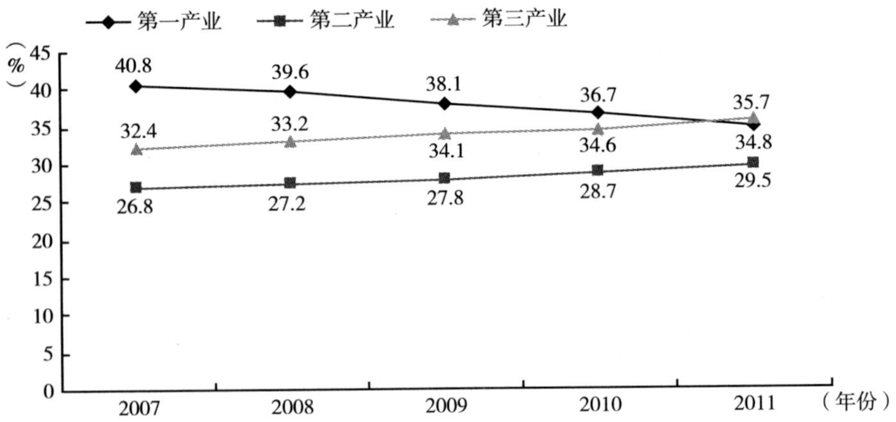

图 1　2007～2011 年我国三次产业就业人口比例变化趋势

资料来源：《中国统计年鉴》（2011）。

与此同时，国有、集体企业就业占比逐渐下降（见表 1）。从横向上看，到 2011 年底，国有单位就业人员占 46.5%，集体单位就业人员占 4.2%，而其他单位就业人员所占比重已与之基本持平。从纵向上看，从 1985 年到 2011 年，非公有制单位就业人员占比显著上升，从 4.0% 上升到 49.3%。在非公有

① 《2012 年度人力资源和社会保障事业发展统计公报》，2013。

制企业，劳动关系是一种典型的以雇佣关系为基本形式，以雇佣各方利益为基础的经济关系，即以资本为核心，以劳动为从属的雇佣关系。

表 1 就业结构变化

单位：%

时间	国有、集体单位就业比例	就业结构特征
1985 年	96.0	劳动关系单一；市场化程度不高
1995 年	75.7	非公有制企业逐渐增加
2011 年	50.7	非公有制企业成为主要雇主，劳动关系基本市场化

但劳动关系的市场化条件，也导致了我国劳动关系更加复杂和多样化，雇佣双方由于利益诉求、资源分配等引发的矛盾不断增多，如表 2 所示。另外，企业用工弹性化的增强与用工形式的多样化，导致企业非正规用工数量大幅度增加，这对劳动者权益保障提出了新的挑战。

表 2 我国企业劳动关系特点变化

类型	特点
雇佣模式	非公有制企业倾向于灵活的用工模式，强调效率，遇到危机直接裁员；央企、国有企业遇到危机采用更灵活的策略，比如待岗、培训
工资水平	2008 年以后，股份制企业 > 外企 > 国企 > 私营企业
劳务派遣	事业单位、央企、外资企业大量使用；民营企业和小微企业很少使用

（二）劳动关系的法制化逐步加强

改革开放 30 多年来，我国在劳动者就业、收入分配、社会保险、休息休假、职工民主参与、职业安全卫生、劳动纪律、劳动争议调解处理和劳动监察等与劳动关系相关的各方面不断颁布和完善相关法律法规。目前，无论是从数量和质量上，还是从覆盖面上，都取得了巨大提高。1995 年 1 月 1 日，《劳动法》正式实施，这是我国劳动立法的一个里程碑，标志着我国劳动关系从此以法治代替人治。2008 年，颁布实施的《劳动合同法》起到了承前启后的作用，标志着中国劳动关系的个别调整在法律构建上已经基本完成，同时，又开启了劳动关系集体调整的新起点，并为劳动关系的集体调整提供了法律基础。[①] 2012 年底，全国企业劳动合同签订率已经达到 88.4%。与此同时，集体合同制度逐步确立，2012 年底，经各地人力资源和社会保障部门审核备案的当期有效集体合同共计 131.1 万份，相对于 2011 年的 96.2 万份增长了 36.28%，而覆盖职工面也增加了 2300 余万人，达到了 1.45 亿人。[②]

2012 年，劳动立法工作取得了新成果。2012 年 4 月 28 日，国务院颁布了《女职工劳动保护特别规定》。2012 年 12 月 28 日，全国人大常务委员会审议通过了《劳动合同法》的修订案，并于 2013 年 7 月 1 日正式施行。该修订案进一步完善了我国劳务派遣相关的法律规范，有助于和谐劳动关系的构建，促进了就业质量的提升。此外，人力资源和社会保障部与监察部联合颁布了《事业单位工作人员处分暂行规定》，人力资源和社会保障部还积极协调推进《特殊工时管理规定》《生育保险办法》等部门规章的起草制定工作。[③]

目前，我国已初步形成了以《劳动法》《劳动合同法》为主体的劳动关系法制体系，形成了涉及劳动标准、劳动合同、集体协商和集体合同、劳动争议处理和劳动监察等内容的法律规范。目前，人力资源和社会保障领域制定颁布的现行有效法律 12 部、行政法规 33 部、部门规章 96 个，如《劳动争议调解仲裁法》《工会法》《社会保险法》《劳动合同法实施条例》《职工带薪年休假条例》《工伤保险条例》《企业工会工作条例（试行）》《劳动人事争议仲裁办案规则》《工资支付暂行规定》《集体合同规定》《企业民主管理规定》《最低工资规定》《最高人民法院关于审理劳动争议案件适用法律若干问题的解释》等；安监、卫生领域的相关法律法规也进行重新修订，如《安全生产法》《职业病防治法》等。初步形成了以《劳动法》为核心，内容涉及工作时间、休息休假、劳动报酬支付、职业安全卫生、女职工劳动权益保护、禁止使用童工等方面的劳动标准法规体系。表 3 为我国近年来颁布的劳动法律法规汇总。

---

① 常凯、邱婕：《中国劳动关系转型与劳动法制重点》，《探索与争鸣》2011 年第 1 期。

② 《2012 年度人力资源和社会保障事业发展统计公报》。

③ 同上。

表 3 近年来我国颁布施行的法律汇总表（部分）

法律法规	施行时间
《中华人民共和国工会法》	1992 年(2001 年、2009 年修订)
《中华人民共和国劳动法》	1995 年
《最高人民法院关于审理劳动争议案件适用法律若干问题的解释》(一)	2001 年 4 月
《集体合同规定》	2004 年 5 月
《中华人民共和国劳动合同法》	2008 年 1 月(2012 年修正)
《中华人民共和国就业促进法》	2008 年 1 月
《职工带薪年休假条例》	2008 年 1 月
《中华人民共和国劳动争议调解仲裁法》	2008 年 5 月
《中华人民共和国劳动合同法实施条例》	2008 年 9 月
《企业职工职工带薪年休假实施办法》	2008 年 9 月
《中华人民共和国社会保险法》	2011 年 7 月
《企业劳动争议协商调解规定》	2012 年 1 月
《企业民主管理规定》	2012 年 2 月
《最高人民法院关于审理劳动争议案件适用法律若干问题的解释》(二)(三)(四)	2006 年 10 月、2010 年 9 月、2013 年 2 月

（三）劳动关系的管理与国际接轨

在经济全球化的背景下，中国企业的所有制结构发生了明显变化，国有企业与外企、私企、合资企业共同参与市场竞争。20 世纪 90 年代后，为顺应市场的需求，我国企业的经营管理方式发生了明显转变，企业大量引进西方先进的管理方法和管理理念。由最初的政府主导开始向市场导向的管理模式靠近，以适应市场经济的需求。为了适应国际环境的变化和企业管理方式的改变，提高我国企业在国际市场中的竞争力，截至 2010 年底，我国共批准 25 个国际劳工公约，其中包括四项核心劳工公约。此外，我国政府已经签署了《经济、社会和文化权利国际公约》《公民权利和政治权利国际公约》。这些国际劳工公约和人权公约都具有国内法的效力，并将成为中国劳动立法的法律渊源之一。[①] 这些国际公约

① 乔健：《略论我国劳动关系的转型及当前特征》，《中国劳动关系学院学报》2004 年第 2 期。

有利于我国企业进一步规范企业劳动关系，提升我国企业的国际竞争力，有利于中国经济的全球性发展，也为劳动者提供了更多的就业机会和更优的就业环境。

（四）公平就业环境初步形成

为构建公平的就业环境，我国政府不断增强对各类就业群体的立法保护，确保就业人员享受平等的就业权利和社会保护。《就业促进法》《妇女权益保护法》《残疾人保障法》《残疾人就业条例》《关于维护乙肝表面抗原携带者就业权利的意见》和有关部门文件对保障农民工、妇女、残疾人、乙肝病毒携带者等群体公平就业权利做出了明确规定，保障措施不断加强。

与此同时，我国已经初步构建了覆盖中央、省、市、区县、街道（乡镇）、社区（行政村）五级管理、六级服务的公共就业和人才服务网络，为就业人员提供了就近免费享受政策咨询、就业信息发布、职业介绍、职业指导等就业服务。2012 年，基层劳动就业和社会保障服务设施建设试点范围进一步扩大，截至 2012 年底，在中西部地区（含福建中央苏区和山东革命老区）的 266 个县、1010 个乡镇（街道）开展了基层服务设施试点建设，比 2011 年增加了 64 个县、233 个乡镇。自 2010 年启动试点以来，已有 257 个县、1300 个乡镇完成试点项目建设并投入使用。该项目有效地改善了基层劳动就业和社会保障服务条件，提高了基层公共服务能力和办事效率，① 为我国建立起了统一的就业服务体系，提供了有力的支撑。

（五）劳动争议处理方式逐渐变化

随着我国政府部门管理力度的加大，我国劳动关系在劳动争议处理方式上发生了显著变化。一是从采用处理的方式上看，采用调解方式的比例先下降后上升，且采用调解并结案的比例逐渐高于采用仲裁并结案的比例。如 2012 年全年各级劳动人事争议调解组织和仲裁机构共受理劳动人事争议案件 140.3 万件，结案 126.1 万件（不包括仲裁机构不予受理数），其中调解组织结案 61.8

① 《2012 年度人力资源和社会保障事业发展统计公报》。

万件，占49.0%。仲裁机构立案受理劳动人事争议64.1万件，比2011年增加8.8%，结案率为94.7%；调解组织受理（含仲裁机构案外调解）76.2万件。[①] 二是从劳动争议处理结果上看，劳动者单方胜诉的比例下降，且北京、上海最明显。三是从案件主体上看，劳动纠纷主要发生在非公有制企业，且集中在中小非公有制企业（见表4）。

表4　我国劳动争议处理的特征

劳动争议特征	仲裁委结案方式	调解结案的比例先下降后上升:52%(1996),28%(2001),34%(2006),50%(2011)
		裁决结案的比例已低于调解结案的比例:27%(1996),50%(2001),45%(2006),46.6%(2011)
	处理结果	劳动者单方胜诉的比例下降:51%(1996),13%(2011)。 2010年,北京、上海开始出现劳动者单方胜诉比率明显低于企业单方胜诉比率: 北京2011年劳动者(7%)、企业(17%),双方部分胜诉的案件(76%); 上海2011年劳动者(11%)、企业(21%),双方部分胜诉的案件(68%)
	案件主体	2011年,劳动纠纷71%以上发生在非公有制企业;80%以上集中在中小非公有制企业

资料来源：《中国劳动统计年鉴》(2011)。

三　我国劳动关系现存的问题

尽管国家采取了一系列措施来保障劳动关系的和谐稳定，但我国“强资本、弱劳动”的格局仍然普遍存在。由于劳动力供大于求，劳动者长期处于弱势地位，劳动争议频发，劳动者权益时常受到侵害，而政府劳动保障体系尚待健全，劳动监察乏力，这些都直接影响了劳动关系的和谐稳定，对提高就业形成巨大阻力。我国劳动关系存在的问题，具体表现在以下几个方面。

（一）劳动力市场存在歧视现象

目前，我国劳动力市场上存在部分歧视现象，这是经济转轨时期劳动力市场发育不健全的产物，主要表现在不同群体之间收入差距持续扩大、不同群体

① 《2012年度人力资源和社会保障事业发展统计公报》。

之间的就业机会不均等。

2011 年，我国城镇单位就业人员平均年工资为 41799 元，而农村居民家庭平均每人年收入仅 9833 元，相差巨大。2011 年底，全国参加城镇基本医疗保险的人数为 47343 万，占总就业人员的 61.9%。而 2011 年度全国农民工总量为 25278 万，参加医疗保险的农民工仅 4641 万。根据中华全国总工会新生代农民工问题课题组的调查，新生代农民工的月均收入为 1747.87 元，仅为城镇企业职工平均月收入（3046.61 元）的 57.4%，比传统农民工（1915.14 元）低 167.27 元。2011 年，城镇单位就业人员共计 14413.3 万，其中女性就业人员仅 5227.7 万。①

就目前的状况来看，即使在拥有同等就业能力的情况下，部分农民工、妇女、残疾人、乙肝病毒携带者等群体在就业时，仍在一定程度上遭受不公平待遇。社会各群体享受的就业权利存在不平等之处。平等就业权是劳动权的核心内容，是社会公平原则在劳动就业方面的集中体现，也是市场经济平等竞争规则的内在要求。上述弱势群体在就业中能否享有平等就业权，直接关系着劳动权的实现程度，也关系着其生存与发展状况。部分歧视现象的存在，在一定程度上也影响了我国的就业质量。

（二）劳动相关法律法规不够健全

我国劳动相关的法律法规尚不健全，在一定程度上也影响了我国的就业质量。具体表现为：我国在非全日制用工、劳务派遣等方面立法还存在一定的空白，工资支付方面的立法层次较低，对最低工资制度的规定仍不完善，劳动标准体系存在一定的缺失，等等。

劳动标准体系的缺失，相关的劳动标准尚不完善，在一定程度上影响了《劳动法》《劳动合同法》的全面贯彻实施，制约了政府行政执法，直接影响了我国就业质量的提高。首先，劳动标准体系的覆盖范围不够全面。目前，我国劳动标准以劳动关系的存续为前提，主要适用于企业人员，而机关事业单位、民办非企业单位中的非企业有关人员，以及特殊就业群体，如见习大学

---

① 《中国统计年鉴》（2011）。

生、家政服务人员和再就业退休人员等，都不在有关法律法规的保护之内。其次，部分现有劳动标准有待完善。如职业安全卫生标准虽项目齐全，但时效性差，有些甚至延用20世纪80年代的标准，需及时补充、调整、修订和完善。再次，行业劳动标准欠缺。目前，国内各行业在制定行业劳动标准方面，无论是行业标准数量，还是行业标准的影响力，都远不能与西方发达国家相比。最后，企业层面劳动标准的统一性较差。由于企业状况不一、管理水平差异巨大，企业层面的劳动标准差异明显，核心企业与边缘企业的劳动标准存在很大差异；即使是在同一企业，核心岗位和边缘岗位提供的劳务派遣用工标准和劳动合同用工标准也有区别。

（三）劳动关系协调机制尚不完善

与众多发达国家的劳动关系协调机制相反，我国往往采取先停工后协商的方式处理劳资矛盾。2010年以来，我国由劳资矛盾引发的群体性事件呈爆发之势，如广东南海本田罢工事件和南沙电装工人静坐事件等。2013年1月以来，全国各地又陆续爆发了多起企业工人集体停工事件，劳动者采用极端的方式解决劳资矛盾，不尽引发我们对劳动关系协调问题的思考。

尽管推进实施了集体合同制度，但集体合同格式化现象较普遍。《劳动合同法》颁布以后，企业大多与员工普遍签订了劳动合同，但劳动合同的签订常常是企业给出合同，员工直接签字，缺少协商、谈判的过程，劳动合同格式化、形式化现象严重；工资集体协商多集中在国有企业，但多流于形式；而在非公有制企业中推行工资集体协商和集体合同制度难度较大，阻碍了工资正常增长机制的完善。总的来说，这些现象的存在与劳动关系协调机制的不完善有莫大关系。

（四）劳动保障监察执法力度不足

2012年底，全国共有劳动保障监察机构3291个，各级人力资源和社会保障部门配备劳动保障专职监察员2.5万人。① 相比于2011年监察机构和专职监

---

① 《2012年度人力资源和社会保障事业发展统计公报》。

察员队伍没有明显变化。对应 76420 万的就业人数，劳动保障监察机构的设置、劳动保障监察人员的配备明显不足。直到 2012 年初，共有 23 个省市区开展落实劳动监察目标管理工作，但有 1/3 的省市劳动监察目标管理工作还未切实展开。

对 23 个已开展劳动监察目标管理工作的省市区的调研发现，我国劳动保障监察工作仍存在一定问题。部分县市存在劳动监察机构名称不统一、监察机构不健全、力量薄弱、装备不足等情况，但劳动监察的工作量又较大，所以部分企业的违法行为没有得到及时有效的查处。从劳动合同制度的落实情况看，民营中小企业劳动合同签订率普遍较低，而且大量企业经营者以就业的压力迫使劳动者不得不长时间、高强度地加班工作；存在用工歧视，尤其是女职工、农民工和未成年工的权益得不到有效保护；部分企业存在随意克扣和拖欠员工工资，欠缴或拒缴社会保险，随意辞退和解雇工人，工伤事故严重，甚至有体罚员工、侮辱人格和尊严等现象。可见，部分劳动者的切身利益正在受到非法侵害，我国的劳动保障监察部门执法的广度和深度尚不能杜绝违法用工的行为，和谐用工环境的创造有待劳动监察部门执法力度的加强，以及劳动监察部门机构内部建设的进一步优化和完善。

（五）劳动争议调解仲裁力量薄弱

当劳动争议发生后，我国调解仲裁制度鼓励劳动者与用人单位协商，也鼓励工会或者第三方共同参与协商活动，最终达成和解协议。近年来，我国大力推行基层劳动争议调解组织的建立，以从源头上解决劳动争议问题。但 2011 年全年各级劳动人事争议调解组织和仲裁机构共受理劳动人事争议案件 131. 5 万件，结案 118. 7 万件，结案率 90. 3%，其中，调解组织结案 59. 4 万件，占 50. 0%，而 2012 年这一比例下降为 49. 0%。[①] 可见，仍有部分劳动争议案件没有得到及时有效的处理，而且调解组织受理结案的比例有所下降，许多劳动者的合法权益遭受侵害，没有得到及时保护。另外，采用基础调解组织处理劳

---

① 《2011 年度人力资源和社会保障事业发展统计公报》。

动争议的比例仍然较低。基层劳动争议调解组织尚在建设初期，调解作用尚未有效发挥。基层劳动争议调解组织有待进一步完善。

四　构建和谐劳动关系，实现高就业质量

劳动关系是最基本的社会经济关系，构建和谐劳动关系是保障和改善民生、维护社会安定和谐的基础。当前和今后一个时期，我国仍处于劳动关系矛盾的多发期和各种利益关系的调整期，构建和谐劳动关系的任务十分艰巨。党的十八大报告明确提出，要健全劳动标准体系和劳动关系协调机制，加强劳动保障监察和争议调解仲裁，对构建和谐劳动关系提出了新的要求。针对我国劳动关系现存的问题，为实现高就业质量，构建和谐劳动关系要重点抓住以下几个环节。

（一）构建公平就业环境，提升就业人员素质

公平的就业环境离不开国家的法律保障。通过完善相关立法规范，由政府指引用人单位公平对待妇女、农民工、残疾人、未成年人等就业群体，真正落实同工同酬、平等就业等劳动制度，构建公平的就业环境。另外，政府还需要深化改革，进一步消除我国劳动领域特有的体制性障碍；合理引导民众，消除封建观念对劳动者身份、性别、年龄等的区别对待。

为保障公平就业环境真正实现，就业人员也必须提升自身素质，以适应劳动力市场的需求。劳动者应当加强自身学习，巩固现有技能，接受新鲜知识，提高职业素养，恪守职业道德，爱岗敬业、诚实守信，逐渐形成自身的就业竞争力。与此同时，劳动者还必须学法、懂法、守法，在自身权益受到侵害时依法保护自身合法权益。

政府构建公平的就业环境为提高就业质量提供了可能性，但“可能”是否转化为“必然”则有赖于弱势群体自身人力资本水平的提高。阿玛蒂亚·森在《作为能力剥夺的贫困》一书中指出，教育作为一种基本能力，其被剥夺与否，是衡量社会是否提供给底层一条改变其命运的通道以及政府公共政策是否得当的核心因素所在。更好的基础教育和卫生保健能直接提高生活质量，

还能提高一个人获得收入的能力，使其免于收入贫困。所以，妥善解决弱势群体受教育、培训问题，直接关系着他们的就业质量，最终关系到其生活质量和生存能力。

（二）加强劳动法制建设，健全劳动标准体系

首先，加强劳动执法制度建设。政府需推动劳动执法、劳动争议处理的制度建设，履行好执法责任，加强劳动执法检查，严格执法程序，公正执法，保证劳动法律法规的有效落实，保障雇佣双方的合法权益。同时，在劳动纠纷中，政府要当好“裁判员”，公正、平等、合法地处理劳动争议案件。

其次，引导全国劳动标准体系建设。政府需要通过政策、制度等合理引导各行业、各地区、各企业制定相应的劳动标准。健全劳动标准体系是一项浩大的工程，需要正确理解构建劳动标准体系的目的和实质意义，总结已有的成果和经验，调查分析现阶段存在的问题，据此提出进一步健全劳动标准体系的目标任务、工作思路及政策措施等。

（三）完善劳动协调机制，创建和谐劳动关系

在市场经济条件下，和谐的劳动关系是企业提高经济效益、社会经济稳定健康发展的重要保障。然而，由复杂的劳资关系造成的劳资冲突时有发生。因此，劳资冲突的协调和化解变得尤为重要。

根据我国劳动关系工作新形势，完善劳动协调机制，创建和谐劳动关系，需从以下三个方面做出努力。首先，以实现劳动合同制度全覆盖为重点，进一步完善《劳动合同法》配套法律法规和政策，依法规范劳务派遣用工、企业经济性裁员，完善劳动用工备案制度。其次，以推进企业工资集体协商、建立工资正常增长机制为重点，加快完善利益共享机制，不断扩大集体协商覆盖范围，积极稳妥推进行业性、区域性集体协商，促进企业在劳动生产率提高的同时同步增加职工工资。最后，以健全政府、企业组织和工会协调劳动关系三方机制为重点，加快完善社会协商机制，进一步加强三方机制制度化、规范化建设，完善三方机制职能，充分发挥其在解决劳动关系领域重大突出问题时的独特作用。

（四）建立预警防控机制，加强劳动保障监察

劳动保障监察的指向是工作场所中的公正。公正“就是社会各方面的利益关系得到妥善协调，人民内部矛盾和其他社会矛盾得到正确处理，社会公平和正义得到切实维护和实现”。[①] 劳动保障监察的目的就是保障劳动者的合法权益，使劳动者在工作场所中获得更加公平、体面的劳动。因此，有效的劳动保障监察能为提高劳动者的就业质量提供坚实的保护。

为了贯彻实施劳动和社会保障法律、法规和规章，规范劳动保障监察工作，维护劳动者的合法权益，国务院于2004年11月颁布了《劳动保障监察条例》，该条例于2004年12月正式实施。尽管该条例的颁布施行为劳动保障监察工作提供了有效的法律依据和行为规范，但总体来看，我国劳动保障监察体系仍不够健全。首先，应逐步完善和落实相关执法制度，健全预警防控机制。其次，通过建设“网络化、网格化”劳动保障监察体制，加强劳动监察部门和司法部门联动，逐步建立起多部门综合治理机制，改善我国监察执法的方式方法。最后，还需要注意保障举报投诉渠道的畅通，并组织开展专项监察、整治工作，及时查处各类违法案件，避免突发性群体事件的发生。另外，为确保劳动保障监察工作落到实处，还应加强基层劳动保障监察机构及队伍的建设，为有效开展监察执法提供必要的政策和经费保障。

具体而言，基于23个省市区劳动监察现状的实际调研结果，建议人力资源和社会保障部联合财政部、中编办等部门联合发文，统一解决地方劳动监察机构的名称、性质、机构升格和人员的编制、财政经费等问题；并由人力资源和社会保障部劳动监察局主导，在全国范围内制定统一的劳动监察机构建设标准及建立统一的劳动保障监察工作目标管理制度，由人力资源和社会保障部统一制定劳动保障监察目标管理考核办法，制定具体的目标内容、量化指标和保障措施，并对考核结果的使用做出明确规定。与此同时，应充分考虑地区之间的发展差距和原有的工作基础，实行分类分组设定劳动监察管理的工作目标。值得一提的是，海南省劳动保障监察总队实施的半月例会集体论案、业务骨干

---

① 《深刻认识构建社会主义和谐社会的重大意义》，《人民日报》2005年2月20日。

会集体议案、队领导队务会集体审案的“三会制度”，严把案中处理关，强调案中监督透明度的做法，很值得推广。

（五）合理利用联动机制，落实争议调解仲裁

劳动争议调解仲裁作为沟通劳动关系双方的桥梁，能够促成双方沟通，化解误会，促使企业增强自身的法制意识和对内部劳动关系的管理，有利于劳动关系的和谐发展。特别是鉴于我国“强资本、弱劳动”的劳资现状，劳动争议调解仲裁应注重保护劳动者的合法权益，尽可能及时地完成各劳动争议案件，以构建更加和谐稳定的劳动关系。

具体而言，劳动争议案件的处理，应坚持“预防为主，调解为主，基层为主”的宗旨，充分发挥调解环节的基础性作用。完善和落实劳动人事争议调解仲裁制度，仲裁委员会应依法仲裁，努力做到仲裁终结。为劳动者创建畅通的投诉渠道，做好裁审衔接工作，合理配置资源，加强各机构间的相互协作，逐步构建各级仲裁机构与司法机关的联动机制，及时、公正地处理劳动争议案件。健全劳动争议调处体系，充分发挥基层就业服务中心、街道社区以及企业劳动人事争议调解仲裁机构的作用，将劳动争议化解在萌芽阶段。

五　结语

就业是民生之本，提高就业水平不仅要保障一定的就业数量，更重要的是要提升社会的整体就业质量。劳动关系作为最基本的社会经济关系，不仅是保障和改善民生、维护社会安定和谐的基础，而且逐渐成为衡量就业质量的重要指标。十八大报告中明确指出，构建和谐劳动关系要“健全劳动标准体系和劳动关系协调机制，加强劳动保障监察和争议调解仲裁”。通过和谐劳动关系的构建，使劳动者的就业权益得到充分有效的保障，这样才可能实现更高质量的就业。

就我国目前的劳动关系状况而言，市场化已基本完成，法制化也在逐步加强，公平的就业环境初步形成，劳动争议趋于协商解决，劳动关系状况正朝着和谐稳定的方向不断发展。然而，在全球化、市场化等大背景下，我国的劳动

关系还存在许多需要改进的方面，如何实施十八大报告提出的“健全劳动标准体系和劳动关系协调机制，加强劳动保障监察和争议调解仲裁，构建和谐劳动关系”，为“推动实现更高质量的就业”提供和谐稳定的就业环境，将成为今后一段时期内政府与社会伙伴之间共同努力的目标。

综合而言，当前和今后一段时期，我国仍处于劳动关系矛盾的多发期和各种利益关系的调整期，促进劳动力市场的发育完善，实现劳资利益的平衡，提升就业质量，进而构建社会主义和谐劳动关系的任务仍然十分艰巨，这不仅需要政府的大力指导与支持，更需要依靠企业和劳动者自身的行为规范。

Building Harmonious Labor Relations to Realize High-quality Employment

Tang Kuang　Wang Xin　Zhou Yaying

Abstract: Labor relations in China are now moving towards harmony and stability. Nevertheless, to reach the goal of "facilitating and realizing higher-quality employment" set forth in the Report at the 18th CPC Congress, it is necessary to enhance the harmonious labor relations and provide a safe and stable employment environment for the employed people. The thesis, based on the current situation of labor relations in China and starting with realities in the country, discusses about the existing problems in labor relations in China and proposes policies from the perspectives of employment environment, labor standard system, labor relations coordination mechanism, labor security supervision, dispute mediation and arbitration.

Key Words: Labor Relations; Employment Quality; Harmony and Stability

B.15
中国职工工资增长和就业质量研究

苏海南　常风林*

摘　要：

为实现党的十八大提出的"推动实现更高质量的就业"、努力实现"劳动报酬增长和劳动生产率提高同步"和"千方百计增加居民收入"等战略目标，必须统筹考虑提高职工工资和就业质量。本文从工资增长与就业质量的关系、我国职工工资水平及其增长情况、职工工资增长对就业质量提高的正面影响、职工工资增长不均衡对就业质量提高的负面影响等方面，对职工工资增长与就业质量进行分析研究，并提出了增加我国职工工资与提高就业质量的对策建议。

关键词：

工资增长　就业质量　工资水平

党的十八大报告在描画全面建成小康社会目标并部署加强社会建设时，统筹规划就业、收入分配等工作，明确要求"千方百计增加居民收入"，努力实现"劳动报酬增长和劳动生产率提高同步"，实施就业优先战略和更加积极的就业政策，"推动实现更高质量的就业"。按照此战略部署，当前及今后若干年，提高职工工资和就业质量成为我们必须努力完成的重要民生建设任务。研究如何将这两方面内容有机结合起来，探索并明确其实现路径和办法，对贯彻落实党的十八大有关精神以进一步改善民生具有重要意义。

---

* 苏海南，中国劳动学会副会长兼薪酬专业委员会会长，劳动工资研究所研究员，博士生导师；常风林，劳动工资研究所副研究员。

一　工资增长与就业质量的关系

更高质量就业的内涵，既包括充分的就业机会、公平的就业环境、良好的就业能力和劳动者职业发展空间、合理的就业结构等内容，也包含与劳动付出相匹配的工资水平及合理的工资增长，以及其他劳动权益的增加和水平提升。工资增长既是更高质量就业的内在要求，又是通过刺激消费、扩大内需、促进经济增长，进一步推动就业数量增加和就业质量提高，形成工资增长与就业提升之间良性循环的重要举措。

（一）工资增长是更高质量就业的重要组成内容

1. 高就业数量和合理工资水平及工资增长，是高质量就业的题中应有之意

就业数量、工资水平是衡量就业状况的两个不可割裂的重要组成部分。一个国家或地区的就业数量与工资水平之间通常处于以下四种情况之一：高数量、高工资，高数量、低工资，[①] 低数量、高工资，低数量、低工资。显然，“高数量、高工资”属于最理想的状态，是众多国家或地区努力追求的就业目标。出于社会稳定需要，在难以获得高工资的情况下，很多国家或地区通常更偏重于就业数量的增加，即所谓的充分就业。但是，单纯追求就业数量扩大，如果就业人员的工资不能相应增长，理论和实践都证明，这种就业本身从长期来看是不稳定、不可持续的。工资增长事关民生、经济发展与社会稳定。从城乡居民个人层面看，工资收入是我国城乡居民收入的主要部分，是城乡居民安居乐业的基础；从企业层面看，工资增长及工资水平直接影响职工积极性的发挥和企业价值的创造；从社会层面看，合理的工资增长会促进中等收入群体的形成和劳动力就业素质的持续提升，是经济发展和社会稳定的重要推动因素。因此，推进就业不能只求数量，高质量就业应当是高就业数量与适度高工资水平，在实现全面建成小康社会的宏伟目标过程中，工资增长也是高质量就业的

① 在计划经济体制下，我国事实上长期处于“高数量、低工资”的就业状况。

题中应有之意。

2. 合理工资水平及工资增长是十八大报告确立的更高质量就业的新要求

十八大报告提出要在十六大、十七大确立的全面建设小康社会目标基础上努力实现新的要求，其中，“经济持续健康发展”的要求之一就是“实现国内生产总值和城乡居民人均收入比二〇一〇年翻一番”；同时，十八大报告还指出，我国当前存在居民收入分配差距依然较大的问题。由于工资性收入是居民收入的主要部分，居民收入分配差距较大说明居民的工资收入差距较大，特别是部分中低工资收入者的工资水平偏低且增长慢。为此，在继续做大社会财富“蛋糕”并同步实现居民人均收入倍增的过程中，一方面要继续扩大就业，另一方面要努力提高工资水平，重点是加快提高中低收入劳动者的工资水平。后一方面在2012年我国劳动年龄人口在总人口的比重首次出现下降、新增就业数量的增速将趋于稳定甚至呈下降之势的背景下，显得尤为关键。今后，工资增长将承担提升城乡居民收入的更大责任，为此，努力实现工资增长将成为更高质量就业的新要求。

（二）工资增长对就业的正反两方面影响

1. 工资增长过快或过慢都会对就业及其质量造成不利影响

西方发达资本主义国家和部分发展中国家的经济发展历程表明，工资福利水平过高、增长过快，特别是没有以劳动生产率较快提升为基础的工资福利快速增长、水平过高，往往导致成本推动型通货膨胀，影响整个宏观经济的稳定，这一方面会直接导致许多企业因人工成本上升快、压力过大而裁减人员，造成失业率攀升；另一方面会造成尚未失业劳动者的实际收入水平下降，以及就业质量下降。同时，通货膨胀的收入分配效应使得以工资性收入为主要收入来源的低收入者福利受损，而以财产性收入或利润收入为主要来源的高收入者却可以获益，进一步恶化居民收入分配关系，影响社会稳定。而这两方面的问题又会进一步阻碍经济社会的复苏，进而影响社会就业规模的恢复及扩大，影响广大劳动者实际收入水平的维持和提高，从而对整个社会就业数量和就业质量形成很大冲击。这类例子不少，近期突出的就有西班牙、希腊、南非等国，2012年，西班牙、希腊、南非的失业率均在20%以上。

就我国而言，长期以来工资增长较慢对就业质量的影响更为突出。改革开放以来，工资水平较低且增长慢及相应的劳动力成本低，一直是推动中国经济高速增长的重要比较优势之一。但是，随着经济发展和改革开放的深入，工资增长较慢的负面效应，特别是对就业质量的不利影响逐渐凸显，主要表现在以下三个方面。

一是部分劳动者劳动报酬权益没有得到全面保障，挫伤了这部分劳动者的积极性。这方面的问题主要是私营企业劳动者和各类用人单位使用的农民工、劳务派遣工等工资水平低、增长慢。据抽样调查，2006 年前，许多地方的私营企业员工年平均工资只有城镇非私营企业在岗职工工资水平的 50% 左右，2012 年全国城镇私营单位就业人员平均工资水平也仅为同期全国城镇非私营单位就业人员工资水平的 61.5%，[①] 且其中部分工薪劳动者还不时面临拖欠、克扣工资问题，处于一种不够具有尊严的劳动状态之中。

二是助长了部分工薪劳动者就业的不稳定。私营企业特别是劳动密集型中小企业由于工资水平低且增长慢，劳动者难以获得应得的劳动报酬，导致劳动者就业不稳定，倾向于经常跳槽。据人力资源和社会保障部劳动工资研究所 2010 年对成都、沈阳、岳阳、鄂州、眉县五个城市的 300 余户劳动密集型小企业的调查，这些企业平均每户雇佣 137 名员工，其中当年通过各种途径招聘录用的人员达到 51 人次，在小企业工作两年及以上的员工仅占员工总数的 55% 左右。之所以出现上述情况，主要原因就是工资水平低且增长慢。

三是不利于普通职工整体素质的提升，制约劳动生产率的提高，形成低技能竞争就业的恶性循环。工资水平低且增长较慢，使得普通职工无法对自己及其下一代进行必要的人力资本投资，导致这部分劳动者及其下一代劳动力素质都难以提高；加之低工资劳动者跳槽频繁，既不利于劳动者积累企业所需专用性人力资本的投资，也影响企业开展内部培训的积极性，从而阻碍企业劳动生产率的提高。这会进一步强化我国劳动力供需之间不匹配的结构性矛盾，一定

---

① 国家统计局 2013 年 5 月 17 日发布的数据显示，2012 年全国城镇非私营单位就业人员年平均工资为 46769 元，同期全国城镇私营单位就业人员年平均工资为 28752 元。

程度上形成低技能就业恶性循环。工资水平低且增长慢，除了严重影响就业质量外，还会抑制城乡居民消费能力，制约国内消费水平的提高，难以充分发挥居民消费对经济增长的推动作用，进而影响经济增长的就业效应，增加了我国国民经济陷入“中等收入陷阱”的潜在风险。①

2. 与劳动生产率提高同步的工资增长，有利于保持就业率并提升就业质量

由于工资增长过快或过慢都对就业质量造成不利影响，因此，要保持就业率和提升就业质量，工资增长必须合理。而所谓合理的工资增长，就是指与劳动生产率提高同步的工资增长（或者说劳动报酬增长）。② 在我国，与劳动生产率提高同步的工资增长有利于提升就业质量，主要表现在两个方面：①截至目前，中国仍有相当一部分劳动力成本（其中主要是工资）比较低，需要合理上涨，这种工资增长本质上是对过去工资水平低、增长慢的一种“补涨”，以实现比过去较好满足劳动者及其所赡养人口的生存发展需要。②与劳动生产率提高同步的工资增长，建立在产品增加值增加和劳动生产率提高的基础上，不会削弱我国行业及企业的国际竞争力和吸纳就业的能力，因此，这种工资增长的最终结果是通过提高就业质量、更好地激发劳动者的积极性，进一步提高企业的劳动生产率。研究结果也表明，现阶段适当加快提高劳动者工资水平，不但不会损害我国制造业的国际竞争力，反而有助于提高国际竞争力。③ 比如，人力资源和社会保障部劳动工资研究所课题组的研究结果表明，如果“十二五”期间“货币工资及人工成本水平增速在12%～15%，多数工业企业基本能够适应，而在资源、市场和政策方面占有明显优势的企业还拥有更大的工资增长空间”。④ 国内学者程承坪等运用1980～2008年中国制造业统计数据

① 早在20世纪70年代，巴西、阿根廷、墨西哥、智利、马来西亚等国家就进入了中等收入国家行列，但直到2007年，这些国家仍然挣扎在人均GDP 3000～5000美元的发展阶段，收入分配状况持续恶化是其重要原因之一。

② 温家宝总理2010年9月13日出席第四届世界经济论坛开幕式时指出，中国劳动者的工资必须增长，但要控制在合理范围内，这个合理的范围就是劳动工资的增长率要与劳动生产率的提高相一致。

③ 程承坪、张旭、程莉：《工资增长对中国制造业国际竞争力的影响研究——基于中国1980～2008年数据的实证分析》，《中国软科学》2012年第4期。

④ 人力资源和社会保障部劳动工资研究所课题组：《企业工资增长与企业竞争力的影响分析》，中国就业网，2012。

实证研究了工资增长对中国制造业国际竞争力的影响，研究结果发现“工资增长会正向影响中国制造业的国际竞争力”，“适当提高劳动者工资水平，不但有利于提高中国制造业的国际竞争力，而且有利于缩小收入分配差距，增强国内消费需求，提高人力资本投资水平，促进产业结构升级”。①

二　近三年来我国职工工资水平及其增长情况

近年来，在国民经济保持持续稳定增长的同时，各级政府着力实施就业优先战略，将提高劳动者报酬在初次分配中的比重作为合理调整工资收入分配关系的政策着力点，保持了较强的增资政策力度，采取了持续提高最低工资标准②、推行工资集体协商、建立健全工资正常增长机制等一系列政策措施，为职工工资的较快增长提供了政策支撑，使得近几年我国职工的平均工资水平保持了较快增长。总的来看，工资增长呈现以下四方面特征。

（一）我国职工工资水平保持较快增长，并且与同期劳动生产率增速大体同步

2010～2012年，我国城镇非私营单位在岗职工平均工资分别达到37147元、42452元、47593元，年实际增速（扣除了物价因素，下同）分别为10.0%、8.5%、9.2%。2009～2011年，我国企业在岗职工平均工资分别为31622元、36256元、42020元，年实际增速分别为12.5%、10.9%、9.5%。2009～2011年，我国党政机关工作人员平均工资分别为37397元、40512元、44303元，年实际增速分别为11.4%、5.0%、5.6%；同期事业单位职工平均工资分别为34053元、38411元、43254元，年实际增速分别为15.5%、9.3%、7.5%（见表1）。

① 程承坪、张旭、程莉：《工资增长对中国制造业国际竞争力的影响研究——基于中国1980～2008年数据的实证分析》，《中国软科学》2012年第4期。

② 尹成基在人力资源和社会保障部2013年1月25日新闻发布会上表示，2012年，全国共有25个省份调整了最低工资标准，平均增幅达20.2%。23个省份发布了2012年工资指导线，基准线提高幅度多在14%以上。无论是调整范围还是调整幅度，都与2011年基本持平。

表1　2010～2012年我国城镇非私营单位在岗职工人数及工资增长情况

单位：万人，元

年份	全国城镇非私营单位		企业		机关		事业单位	
	年末人数	平均工资	年末人数	平均工资	年末人数	平均工资	年末人数	平均工资
2010	12251	37147	8734	36256	1192	40512	2921	38411
2011	13681	42452	9991	42020	1263	44303	3096	43254
2012	—	47593	—	—	—	—	—	—

资料来源：根据《中国劳动统计年鉴》（2010、2011、2012）整理。企业、党政机关、事业单位在岗职工平均工资来自《中国人力资源和社会保障年鉴（工作卷）》（2012）“表1－9 历年全国企业、事业、机关单位在岗职工平均工资”。企业、机关、事业单位在岗职工人数来自《中国人力资源和社会保障年鉴（工作卷）》（2012）“表1－6 历年分企业、事业、机关职工人数”。2012年全国城镇非私营单位在岗职工平均工资数据来自国家统计局2013年5月17日公布的数据，其他数据暂未公布。

可以看出，近年来，我国企业、机关、事业单位职工工资增长与同期我国人均GDP①增速（2010～2012年我国人均GDP增速分别为9.9%、8.8%、7.3%）之间大体保持了同步关系，这表明近年来职工工资较快增长是建立在劳动生产率快速增长的基础上，因此，这种工资较快增长是合理的，也是有利于提高就业质量的。

（二）私营企业职工工资增长速度明显加快，但工资水平依然偏低

近三年，城镇私营和个体就业人员增长迅速，同时，私营企业就业人员工资增长速度显著加快，2010～2012年，城镇私营单位就业人员平均工资年均名义增速分别为14.1%、18.3%、17.1%，高于同期城镇非私营单位就业人员平均工资年均名义增速（2010～2012年分别为13.3%、14.4%、11.9%），是对以往工资低、增长慢的补偿。

尽管近年来私营企业职工工资增速相对较快，但是，城镇私营单位就业人员平均工资水平依然较低，其2010～2012年平均工资分别为20759元、24556元、28752元（见表2），仅为同期城镇非私营单位就业人员平均工资的56.3%、58.7%、61.5%（后者同期分别为36892元、41799元、46769元）。

① 人均GDP是劳动生产率的衡量指标之一，因没有第二、第三产业人均GDP指标数据，这里只能使用人均GDP增长数据代替；如果按第二、第三产业人均GDP增速比较，则工资增速会稍低于第二、第三产业人均GDP增速。

表 2　2010～2012 年我国城镇私营单位就业人员人数及工资增长情况

年份	就业人员(万人)	增速(%)	平均工资(元)	名义增速(%)	实际增速(%)
2010	10538.4	7.7	20759	14.1	11.6
2011	12138.5	15.2	24556	18.3	12.3
2012	—	—	28752	17.1	14.0

资料来源：就业人员增速根据《中国劳动统计年鉴》（2011、2012）“表 1－1 全国劳动统计主要指标”整理计算。2010 年平均工资名义增速，2011 年与 2012 年平均工资名义增速、实际增速来自国家统计局官方网站披露；2010 年平均工资实际增速为名义增速剔除当年度全国农村 CPI 指数 3.6%，并做其他剔除后折算。

（三）工资较快增长与就业数量增长趋势基本相同

2010～2012 年，在职工工资保持较快增长的同时，我国就业人员总数保持高位稳定且略有增长态势，全国就业人员人数分别达到 76105 万、76420 万、76704 万，年增速分别为 0.37%、0.41%、0.37%。与此同时，2010～2012 年，我国城镇每年新增就业人数分别达到 1168 万、1221 万、1266 万，就业人数保持稳定增长；同期，我国城镇登记失业率保持在 4.1%，调查失业率的变化也不大（见表 3）。据此可以得出结论：工资增长与就业增长基本保持同向发展。这表明近年来职工工资较快增长没有对就业产生负面影响，这也正是其有利于提高就业质量的具体体现。

表 3　2010～2012 年我国城镇私营单位就业人员人数及工资增长情况

单位：万人，%

指标	2010 年	2011 年	2012 年
全国就业人员总数	76105	76420	76704
城镇新增就业人数	1168	1221	1266
城镇登记失业人数	908	922	917
城镇登记失业率	4.1	4.1	4.1
调查失业率	—	8.0	8.05

资料来源：2010 年、2011 年数据来自《中国统计年鉴》（2012）“表 4－1 就业基本情况”；2012 年数据来自国家统计局 2013 年 2 月 22 日发布的《2012 年国民经济和社会发展统计公报》及人力资源和社会保障部 2013 年 5 月 27 日发布的《2012 年度人力资源社会保障事业发展统计公报》。调查失业率 2011 年、2012 年数据来自西南财经大学中国家庭金融调查与研究中心《中国城镇失业报告》，其中 2012 年数据为 2012 年 6 月数据；无 2010 年调查失业率数据。

（四）工资水平及工资增长在不同行业和群体之间不均衡

1. 不同行业门类之间职工工资水平及其增速差距较大

2010～2012年，从行业门类看，城镇非私营单位职工年平均工资最高的三个行业分别是金融业，信息传输、软件和信息技术服务业，科学研究、技术服务业，2012年其就业人员平均工资水平分别为89743元、80510元、69254元，名义工资增速分别为10.6%、13.5%、7.8%；城镇非私营单位职工年平均工资最低的三个行业分别是农、林、牧、渔业，住宿和餐饮业，水利、环境和公共设施管理业，2012年其就业人员平均工资水平分别为22687元、31267元、32343元，名义工资增速分别为16.5%、13.8%、12.0%。尽管2012年城镇非私营单位最高与最低行业就业人员平均工资之比3.96∶1比2011年的4.48∶1有所缩小，但是行业之间就业人员平均工资水平的差距仍然偏大。

另外，2011年占全部就业人数40.5%的制造业和建筑业人员年平均工资水平均低于全国平均水平，这个数字2012年进一步扩大，城镇非私营单位就业人员中占全部就业人数41.2%的制造业和建筑业就业人员的年平均工资不仅远远低于金融业的89743元，全国平均工资水平分别低5119元、10286元。同期，我国私营单位就业人员年平均工资更低，仅为城镇非私营单位就业人员平均工资水平的61.5%。可以看出，不同职工群体之间工资增长的不均衡性依然突出。

2. 民营企业员工工资水平与城镇非私营单位在岗职工有较大落差

2010～2012年，城镇私营单位在岗职工平均工资水平均显著低于同期城镇非私营单位，前者约为后者的60%。尽管2012年私营单位就业人员平均工资实际增长14.0%，超过同期城镇非私营单位9.0%的增速，但二者之间工资水平差距仍较大。

3. 某些垄断性行业工资增长偏快

近年来，按门类划分的不同行业之间工资增长的差距仍然较大，特别是部分垄断因素较强的行业，职工工资水平过高、增幅过快，使得社会舆论对垄断行业的高薪问题十分关注。尽管近年来垄断行业职工工资增速有所放缓，但是截至2012年，金融行业职工平均工资仍是制造业的2.15倍，是住宿和餐饮业2.87倍，是农、林、牧、渔业的3.96倍。

4. 机关公务员工资增长不均衡

近年来，我国不同地区机关公务员工资水平、工资增速不够均衡，不同地区之间机关公务员平均工资差距的绝对值总体呈递增态势，地区之间的工资差距倍数则保持在2.76~3.56倍。纵向比较，工资绝对数差距最大的是2010年，机关公务员人均工资最高的上海与人均工资最低的宁夏之间，相差54658元，这一差额即相当于宁夏全区当年机关公务员人均工资的2.0倍。倍数关系差距最大为改革开放以来第三次。机关、事业单位工资改革前的2005年，机关公务员人均工资最高的北京是人均工资最低的河南的3.56倍。当然，由于地区之间消费水平不同，不同地区之间机关公务员的工资是应该有差距的，比如，我国在计划经济时期，公务员工资划分为11类区，最高类区与最低类区工资水平相差33%以上；20世纪90年代初，不同地区机关工资水平最高与最低相差两倍；国际上绝大多数国家不同地区公务员工资差距都很小，基本没有超过一倍的。但目前，我国不同地区公务员之间工资差距高达2.76~3.56倍，不论是从历史纵向比，还是从国际横向比，这样的差距显然过大。正因如此，近年来，大多数公务员和社会主流对不同地区公务员工资差距扩大的意见日渐增多，舆论抨击也明显增强。

三　近三年来职工工资增长对就业质量提高的正面影响

近三年来，职工工资增长对就业质量提高带来了如下三方面促进作用。

（一）工资增长提高了私营企业员工的生活水平和劳动技能水平，提升了私营企业的吸纳就业能力，促进了就业质量的整体提高

近年来，与非私营单位就业人员相比，私营企业员工平均工资保持相对较快增长。工资增长较快提升了私营企业吸纳就业的能力，增加了就业数量，同时也不同程度地提升了企业员工的生活水平和劳动技能水平，从而相对提高了他们的就业质量，与此同时，也提升了私营企业吸纳就业的能力。据国家统计局统计，2009~2011年，我国城镇私营和个体就业人员增速显著快于城镇国有单位就业人员及全部城镇就业人员增速，近三年，我国私营单位平均新增就

业人数与全国每年城镇新增就业人数相当，2011 年超过城镇新增就业人数约 400 万人（见表 4）。

表 4 2009～2011 年我国城镇私营和个体就业人数增长迅速

单位：万人，%

指标	2009 年	2010 年	2011 年	2011 年比上年增长
全国就业人员年末数	75828	76105	76420	0.4
城镇私营和个体就业人数	9789	10538.4	12138.8	15.2
城镇就业人数	33322	34687	35914	3.5
城镇国有单位就业人数	6420	6516.4	6704.2	2.9
城镇新增就业人数	1102	1168	1221	4.5

资料来源：根据《中国劳动统计年鉴》（2010～2012）“表 1－1 全国劳动统计主要指标”计算；新增就业人数来源于国家统计局 2012 年 2 月 22 日发布的《2012 年国民经济和社会发展统计公报》。

（二）工资增长有利于促进国有企业就业环境公平、增多就业机会、提高企业的劳动生产率

近年来，较高的职工工资水平及工资增长速度，其直接效果是提高对国有企业职工的激励程度和国有企业职工的工作满意程度，提高企业员工的就业质量，提高企业的劳动生产率。以工业企业为例，2011 年全国国有及国有控股工业企业人均利税比是 2006 年的 1.92 倍，是 2000 年的 9.03 倍；2011 年国有及国有控股工业企业人均利润是同期私营工业企业的 1.67 倍。

近年来，在较高的工资水平及工资增速背景下，企业就业岗位的竞争越来越激烈，越来越广泛地通过竞争上岗、公开竞聘、双向选聘等多种方式吸引和选拔素质较高的员工，整体而言，促进国有企业内部就业人员的就业环境更加公平、就业稳定性更强。

（三）工资增长提升了机关、事业单位人员的工作满意度，有利于吸引和选拔更多优秀人才

由于机关、事业单位工作本身具有相对稳定性，伴随近年来机关、事业单

位工资稳步增长，机关、事业单位成为年轻人就业的优先选择之一，这使得公务员应聘竞争激烈程度越来越高。机关、事业单位成为就业优先选择，从侧面反映出机关、事业单位工作人员的工作满意度比较高，职业生涯预期比较好，就业质量相对较高。

目前，我国公务员管理法律法规体系基本形成，公务员管理法制化迈上新台阶，公务员管理机制日益健全，激发了公务员队伍的生机和活力。事业单位分类改革逐步推进，聘任制普遍推行，使事业单位工作人员的选聘机制越来越趋于公平择优，更多优秀的人才有更多的机会进入机关、事业单位工作。

四　职工工资增长不均衡对就业质量提高的负面影响

近年来，我国职工工资虽然保持了较快增长，但职工工资增长的不均衡特点还比较突出，其对就业质量的不利影响不容忽视。

（一）私营企业员工平均工资水平较低、工作时间长、就业不稳定，就业质量相对较差

由于私营企业员工工资水平低，仅相当于城镇非私营单位在岗职工平均工资的60%，因此，不少私营企业员工通常不得不通过加班、兼职等方式延长工作时间来赚取更多收入，以维持必要的个人及家庭生活等需要。2011年11月，全国城镇就业人员调查周平均工作时间为46.2小时，其中，制造业、建筑业、批发和零售业、住宿和餐饮业等私营企业员工较多的行业，周平均工作时间分别为48.1小时、48.8小时、49.8小时、51.5小时，分别高出全行业周平均工作时间4.1%、5.6%、7.8%、11.5%；同期，金融业，电力、热力、燃气及水生产和供应业的周平均时间分别为44.4小时、43.2小时，分别低于平均值的3.9%、6.5%（见表5）。

平均工资水平低，促使私营企业员工为获得更高工资，经常需要变换工作单位，员工的企业间流动率较高；另外，私营企业员工相当部分属于劳务派遣用工、灵活就业人员等就业形式，这使得私营企业员工容易因为企业效益状况

变差等原因而遭到解雇，其就业安全感、稳定性较差，就业质量明显低于国有企业、股份制企业员工。

表 5　2011 年 11 月部分行业城镇就业人员调查周平均工作时间比较

单位：小时/周，%

行业门类	调查周平均工作时间	与平均值比较
全行业平均值	46.2	—
制造业	48.1	高 4.1
建筑业	48.8	高 5.6
批发和零售业	49.8	高 7.8
住宿和餐饮业	51.5	高 11.5
金融业	44.4	低 3.9
电力、热力、燃气及水生产和供应业	43.2	低 6.5

资料来源：根据《中国劳动统计年鉴》（2012）“表 1－13 分行业城镇单位就业人员年末人数”计算。

（二）某些垄断行业工资水平高，但就业门槛较高，高工资水平与低就业数量并存的现象非常突出，既增加了这些行业的就业不公平，又因为难以吸纳更多就业人员而降低了就业率

部分垄断行业工资水平高，对外吸引力大，但由于垄断因素和既得利益群体存在，使得非本行业职工子女或者不拥有其他裙带关系的外部人员很难进入这些行业，造成垄断行业高工资水平、高就业门槛、低就业数量的特征非常突出（这从长期以来垄断行业就业人数波动幅度极小的特点可以反映出来）。举例来说，2003～2011 年，金融业，电力、燃气及水的生产和供应业两大垄断行业门类占全行业就业人数的比重变化不大，金融业占比略有上升，电力、燃气及水的生产和供应业占比反而有所下降。同时，这些行业企业由于较高的人工成本，无力从外部招收较多的就业人员，降低了整体就业水平。整体工资水平偏高，使得垄断行业部分普通岗位人员工资水平远高于劳动力市场同类人员工资水平，这既增加了企业人工成本，又干扰了劳动力资源市场配置机制的正常运行，而且使市场上非垄断企业职工对工资分配感觉不公。以

上状况客观上增加了就业的社会不公平，也不利于各行业就业质量的均衡提升。

（三）部分地方、部门的少数机关、事业单位通过乱发津贴、补贴等手段自行增加工资，对其他机关、事业单位工作人员的工作积极性形成冲击

由于我国机关公务员及事业单位内部均实行统一的工资制度和工资标准，因此，不同地区机关、事业单位不合理的工资差距主要来源于由各地政府自行发放的津贴、补贴，这些津贴、补贴主要与当地经济发展水平和财政实力密切相关。近年来，总体来看，部分地方、部门的少数机关、事业单位发放的津贴、补贴已经远高于国家规定的基本工资部分，部分地区津贴、补贴甚至达到了总收入的80%以上，而且东、中、西部三大地区间差距较大，省与省之间差距也大，最高和最低平均津贴、补贴水平差距在3～4倍；同一省内不同地区也存在很大差距。这些情况对其他机关、事业单位工作人员的工作积极性形成较大冲击，不利于整个机关、事业单位工作人员就业质量的平衡和提升。

五　增加职工工资与提高就业质量的对策建议

基于以上工资增长对就业质量正反两方面影响的分析，从全面建成小康社会目标和实现居民收入倍增目标出发，建议今后应该采取以下措施提高工资水平，并进一步理顺工资分配关系，以进一步促进就业质量的提高。

（一）认真贯彻中央“两同步”要求，建立健全工资正常增长机制，以进一步提高就业质量

从宏观层面看，主要措施包括以下几个方面。

1. 贯彻落实中央“两同步”原则

以居民收入在国民收入分配中的比重、劳动报酬在初次分配中的比重逐步提高，社会保障和就业等民生支出占财政支出比重明显提升为量化目标，努力

实现居民收入增长和经济发展同步，劳动报酬增长和劳动生产率提高同步，逐步形成合理有序的收入分配格局，促进经济持续健康发展和社会和谐稳定。首先，建议在国家中长期规划，如“十三五”和“十四五”规划中，明确居民收入增长的指标和国民生产总值增长的指标，同时，在各级地方政府的五年规划及年度计划中明确“同步”增长的量化指标。其次，要研究制定一系列政策措施贯彻落实这些原则和量化指标，包括合理调整最低工资标准的政策、合理提高各项社会保障标准的政策、推动各类用人单位建立职工工资正常增长机制的政策、增加农民收入的政策、多渠道增加居民财产性收入的政策等，分别测算各项政策对“同步”增长的作用，并组织抓好落实。

2. 合理提高最低工资标准

根据国民经济发展、物价变动等因素，严格按照国务院批转发展和改革委员会等部门《关于深化收入分配制度改革的若干意见》和国务院批转人力资源和社会保障部、发展和改革委员会、教育部、工业和信息化部、财政部、农业部、商务部制定的《促进就业规划（2011～2015年）》中明确提出的“最低工资标准年均增长13%以上，绝大多数地区最低工资标准达到当地城镇从业人员平均工资的40%以上”的发展目标，根据当前及今后经济发展状况，适时适度调整最低工资标准，提高低收入工薪劳动者的工资和就业质量，以保证这部分劳动者能够有尊严地劳动。

3. 建立健全不同所有制企业以及机关、事业单位职工的工资正常增长机制

确保在企业经济效益增长的基础上，主要通过建立劳资平等协商制度来形成企业正常工资增长机制。其中，对于非国有企业，要在建立工会组织有效运行机制的基础上，监督非国有企业参照工资指导线，并结合本行业企业经济状况，推进劳资双方实行工资集体协商制度，逐步形成职工工资正常增长机制；对于国有企业，应严格按照工资总额预算管理、工资总额与工资水平“双控”等办法，来区别安排其工资增长，其中，对于处于竞争性领域的国有企业，要着力通过工资集体协商合理调整企业内部工资结构，合理提高职工的工资水平，确保职工工资随着经济增长和企业利润的提高而增长，分享改革和发展成果；对于机关、事业单位，要尽快研究建立机关、事业单位工资正常调整机制和优化工资收入结构的具体办法，进一步推进事业单位实施绩效工资制度，建立事业单位高层次人才分配激励机制。通过提高工资，进一步保障工薪劳动者就业质量中的劳动报酬权益，增加职工对劳动报酬的满意度。

（二）加强工资宏观调控，促进不同所有制、行业、部门之间就业质量的协调提高

在建立健全工资正常增长机制的同时，也要加强工资宏观调控，促进不同所有制、行业、部门之间就业质量的协调平衡，主要内容包括以下五个方面。

1. 千方百计提高低收入群体收入水平

各类用人单位在安排职工工资增长时，要重点保证中低收入职工的工资更快一点增长，以切实提高这部分劳动者的就业质量。其中，尤其要大力提高企业低收入就业人员，特别是民营企业职工的工资水平，确保职工工资随着经济增长和企业利润提高而增长，分享改革和发展成果。对于经济效益相对较差的劳动密集型中小企业，特别是民营企业，政府应采取财政、税收、金融等优惠政策，帮助其改善生产经营环境，进一步减轻其税费负担，使之有能力给员工合理增加工资，又不妨碍企业生存发展，资方也能获得合理的利润，从而既保住劳动者岗位，又有利于保障劳动者有尊严地劳动，提高其就业质量。

2. 调控高收入人群收入增长

少数人领取超过其劳动付出的不合理的高收入，是对其就业质量中劳动报酬权益的扭曲，在宏观层面不利于全体劳动者就业质量的协调提高。因此，调控高收入人群的收入增长，既是维护收入分配公平的需要，也是协调平衡全体劳动者就业质量的需要。其措施包括进一步强化和完善高收入者个人所得税的征收、管理和处罚措施，将高收入者的各项收入全部纳入征收范围，依法做到应收尽收；加强对国有企业高管的薪酬管理，缩小国有企业内部分配差距，高管人员薪酬增幅要低于企业职工平均工资增幅；加强对垄断行业的薪酬管理，对电力、电信、烟草、石油石化等部分高收入垄断行业，实行企业工资总额和工资水平双重调控政策，加强工资分配管理和监督，严格管控其工资增长，个别垄断行业及企业工资可以在一定时期内慢涨、少涨，甚至不涨，从而缩小行业工资收入差距。强化对非法收入的管控，严格清理规范工资外收入，严格规

范非税收入，加大打击权钱交易、行贿受贿、走私贩私、偷税逃税等违法犯罪活动，逐步形成公开透明、公正合理的收入分配秩序，为全社会就业质量的公平合理提供支撑。

3. 建立健全机关、事业单位工资增长机制，协调平衡机关之间、事业单位之间工资增长关系

认真实施并完善公务员与企业相当人员工资水平调查比较制度，建立健全科学合理的职务与职级并行制度，建立健全机关公务员工资正常调整机制；研究出台调整优化公务员工资结构的具体办法，降低津贴、补贴所占比例，提高基本工资占比，以保持公务员基本工资的统一性；提高艰苦、边远地区公务员津贴标准，特别是要研究实施地区附加津贴制度，剔除其中与地区物价差别无关、主要因财政收入形成的收入差距，加强对不同地区公务员不合理工资差距的调控，使不同地区公务员的工资差距保持在合理范围之内。结合分类推进事业单位改革，建立健全符合事业单位特点、体现岗位绩效和分级分类管理的工资分配制度，进一步规范“创收”和各种津贴、补贴。鼓励事业单位建立健全高层次人才分配激励机制，鼓励事业单位对紧缺急需的高层次、高技能人才实行协议工资、项目工资等以实际贡献和市场价位为评价标准的薪酬制度，探索建立事业单位专业技术人员科技成果入股、岗位分红权激励等多种分配办法。平衡不同类型事业单位之间的工资收入水平及其增长速度。为协调平衡不同地区公务员之间、各类事业单位工作人员之间的就业质量提供必要的经济条件。

4. 逐步理顺各类用人单位内部工资分配关系，增强用人单位内部各类人员就业质量的公平性

对于各类企业中不同岗位的职工，要从缩小不合理收入分配差距、持续扩大中等收入群体的角度出发，确保企业普通职工的工资增长尽可能稍快于企业平均工资增长。要把企业中低端岗位劳动者，尤其是农民工、劳务派遣人员的工资增长作为企业工资集体协商的重要内容和实现“体面劳动”、包容性增长的内在要求，保证他们在企业平均工资水平提高的同时，能够有稍快一点的工资增长，从而缩小现行的不合理工资差距，以促进调整现行不合理工资分配关系，提高其就业质量。要将公务员职务、级别工资标准与岗位职责紧密联系，通过岗位评价合理拉开不同职务、职级公务员之间的基本工资标准差距，建立公务员工资收入水平与工作满意度相匹配的工资分配激励机制；同时，在工资分配中向责任重、贡献大的公务员和基层公务员适当倾斜，合理提高这部分公务员的工资水平。进一步推进事业单位实施绩效工资制度，根据事业单位分类情况，建立健全事业单位内部各类人员凭借其知识、技术、管理、技能等生产要素按贡献参与分配的具体办法，提高事业单位人员的就业质量。管理用人单位都要理顺内部分配关系，提高本单位内部各类人员就业质量的公平性。

5. 将各类职工工资增长与其个人素质提升、职业生涯发展等紧密结合起来，促进职工个人就业质量的全面提高

加强宣传教育，引导各类职工树立正确的工资增长及高质量就业观念，引导各类职工对工资增长和高就业质量的个人期望更加理性、务实和成熟。要引导各类用人单位把职工工资增长的分配机制与各类职工的职业生涯发展制度以及绩效考核机制有机衔接起来，营造“三百六十行，行行出状元”的环境氛围，保证各类职工通过自身努力和作出更多、更大贡献，就能够获得更多劳动报酬，并晋升职业，从而激励各类职工不断充实职业本领，持续提高工作技能，更好地适应岗位需求，全面提升个人素质。机关及企事业单位都要建立健全各类职工的职业发展通道，全面调动各类职工学业务、钻技术、增本领、提素质的积极性，形成各类员工工资增长与其职业生涯发展相匹配、个人发展与单位发展相结合，促进职工个人就业质量的全面提高。

Study of Salary Increase and Employment Quality of Chinese Workers

Su Hainan　Chang Fenglin

Abstract: To achieve the goals set forth in the Report at the 18th CPC Congress such as “facilitating and realizing higher-quality employment”, “working hard to ensure the growth of labor remunerations are synchronized with increase in labor productivity", and "trying every means to increase the residents' incomes", it is imperative to consider, in a comprehensive way, increasing the salaries and employment quality. The thesis analyzes and studies the salary growth and employment quality of workers and employees and proposes policies on increasing salaries and improving employment quality from the perspectives of relations between salary increase and employment quality, salary level and growth of Chinese workers and employees, positive impact of salary growth on employment quality improvement and negative impact of imbalanced salary growth on employment quality improvement.

Key Words: Salary Growth; Employment Quality; Wage Level

B.16

我国劳动标准体系的建设现状、问题及对策研究

李 娟　邸 妍　徐惟奋　鲁 梅*

摘　要：

本报告首先从实现更高质量就业的角度，阐述了当前健全劳动标准体系的重要意义，其次分析了我国劳动标准体系的建设、实施现状以及存在的问题，而且研究借鉴了国外劳动标准体系的发展动态及趋势，最后提出推进劳动标准体系建设、进一步提高就业质量的政策建议。

关键词：

劳动标准　更高质量就业　就业质量

一　当前健全我国劳动标准体系的重要意义

笔者认为，十八大报告提出的“健全劳动标准体系”与“推动实现更高质量的就业”两个新任务之间存在着相辅相成的必然联系。一方面，要推动实现更高质量就业，必然要求完善和落实现行劳动标准，这对健全劳动标准体系起到了促进和推动作用；另一方面，劳动标准体系是构建和谐劳动关系的重要机制，是维护劳动者合法权益的基本保障，也是在社会主义经济体制下企业实现长足发展的迫切需要。从这些方面考虑，健全劳动标准体系，能够为实现更高质量就业奠定坚实的基础。下面，本文主要从实现更高质量就业的角度，探讨健全劳动标准体系的重要意义。

---

* 李娟，中国劳动保障科学研究院博士、助理研究员；邸妍，中国劳动保障科学研究院研究员；徐惟奋，中国劳动保障科学研究院副研究员；鲁梅，中国劳动保障科学研究院助理研究员。

（一）健全劳动标准体系是实现更高质量就业的必然要求

十八大报告高度关注就业问题，提出要“推动实现更高质量的就业”。提高就业质量，既要注重就业规模的持续扩大，又要注重就业品质的不断提升，它强调了“量”与“质”的协同发展。据统计，2003～2011年，全国城镇新增就业累计达9801万人，年均增加1089万人，城镇登记失业率始终保持在4.3%以下的较低水平。[①] 如果劳动标准能够健全并落实到位，将对促进劳动者体面就业、实现更高质量就业产生重要的影响。

（二）健全劳动标准体系是构建和谐劳动关系的题中应有之意

落实党中央的决策部署，要实现更高质量就业，就必须构建和谐的劳动关系；要构建和谐的劳动关系，就必须遵循劳动关系运行规律，充分发挥劳动标准在规范劳动关系建立和运行中的基础性作用。劳动标准体系作为构建和谐劳动关系的重要机制，能够使劳动关系的运行方式从无序的个体行为发展成有序的组织行为，有利于劳动关系运行规范化；同时，预防和化解劳动关系主体之间的利益冲突，能够将劳资冲突防控于企业范围内，形成在劳动领域内的主体自我治理。

（三）健全劳动标准体系是维护劳动者合法权益的基本保障

2012年底，人民日报与人民网强国论坛共同推出的专题调查“如何实现更高质量就业”投票结果显示，34.52%的网友认为，实现更高质量就业需要“保障劳动者权益，推进集体工资协商机制，约束企业用工行为”位居7个选项之首，这说明在人民群众心目中，维护劳动者权益已经成为影响就业质量的重要因素。近年来，随着《劳动合同法》《劳动争议调解仲裁法》《社会保险法》的陆续颁布，我国企业劳动用工行为得到一定程度的规范，劳动者权益也得到一定程度的维护。然而，劳动标准的缺失及不完善，使得一些法律法规

---

① 尹蔚民：《实施就业优先战略和更加积极的就业政策　推动实现更高质量的就业》，人民出版社，2012。

在企业层面很难落实，劳动者权益受到违法侵害的现象时有发生。作为一种权利保障机制，劳动标准能够确保劳动者的基本权利；作为一种利益调节机制，劳动标准能够确保劳动者获得其所创造财富的适当份额；作为一种社会平衡机制，劳动标准能够通过劳动领域的法律平等去矫正劳资天然的不平等。因此，健全劳动标准体系有利于维护劳动者合法权益，从而推动实现更高质量就业。

（四）健全劳动标准体系是在社会主义市场经济体制下企业生存发展的迫切需求

实现更高质量就业，需要依靠社会提供充分的就业机会；而创造充分的就业机会，需要依靠企业长足发展带来的用人需求。企业的生存发展，离不开劳动标准的支持。劳动标准是企业编制生产、技术、财务、劳动、作业计划，进行经济核算的主要基础，是企业挖掘劳动潜力、合理组织劳动和提高劳动生产率的重要保证，也是企业贯彻按劳分配原则、科学核算劳动者劳动报酬的基本依据。在社会主义市场经济体制下，企业在市场竞争中的投标竞价、工程概算、成本核算管理等项活动，都要以科学合理的劳动定额定员标准作为测算基础。因此，尽快健全劳动标准体系，尤其是提高劳动定额定员标准质量，不仅有利于企业的生存、发展和壮大，而且可以创造更多的就业机会，继而推动实现更高质量就业。

二　我国劳动标准体系建设和实施现状分析

（一）我国劳动标准体系建设取得的成绩

我国政府历来重视劳动标准建设，伴随着我国劳动制度改革、劳动事业的快速发展，以及国家标准化工作不断推进，我国劳动标准体系建设已经取得了显著成就，主要表现在以下几个方面。

1. 劳动标准的种类和项目日益增多

我国已经制定和修订了相当数量的劳动标准。仅在人力资源和社会保障领域，政府制定和颁布的现行法律就有 12 部，行政法规有 33 部，部门规章多达

96个；而在安监及卫生领域，政府重新修订了《安全生产法》《职业病防治法》等法律法规。根据制定主体、规范对象以及效力层次等的不同，现行劳动标准大致可以划分为法规类、技术类和协议类。法规类标准是指国家现行法律政策中规定的劳动标准，这类标准具有普遍适用性，如最低工资标准、工时标准、休息休假标准等；技术类标准是指采用科学技术测定等方法制定的劳动标准，如劳动定额定员标准、劳动强度分级标准、粉尘分级标准等；协议类标准是某个行业或企业的代表与劳动者代表经过协商谈判达成的集体合同中约定的劳动标准，如区域性、行业性或企业的集体合同及专项协议等。上述三类标准相互协调、相互作用形成了广覆盖、多层次的劳动标准体系。其中，法规类标准规定了劳动者权益的最低标准，是技术类标准和协议类标准需要遵守而不得突破的底线，而技术类标准和协议类标准具有内容具体、操作性强的特点，是劳动者权益直接、切实得以保障的关键。

2. 以《劳动法》为核心的劳动标准体系框架初步形成

我国劳动标准体系框架可以从多个维度来概括其特征：在级别上，有国家级、行业级、地方级、企业级四个层次；在种类上，有基础类、管理类、工作类、技术类、其他类五个种类；在专业上，涉及就业、工作条件、劳动关系调整、职业技能开发、劳动安全卫生、社会保险、劳动行政管理七个领域；在内容上，涉及工作时间、休息休假、工资支付、禁止使用童工、女职工和未成年工特殊劳动保护、职业安全卫生等方面。

3. 劳动标准制定方法多元化

劳动标准的制定方法日益完善，呈现出由官方向民间渗透的多元化特点。劳动标准除了通过政府以立法形式颁布以外，还有由国家标准化机构按照现代标准化方法制定的，由行业或企业雇主与雇员通过集体谈判制定的，以及企业根据实际情况采用科学测定技术制定的。

4. 劳动标准的覆盖范围越来越广泛

劳动标准已由原来只适用于某些行业、企业和某些职业、岗位的部分劳动者，演变成今天适用于所有行业、企业及全体劳动者，并且必须执行法律规定的最低劳动标准。总之，劳动标准在调处劳动关系中的地位越来越突出，特别是在维护劳动者权益、促进企业长足发展等方面的基础性作用越来越明显。

虽然我国劳动标准体系建设已经取得一定成绩，但是，从国际劳动标准的发展形势以及我国实现更高质量就业、建设和谐劳动关系的要求来看，我国在劳动标准的制定和实施层面还存在着不少问题，亟待研究和解决。

（二）我国劳动标准制定层面存在的问题

1. 劳动标准体系结构尚不合理，分布不均衡

现行劳动标准主要以法规类标准为主，通过集体协商谈判形成的协议类劳动标准很少，即使有行业制定的劳动标准，无论数量还是影响都很有限。一个比较理想和完整的劳动标准体系，应该涵盖国家、地方、行业、企业多个标准层级，法规类、技术类和协议类三种标准在劳动标准体系中均衡分布。

2. 法规类劳动标准的覆盖范围不够全面

我国劳动标准在实践中适用的重点对象是企业，而且前提是企业和劳动者之间存在着劳动关系，许多法规类标准基本上属于原则性规定，缺乏细化说明及可操作性内容，使得企业在具体执行时有法难循。而且，对于非企业用人单位向社会招聘的非编工作岗位，以及特殊劳动者群体如出租车司机、家政服务人员、实习学生和退休再干人员等，都被排除在劳动法律保护之外。

3. 技术类劳动标准虽然比较齐全，但是分布很不均衡

在现行的技术类劳动标准中，由国家标准化机构批准发布或指导发布的以劳动安全卫生、劳动保护及劳动定额定员为代表的标准有1000多种。但是在劳动保障、职业培训等方面，却存在着标准数量较少及标准化程度较低的现象。

4. 劳动标准修订滞后，跟不上形势发展需要

不少劳动标准是在计划经济时期制定的，时至今日，企业生产的工艺、技术、设备和用工方式都已经发生很大的变化，这些劳动标准所确定的规范与迅速变化的现实情况脱节严重，尤其是面对灵活多变的就业形式，缺乏适用于小微型企业、灵活用工以及劳动关系相对模糊的用工的劳动标准，亟须及时调整、修订、补充和完善。

5. 劳动标准的水平适度问题亟须引起关注

现行劳动标准有些虚高，导致在实践中无法得到很好执行，比如最高工时标准和加班工资支付标准。我国规定最高工时标准是每周40小时，这与其他发达地区相比水平偏高。我国台湾地区规定最高工时为每两周84小时；荷兰规定最高法定工时为每周45小时；德国规定每周正规时间为48小时。还有些标准过低，不符合保障劳动者基本劳动权益的要求，比如最低工资标准。尽管近几年各地调整最低工资标准的频率普遍加快，但是国内省会城市的最低工资标准占在岗职工平均工资的比例大致分布在20%～30%，这与“十二五”规划中最低工资标准占就业人员平均工资40%的目标还有较大差距。

（三）我国劳动标准实施层面存在的问题与对就业质量的影响

虽然我国在劳动标准体系建设方面已经取得显著的成效，但是劳动标准仅停留在制定层面的完善是远远不够的，更重要的是贯彻实施各项劳动标准，只有将劳动标准落实在企业操作层面，才能切实提高就业质量。下面，笔者通过列举最低工资、工时及加班工资、社会保险、劳动合同、职业安全等标准的执行数据，介绍我国劳动标准的实施状况以及对高质量就业产生的影响。

1. 关于最低工资标准

企业在现实中往往采用拖欠职工工资、支付工资低于最低工资标准、提高劳动定额、降低计件单价、随意延长工作时间等形式变相违反最低工资标准。根据中华全国总工会网站信息，拉萨市清欠办仅在2010年1～10月就处理农民工上访案件84件，兑现农民工工资2097万元；东莞市一些企业将原来“底薪+奖金福利+加班工资”的固定工资改为计件工资，以此规避最低工资上调带来的底薪以及加班工资上调。

2. 关于工时及加班工资

根据中国财贸轻纺烟草工会对浙江、江苏、河北等五省纺织产业的一项调查，农民工日工作时间一般在12小时，月平均工作时间为306小时，超时劳动达139小时，是法律允许加班最高时限36小时的3.86倍。北京市人力资源和社会保障局在2010年11月对全市宾馆饭店、商业服务、公共交通运输等行业723家单位的加班费支付情况进行重点监查，结果显示：按规定支付加班工资的有420家，占58%；未按标准支付加班工资的有213家，占29.5%；未支付加班工资的有90家，占12.4%。

3. 关于社会保险、劳动合同以及职业安全卫生

中华全国总工会组织的一项问卷调查显示：第一，新生代农民工的劳动合同签订率为84.5%，在签订合同的新生代农民工中，68.2%的合同没有具体约定月工资数额，37.9%的合同仅限于约定底薪数额，23.5%的合同只是约定工资不低于当地最低工资标准。① 第二，新生代农民工养老保险的参保率为67.7%，医疗保险参保率为77.4%，失业保险参保率为55.9%，工伤保险参保率为70.3%，生育保险参保率为30.7%。而且，新生代农民工的社会保险接续情况较差。以养老保险为例，56.5%的人或是没有正常接续，或是对是否接续表示不知情。② 第三，36.5%的新生代农民工面临高温和低温作业问题，41.3%的工作环境中存在噪声污染，36%的工作环境存在容易伤及肢体的机械故障隐患，34.7%的工作环境中存在粉尘污染问题。但是，用人单位并未按照国家职业安全卫生标准采取积极的防护措施。以工作环境存在粉尘污染的新生代农民工为例，用人单位采取防护措施的比重仅是27.2%，19.8%的人表示单位从未发放过劳动保护用品，19.4%的人表示单位不能足量或者及时发放劳动保护用品，20.7%的人表示未接受过用人单位组织的安全生产培训。调查还显示，在过去一年中，仅有51.9%的人参加过单位组织的健康体检。③

以上数据说明劳动标准在我国并没有得到很好实施，带来的最大后果就是劳动标准的作用与影响削弱，加之一些企业社会责任意识薄弱，一段时期内我国企业劳动关系紧张并在表现形式上由内部矛盾向外部冲突转化，集体劳动争议、讨薪维权事件频发，劳动者的基本劳动权益得不到很好的保障。根据《2012年度人力资源和社会保障事业发展统计公报》，全年各级仲裁机构立案受理劳动人事争议64.1万件，比2011年增加8.8%，涉及劳动者88.2万人，比2011年增加13.2%，其中，集体劳动争议0.7万件，涉及劳动者23.2万人。全年各级劳动保障监察部门查处各类劳动保障违法案件41.2万件，比2011年增加8.4%。其中，查处举报投诉案件36.6万件，比2011年增加

① 全国总工会新生代农民工问题课题组：《2010年企业新生代农民工状况调查及对策建议》，《工人日报（网络版）》2011年2月21日。

② 同上。

③ 同上。

5.5%。通过劳动保障监察执法，责令用人单位与805.5万名劳动者补签了劳动合同，责令用人单位为622.5万人次劳动者追发工资等待遇200.8亿元，督促8.4万户用人单位办理了社会保险登记、申报，督促12.5万户用人单位补缴社会保险费52.2亿元。存在的问题不仅与实现更高质量就业的目标和任务相悖，而且也警示着我们要进一步扩大就业规模，提高就业质量，还需要付出更多的努力。

为什么我国劳动标准实施不力，劳动者整体就业质量不是很高？造成这种现状的原因有以下几个方面。

首先，我国劳动标准在制定、修订环节存在的问题，造成许多标准在现实中难以得到有力实施。如前所述，我国劳动标准有些虚高，在实践中被企业普遍违反；有些劳动标准偏低，不能切实保护劳动者的基本权益；有些劳动标准过于原则性，缺乏细化规定，造成企业在现实中调整劳动关系很难有据可循；还有些标准修订滞后，不能满足社会经济形势变化发展的需求。此外，我国法规类劳动标准通常对权利和义务规定得多，但是对保证权利和义务得以实现的程序规定得少，导致在劳资双方发生利益争议时，缺乏常规化、制度化的应对调处机制，制约了劳动标准发挥其协调劳动关系的效能。

其次，劳动标准的实施不能完全依靠企业或雇主的自觉意识，更需要政府监察职能的有效发挥，但是在现实中劳动监察执行不力，未能为劳动标准实施起到保驾护航的作用。一是我国各级劳动监察部门的监察网络不够健全，执法力量普遍不足。我国现有劳动保障执法专职监察员2万多人，而全国劳动保障监察执法涉及3400万户城镇用人单位和近4亿劳动者，现有监察员平均每人需要面对近1700户用人单位，近2万名劳动者，特别是基层力量更加薄弱。二是劳动监察涉及案件类型众多、情况复杂，需要执法人员具备较高的专业素质。但是劳动监察执法人员素质参差不齐，部分专职监察员和兼职监察员的执法水平尚显不足，缺乏系统的法律和专业知识培训，影响了执法开展效果。三是劳动监察部门受到经费限制，执法装备比较匮乏，这也影响了劳动监察部门的办案效率。总之，与承担的执法任务相比，劳动监察执法力量不足、执法装备落后以及执法力度不够等问题十分突出。这些问题直接加大了劳动标准贯彻实施的监管难度，也使得企业违反劳动标准需要承担的成本减轻了。

再次，工会等中间组织现实缺位，造成协议类劳动标准覆盖面窄、作用有限。法律类劳动标准只是规定了最基本的劳动条件，劳动者为了获得更好的劳动条件需要与企业谈判，但是由于单个劳动者的经济地位较低，与企业谈判往往处于弱势地位，所以，需要工会代表劳动者与企业谈判协商形成集体合同，从而确定适用的劳动标准。但在现实中，工会组织的应有作用未得到发挥，集体谈判往往流于形式，集体合同的签订情况不尽如人意。截至2011年底，工资集体合同覆盖全国企业174.2万家，覆盖职工1.04亿，但是同期全国就业人员7.64亿，工资集体合同覆盖率不足1/7。而且，集体合同的履约率也不高，集体合同中的协议条款难以兑现，特别是拖欠工资、社会保险费等现象比较普遍。集体合同在劳动条件的形成和实现方面未能发挥应有作用。

最后，企业社会责任意识淡薄，导致劳动标准在企业层面不能得到很好落实。很多企业以盈利为单一目标，在生产经营中采用成本优先的竞争战略，寻求各种降低用工成本的途径来逃避其应该承担的社会责任，所以劳动标准在实施中往往被降低甚至忽略。企业的这种趋利性行为是造成我国劳动标准实施不力的重要原因之一，尤其是“强资本、弱劳工”的现实格局，使这种情况更为恶化。

三　健全我国劳动标准体系、提高就业质量的政策建议

如前所述，健全劳动标准体系与推动实现更高质量就业两项任务之间存在相辅相成的必然关系，要推动实现更高质量就业，必然要求完善和落实现行劳动标准。针对现行劳动标准在制定和实施层面反映出来的突出问题，笔者根据十八大报告有关健全劳动标准体系的基本要求，以及国际劳动标准体系的发展趋势，提出推进劳动标准体系建设、进一步提高就业质量的政策建议。

（一）尽快建立多层次、广覆盖的劳动标准体系

我国劳动标准体系结构不完善，劳动标准的层级关系不合理，法规类标准

占据半壁江山，而协议类标准比较缺乏，政府在劳动标准的制定过程中起到绝对性作用，而行业和企业在往往处于缺位状态。

这些情况与市场经济发展和政府职能转变的要求相悖，而且政府也不可能承揽所有制定、修订劳动标准的活动。对此，我国应尽快建立多层次结构、广覆盖范围的劳动标准体系。一方面，劳动标准体系应该涵盖包括政府制定的法规类标准、行业或企业集体谈判确定的协议标准、专业机构颁布的技术类标准，以及企业内部制定的管理标准在内的多层次、多种类的劳动标准。另一方面，坚持推广劳动标准的覆盖面，尤其是扩大法规类基础劳动标准的覆盖范围，让广大劳动者至少实现在国家法定劳动基准之上的就业，从而为实现更高质量就业奠定基础。

（二）不断完善劳动标准的实体内容和程序规范

基于我国劳动标准重实体、轻程序的现状，笔者建议不仅要完善劳动标准的实体内容，更要完善劳动标准的程序规范。在实体标准方面，应该兼顾公平和效率，兼顾劳动者权益和企业长足发展，及时根据经济社会发展调整、修订、补充相关标准，同时细化相关规定，以便企业贯彻执行。在程序标准方面，一是保证劳动标准的制定过程公开、民主和科学，可以委托第三方机构进行调研，选择有代表性的企业先制定相关标准，在综合各企业意见的基础上形成草案，再请相关政府部门、专家学者、行业协会和工会代表进行审议，必要时也可将草案在社会范围内征集意见，最终形成正式实施的劳动标准。二是完善劳动标准实施过程的程序规范。比如，劳动合同标准应该涵盖劳动合同的订立、履行和变更、解除和终止、续订等各个操作环节的程序规范。三是针对企业违反强制性标准，侵害劳动者权益的行为，应该完善制裁措施，提高违法成本，这样可以发挥法律的预防功能。四是对于那些因企业违反劳动标准而权益受到损害的劳动者，除了劳动争议仲裁以及司法诉讼以外，应该考虑为其拓宽救济途径。通过上述各种措施，缓解劳动标准重实体、轻程序的现状，切实保证劳资双方的权利和义务得以实现，建立起常规化、制度化的劳动争议调处机制，充分发挥劳动标准协调劳动关系的效能，从而为实现更高质量就业创造条件。

（三）建立健全由政府部门主导、社会力量共同参与的工作机制

针对目前政府、行业和企业各方职责混淆，行业协会及工会等中间组织缺位的问题，我国应该尽快健全由政府部门主导、社会力量共同参与的劳动标准工作机制。在劳动标准体系建设过程中，政府应以制定和完善法规类劳动标准为主，同时引导各级工会、行业组织及企业等社会力量，积极开展区域性、行业性以及企业各层面的集体协商，广泛推行区域性、行业性及企业集体合同和专项集体合同，最终形成合理的国家、行业、地方、企业劳动标准层级关系。这种工作机制具有以下几点优势：一是促进劳动标准内容更加丰富和充实；二是因为大部分劳动标准是由行业和企业在法律法规的基础上，经过集体协商自行确定，所以更加具有可操作性，便于执行落实；三是强化政府对劳动标准的监管职能，政府从烦琐的制定标准工作中解脱出来，更多地承担审核行业、企业标准及监督执行的责任。

（四）增强企业执行劳动标准的社会责任意识

企业是劳动关系的重要载体，也是劳动标准的实际执行者，因此，企业在我们健全劳动标准体系和推动更高质量就业的两项任务中，应该发挥重要的作用和影响。针对我国部分企业忽视承担社会责任的趋利性行为，笔者建议政府部门可以采取以下措施，增加企业执行劳动标准的社会责任意识：一是加强劳动标准的宣传和培训工作，让企业经营者充分了解执行劳动标准对企业发展具有深远的影响，促进企业实现经济增长方式的转变，使其既重视经济利益的实现，又重视社会责任的履行。二是通过完善集体协商法律规范，帮助企业筹建集体协商机制，强化工会维权职能等项措施，有效发挥三方协调机制在劳动标准体系建设中的积极作用，特别是将劳动安全卫生、工时工价标准、工资增长机制和工资分配机制等关系劳动者切身利益的事项作为集体协商的核心内容。三是指导企业健全劳动定额定员管理工作。劳动定额定员是企业衡量劳动者贡献、核算劳动者报酬、平衡劳资双方利益的重要基础。近年来，政府对企业劳动定额定员管理的指导督促有所放松，企业随意提高劳动定额标准、通过成本倒置方式确定计件单价、加班不支付加班费等违规、侵权现象时有发生。政府部门应该尽快制定、发

布关于加强劳动定额定员管理的指导意见，加快企业劳动定额管理队伍建设，帮助企业通过集体协商、民主程序等方式，广泛征求劳动者意见，将国家、行业和地方劳动标准细化为具有个性特色的企业劳动定额标准。

（五）强化各级政府的劳动监察执法职能

各级政府全面履行劳动监察职能既是劳动标准贯彻实施的有力保障，也是切实维护劳动者合法权益、提高劳动者就业质量的必要手段。针对政府监察职能执行不力的现状，笔者建议采取以下措施，加大劳动保障监察执法力度，指导企业改善劳动条件，督促企业落实法定劳动标准：一是增加人力、物力等投入，充实执法力量，改善执法装备，逐步健全我国各级劳动保障监察网络，提升劳动监察执法效能。二是完善执法手段，实现监察由被动转为主动，充分运用日常巡视检查、书面检查、接受举报投诉、专项执法检查、查处违法案件、开展劳动关系和谐企业创建活动等方式，提高劳动标准在社会范围内的知晓度和执行力，实现劳动者信赖劳动标准、企业敬畏劳动标准的社会氛围。三是注重针对劳动监察执法人员的综合素质培养和业务知识培训，提高执法人员依法行政的自觉意识和执法能力。

Current Situation, Problems and Policies for Labor Standard System in China

Li Juan　Di Yan　Xu Weifen　Lu Mei

Abstract: The Report, at first, from the perspective of realizing higher-quality employment, discussed about the significance of improving labor standard system. Then it analyzes the development, implementation and existing problems in the labor standard system in China while bearing upon the development dynamics and trend of overseas labor standard systems before giving proposals on how to improve employment quality.

Key Words: Labor Standards; Higher-quality Employment; Employment Quality

B.17

健全最低工资制度　促进就业质量提升

刘学民　胡宗万*

摘　要：

本文在梳理我国最低工资制度发展历程和实施现状的基础上，认为近些年我国最低工资制度取得了重要进展，有力地保障了更高质量就业的实现，同时，在最低工资内涵构成及最低工资制度立法层次、制定调整过程、保障水平和贯彻执行等方面仍存在一些尚待改进的地方，并针对这些环节提出了改进建议，并对近几年最低工资制度的发展进行了展望。

关键词：

最低工资标准　最低工资制度　就业质量

党的十八大报告明确提出，要实施就业优先战略和更加积极的就业政策，推动实现更高质量的就业。实现更高质量的就业，除持续扩大就业规模、不断提升就业能力、努力改善就业环境之外，重要的是通过深化工资分配制度改革，在劳动生产率不断提高的基础上，适度提高劳动报酬，使劳动者实现真正意义上的体面劳动，更好地分享改革和发展的成果。这是广大劳动者最关心、最直接、最现实的利益问题，也是不断改善民生、实现到2020年城乡居民收入翻一番宏伟目标的重要保证。这其中一个重要方面是要健全最低工资制度，形成工资正常增长机制，切实保障劳动者的合法权益，做到工薪劳动者的收入增长和劳动生产率提高同步，使就业不仅成为劳动者的谋生手段，也成为劳动者不断提升幸福指数的有效途径。为此，在促进实现更高质量就业过程中，要不断健全最低工资制度，这是实现高质量就业的基础和重要保证。

---

* 刘学民，劳动工资研究所所长，研究员；胡宗万，劳动工资研究所研究一室副主任，助理研究员。

一　我国最低工资制度的发展历程和实施现状

（一）发展历程

我国是国际劳工组织的常任理事国之一，在1984年被批准加入国际劳工组织26号公约《制定确定最低工资办法公约》。1989年，珠海市首先提出当地最低工资标准并实施；1992年，深圳发布最低工资标准，1993年，原劳动部以行政规章的形式印发了《企业最低工资规定》。1994年7月5日，全国人大第八届八次会议通过并公布《劳动法》。① 2004年，原劳动和社会保障部发布新的《最低工资规定》，标志着最低工资制度的重大进展。2004年11月，西藏颁布本自治区的最低工资标准，至此，我国所有的省、自治区、直辖市均建立了最低工资保障制度。

（二）制定和调整

原劳动保障部21号令规定，最低工资标准确定主体为省、自治区、直辖市人民政府；确定和调整最低工资标准的考虑因素应参考当地就业者及其赡养人口的最低生活费用、城镇居民消费价格指数、职工个人缴纳的社会保险费和住房公积金、职工平均工资、经济发展水平以及就业状况等；确定方法建议为比重法和恩格尔系数法；最低工资标准正常调整机制，明确为每两年至少调整一次。

在劳动保障部发布的《最低工资规定》中，推荐了两种计算最低工资标准的方法，一是比重法：最低工资＝低收入者人均月生活费用支出×人均赡养系数＋调整因子；二是恩格尔系数法：最低工资＝（劳动者标准食品最低支出/恩格尔系数）×人均赡养系数＋调整因子。

此外，在一些研究中还包括必需品法：最低工资＝（最低生活所需消费

① 《劳动法》第48条规定："国家实行最低工资保障制度，最低工资的具体标准由省、自治区、直辖市人民政府规定，报国务院备案。"

品的消费量×消费品价格）×人均赡养系数+调整因子；超必需品剔除法：最低工资=（职工平均消费支出-平均超必需品消费支出）×职工人均负担系数+调整系数；生活状况分析法：最低工资=地区居民最低生活保障线×人均赡养系数；综合法：我国学者唐钧在1998年《中国城市居民贫困线调研》中提出的确定贫困线的方法，即利用生活保障线作为基础计算最低工资标准，并用平均收入对其进行调整；扩展的线性支出系统法（ELES）和马丁法等。

近两年，个别省市在实践中也开始尝试采取较为复杂的数学模型，综合上述各种测算方法计算最低工资标准。

（三）标准运行

最低工资制度实施以来，特别是“十一五”时期我国经济经历了快速发展、遭遇危机、全面复苏，最低工资标准调整也经历了全面调升、暂缓调整、恢复性增长这样一个完整的循环。“十一五”期间，各地平均调整标准3.2次，每年平均调增幅度为12.9%。

在金融危机时期，各地暂缓调整最低工资标准，“保企业、保就业、保岗位”，实现弹性运行。在走出金融危机的2010年，全国31个省市（含深圳市，下同）调整了最低工资标准，调增地区月最低工资标准平均增长幅度为24%左右。2011年，全国25个省市调整最低工资标准，平均调增幅度达到22.1%。2012年，全国25个省市调整最低工资标准，平均增幅为20.2%。截至2013年7月1日，全国共有22个省市调整了最低工资标准，平均调增幅度为18.4%。

二　我国最低工资制度取得的成绩

最低工资制度的实施，特别是近几年来的进展，使低收入劳动者基本劳动报酬权益的保障得到明显加强，促使其收入水平有所提高，既符合中央“以人为本”与构建和谐社会的精神，又保障了低收入劳动者的尊严，深得民心，有利于规范分配秩序，促进理顺分配关系，提高就业质量。

一是制度规定进一步健全。2004 年 3 月，原劳动和社会保障部针对 1993 年发布的《企业最低工资规定》实行中存在的问题，总结实践经验，制定并颁布了《最低工资规定》，在覆盖范围、标准构成、标准形式、调整频率四个方面进行了改进。[①] 修订后的最低工资制度规定更加完善，更加切合实际，更加有利于宣传和贯彻执行。

二是保障范围全面扩展。2004 年底，全国 31 个省份全部建立了最低工资制度，发布并执行了本地区月最低工资标准；2007 年，西藏也颁布实施小时最低工资标准，实现了该标准在全国所有省份的全覆盖。农民工、灵活就业人员、民办非企业单位就业人员等也都纳入了最低工资制度的保障范围。

三是保障水平不断提升。随着近些年最低工资标准调整幅度的不断加大，最低工资标准对普通劳动者的保障水平不断提升。就最低工资标准近几年的调整来看，2004 ~ 2011 年，最低工资标准能够消除通货膨胀带来的影响。2004 ~ 2011 年，没有一个省会城市的最低工资标准增速落后于居民消费价格指数增速。其中，各省会城市的居民消费价格指数增速平均为 18% 左右，最低工资标准增速平均为 130% 左右，说明 2004 年《最低工资规定》颁布以后，最低工资标准整体上消除了通货膨胀带来的影响，能够较好地发挥保障作用。长春、沈阳、西安等城市最低工资标准增速远远高于城市居民消费价格指数（CPI）的增速（见表 1）。在不考虑前期最低工资标准基数的情况下，最低工资标准增速与城市居民消费价格指数增速差距越大，说明最低工资的实际购买力增加速度越快。当然，近几年物价对低收入人群的影响一般大于 CPI 变化所反映的影响。[②]

---

① 四方面改进的具体内容如下：一是扩大了覆盖范围，将民办非企业单位劳动者等也列为最低工资保障对象；二是清晰了标准构成，根据社会保障制度和住房制度改革的情况，将社会保险费、住房公积金职工个人缴纳的部分纳入确定最低工资标准时应考虑的因素，针对实践中存在的问题，规定最低工资标准的扣除项目，明确加班加点、法定津贴、法定福利待遇等不得计算在最低工资标准范围内；三是增加了标准形式，为适应就业形式多样化的需求，增加了适用于非全日制用工的小时最低工资标准；四是明确了调整频率，确立了最低工资标准的正常调整机制，明确要求最低工资标准每两年至少调整一次。

② 这主要是因为 CPI 主要是衡量大多数居民的所有消费品（八大类商品，包括基本生活必需品及其他消费物品和服务）的价格变动程度，而对低收入人群来说，基本生活必需品在其消费品中占有更大权重，受价格的上涨影响更大。

表1　2004～2011年省会城市最低工资标准与CPI名义增速比较

单位：元/月，%

城　市	2004年最低工资标准	2011年最低工资标准	2011年最低工资标准相比于2004年增速(%)	2011年CPI相比于2004年增速(%)	最低工资标准增速超过CPI增速的幅度(%)
北　京	545	1160	112.84	11.83	64.32
天　津	530	1160	118.87	16.77	56.81
石家庄	520	1100	111.54	19.92	53.16
太　原	520	980	88.46	19.12	44.34
呼和浩特	420	1050	150.00	16.70	97.59
沈　阳	380	1100	189.47	15.74	121.10
长　春	310	1000	222.58	16.16	148.36
哈尔滨	390	880	125.64	15.85	99.53
上　海	635	1280	101.57	15.37	61.01
南　京	620	1140	83.87	20.33	34.51
杭　州	620	1310	111.29	15.11	62.31
合　肥	410	1010	146.34	17.35	58.26
福　州	450	1100	144.44	14.59	85.41
南　昌	360	720	100.00	18.10	81.90
济　南	410	1100	168.29	15.53	108.86
郑　州	380	1080	184.21	20.57	89.96
武　汉	400	1100	175.00	18.20	106.80
长　沙	400	1020	155.00	17.22	95.28
广　州	684	1300	90.06	15.16	45.66
南　宁	460	820	78.26	19.07	59.19
海　口	400	830	107.50	19.02	88.48
重　庆	400	870	117.50	16.78	53.22
成　都	450	850	88.89	19.01	69.88
贵　阳	400	930	132.50	15.88	91.62
昆　明	470	950	102.13	22.89	53.71
拉　萨	495	950	91.92	17.07	74.85
西　安	320	860	168.75	17.70	119.80
兰　州	340	760	123.53	20.44	103.09
西　宁	370	920	148.65	26.51	76.19
银　川	350	900	157.14	22.37	80.49
乌鲁木齐	480	1160	141.67	15.65	51.02

注：①个别省会城市适用多档最低工资标准，本文统一取各省最低工资标准最高档作为省会城市最低工资标准，与实际状况稍有差异。下同。②CPI数据依据2005～2012年《中国城市（镇）生活与价格年鉴》计算所得。

四是调整节奏更加合理。根据经济社会发展和劳动力市场的不断变化，最低工资标准适时适度调整的特征日益显现。过去几年是最低工资标准调整频率最快、调整幅度最大的几年。1994 年至2004 年3 月，全国31 个省份累计调整最低工资标准117 次，每个省份平均调整3. 8 次左右，年均调整仅0. 38 次。2004 年4月，新的《最低工资规定》颁布实施，对调整频次明确规定“每两年至少调整一次”。新规定颁布之后的“十一五”时期，五年时间内全国各地平均调整最低工资标准3. 2 次，年均调整达到0. 64 次。2010 年，全国30 个省份调整了最低工资标准；2011 年，全国24 个省份调整了最低工资标准，最低工资标准调整频率明显较快；2012 年，全国25 个省份调整了最低工资标准。与此同时，调整幅度也明显加大。1995 ~2004 年，全国最低工资标准①年均增加 26. 5 元，年均增长8. 7%；2004 ~2010 年，各省会城市最低工资标准年均增加 68. 7 元，年均增幅 11. 5%；2010 年，全国 31 个省市提高了最低工资标准，调增地区平均增幅约 24% 左右；2011 年，全国 25 个省市调整最低工资标准，平均调增幅度达到22. 1%；2012 年，全国 25 个省市提高了最低工资标准，平均增幅为 20. 2%。

三　我国最低工资制度存在的主要问题

（一）最低工资制度承载内容较多

最低工资标准对提高劳动者的报酬，特别是企业一线工人的工资发挥着重要作用。但是，最低工资标准应该根据经济的发展、物价的变化、企业劳动生产率的提高等情况适时调整，而不应该作为缓解收入分配差距扩大、建立普通职工工资正常增长机制的最重要途径。

（二）最低工资立法层次较低

由最低工资制度在我国的发展历程可以看出，与它相配套的法律体系并不健全、完善。从最低工资制度明确确立到现在，除了在《劳动法》和《劳动

① 由于缺少所适用劳动力人数，采用最低工资标准各个档次的平均值计算。

合同法》里有所涉及外，其一直是在行政的轨道上运行，无论是1993年的《企业最低工资规定》还是2004年的《最低工资规定》，均是部委层次的部门规章，立法层次较低，约束力较小，这在很大程度上影响到最低工资标准的科学合理确定和最低工资标准的执行。

（三）制定调整过程中弹性和随意性较大

我国最低工资标准制定和调整实际操作过程中，弹性和随意性较大。最近几年，最低工资标准的调整频率加快，调整幅度加大。尽管有部分省份已经按照最低工资规定中推荐的两种最低工资测算方法（比重法和恩格尔系数法）进行测算，广东、上海等省份已经开始探索改进完善现有测算方法，但从整体来看，采用完备的制定程序、完善的测算方法确定最低工资标准的省份只占较少部分，大部分省份是按照调整时间要求，考虑经济发展、社会舆论等因素，结合周边省份情况，定性地确定最低工资标准，弹性较大，随意性较大。特别是近一两年，个别地区最低工资标准的提高出现了“攀比”现象，忽视了其与相关保障标准的联动，甚至忽视了对相关各方利益的综合平衡。

（四）保障程度仍有待提升

整体上看，近几年来，各省会城市适用最低工资标准相对于前一年职工平均工资的比例有所下降，普通劳动者共享经济社会发展成果不够充分。1994年，我国绝大多数省份最低工资标准相对于社会平均工资的比例在40%左右。此后，一些地区调整不及时或提高幅度低于经济发展和社会平均工资增长速度，导致最低工资标准偏低，相对于社会平均工资的比例有所下降。2004年，各省会城市适用最低工资标准相对于前一年职工平均工资的比例平均为34%左右，2012年这一平均比例下降到31%左右，其间曾下降到30%以下。这就说明，普通劳动者没有能够与“在岗职工”同样享受到经济社会发展的成果，没有做到“同步增长”。

（五）“打折扣执行”现象仍然存在

一是少数企业仍存在把最低工资标准作为工资支付标准的现象。一些非公有制企业特别是小型餐饮、服务和加工企业，往往按照最低工资标准支付职工工资，个别企业的工资甚至低于最低工资标准。二是部分企业存在变相违反最低工资规定的现象。三是一些特殊劳动形式“打折扣执行”较为普遍。《最低工资规定》并没有对以计件和提成方式计算工资的这些特殊劳动形式的最低工资计算方法做出明确规定，使得以这种方式规避最低工资标准的现象仍然存在。

四 我国最低工资制度的初步展望及改进建议

（一）我国最低工资制度的初步展望

总体来看，最近几年，各地区将会进一步把握劳动者权益和企业承受能力之间的平衡，合理把握最低工资标准的调整节奏和调整幅度。

2013 年初，国务院批转的《关于深化收入分配制度改革的若干意见》明确提出，要“根据经济发展、物价变动等因素，适时调整最低工资标准，到 2015 年绝大多数地区最低工资标准达到当地城镇从业人员平均工资的 40% 以上”。同时，“十二五”规划纲要明确提出收入增速不低于经济增速，在实施中要努力实现和经济发展同步。这意味着，“收入增速”有了某种“硬性”限制。这其中将“完善最低工资制度，逐步提高最低工资标准”作为重要内容之一，在改善民生的十大行动措施中，最低工资标准年均增长 13% 以上也作为其中一项，这为未来几年最低工资标准的较快幅度调整定下了总体基调。此外，通胀压力与“招工难”同时出现，为顺应广大人民群众增长工资的新期望，最低工资标准调整将保持较快幅度。

同时，相关方面越来越认识到，最低工资标准既不是越高越好，也不是越低越好，需要针对不同情况决定最低工资标准是否提高和提高多少，切实把握好最低工资标准的适度性。工资标准既要使最低工资标准水平能够保障劳动者及其赡养人口的基本生活以及满足逐步提升体面劳动程度的需要，又不危及企业承受力，不对社会就业产生负面影响。

（二）我国最低工资制度改进的初步建议

1. 提高最低工资的立法层次

目前，随着最低工资制度发挥的作用日益增大，最低工资制度的立法层次需要进一步提高。最低工资立法层次的提高要求进一步完善关于最低工资法律责任的规定，对于用人单位违反最低工资规定，除了要承担民事责任外，还可处以罚款、吊销其营业执照等其他行政责任；要进一步加大政府监督力度，创新监督办法，切实履行其监管职能，保证最低工资制度的落实。

最低工资立法层次的提高，要注意解决其实施以来存在的一些问题。比如对包食宿、季节性生产等如何适用最低工资标准将可能设置明确的例外规定；对计件工资制、提成工资制等特殊工资形式的最低工资保障制度，将可能做出明确规定；对“劳动者在法定时间内提供了正常劳动前提下”，这一最低工资标准的“正常劳动”前提将可能给以操作性解释；等等。这样将使得最低工资制度既容易实施，又能兼顾各方的利益。

同时，最低工资立法层次的提高，将在法律层面进一步明确行业最低工资的定位。国务院 2013 年批转的《关于深化收入分配制度改革的若干意见》明确要求，“研究发布部分行业最低工资标准”，最低工资标准体系的构成将更加丰富。

2. 完善最低工资标准的内涵

对于最低工资标准是否应该包括社保个人缴纳部分等相关费用，目前有着不同看法。因为种种原因，目前北京、上海等省市最低工资标准不包含社保费用个人缴纳部分，其他省市均包括社保费用个人缴纳部分。

标准不统一给规划目标的实现以及省份之间的评估比较带来不便。“十二五”规划中规定的目标是最低工资标准年均增长 13% 以及最低工资标准占从业人员平均工资 40% 左右，如果最低工资标准的内涵构成不同，将不便于判断是否达到这一目标；同时，各个省份之间同样的最低工资标准，其包含的内容有所不同，也不利于各省份之间进行评估比较。考虑到包含社保个人缴纳部分等相关费用不会带来对劳动者权益的损害，在当前背景下，不包含社保个人缴纳部分，反而有可能损害劳动者的社保权益；考虑到包含社保个人缴纳部分等相关费用更加符合“工资”的一般内涵，建议进一步明确最低工资标准的内涵。为便于衔接比较，可考虑将最低工资标准统一明确为包含劳动者个人缴纳的社会保险费，同时在最低工资标准中可将社保个人缴费最低额单列。

3. 建立最低工资标准评价机制

要通过开展最低工资标准评估，进一步发挥人力资源和社会保障部对最低工资标准调整的指导作用，带动各地进一步完善最低工资标准制定程序，促使各地保持最低工资标准的适度提高。在起步阶段，要以明确数据来源的一致性为先导，逐步开展最低工资标准评估；以宏观综合指导性评估起步，最终转为对每一省份最低工资标准影响的具体评估；以适时性、规范性评估起步，逐步加大对各省份最低工资标准调整的适度性评估；以新的最低工资标准调整与前次调整之间的评估为主，逐步增加对各省份自身纵向时间维度和横向省份之间协调性维度的评估。

Improving the Minimum Wage Guarantee System to Promote High-quality Employment

Liu Xuemin　Hu Zongwan

Abstract: The thesis, based on reviewing the history of minimum wage system and introducing its current situation in China, believes China has made major process in minimum wage system in recent years, which has robustly supported the higher-quality employment. At the same time, there is still room for improvement in the connotation composition of minimum wages, legislation level of minimum wage system, process of making and revising the system, security level and execution. It offers some proposals on how to address these problems or insufficiencies while predicting the future development of minimum wage system.

Key Words: Minimum Wage Standard; Minimum Wage System; Employment Quality

B.18

中国劳务派遣的发展现状及未来展望

张新民*

摘　要：

劳务派遣是我国改革开放后引入的一种用工形式，虽然起步较晚，但发展迅速。劳务派遣在满足企业灵活用工需求、解决摩擦失业、促进劳动者就业等方面具有重要作用。同时，与劳务派遣相关的一些问题也日益显现，并引发了社会的广泛关注。特别是在新修订的《劳动合同法》中，对劳务派遣进行了较为严格的规制。本报告基于理论与实践的结合，对劳务派遣的概念和内涵、发展历程、发展现状和目前所存在的问题，以及未来发展趋势进行了深入分析，希望能有助于劳务派遣的有序发展。

关键词：

劳务派遣　三方关系　规制

随着市场经济体制改革的继续深化，企业用工制度变革也在同步进行，以往单一的用工模式被打破，多元化用工模式和市场化用工机制得到初步建立。劳务派遣作为一种全新的用工形式被引入国内，在缓解就业难、用工难等社会性难题方面发挥了积极作用，不仅弥补了以往标准用工方式的不足，而且使企业能够获得降低劳动成本、提高劳动效率、强化用工弹性等实际效益，具有相当的社会价值，得到越来越多的关注。特别是《劳动合同法》的制定、颁布、执行和修订，使劳务派遣的法律地位得以进一步确认，并被市场普遍接受和运用。

* 张新民，中国劳动保障科学研究院党委书记兼副院长，研究员。

一　劳务派遣的概念界定和内涵

（一）劳务派遣的概念界定

劳务派遣源于日本的劳动者派遣。在日本 1985 年制定的《劳动者派遣法》中明确了劳务派遣的合法地位，并将其界定为“所谓劳务派遣，就是自己所雇用的劳动者，在该雇佣关系下，让该劳动者接受第三方的指挥命令，并让其为第三方劳动，但是，这种劳动并不包括约定让第三方雇用该劳动者从事劳动”。当前，劳务派遣用工已经得到世界大多数国家的认可和采用。

在劳务派遣运行中，首先是用人单位根据工作或业务的需要，向派遣单位提出具体的用人要求，并与其签订劳务派遣协议；随后，派遣单位将与自己建立劳动合同关系的劳动者派往用人单位，并在用人单位管理下从事具体工作；最后，在用人单位向派遣单位支付派遣费用后，再由派遣单位向被派遣劳动者支付相应的劳动报酬。可以看到，其中存在用人单位与派遣单位、用人单位与被派遣劳动者、派遣单位与被派遣劳动者间的三角关系。这种“三方性”主要强调劳务派遣关系中三种身份的并存，即派遣机构、被派遣劳动者和用人单位，缺一不可。同时，三方又是由劳动合同和商业派遣合同联系在一起，派遣机构的雇主身份和用人企业的工作监管身份是三角雇佣关系的核心。这种三角关系也是劳务派遣最基本的特性，所有国家在劳务派遣的定义上都规定了这一特性。

（二）劳务派遣的基本特征

1. 三方关系中的权利和义务

在传统的雇佣关系中一般存在劳资双方，即雇主和雇员之间通过契约关系来形成彼此的权利与义务。当劳务派遣作为一种新介质实现有效嵌入后，会将原有的二元关系转换为三方关系，即劳务派遣活动由派遣单位、用工单位和被派遣劳动者三方来完成。劳务派遣用工不同于传统的双边用工模式，三方会依据不同的法律关系缔结成特殊的劳动力使用关系。其中，用人单位与派遣单位签订劳务派遣合同（属于商务契约关系），彼此约定劳务的提供与购买，由派遣单位向用工单位派遣所需要的劳动者来完成劳务，并得到相应的报酬收益；派遣单位与劳动者签订劳动合同（属于劳动雇佣关系），劳动者通过为用工单位提供劳动而获得相应的收益。用工单位与劳动者双方之间只有使用关系而无聘用关系。劳务派遣的实现流程是派遣单位与被派遣劳动者（劳动者）通过签订劳动合同建立劳动关系，之后将劳动者派遣到用工单位，在用工单位指挥监督下从事劳动，完成劳动力与生产资料的结合。

2. 三方关系中的管理二元性

从管理机制来看，被派遣劳动者不需要接受来自派遣单位和用工单位的双重管理。当劳动关系确定以后，被派遣劳动者就会接受派遣单位的管理，派遣单位所需要肩负的职责主要有薪酬发放管理、档案管理、个人从业信息管理等。在一些情况下，派遣单位还会负责被派遣劳动者的岗位培训，工作期间的个人技能、职业素质提升等管理培训工作。当被派遣劳动者进入用工单位从事特定的工作岗位后，就开始接受用工单位的岗位管理、绩效评价管理等。这些管理工作将直接决定被派遣劳动者在此次派遣期限的工作表现情况和相应的薪酬待遇。

3. 岗位特性

虽然用工单位可以采用劳务派遣来从事相关的业务工作，但是在具体的岗位设置上则具有一定的限制性。①

临时性工作岗位是存续时间不超过六个月的岗位。许多国家也都明确规定了劳务派遣的适用期限，例如，日本是一年以内。替代性工作岗位是临时性工作岗位的一种延伸，即在用工单位劳动者因脱产学习、休假等原因无法工作的一定时间内，可以由其他劳动者替代工作的岗位。劳务派遣中的劳务替代性有别于员工替代性。员工替代性主要是指技术性替代和更新式替代，而劳务替代性则是在特定时间限制内的岗位替代。辅助性工作岗位是为主营业务岗位提供服务的非主营业务岗位。辅助性工作岗位一般是由用工单位根据所处行业和业务特点，提出适用于使用劳务派遣用工的岗位列表和岗位职责、任职资格要求等信息，并与工会或职工代表大会共同协商确定。

---

① 新修订的《劳动合同法》第66条指出："劳动合同用工是我国的企业基本用工形式。劳务派遣用工是补充形式，只能在临时性、辅助性或者替代性的工作岗位上实施。"

二　我国劳务派遣的发展历程

随着经济体制改革的推进和工业化、城镇化进程的加快，我国劳务派遣的发展历程大致可以划分为四个阶段。

（一）萌芽阶段

20世纪70年代中后期，随着我国改革开放的正式启动，一些外国企业在北京、上海等大城市设立了办事机构。在当时的情境中，外企招聘的中国员工必须首先与外企服务中心签订劳动合同，存放人事档案。外企服务中心就是实际意义上的劳务派遣企业。通过这个阶段的探索，劳务派遣作为一种新型用工形式已经存在于社会中，并开始在更大范围内被认识。

（二）起步阶段

20世纪80年代后期，我国经济结构开始由传统的计划经济向市场经济转型。传统用工大户的国有企业也开始顺应时代需要进行体制改革。为了配合国有企业用工制度改革的有序开展，劳务派遣作为一种新型劳动关系出现在国有企业用工形式中。特别是在20世纪80年代末期，国有企业下岗分流的百万人员为劳务派遣提供了关键的人力资源供给。这一阶段的劳务派遣社会化程度低，很多派遣单位是国有企业或其改制后公司的分支机构或子公司。在业务导向上只派遣下岗失业人员和职工家属，有的甚至只向国有企业或其改制后的公司派遣，并没有完全向市场化运行转变。

（三）无序快速发展阶段

从20世纪90年代初期开始，我国进行了大规模的产业结构调整和国有企业改制。尤其是20世纪90年代中后期，随着中国经济的快速增长、产业结构转型，员工下岗失业成了普遍现象。与此同时，农村剩余劳动力大量涌入城市以及新生劳动力的增加，使就业压力骤然加大。为了解决严峻的就业问题，国家鼓励劳务派遣的发展。在这一阶段，派遣单位的地位和业务都已逐渐转向社会化，服务对象包括各种所有制形式的雇主及本地、外地劳动者。然而，由于市场不成熟以及缺乏相关法规的管制，用工单位滥用劳务派遣及被派遣劳动者合法权益受到侵犯的案件时有发生。

（四）规范发展阶段

为了解决劳务派遣在快速发展中所带来的种种问题，2007 年 6 月 29 日，第十届全国人大常委会第二十八次会议正式通过了《劳动合同法》（2008 年 1 月 1 日起施行）。其中，将劳务派遣专门作为一节（共 11 条制度）加以规定，改变了多年来劳务派遣法律地位缺失的状况。2012 年 12 月，全国人大常委会对《劳动合同法》进行了修订，其中，最为重要的内容就是针对劳务派遣，通过提高派遣机构准入条件，明确三性岗位等规定，来进一步完善劳务派遣管理制度，加强劳务派遣市场监管，促进劳务派遣市场健康有序发展。

三　我国劳务派遣的发展现状

（一）发展规模

我国劳务派遣经过近 30 年的发展已经具有了相当大的规模，劳务派遣用工数量呈现逐年递增的趋势，被派遣劳动者占用工企业全部用工人数的比例不断攀升。目前，在全国范围内，劳务派遣企业超过 4 万家，劳务派遣用工总人数达到 1600 万人。根据中国劳动保障科学研究院 2011 年对中央企业的调查数据，117 家中央企业劳务派遣用工人数总共达到 240 万，劳务派遣用工占整体用工的比例为 12.9%。

根据人力资源和社会保障部 2008～2011 年对全国 40 个城市的 6 万余名城镇居民随机抽查和 4 万余名农民工等比例抽查结果显示：这四年的劳务派遣工占全部抽样人口的比例分别为 5%、5.5%、6.8% 和 7%。[①]

① 2011 年对全国 40 个城市的 64062 名城镇居民随机抽查和 43377 名农民工等比例抽查结果显示，农民工中劳务派遣员工 4576 名，占比 10.5%，城镇居民中劳务派遣员工 2861，占比 4.5%，两者共计 7437 人，约占调查人口总量的 7%，可以推算出 2011 年全国劳务派遣员工大约有 5665.95 万人。

2008 年实施的《劳动合同法》仅确定了劳务派遣的合法地位，但是并没有明确劳务派遣在社会总体用工的具体位置，这也导致在实践过程中存在劳务派遣由“辅助用工”向“主流用工”转变的风险。2012 年修订后的《劳动合同法》则进一步明确了劳务派遣作为辅助用工的市场位置，并指出由人力资源和社会保障部门确定具体的用工比例。这也表明，劳务派遣会在有限规模内实现发展。同样，从世界发达国家劳务派遣基本情况可以看出，无论日本，还是欧洲和美国，劳务派遣工占受雇就业人口的比例都不高，属于非主流的就业形式，在劳动力市场上主要还是起拾遗补缺的作用。

（二）行业分布

国外劳务派遣在工业企业和服务业企业中使用较多，其范围主要涉及行政管理人员、电话服务中心人员、专业人员、科技人员。我国劳务派遣行业分布广泛，在第一、第二、第三产业皆有劳务派遣。从行业类型来看，我国采用劳务派遣的行业主要集中在制造业、居民服务修理业、建筑业、批发和零售业、交通运输业、仓储和邮政业、租赁和商务服务业及住宿和餐饮业等劳动密集型产业。金融业等现代服务业劳务派遣用工比例较大。与其他国家相比，在全球产业分工格局下，我国作为世界制造业基地，劳动密集型制造业的用工需求最大，劳务派遣用工形式主要是满足制造业发展的需要。特别是在珠三角、长三角等东南沿海地区，制造业劳务派遣用工比例比我国其他地区高。

事业单位劳务派遣是我国使用劳务派遣的一个典型特例。事业单位不属于特定的行业，但又是一个重要的劳务派遣用工单位。为进一步促进事业单位发展，更好地发挥事业单位工作人员的积极性和创造性，面对市场经济体制下很多事业单位开始进行人事制度改革，开始广泛采用劳务派遣作为一种用工形式。事业单位采用劳务派遣用工的目的主要在于解决编制不足、增加用人机制灵活性和降低用工成本和规避用工风险。然而，在国家层面关于劳务派遣用工没有特别的规定，导致很多事业单位对劳务派遣用工存在随意性。以医院为例，在前期的调研中发现，劳务派遣用工比例幅度大致为 5.5% ~35% 。

（三）业务分类

一是公益型劳务派遣，该类劳务派遣主要是依托社区公益性组织把就业特别困难的弱势人群安置在特定岗位。二是通用型劳务派遣，该类劳务派遣主要是在一些非专业和非核心岗位上，由派遣单位派遣员工，重点解决用人单位的临时性用工问题。三是专业型劳务派遣，该类劳务派遣主要是专注于某个特定行业或领域的劳务派遣。派遣单位派遣员工到对专业要求高、用工需求零散的用工单位，提供特定的服务。四是高层次人力资源服务，该类劳务派遣主要是高端的人力资源外包服务。这是应企业战略经营的需要而产生的一类派遣模式，旨在帮助企业减少边缘环节的管理成本。

（四）派遣单位的特点

1. 派遣单位数量庞大，但业务规模偏小

2008 年实施的《劳动合同法》对劳务派遣的资质要求仅是满足基本的 50 万元的注册资本金。由于准入门槛低，大量不具备经营条件的劳务派遣单位成立，其数量也在急剧膨胀，但上规模的企业比例依然较低。①

2. 劳务派遣机构经营资质偏低，雇主责任难以匹配

劳务派遣是由派遣单位和劳动者签订劳动合同确立劳动关系，因此，派遣单位是被派遣劳动者法律上的雇主。派遣单位和用工单位签订劳务派遣协议，向用工单位提供劳务派遣服务。派遣单位资质的优劣不但决定了其提供派遣服务的质量，而且决定了其承担雇主责任能力的大小。②

3. 派遣服务专业化水平偏低，服务质量参差不齐

当前，我国劳务派遣市场尚处于初级发展阶段，派遣单位对被派遣劳动者的调配能力和专业化服务程度十分有限，而且很多派遣单位还缺乏专业的管理经验。尽管部分派遣单位已经开始提供员工招聘、培训、绩效管理、福利待遇、员工沟通、员工宿舍等专业服务，但是大多数派遣单位只是形式上的雇主，与被派遣劳动者之间的关系比较松散，其角色仍然类似于劳动事务代理。

---

① 根据中国劳动保障科学研究院调查数据，在全国范围内，60% 的派遣单位劳务派遣人数在 2000 人以下；18% 的派遣单位劳务派遣人数可以超过 5000。

② 根据中国劳动保障科学研究院调查情况，大部分派遣单位经营资质偏低，注册资本、经营场所、人力资本、专业资格等经营资质难以适应业务发展的需要。约 50% 的被调查派遣单位注册资本金为 50 万元；70% 的被调查派遣单位的营业场所是租赁的；65% 的被调查派遣单位营业面积在 200 平方米以下；企业经理人的文化程度相差较大，大多数派遣机构专业人才十分匮乏。

大多数派遣单位的职责仅限于签订劳动合同，以及按照用工企业提供的工资单、社会保险费清单发放工资和缴纳社会保险费等，招聘、技能培训和劳动关系管理等实体性工作仍然由用工单位负责承担。

4. 派遣业务收费标准偏低，低价竞争普遍存在

原来的《劳动合同法》中没有涉及派遣单位资质和准入等条件，使得如今的劳务派遣市场存在鱼龙混杂、良莠不齐的问题。为了招揽业务，有些派遣单位过于追求利润，而存在侵犯劳动者合法权益的现象。在市场竞争中，还是处于低水平的价格竞争，没有向差异化竞争发展，如提高被派遣劳动者能力或素质等，很少注重创新服务手段。

（五）被派遣劳动者

被派遣劳动者作为劳务派遣三方关系中的重要主体之一，由于自身特征，导致在市场中处于弱势地位，议价能力较差，经常出现自身权益受到侵害的情况。根据中国劳动保障科学研究院调查数据，目前的被派遣劳动者存在以下一些特点：第一，18～29岁的青年员工在被派遣劳动者中占比较高。第二，高中、中专和技校人才成为派遣员工的主流群体。相关数据显示，具有高中、中专和技校学历水平及以上的派遣员工占了67%。其中，城镇户口被派遣劳动者中具有大专及以上学历的占31.2%。第三，高技能型派遣员工占比过低，整体技能水平偏低。农村户籍派遣员工拥有中高级及以上国家职业资格证书的仅占15.3%。大部分劳务派遣员工分布在制造业、建筑业等技术含量低的生产一线岗位，只有极少数派遣员工分布在技术型岗位。同时，由于大部分派遣单位能力较弱，很少能为被派遣员工提供基本的岗前培训，大部分被派遣员工主要还是从事基础的生产、制造业务环节。

四　我国劳务派遣的未来展望

（一）国家法律对劳务派遣的规定

作为一种新的用工方式，劳务派遣在满足用人单位部分灵活用工需求和解决摩擦失业、促进劳动者就业等方面具有一定的积极作用。然而，随着劳务派遣的快速发展和派遣单位的迅速扩张，也出现了一些问题，引起了社会的广泛关注。为了规范劳务派遣行为，2008 年实施的《劳动合同法》将劳务派遣纳入规制范围。2008 年 8 月 19 日公布的《劳动合同法实施条例》，对劳务派遣的主体资格、适用岗位、合同期限、被派遣劳动者权利、派遣单位和用工单位的责任、劳动合同解除、禁止自设派遣等问题进行了进一步的法律规制解释。

2012 年，全国人大常委会通过了《劳动合同法》修改的决定，从不同方面进一步规制了劳务派遣的负面影响，推动其有序发展，如设定劳务派遣行政许可制度；① 设定劳务派遣的资质要求；② 明确同工同酬；③ 确定用工比例；④ 等等。更为严格的派遣单位设定条件和运行要求，必然会对以往的劳务派遣业务造成一定程度的影响，例如，用工单位在选择派遣单位的过程中需要进一步规范化，一些资质较差的派遣单位将逐渐从劳务派遣行业退出，但被派遣劳动者的合法权益将得到进一步保护。

（二）劳务派遣的发展趋势

劳务派遣用工是激活用人机制的一种高效率用工模式，具有广阔的发展空间。虽然针对以往劳务派遣中存在的问题，在国家层面通过制定相应的法律、法规和制度来进行相应的规制，并对劳务派遣的用工形式、用工比例进行限定，但是从总体上来看，劳务派遣还是存在其特定的发展和成长空间，会在未来实现由“量”向“质”的转变，进一步提高行业的整体发展水平。

---

① 如第 57 条规定：“经营劳务派遣业务，应当向劳动行政部门依法申请行政许可；经许可的，依法办理相应的公司登记。未经许可，任何单位和个人不得经营劳务派遣业务。”

② 如第 57 条规定：“经营劳务派遣业务应当具备下列条件：（一）注册资本不得少于人民币二百万元；（二）有与开展业务相适应的固定的经营场所和设施；（三）有符合法律、行政法规规定的劳务派遣管理制度；（四）法律、行政法规规定的其他条件。”

③ 如第 63 条规定：“被派遣劳动者享有与用工单位的劳动者同工同酬的权利。用工单位应当按照同工同酬原则，对被派遣劳动者与本单位同类岗位的劳动者实行相同的劳动报酬分配办法。用工单位无同类岗位劳动者的，参照用工单位所在地相同或者相近岗位劳动者的劳动报酬确定。”

④ 如第 66 条规定：“用工单位应当严格控制劳务派遣用工数量，不得超过其用工总量的一定比例，具体比例由国务院劳动行政部门规定。”

1. 行业市场规模不断扩大

随着我国劳务派遣政策日益完善和环境不断改善，企业开始推动更具有弹性的灵活性用工，劳务派遣的需求量将呈大幅度上升趋势。虽然在《劳动合同法》修订中，对用工单位的劳务派遣比例进行了限定，但是社会上对劳务派遣的接受程度也在逐渐增加，愿意以劳务派遣身份从事相应工作岗位的人群数量也在增加，会使得劳务派遣总体基数呈现扩大趋势。

2. 派遣单位规模逐渐增大

随着《劳动合同法》修订中派遣单位准入门槛的提升，对派遣单位的要求也在加强。在未来的国内劳务派遣市场中，大型的劳务派遣公司数量将进一步增加，其规模也将进一步扩大，同时会更加专业化和规范化，并将占据绝对主导地位。而一些中小型劳务派遣公司由于资金、规模、人力资源、专业化程度等限制，将越来越难以满足用工企业要求，数量将会逐步减少，最后通过市场竞争被淘汰。

3. 专业化程度将不断加强

虽然目前绝大多数劳务派遣单位的服务领域专业化程度较低，[①] 但是随着劳务派遣市场的不断完善，未来的市场竞争将更加激烈，这也会推动派遣单位开始创新，退出目前的价格竞争，转向差异化竞争，进入以人力资本为内核的价值创造模式。派遣单位也会逐渐渗入一些专业化的领域，以更强的人力资本来提升劳务派遣行业，实现快速发展，并从中获得更多的利润和价值。

（三）劳务派遣国家标准的制定情况

2007 年，国务院颁布了《关于加快发展服务业的若干意见》，明确要求加快推进服务业标准化，抓紧制定和修订行业的服务标准。2008 年，国务院颁布的《关于加快发展服务业若干政策措施的实施意见》，再次强调要进一步健全服务业标准体系和社会信用体系，抓紧制定和修订行业服务标准。2011 年，劳务派遣标准体系建设列入国家《标准化事业发展“十二五”规划》。为了落实国务院有关文件精神，推动人力资源服务业标准化工作，由人力资源和社会

① 例如，主营业务在通信领域的专业化派遣企业仅占 8.2%；主营业务在电力领域的专业化派遣企业仅占 3.2%；主营业务在银行系统的专业化派遣企业不足 3%。

保障部组织起草的《劳务派遣单位基本要求》《劳务派遣服务要求》和《劳务派遣服务评价要求》三个劳务派遣相关标准草案2014年将报国家标准化管理委员会，等待批准发布。

劳务派遣国家标准体系由三个标准组成，包括：《劳务派遣单位基本要求》《劳务派遣服务要求》和《劳务派遣服务评价要求》。《劳务派遣单位基本要求》属于国家强制性标准，除了规定适用范围、规范引用文件、术语和定义三个基本内容之外，该项标准主要对劳务派遣单位的服务提供规范、准入资质、运营管理、场所设施、异地派遣业务、社会责任及社会自律等七项内容提出了基本要求，其核心内容是劳务派遣单位的准入资质、软件和硬件条件等。《劳务派遣服务要求》属于国家推荐性标准，共由七部分组成，除了规定适用范围、规范引用文件、术语和定义三项基本内容之外，该项标准主要对服务内容、文件管理、服务时限和服务流程四个方面提出了基本要求。《劳务派遣服务评价要求》属于国家推荐性标准，该项标准主要对评价原则、评审认定、标志管理和评价指标体系四个方面提出了基本要求。

劳务派遣标准体系从全面性、简便性、可获得性等方面综合考虑，既考虑了国外先进经验，又考虑了国内现实情况，具有较强的实用性。一方面，有助于建立劳务派遣服务健康发展的优胜劣汰机制；另一方面，防止准入门槛太低或太高给劳务派遣服务造成不利影响，以此促进劳务派遣健康发展。

Development Status Quo and Future Prospect of China's Labor Dispatching

Zhang Xinmin

Abstract: The labor dispatching is an employment form that is introduced after China's reform and opening-up. It starts late but develops rapidly in China. Labor dispatching plays an important role in meeting enterprises' flexible labor use demands, settling the problems of conflicts and unemployment, and promoting employment, etc. Meanwhile, some problems related with labor dispatching are looming large, and drawing extensive social attention. Especially the newly revised Labor Contract Law has set out relatively strict regulation on labor dispatching. This paper combines the theories and practice to conduct in-depth analysis on the concept and connotation, development history, development status quo and characteristics, existing problems, and future development trend, etc. of labor dispatching, with a view to contributing to the orderly development of labor dispatching in the future.

Key Words: Labor Dispatching; Tripartite Relationship; Regulation

专题调研篇

Reports on Special Topics

B.19

我国产业转移升级促进更高质量就业：以成都为例

莫荣　周宵*

摘　要：

进入21世纪，中国东部沿海地区部分产业逐步向内地转移，作为承接产业转移升级的西部重镇，成都在自身产业发展、经济转型的同时，就业形势发生了巨大变化。本文运用历史数据、调研访谈、企业个案对成都承接产业转移的现状及优势，近十年产业结构、就业总量、职业培训、工资增长等进行深入研讨，分析当下产业转移升级对成都就业质量的影响。研究得出，成都在承接产业转移的过程中，就业总量得到较大提高，就业结构进一步优化，劳动者素质明显提升，内迁相关行业的工资增速加快。

关键词：

产业转移升级　就业　成都

* 莫荣，人力资源和社会保障部国际劳动保障研究所所长，研究员；周宵，人力资源和社会保障部国际劳动保障研究所助理研究员。

由于中国东部沿海地区普遍面临劳动力成本上升、资源要素紧张、竞争力下降等问题，跨国公司选择了将生产基地转移到中西部地区。2010 年，中共中央、国务院出台了《关于深入实施西部大开发战略的若干意见》，开始推进新一轮西部大开发，成都作为西部重镇，迎来新一轮国内经济结构调整和技术革命浪潮，面临产业转移和技术变革的重大机遇。

一 成都市经济社会发展状况

2012 年，成都市经济实现平稳较快增长，完成地区生产总值 8138.9 亿元，比上年同期增长 13.0%。其中，第一产业实现增加值 348.1 亿元，增长 3.8%；第二产业实现增加值 3790.6 亿元，全部工业实现增加值 3149.6 亿元，分别增长 15.6% 和 16.5%；第三产业实现增加值 4000.3 亿元，增长 11.5%。

（一）经济运行呈现稳定、快速增长态势

一是工业较快增长。全市规模以上工业企业累计完成增加值 2589.0 亿元，增长 17.2%。按轻重工业分，轻工业完成增加值 867.7 亿元，增长 11.2%；重工业完成增加值 1721.3 亿元，增长 20.4%。二是固定资产投资稳定增长。全市固定资产投资完成 5890.1 亿元，增长 17.7%。按构成看，基本建设投资完成 2748.5 亿元，增长 21.8%；房地产开发投资完成 1890.0 亿元，增长 18.5%。三是消费品市场平稳运行。全市实现社会消费品零售总额 3317.7 亿元，增长 16.0%。四是财政收入稳定增长。全市实现地方公共财政收入 781.0 亿元，增长 18.9%，其中，税收收入 571.6 亿元，增长 17.3%。公共财政支出 982.3 亿元，增长 15.8%。五是外贸快速增长。全市实现进出口总额 475.4 亿美元，增长 25.5%。其中，出口总额 303.6 亿美元，增长 32.4%；进口总额 171.8 亿美元，增长 15.0%。六是城乡居民收入稳步提高。城镇居民人均可支配收入 27194 元，增长 13.6%；农村居民人均纯收入 11301 元，增长 14.2%。

（二）21世纪以来产业结构逐年优化，二三产业发展为主导经济产业

目前，成都正在积极构建以现代制造业为先导，都市农业、先进制造业和现代服务业联动发展、紧密配套的“新型产业发展格局”。一是大力发展电子信息产业。成都是中国西部最具竞争力的IT产业集聚地，是国内重要的集成电路产业基地，全国五大国家级软件产业基地之一。二是发展汽车产业。经过多年的快速发展，成都市汽车产业已成为全市主导产业之一。现有规模以上汽车工业企业139家，其中整车及改装车生产企业17家，零部件企业122家，从业人员超过5万人。三是发展装备制造产业。成都市装备制造产业已形成规模，主要企业有神钢、成工、普什、三一等，零部件制造及关联企业30余家。四是发展石化产业。拥有中石油四川石化、川化股份、成都化工等规模以上企业200多家，初步形成了炼化一体和配套产业链完善的石化工业体系，填补了西部地区的产业空白。五是发展食品饮料产业。成都食品饮料产业布局为：“一中心”，即以五城区和高新区为主的商贸、研发中心；“一基地”，即蒲江新型食品工业基地；“两加工聚集带”，即以二圈层的新都、郫县、双流为中心的，以饮料、名酒和都市休闲食品为主的加工带，以及以邛崃、新津、大邑为中心的，以肉类、酒类、茶叶为主的农副产品加工带。六是发展冶金建材产业。成都冶金建材业行业在全国具有重要地位，被誉为“中国西南冶金建材重镇”，现有规模以上企业386家。七是发展家电产业。成都市的电子信息产业和先进制造业近年来发展迅速，为家电产业的快速发展奠定了坚实基础，成都正在逐渐成为中国重要的家电产业新兴制造基地。八是发展制鞋产业。形成以女鞋制造为特色、产品以出口为主的产业集群，这是中国重要的鞋类制造基地之一，被授予“中国女鞋之都”荣誉称号。九是发展家具产业。成都是中国五大家具产业制造基地之一，现有家具制造企业3000余家，规模以上企业137家，已发展成全国最大的板式家具生产基地。

（三）人口迅速增长，劳动力资源丰富

近年来，随着统筹城乡经济发展，成都市人口迅速增加。2010年第六次

全国人口普查结果显示，成都市的常住人口约为1404.76万，同2000年第五次全国人口普查数据相比，10年共增加280.34万人，增幅达24.93%，年均增加2.25个百分点。成都市人口总数居全国各大城市第四位，排副省级城市首位。

劳动年龄人口快速增长。2010年，成都市劳动年龄人口（15～64岁人口）为1114.64万，与2000年的850.15万相比，增长31.1%，年均增幅为3.06%。成都市劳动年龄人口占比与全国相比高出4.5个百分点，比四川省高出了7.3个百分点，现有劳动力资源较为充裕。

外来劳动年龄人口是全市劳动年龄人口较快增长的重要因素。近年来，成都市的人口增长以迁移增长为主，且迁移性人口增长占人口增长总数的比重逐年增加。2010年，成都外来劳动年龄人口为268.11万，占全市劳动年龄人口的24.05%。与2000年相比，外来劳动年龄人口增长了1.4倍，年均增长9.14%。

二　成都市承接产业转移的优势

成都市承接产业转移有四方面优势。

（一）低成本优势

与东部发达地区相比，成都及其周边地区具有丰富而价格低廉的自然资源、土地资源、能源、劳动力等生产要素，有利于企业降低生产成本和商务成本。从劳动力价格来看，成都劳动力人均工资只是上海、浙江和广东的2/3左右。这种优势无疑是东部地区劳动密集型产业转移的最大吸引力。

（二）交通运输优势

成都位于四川盆地西部的岷江中游地段，是西南地区最大的铁路枢纽之一，成渝、宝成、成昆、达成四大铁路主干线交汇于此；是全国45个公路主枢纽城市之一，也是四川省高速公路网的重要支撑点，率先在西部地区实现了市域范围内公路“三通”；双流国际机场是中国规划建设的全国区域性枢纽机场之一，是中国西部最大的机场。另外，成都也正在按照“一网两平台”（物流网络、信息平台、交通运输平台）、“三园区四中心”（三个物流园区、四个物流中心）和物流服务结点的现代物流发展框架，全力推进物流基础设施和货运站场建设。四通八达的交通运输不仅提供了畅通的货运和信息通道，还为进入西部地区市场提供了较好的硬件基础。

另外，成都是国务院规划建设的九大区域物流中心城市和全国 21 个物流节点城市，是中国西部最大的区域物流中心，正在建设四大物流园区和四大物流中心。

（三）政策优势

2008 年 1 月 1 日开始，中国统一了内外资企业的所得税税率，税率从 33% 统一为 25%。在全国的所得税优惠政策基本取消的情况下，中央仍然对西部实施所得税优惠政策，自 2011 年 1 月 1 日至 2020 年 12 月 31 日，对设在西部地区的鼓励类产业企业减按 15% 的税率征收企业所得税；西部地区内资鼓励类产业、外商投资鼓励类产业及优势产业的项目在投资总额内进口的自用设备，在政策规定范围内免征关税。为加大对新一轮西部大开发政策的支持力度，国家发展和改革委员会等部门按照中央的要求，正在加快编制并即将出台《西部地区鼓励类产业目录》，以促进西部特色优势产业发展。

结合国家出台的西部大开发政策，四川省、成都市正在构建从国家级到省级、市级、县级的优惠政策体系。这一政策体系将由省、市、县各级政府和部门在物流运输、人才引进、生产要素保障等方面分别制定一系列更具吸引力和针对性的具体政策和实施细则，以支持天府新区建设。

（四）人才优势

成都是中国重要的教育、科研中心和西部重要的人才集散地。每年不仅培养出大批高层次科研人员，而且还吸引了大量海外留学人员和市外大学毕业生前来工作，并保持了较高的人才稳定性。

在人力资源总量方面，成都是中国西部人才和科技的重要基地，各类人才总量约 230 万人，其中专业人才达 155 万人，列全国大中城市第四、西部地区第一。

在人才培养方面，成都是中国教育改革最具活力的城市之一，城市教育竞争力排名列中西部第一，现有四川大学、电子科技大学、西南交通大学、西南财经大学等50多所高等院校，在校学生超过60万人；有门类齐全的中等职业院校100余所，在校学生超过28万人；每年可为企业提供15万左右大学毕业生和10万余专业技术工人；有高校毕业生就业见习基地180个。

在人才公共服务方面，成都共有政府所属人才公共服务机构21家，其中中国成都人才市场为国家级区域性人才市场；有民营人才（人力资源）中介服务机构152家。各类人才（人力资源）中介服务机构在人才交流、人才咨询、人才推荐、人才培训、人才派遣、人事外包等业务领域不断拓展，市场服务功能进一步提升。

在人才创新创业平台方面，成都已拥有国家级重点实验室、工程技术研究中心、企业技术中心等研发平台36个，拥有软件开发、集成电路设计、新能源装备等国家级科技产业基地（园区）21个，国家级大学科技园3个，国家级企业孵化器9家。

可见，成都不仅为产业结构升级储备了一定的人力资本，而且具备了承接技术、知识密集型产业的良好基础。

三　成都市产业转型升级的主要做法

（一）成都市产业结构演变的三个阶段

1949年以来，成都市产业空间布局的主体、主导产业部门等发生了重大变化，产业结构演变历程可以划分为以下三个阶段。

第一阶段是重工业发展与集中布局阶段（1949年至20世纪80年代初期），这一时期城市产业空间布局的主体是中央政府，从1953年起，国家陆续在成都东郊投资建设了大批电子、能源、交通、建材、化工、机械工业企业和相应的科研、教学、物资供应单位，先后修建了成都机车车辆厂、成都热电厂、四川化工厂等一批重大项目。

第二阶段是集中与分散布局相结合阶段（20 世纪 80 年代中期至 21 世纪初），这一阶段成都市进行了旧城改造与更新，带动了中心商务区雏形形成。政府为了引导产业集聚形成以获得更大的规模经济效益，在郊区新建了开发区，引导工业向郊区迁移，使工业呈现出多点分布、快速发展的格局。

第三阶段是承接产业转移与产业升级阶段。引进了一大批产业带动作用大、附加值高、核心竞争力强的重大项目。2008～2011 年，全市外商投资实际到位分别为 22.5 亿美元、28 亿美元、48.1 亿美元和 65.5 亿美元，年均增长 42.8%；实际到位内资分别为 1070 亿元、1448 亿元、1932.3 亿元和 2565.2 亿元，年均增长 33.8%。

（二）承接产业转移的主要做法

1. 围绕重点产业招大引强

成都市坚持把承接产业转移与重点产业发展紧密结合，突出龙头企业、重大项目、关键技术和龙头产品，以重大项目、关键技术的引进突破、壮大优势产业，培育战略性新兴产业，促进重大产业迅速崛起。

引进英特尔、德州仪器、富士康、联想、戴尔等一大批世界顶级企业，迅速成长为“千亿产业集群”，正加快成为全球集成电路、软件、光电显示和电脑制造等的重要基地。2012 年，成都电子信息产业全年实现增加值 582.7 亿元，增长 33.3%。

引进丰田、大众、吉利沃尔沃等知名整车制造企业及一大批关键配套企业，汽车制造产业迅速崛起，成为全国重要的汽车制造基地。2012 年，成都汽车产业实现增加值 295.9 亿元，增长 42%。

目前，落户成都的世界 500 强企业达 229 家，其中，境外世界 500 强企业 173 家。

2. 围绕产业链招商

一是配全产业链招商。成都经济技术开发区在大力引进整车制造项目基础上，瞄准产业链缺失环节，加强关键核心配套企业招商，目前已集聚了 15 个汽车整车整机项目、181 个汽车主机及关键零部件项目、12 个新能源汽车项目和 8 个汽车研发检测机构项目，基本形成集汽车研发、制造、贸易、博览、娱乐于一体的完整产业链。

二是配强产业链招商。成都双流县针对四川多晶硅生产研发生产能力较强，但光电光伏产品制造能力薄弱的实际，大力引进天威新能源、汉能光伏等光电光伏重大项目，做强新能源产业集群，产业规模从无到有，跃居西部第一，成为国家级新能源产业基地。

三是配套产业链招商。加快引进总部经济、金融、电子商务、现代物流、服务外包等高端生产性服务重大项目，为现代产业发展提供有力支撑。先后引进马士基、思科、摩根大通、联邦快递等一批现代服务业知名企业，并促进国内前十大航空物流企业全部在成都设立西部地区物流总部，为落户成都的企业提供优质配套服务。

3. 大力实施集群承接

成都抓住笔记本电脑产业整体西进、重新布局的重要机遇，集中引进戴尔、联想两大品牌商，仁宝、纬创两大代工商重大项目，并按照“品牌商—代工商—配套商”的供应链垂直整合模式，整体承接全产业链组团转移。目前，成都相关重点承接市县和园区累计签约配套企业近150家，投资总额400多亿元。

（三）成都市承接产业转移中的就业政策

为了较好地承接产业转移和转型升级，发挥积极的就业政策对产业结构调整的促进作用，进一步优化成都市的投资环境，成都市出台了一系列地方承接产业转型、转移中的就业扶持政策。

1. 直接的就业补贴类扶持政策

成都市人民政府办公厅在2010年下发了《关于落实促进我市产业结构调整升级有关就业扶持政策的通知》（成办函〔2010〕146号），明确指出在成都市产业结构调整升级中，对一次性投资10亿美元以上，并安排1万人以上就业的重大项目，给予职业培训补贴扶持。此外，2011年下发的成办函〔2011〕37号文件，又专门出台了对重点产业企业的相关就业扶持政策，对重点企业发放定向就业补贴、职业介绍补贴和职业培训补贴。

2. 对职业培训建设的扶持政策

为进一步发挥培训促就业的积极作用，巩固城乡比较充分就业成果，满足各类城乡劳动者不同层次培训和全市产业发展需求，2009 年，成都市出台了改进职业技能培训、增强培训实效、提升城乡劳动者就业层次的相关意见。[①] 根据市场需求变化，成都市还将适时调整并发布新的政府补贴培训目录。对就业市场急需而未列入培训目录的专业，可参照已列入培训目录的相近专业的标准执行。

四　成都承接产业转移对提高质量就业的影响

（一）承接产业转移为成都创造了大量的就业机会

近年来，成都承接产业转移和产业升级为本地区创造了众多的就业岗位，10 多年来的就业形势持续良好。表 1 显示了成都的就业整体情况。

表 1　成都市就业统计指标

单位：万人，%

年份	就业总量	本市农民工转移就业	城镇登记失业率
2001	544.79	—	3.4
2002	526.26	—	3.9
2003	569.89	—	3.7
2004	603.97	82.71	3.1
2005	619.04	97.97	3.05
2006	640.14	110.98	2.7
2007	687.13	141.9	2.8
2008	704.49	151.55	3.1
2009	729.52	156.2	3.0
2010	752.78	165.41	2.53
2011	768.87	174.94	2.97

① 参见《成都市人民政府办公厅转发市劳动保障局等部门关于改进职业技能培训增强培训实效提升城乡劳动者就业层次意见的通知》（成办发〔2009〕34 号），2009 年 6 月 23 日。

从表1可以看出，成都的就业总量持续增加，从2001年的544.79万人增加到2011年的768.87万人，增加了224.08万人，增幅达41.13%。本市农民工转移就业从2004年的82.71万人增加到2011年的174.94万人，增加了92.23万人，增幅达111.51%。城镇登记失业率长期保持在4%以下，近两年则低于3%。

2012年，成都人力资源市场持续保持需求大于供给的态势。成都人力资源市场全年累计为26240家次用人单位和83.8万人次求职人员提供了供需衔接服务。相比于2011年，2012年用人单位减少了2294家次，降幅为8.0%；求职人员减少了5.5万人次，降幅为6.2%；提供岗位90.2万个次，增加了7.8万个次，增幅为9.5%。求人倍率由上年的0.92增长为1.08，就业形势总体较为平稳。其中，2012年前三季度的求人倍率分别为1.05、1.07、1.04。

2009年、2010年、2011年三年，每年新增就业人员分别为25.03万人、23.26万人、16.09万人。而成都引入富士康，仅富士康成都厂区就容纳就业人员18万人。

此外，成都市农民工返乡就近就业和创业数量增加，外出务工量呈逐年减少势头。随着成都市地方经济发展提速，就业机会也明显增加，收入水平不断提高，外出务工的机会成本越来越高。如果扣除相对较低的生活成本，实际收入与在沿海地区打工相差并不大。另外，政府出台了一系列如“回引工程”等鼓励扶持政策，很多四川藉农民工返乡后便选择了在家乡就近就业和创业。成都市承接产业转移，也为返乡就业和创业提供了良好的平台和机遇。

（二）成都市承接产业转移使就业结构不断优化

近10年来，产业结构和就业结构不断优化，第二、第三产业吸纳就业数量有所上升，如表2所示。随着成都市地区生产总值的上升，第一产业产值逐渐降低，第二、第三产业的产值逐渐上升。第一产业产值比由2000年的10.1%下降到2010年的5.1%，下降幅度为49.5%；第二产业的产值比从2000年的36.5%上升到2010年的44.7%，增幅为22.47%；第三产业的产值比一直保持在49%～55%。

表 2　成都市三次产业产值比与就业比比较

单位：%

年份	第一产业		第二产业		第三产业	
	产值比	就业比	产值比	就业比	产值比	就业比
2000	10.1	44.9	36.5	26.5	53.4	28.6
2001	9.0	41.9	37.1	25.7	53.9	32.4
2002	8.4	39.6	37.5	27.1	54.0	33.3
2003	8.0	37.2	38.3	28.1	53.7	34.7
2004	8.3	34.9	39.7	29.9	52.0	35.2
2005	7.5	32.3	41.4	30.8	51.1	36.9
2006	7.0	29.5	42.3	30.7	50.7	39.8
2007	7.0	26.1	42.9	30.6	50.1	43.3
2008	6.6	24.6	44.0	30.5	49.4	44.9
2009	5.9	22.3	44.5	31.9	49.6	45.8
2010	5.1	20.3	44.7	33.2	50.2	46.5

过去10年间，成都市第一产业就业人口所占比重从2000年的44.9%下降到了2010年的20.3%，第二产业则从2000年的26.5%上升到2010年的33.2%，第三产业从2000年的28.6%上升到2010年的46.5%。第二、第三产业对就业拉动的能力日益增强。调查数据显示，成都市第一产业的平均就业弹性系数为-1.0408，反映出成都市第一产业经济增长，但存在就业减少的“挤出”效应，农村劳动力持续转移；第二产业为0.3024，保持一定的就业增长潜力；第三产业为0.6173，是第二产业的两倍多，其经济增长对就业的拉动作用很大，尚有很大吸纳就业的潜力。①

从表2可以看到，成都市作为一个休闲消费型城市，没有太多重工业和农业，第三产业在三次产业中占有绝对优势。近10年来，随着承接产业转移，成都市第二产业呈逐年增长的情况，第三产业产值比重有所缩减。在就业结构上却反映出第三产业用工比重更大，且增长明显的情况。同时，可以看到，随着产业转型升级，大量的农村劳动力从第一产业中被解放出来，转到第二产业和第三产业。近10年的数据显示，第二、第三产业就业弹性系数呈起伏式上

① 根据2012年12月在成都市就业局调研中所提供数据整理。

升趋势，第一产业就业弹性系数总体下降，第三产业的就业弹性系数明显高于第一、第二产业。这反映了随着承接产业转型升级和成都市城乡统筹发展，就业形势正在由以传统的农村劳动就业和劳动密集型企业就业为主逐步向技术密集型企业就业为主转变，产业结构的深入调整正在有力地促进就业结构的不断优化。

虽然近年来，成都产业转型升级大大调整了当地的就业机构，但目前就业结构性矛盾仍然存在。从2010年第二季度人力资源市场职业供求状况分析来看，目前，成都市劳动力市场总体呈现供需两旺的态势，用人单位通过人力资源市场向社会提供各类岗位约19.9万个，进入市场的求职者约20.5万人，岗位空缺与求职人数的比率约为0.98，用人单位对求职者技术等级有明确要求的占总需求人数58.8%以上，岗位空缺与求职人数的比率相对较高的技术等级是中级以上，而具备某种技术等级的求职者仅占求职人数的54.1%，其中，具备中级以上技能的仅占11%弱。就业岗位技能要求与劳动者技能结构不匹配现象、部分企业招工难、部分求职者就业难的结构性矛盾突出。

通过上述的分析可以看出，成都承接产业转移为当地经济社会发展和劳动就业带来了积极影响。通过产业转移，成都优化了生产力空间布局，形成了合理产业分工体系，同时，推进了产业承接地的产业结构调整。积极承接国内外产业转移，不仅有利于加快中西部地区新型工业化和城镇化进程，促进区域协调发展，而且有利于推动东部沿海地区经济转型升级，在全国范围内优化产业分工格局。

（三）承接产业转移增加了职业培训能力，提高了就业质量

成都在承接产业转移过程中，重视职业技能培训的发展。2004年，结合城乡统筹建设，积极开展农村劳动力转移的培训；2008年，为了配合相关产业转移和转型升级的需要，积极开展重点就业人群在岗培训，通过职业培训提升劳动者适应职业变化的能力。

1. 职业培训能力不断加强，软件、硬件大大提升

近10年，成都市职业技能培训体系发展迅速，培训机构数量增长明显，从2001年的18个机构增长到2011年的258个机构，增长13.3倍。其中，从

2004 年开始，成都市允许民办培训机构参与公共就业培训服务。培训师资力量也随之大大增强，从 2001 年的 210 名教师增长到 2011 年的 7520 名，增幅更是近 35 倍之多。

2. 受培训范围不断扩大，培训人数递增

成都市在结合经济发展方式转变和产业结构调整优化的需要，进一步健全职业培训制度的同时，加大培训投入，大规模地开展就业技能培训、在岗技能培训、失业人员培训等，使劳动者尤其是低端弱势劳动人群有机会掌握新知识、新技能，不断提高就业素质。

近 10 年，成都市职业培训人数从 2001 年的 3. 63 万人上升到 2011 年的 17. 85 万人，上升幅度达到 3. 9 倍。培训的对象也从最早的仅培训城镇失业人员，扩展到现在的多群体，尤其是对农民工的培训还细分为农民工在岗培训和农劳转移培训。其中，2008 年是成都承接产业转移初期，为满足产业转移突增的劳动力需求，政府加大投入，进行农民工培训，并开始对已经在岗的农民工进行培训，全年培训总人数高达 31. 65 万人，同时，政府增设农劳培训专项资金给予补贴。

3. 培训内容不断更新，适应产业转型升级

成都市承接产业转型以来，企业对招收劳动者的专业要求与其他地方略有不同，以 2011 年为例，成都市求职人数排名前三的专业为机械、计算机和管理，分别超过了求职者总数的 10%，三者合计占 36. 9%。从求职意向看，市场营销、行政管理、建筑装饰类岗位仍为热门应聘岗位，位居前三者占求职者总数的 44. 1%。

为了满足产业转型带来的技术更新，让劳动者的知识、技能满足转型后产业的发展，成都市职业技能培训内容不断变化。在 2004 年以前，培训内容以计算机操作、厨师、服务员等第三产业为主；随后由于产业转移，沿海一些生产性产业转入成都，从 2005 年开始，培训内容增加了二产的相关常用项目；此后，到 2009 年成都产业再次转型升级，培训内容从常用的相关初级项目上升到中高级培训项目，2010 年，考虑到农村产权制度改革的影响，培训又增加了第一产业就业的相关项目培训。可以说，成都的职业技能培训紧密地围绕了本地经济发展方式的转变和技术更新的需求。

此外，调研访谈发现，目前成都市安排了10亿元资金，投到高级技师院校的建设中，力图打造成都市本土高级技师培训体系，将兴建11个技师学院，远郊的8个区县和近郊的2个区都有一个技师学院。建设的最终目的是希望当地的学生就地培训，然后送到企业，这些培训的项目主要是第二产业的项目。

（四）承接产业转移中行业间劳动者工资水平增长差距明显

随着成都市承接产业转移的深化，经济发展进一步提升了成都就业人员的整体工资水平。近几年，成都城镇在岗职工工资基本以12%左右的水平稳步上升。以最新的2011年和2012年数据比较，成都市就业人员平均工资增速从3.5%到37.4%不等，行业间的工资增速变化幅度很大。增速最大的是交通运输、仓储和邮政业，为37.4%。此外，大部分第三产业的服务行业工资增长水平在10%以上。但是从实际工资金额来看，年平均工资最高的三个行业分别是金融业（86767元），科学研究、技术服务业（67827元），卫生和社会工作（64160元）；最低的三个行业分别是居民服务、修理和其他服务业（22773元），采矿业（23654元），住宿和餐饮业（25324元）。最高与最低行业平均工资之比是3.8∶1。由此推断，尽管服务行业和劳动密集型的制造业工资增长水平较高，但工资绝对值仍然处于非常低的水平。同时，工资水平所具备的竞争力越来越小，对劳动者的吸引力将下降，这不利于人才的集聚，不利于承接转移进一步发展对人才的需求，值得地方政府和企业注意。

五　结论和建议

从现阶段看，在成都承接产业转移升级过程中，就业与产业转移升级已形成一个良性互动的状态。一方面，成都承接产业转移升级，增加了当地就业机会，改善了就业结构；另一方面，新技术的引入，提升了劳动者就业素质，为进一步的产业转移升级奠定了良好的人力资源基础。

针对成都市就业现状，笔者建议，下一步政府要强力推进更加积极的就业政策。在规划产业、财税、金融、贸易、户籍管理等方面，本着就业优先原则，结合成都市现行就业扶持政策，形成促进就业的综合性政策体系。在落实成都市“十二五”发展规划过程中，结合当地传统主导产业改造升级和转移产业在本土培育壮大，提前研究探索新的就业增长点；财政支出逐步向结构性减税和民生倾斜，就业专项资金的安排应与财政收入同步，增幅不低于经济发展增幅。针对承接产业转移中出现的本土产业淘汰升级所造成的失业情况，继续发挥失业保险基金促进与稳定就业的职能。进一步加强职业技能培训，实行按户籍人口分配就业培训资金、大力推动创业带动就业等措施。通过多维度的政策措施，积极应对承接产业转移升级给成都市就业市场带来的机遇和挑战。

Industrial Transfer and Upgrade Promote Higher-quality Employment in China: The Case of Chengdu

Mo Rong　Zhou Xiao

Abstract: In the beginning of the 21st century, some industries in coastal regions in East China began to transfer to hinterland part of the country. Chengdu, as a major city in West China receiving the industrial transfer, is also seeing the great change in employment situation when securing its development and transforming economic structure. The thesis, by using historical data, making surveys and interviews, citing cases of enterprises, studies the current situation and advantages of Chengdu in receiving industrial transfer, and the industrial structure, employment volume, vocational training and salary growth in Chengdu over the past decade. It analyzes the impact on industrial transfer and upgrading on employment quality in the city. The research points out that, in the process of receiving industrial transfer, the employment volume in Chengdu has been increased considerably, employment structure has been optimized, the performance of workers and employees has been evidently improved and the salary growth of the transferred industries has been accelerated.

Key Words: Industrial Transfer and Upgrading; Employment; Chengdu

B.20

我国就业质量状况研究：基于问卷数据的分析

赖德胜　石丹淅*

摘　要：

基于全国14个省份就业质量专项调查数据，采用欧洲基金会就业质量评价指标体系，本文对我国就业质量状况进行了考察。研究表明，当前我国就业质量呈现出明显的区域特征，即东部优于西部，西部略好于中部，但就业质量的整体水平不高。转变经济发展方式，深化市场化改革，建立高效一体的劳动力市场，提高居民收入在GDP中的比重，提高劳动报酬在初次分配中的比重等，有助于新时期以较低成本和较快速度实现高质量就业。

关键词：

就业质量　市场化改革　劳动报酬

改革开放至今，我国经济实现了30余载的高速增长，经济总量跃居世界第二，创造了大国发展中的“中国奇迹”。然而，30多年来，高投资、高出口、低工资的经济发展方式也存在严重缺陷，如劳动收入份额偏低、就业压力大、内需不足、经济可持续发展动力匮乏等。鉴于此，十八大报告提出，“要实施就业优先战略和更加积极的就业政策，推动实现更高质量的就业”。

---

* 赖德胜，北京师范大学经济与工商管理学院院长，教授；石丹淅，北京师范大学经济与工商管理学院博士生。

一　文献回顾

关于就业质量的探究，自 19 世纪末期开始，逐步形成了就业质量的微观、中观和宏观三层释义。微观方面，就业质量的内涵体现为就业者的工作效率、就业者与职位的匹配、薪酬激励等方面（Mayo，1993；Yoakam，1943）。中观方面，就业质量则主要涵盖劳动力市场的运行状况、资源配置效率等，包括劳动力供求状况和公共就业服务质量（Schultz，1961）。宏观方面，就业质量最早来源于 1995 年国际劳工组织提出的核心劳工标准，之后，该组织在 1999 年提出了“体面劳动”（decent work）的概念，将其定义为“在自由平等、安全和尊严的条件下的生产性工作”，其中，特别强调了权利被保护、足够的报酬、社会保障被提供和三方对话等因素。

在就业质量指标构建的研究中，不同的国际组织和学者从多种角度对其进行了考察，提出了体面劳动、工作质量、就业质量等指标体系。权利、就业、社会保障以及社会对话是体面工作的主要战略目标，故多数研究者也主要从上述几个角度构建就业质量评价指标体系。

一些国际组织和国家对就业质量指标构建也进行了系统研究，以欧盟（European Union）、欧洲基金会（European Foundation）、联合国欧洲经济委员会（United Nations Economic Commission for Europe）、加拿大、新西兰和美国的相关研究最具代表性（见表 1）。

表 1　代表性组织和国家的就业质量指标研究

组织和国家	维度指标
欧　盟	与就业相联系的客观特征，包括工作本身的具体特征和工作场所的具体特征；就业岗位上的人的特点；就业岗位上人和工作的匹配；就业者对上述特征的主观评价（工作满意度）
欧洲基金会	职业和就业安全；技能发展；健康和福利；工作和非工作生活的和谐度
联合国欧洲经济委员会	劳动安全与规范；劳动报酬；工作时间及工作与生活平衡度；工作稳定性与社会保护；社会对话；技能培训与发展；员工关系及工作动机

续表

组织和国家	维度指标
加拿大	沟通机会和员工意见的影响力;工作中计算机的使用;工作报酬;工作稳定感;工作设计;工作环境;工作时间;工作关系;工作需求;工作与生活之间的平衡;薪水;技能培训;工会指标;国际比照;性别与工作质量;不同地区工作生活平衡程度的比较
新西兰	工作外在特征;工作内在特征;其他特征;更宽泛的劳动力市场内容
美　国	工作收入;工作稳定性;工作满意度

在国内关于就业质量的相关文献中，对就业质量定义的研究，大多是通过对就业质量涵盖的内容进行阐述，进而给出就业质量的定义。譬如，从早期的计划经济体制下就业质量所具有的特征出发，杨宜勇（1997）重点研究了失业冲击问题，结果显示，在计划经济体制下，行政级别、政治面貌和工龄等因素会影响就业质量，而教育水平不会对就业质量产生显著影响；但在市场经济体制下，教育水平是就业质量的重要影响因素。

在就业质量指标构建的研究中，杨河清（2007）从工作条件、劳动关系和社会保障三个方面，构建了一个由 3 个一级指标和 12 个二级指标组成的就业质量评价指标体系。李军锋（2003）认为，就业质量是反映就业机会的可能性、工作稳定性、工作场所的尊严和安全、机会平等、收入、个人发展等有关方面满意程度的综合概念。刘素华（2005）指出，就业质量的主要内容应包括工作的性质（如工作时间、劳动报酬、工作稳定性、职工培训等）、工作环境、社会保障、劳动关系等基本因素。赖德胜等（2011）建立了一个包括 6 个维度指标、20 个二级指标和 50 个三级指标的就业质量评价指标体系，使用公开出版的官方统计年鉴数据，采用主成分分析法，对我国内地各地区 2007 年和 2008 年就业质量状况进行了系统的实证研究，认为除少数经济发达省份外，全国就业质量的总体水平不高，大部分省份的就业质量指数较低。

从国内外现有文献看，可以得出如下结论：第一，国外关于就业质量的研究历史较长，研究的内容深入、系统，包含了就业质量释义、就业质量评价指标体系构建、就业质量测算及与宏观经济的联动机制探究等。第二，国内关于就业质量的研究相对来说起步较晚，但发展比较迅速，对就业质量内涵、不同就业群体的就业质量指标体系探究的成果日益增多。在国内的就业质量研究中，存在以下几点不足。首先，在评价指标方面，已有研究使用的就业质量评价指标多具有松散性和主观性，缺乏同时囊括就业环境、就业状况（就业机会、就业结构、就业效率、就业稳定性）、劳动者报酬、社会保护和劳动关系等方面的评价指标体系；其次，在数据方面，使用宏观数据（如各类年鉴数据）分析就业质量的研究相对较多，而基于微观数据的研究缺乏，尤其是全国范围内的大样本问卷调查数据则几乎没有；最后，在研究内容方面，针对特殊就业群体的就业质量问题研究不断涌现，但缺乏对全国范围内整体就业质量状况的关注，如区域、行业、职业等。

二　指标与数据介绍

为科学地判断出当前我国的就业质量状况，本文采用欧洲基金会四维度的就业质量评价指标体系（见图 1），力图揭示我国就业质量的共性与特性。选择该指标体系的主要原因有二：一是此指标体系相对较为全面，包括了就业环境、就业能力、就业状况、劳动者报酬、社会保护和劳动关系等方面内容，能较全面系统地反映就业质量状况；二是坚持数据可得性原则，本研究的调查问卷是基于该指标体系的思想设计而成，并在全国范围内进行了较大样本量的问卷调查，为采用该方法展开实证研究提供了较好的数据支撑。

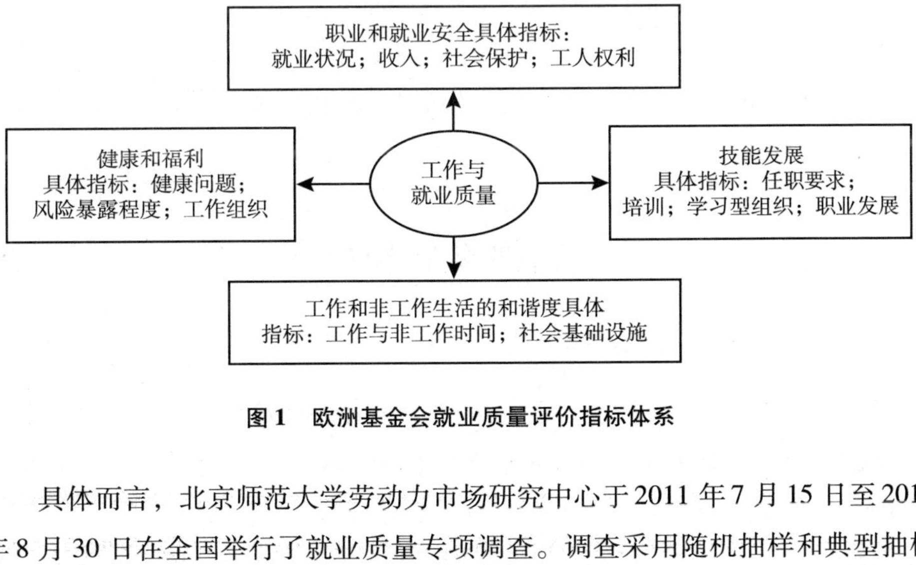

图 1　欧洲基金会就业质量评价指标体系

具体而言，北京师范大学劳动力市场研究中心于 2011 年 7 月 15 日至 2011 年 8 月 30 日在全国举行了就业质量专项调查。调查采用随机抽样和典型抽样相结合的方法，首先，从东部、中部、西部地区分别随机抽样，具体结果如下：东部的北京、山东、辽宁、福建、广东，中部的河南、安徽、湖北、江西、吉林，西部的陕西、内蒙古、新疆、贵州；其次，在样本省份内选取具有一定代表性的地区和行业展开调查，调查对象主要通过在企业中随机抽样的方法确定，最终采用调查员当面访谈的形式完成问卷。调查共发放问卷3000份，收回有效问卷2779份，有效回收率为92.6%。数据的基本情况为：男性占50.59%，女性占49.41%；汉族占91.00%，少数民族占9.00%；党员占27.13%，非党员占72.87%；已婚样本占63.84%，未婚、离婚及其他占36.16%；非农业户口占68.37%，农业户口占31.63%。在受教育程度方面，研究生、本科、大专、中专、高中（包括职高和中技）、初中、小学及以下依次占3.67%、28.72%、22.78%、8.85%、17.16%、15.33%和3.49%。在就业状况方面，单位全职就业比例为74.24%，自谋职业比例为22.67%，兼职比例为3.09%。在所有制分布方面，国有部门（国家机关、事业单位和国有企业）样本占比67.79%，非国有部门则为32.21%。在行业方面，来自垄断行业（包括金融、房地产、科研实验、地质勘查、石油天然气开采加工供应、交通运输、邮政、电信、新闻出版、广播影视业、社保福利业等）样本占49.84%，非垄断行业占50.16%。在职业方面，属于蓝领者占35.84%，白领者（包括国家机关、党群组织、企业、事业单位负责人、专业技术人员）占64.16%。在用人单位规模方面，企业职工数量在20人及以下的占23.50%，21~100人和101~500人的分别占36.31%和25.66%，501人及以上的占14.54%。

三　就业质量的实证结果

（一）职业和就业安全

作为就业质量评价的维度之一，职业和就业安全维度主要是借助就业状况、收入、社会保护和工人权利4个指标来反映的。具体而言，在就业状况指标方面，我们用失业天数、就业分布（包括就业地域、职业、行业、所有制、劳动合同类型）、工作稳定性（用换工作频数作为代理变量）表示；在收入方面，用全年总收入均值反映；在社会保护方面，用是否有工会、工会在维权方面的作用、是否是工资集体协商制表示；在工人权利方面，通过“您参与改善工作环境、条件、待遇等问题讨论的机会”问项来反映。问卷数据显示，在全部有效样本中，在就业状况方面，累计失业天数的均值是21.59天，近3年中，换过工作的样本占比为79.7%，更换工作的均值为1.9个，就业地域为东、中、西部的分别占35.8%、32.75%和31.45%。在劳动合同类型中，签订有固定期限的正规合同的占54.16%，签订非固定期限合同的占18.03%，签订不正规劳动合同的占3.71%，无劳动合同的占比24.11%。在收入方面，全年总收入和期望收入的均值分别为32169.74元和72816.12元，东部地区的全年总收入均值为41504.5元，中部和西部分别为34687.66元和39216.66元，东部高于西部和中部。在社会保护方面，当前单位有工会组织的占55.42%，59.85%的样本表示在有工会的单位中，工会有定期的工会会议或活动。在维护权益方面，仅有19.97%的样本认为工会“有很重要的作用”，43.58%的样本表示“有一定的作用”，认为“作用不大”和“可有可无”的分别占23.88%和12.57%，这说明当前我国工会覆盖率虽相对较高，但工会作为工人的利益代表方，其维权的实效有待提高。在工人权利方面，仅24.87%的样本表示当前工作单位是工资集体协商制，39.07%的样本认为“没机会”参与改善工作环境、条件、待遇等问题的讨论，而选择“经常”“定期”“偶尔”的分别占10.21%、12.17%和38.55%。

（二）健康和福利

健康状况的优劣会影响个体实际效用的高低，它亦会成为影响就业供给行为决策的重要因素。欧洲基金会通过健康问题、风险暴露程度和工作组织3个指标来反映健康和福利状况。结合问卷数据，我们具体用“当前所从事工作对身体健康的影响程度”“当前所从事工作的危险（安全）程度”“您当前的工作单位为职工缴纳保险（即‘五险一金’）吗”来分别表示上述3个指标的现实状况。在健康问题方面，3.75%的样本表示当前所从事的工作对身体健康有很大影响，35.76%的样本认为“有一定危害”，而选择“没有危害”的样本占比为60.48%，说明当前整体上人们在选择工作时注重工作对身体健康的影响。但是，同时发现，近四成的劳动者正处于对身体健康有影响的工作中，意味着健康问题依旧比较突出。在风险暴露程度方面，由于缺乏施工用电、消防、噪音、机械安全等方面的具体数据，我们借助工人自身评估方式大致地判断这方面状况，在问项“当前所从事工作的危险（安全）程度”中，认为“很危险”“有一定危险”和“不危险”的分别占3.51%、27.98%和68.51%，表明就业者在风险暴露方面的情况不容忽视，因为当前1/3的就业个体正在从事存有一定或较大安全隐患的工作。在保险方面，当前就业群体享有医疗保险、养老保险和失业保险的比例较高，占比依次为68.6%、59.1%和46.07%；享有工伤保险、生育保险的比例较低，分别为30.77%和23.31%；没有享有“五险一金”的比例平均数为54.61%，若包括企业年金，则为68.46%。考虑区域因素后我们得出，东部、中部和西部没有享有“五险一金”的比例平均数依次为50.77%、58.88%和53.50%，若包括企业年金，比例平均数分别上升至65.81%、69.87%和65.92%，可见，福利状况明显具有区域特点，东部优于西部，西部优于中部，但是，从全国范围看，福利水平整体上不高（见表2）。

表2　没有享有“五险一金”和企业年金的比例状况

单位：%

指标	区域	医疗保险	养老保险	失业保险	工伤保险	生育保险	住房公积金	企业年金	平均数	平均数(含企业年金)
没有享有保险的比例	东部	31.45	39.54	50.02	63.89	62.23	57.51	80.85	50.77	65.81
	中部	31.72	57.03	60.69	78.58	74.07	51.16	80.86	58.88	69.87
	西部	30.90	40.00	54.7	69.16	66.7	59.51	76.95	53.50	65.92
	全部	31.4	40.9	53.93	69.23	76.69	55.49	82.30	54.61	68.46

（三）技能发展

技能发展是就业质量的重要内容。在此维度中，具体借助任职要求、培训、学习型组织和职业发展4个指标来考察就业质量。结合数据情况，我们用“您的技能等级是什么”和“您认为当前工作需求与个人能力的匹配度如何”两项数据结果来间接反映任职要求。在全部样本中，高级技师和技师分别占3.19%和3.89%，高级工、中级工、初级工占比依次为6.08%、15.20%和

12.05%，无等级的则为59.62%。在匹配度方面，高度匹配、较好匹配和基本匹配的比例依次为10.03%、35.03%，39.78%，认为工作需求高于个人能力和个人能力高于工作需求的占比分别为3.69%和11.47%，整体上看，尽管当前劳动者认为个人能力与工作需求匹配度较高（为84.84%），但是近3/4的劳动者为初级工或无技术等级，这些说明我国当前的人与岗匹配依旧处在较低层次阶段，多数劳动力正从事着技能资格要求较低或无要求的工作，这种局面将进一步影响劳动者对自身的技能投资。在培训方面，接受培训时间的均值为15.14天，工作中的定期培训频率，东部高于西部，西部高于中部（见表3），值得补充的是，东、中、西部对培训的有用性认可比较高，认为有用的平均比例为87.45%，说明随着经济的快速发展和技能的不断更新，当前绝大多数劳动者已经意识到技能在工作竞争中的重要性。但不容忽视的是，当前我国劳动者个人接受培训的周期显著偏短，这会在一定程度上影响培训的实效。在职业发展方面，63.70%的样本认为当前的工作有助于自身职业发展，21.05%的人认为当前工作与职业发展没关系，15.25%的人还没有职业发展规划；在“当前你所从事工作对个人技能提升的作用”问项中，认为“有很大作用”的占26.39%，认为“有一定作用”和“没有作用”的分别占58.59%和15.02%，这意味着帮助就业个体建立职业发展规划，提升当前工作与个人技能的互动与衔接，仍需要进一步加强。

表3　东、中、西部地区培训状况

单位：%

经常参加培训	东部	70.08	培训有用性	东部	86.91
	中部	66.88		中部	87.07
	西部	68.31		西部	88.37

（四）工作和非工作生活的和谐度

在既定时间中，除正常吃、睡等所需时间之外，为工作而付出的时间越多，则意味着非工作时间越少。为进一步考察工作和非工作生活的和谐状况，我们用工作与非工作时间指标来反映。在工作与非工作时间方面，具体用工作时间、加班时间与频率、上下班耗用时间等来表示。数据显示，工作时间的均值为8.47小时，每天上下班耗用时间的均值为1.88小时。在业余时间加班工作情况方面，“经常”和“有时候”在中午加班的共计占65.62%，在晚上加班的为70.40%，此外，在当前工作中，每周工作时间均值为51.36小时，超过我国《劳动法》规定的最长周工作时间44小时。以维护身体自然规律的8小时计算，当前劳动者的非工作时间为5.65小时，明显偏低。而另一项关于工作与生活情况的问项调查结果，更进一步证实了我国当前劳动者工作和非工作生活的和谐度较低（见表4）。

表4 工作中发生如下情况的频率

单位：%

地区	东部			中部			西部		
指标	经常	有时	从不	经常	有时	从不	经常	有时	从不
A	18.47	59.72	21.81	18.64	61.18	20.18	20.32	58.34	21.34
B	19.11	53.63	27.26	18.64	58.37	22.99	16.23	56.65	27.12
C	6.31	48.42	45.27	5.45	33.79	60.76	5.10	34.80	60.1
D	16.01	57.50	26.49	14.66	54.42	30.92	16.22	55.11	28.67
E	7.99	40.63	51.38	9.01	37.51	53.48	9.67	38.94	51.39
F	17.04	27.34	55.62	21.69	32.29	46.02	21.05	29.07	49.88
平均值	10.5	47.87	41.63	14.68	46.26	39.06	14.77	45.06	39.75

注：A为“下班太累，无法再参与家务和进行其他活动”；B为“工作时间太长，没时间做家务和进行其他活动”；C为“操劳家务，无法集中精力进行工作”；D为“在非工作时间，为工作的事情而感到焦虑”；E为“家人对你的工作压力太大而感到不满”；F为“家距离工作地点太远，上下班时间过长”。

从表4不难看出，当考虑区域因素时，工作与非工作生活的和谐度具有明显区域特征，整体上看，呈现出东部（41.63）优于西部（39.75），西部略优于中部（39.06）的特征。具体以A和B项为例来进一步说明，在A项中，就业于东部地区的劳动者经常发生和有时发生“下班太累，无法再参与家务和进行其他活动”的比例为78.19%，中部和西部分别为79.82%和78.66%，东部的占比小于西部和中部，这暗示出在工作与生活的和谐度方面，东部优于中部和西部。但是，三个地区发生的频率整体上都较高，表明当前我国2/3的就业者工作与生活的和谐度不高。在B项中，东部就业者经常和有时发生

“工作时间太长，没时间做家务和进行其他活动”的比例为72.74%，中部和西部分别为77.01%和72.88%，说明在中部地区这样的情况更为突出，这间接证实了工作与生活的和谐状况具有区域特征和当前多数劳动者工作与非工作生活的和谐度不高的判断。

四　影响就业质量的原因分析

从上述实证结果看，当前我国就业质量呈现出明显的区域特征，即东部优于西部，西部略好于中部，但就业质量的整体水平不高。那么，造成我国就业质量偏低的深层原因是什么呢？下文将从经济发展方式与就业质量、劳动力市场与就业质量两方面予以阐释。

（一）经济发展方式与就业质量

劳动力需求旺盛与否无疑受到一国经济发展方式的影响，宏观层面体现为经济增长与就业弹性之间的动态互联关系。实际上，经济发展方式更从微观层面影响着劳动者的充分就业、体面就业、和谐就业。较劳动密集型和技术密集型经济发展方式，资本密集型经济发展方式具有显著的“挤出效应”，这不利于就业规模扩大，继而不利于实现充分就业，同时，经济发展过度依赖于资本，“强资弱劳”用工格局无形中也会增加劳动者个体就业不体面、不和谐的风险，表现为就业稳定性较低、劳动报酬不高、劳动关系不和谐、劳动份额偏低等，就业质量不高。那么，当前我国的经济发展方式是怎样的呢？从技术进步和要素投入对经济增长的贡献率看，1988年以来，我国要素投入对产出的贡献率为76.59%，全要素生产率（TFP，将其作为技术进步的代理变量）对产出增长的贡献率为23.41%（发达国家一般为50%~70%），资本投入对产出的贡献率为71.77%（见表5），这表明当前我国经济发展方式为资本密集型或投资拉动型，这将不利于就业质量提升。另外，问卷数据显示，在全部样本中，初级工和无等级就业人员的占比分别为12.05%和59.62%，高级技师、技师、高级工依次占3.19%、3.89%、6.08%；而在工作与专业匹配度方面，劳动者个人能力与工作需求匹配状况较好，均值为84.84%，其中，高度匹配比例为10.03%，较好匹配为35.03%，基本匹配为39.78%。这可以得出两点结论：一是当前我国劳动力还处于技能不足阶段；二是我国劳动者与工作岗位匹配度依旧处于低质量匹配阶段。这间接表明当前我国的经济发展方式利于低技能或无技能劳动者而非高技能者，这种主要依靠资本驱动且又偏好于普通劳动者的经济发展方式，自然对个体（尤其是高学历和高技能个体）的长远发展不利，而劳动报酬和技能发展又是评价就业质量的重要指标，因此当前我国的就业质量不高。

表5　技术进步和要素投入对经济增长的贡献率：1988～2007年

单位：%

年份	劳动生产率对产出增长的贡献率	资本生产率对产出增长的贡献率	TFP对产出增长的贡献率	资本投入对产出的贡献率	劳动投入对产出的贡献率	要素投入对产出的贡献率
1988	28.09	7.89	35.98	53.84	10.18	64.02
1991	32.72	7.26	39.98	54.10	5.92	60.02
1992	35.49	19.36	54.85	41.95	3.20	45.15
1993	35.04	10.68	45.72	50.66	3.62	54.28
1994	34.82	4.69	39.52	56.64	3.84	60.48
1995	34.57	-5.20	29.37	66.49	4.14	70.63
1996	33.24	-10.11	23.13	71.45	5.42	76.87
1997	33.89	-13.17	20.72	74.44	4.84	79.28
1998	36.34	-24.19	12.15	85.28	2.57	87.85
1999	27.38	-25.10	2.27	86.57	11.16	97.73
2000	34.04	-16.18	17.86	77.41	4.73	82.14
2001	31.88	-22.43	9.46	83.74	6.80	90.54
2002	34.15	-18.73	15.42	79.97	4.61	84.58
2003	34.91	-17.23	17.68	78.46	3.86	82.32
2004	34.50	-21.84	12.66	83.10	4.25	87.35
2005	36.79	5.28	12.46	83.10	4.25	87.35
2006	37.09	-16.91	16.65	81.74	2.56	84.29
2007	36.39	-18.73	15.57	82.84	2.54	85.38
平均	33.96	-8.59	23.41	71.77	4.92	76.59

注：由于1990年的人口普查数据使人口的数据差了7000万，因此劳动就业的数据在1989年和1990年之间的变化出现了巨大跳跃，使得1989年和1990年数据失去可比性，因此分析时将其忽略。

资料来源：国家信息中心数据中心与新华在线信息技术有限公司合作提供的《经济数据系统特供系统》，http：//data. xinhuaonline. com；2005年以后数据源于《中宏数据库（教育版）》，http：//edul. macrochina. com. cn。转引自肖六亿《技术进步的就业效应——基于宏观视角的分析》，人民出版社，2009，第141～142页。

（二）劳动力市场与就业质量

二元劳动力市场理论最早由 Doeringer 和 Piore 于 1971 年提出，该理论基本假设如下：整个社会的劳动力市场可进一步划分为一级劳动力市场和二级劳动力市场，一级劳动力市场就业稳定、培训和晋升机会多、工作环境好、工资高；二级劳动力市场则相反，就业不稳定、缺乏培训和晋升机会少、工作环境较差、工资低，两种类型的劳动力市场有着不同的工资决定机制，且劳动力在这两类劳动力市场间很难流动。我国的劳动力市场分割具有多元化特点，体现在区域、职业、行业、部门、城乡等的分割，而户籍制度则进一步固化了分割程度，使其具有明显的制度性。经济学中理性人的基本假设认为，在一切社会活动中，个体会自发向收益大、成本小的行为收敛，以实现自身利益最大化，在分割性的劳动力市场中，则表现为就业个体会自发地向一级劳动力市场集聚，以获得最大化的就业收益，现实中体现为劳动力争相向经济发达地区、白领、优势行业、垄断部门流动。毋庸置疑，作为微观就业个体，其在一级劳动力市场就业的可能性越大，则就业质量越高；对整个国家而言，在一级劳动力市场就业的比例越大，公民的福利效用则越多。然而，一级劳动力市场核心岗位的有限性使其就业吸纳能力有限，劳动力过多地集聚于该劳动力市场，无疑提高了竞争程度，竞争效应和渗漏效应使他们成功就业的概率降低，就业环境相对变差，就业状况异质性增大，劳动报酬降低，劳动关系不和谐概率提高，出现过度教育和过度技能，进而影响个体的就业质量。此外，问卷数据显示，在东、中、西部中，就业于国有部门的比重分别为 25.91%、38.42%、36.35%，白领职业的比例依次为 41.47%、48.99% 和 49.93%，就业于垄断行业的比例分别为 23.08%、31.97% 和 27.14%，虽然在前文中发现，就业于东部地区的占比大于中部和西部，东部的全年总收入均值高于西部和中部，但是，东、中、西地区国有部门、白领、垄断行业的样本所占比重总体不高，故整体上并没抬高当前我国的就业质量。在“您觉得在不同单位或地区之间变换工作最大的障碍是什么”的问项中，选择“户口限制”和“人事制度”的比例分别为 41.53% 和 12.13%，选择“自身能力”和“社会保险”的比例分别为 36.08% 和 10.26%，可见，户籍制度依旧是影响就业个体在不同行业、职业、部门和区域间工作转换的主要因素，这进一步证实了我国劳动力市场存在明显的制度性分割，为追逐更多的分割性收益，出于有限个人理性，多数劳动者争先“向上向东”流动，这在一定程度上降低了个体的就业质量，而劳动者就业分布在区域、职业、行业、部门、城乡等不均衡的特点，则使当前我国整体就业质量处于较低层次。

五　结论与政策建议

（一）加快经济发展方式转变

可以考虑实行经济增长、就业增长、工资增长相兼容的经济发展模式，使国民经济进入经济增长带动就业增长—就业增长推动工资增长—工资增长带动消费增长—消费增长拉动经济增长的良性循环。另外，经济发展方式决定着技能发展的内容、结构、速度和质量，而依据欧洲基金会指标体系，技能发展是就业质量的重要内容，实现经济发展方式从非技能偏向型向技能偏向型转变，是实现人与岗位较高层次匹配的关键，是提升就业质量的根本，而这离不开技术进步。因此，大力促进本土企业技术自主创新，有利于国际贸易中的“微笑曲线”扁平化，使高技能水平劳动者的技能得到充分利用，并且激励更多普通劳动者注重对知识、技能的投资和参与企业职业培训，最终有利于整体就业质量的提升。

（二）建立高效一体的劳动力市场，减少工作流动的阻力与成本

当前我国劳动力市场呈现出多元化分割的特点，以户籍制度为代表的制度障碍强化了区域、城乡、行业、部门、职业的分割收益，必然使劳动力供给在一级与二级劳动力市场中处于非均衡状态，扭曲的劳动力配置引致了个体理性、集体非理性的局面，自然不利于整体就业质量的提升。实现更高质量就业需培育一个完善的劳动力市场，具体而言，必须进一步推进市场化改革，以改变劳动力市场分割现状，建立起东、中、西部高效一体的劳动力市场，使劳动者有更优化的配置和更高质量就业。

（三）深化收入分配制度改革，提高劳动份额占 GDP 的比重

收入是评价就业质量的关键指标（Lucie et al.，2008），其高低、分配结构等既影响个体的工作、生活质量，又影响社会稳定和谐。因此，“努力实现居民收入增长和经济发展同步、劳动报酬增长和劳动生产率提高同步，提高居民收入在国民收入分配中的比重，提高劳动报酬在初次分配中的比重”,① 对推动实现更高质量的就业意义重大，同时也有利于“中国梦”的实现。

Employment Quality in China: A Study Based on Questionnaire Data

Lai Desheng　Shi Danxi

Abstract: Based on the data gained from surveys on employment quality in 14 Chinese provinces, and utilizing the European Foundation employment quality evaluation indicator system, the thesis studies the employment quality in China. The research finds out that employment quality in China is quite regional, meaning the quality in East China is better than that in West China and the quality in West China is a little bit higher than that in Central China. However, the overall quality of employment in the country is not quite high. By shifting economic growth pattern, deepening market-oriented reform, establishing efficient and integrated labor force market, increasing the proportion of personal incomes in GDP, and raising the proportion of labor remunerations in primary income distribution, we can realize high-quality employment at relatively low cost and high rate in the new period.

Key Words: Employment Quality; Market-oriented Reform; Labor Remunerations

---

① 胡锦涛：《坚定不移沿着中国特色社会主义道路前进　为全面建成小康社会而奋斗》，在中国共产党第十八次代表大会上的报告，2012 年 11 月 8 日。

B.21 创业带动就业的效应及其影响因素分析

李长安*

摘　要：

鼓励创业带动就业是我国积极就业政策的重要内容。本文的研究表明，我国创业者主要是35～49岁这一年龄段的劳动者，创业者的受教育水平以中等文化程度为主。创业活动在城乡之间、地区之间以及学历、年龄、性别之间，均存在着较为明显的差异。创业环境如开办程序、开业时间、创业成本等，是影响创业活动的主要因素。因此，要努力解决我国创业不均衡的问题，尽快改善创业环境，促进创业带动就业效应最大化。

关键词：

创业　就业　创业环境

党的十八大报告指出：就业是民生之本。要贯彻劳动者自主就业、市场调节就业、政府促进就业和鼓励创业的方针，实施就业优先战略和更加积极的就业政策。引导劳动者转变就业观念，鼓励多渠道、多形式就业，促进创业带动就业。自2002年开始，我国开始实施积极的就业政策，而鼓励创业带动就业是其中一项重要内容。10余年来，促进劳动者进行自主创业、鼓励以创业带动就业的政策扶持体系开始逐步完善，如今已经成为就业优先战略的重要组成部分。

一　我国创业者的基本特征

创业人才的含义多种多样，在很多情况下，创业人才被认为类似于创新人

* 李长安，对外经济贸易大学公共管理学院副教授，劳动与社会保障系主任，博士。

才。在全球创业观察组织（GEM）的研究框架中，创业人才是指能够通过发现和识别商业机会、组织各种资源、提供产品和服务、创造价值的特殊人员。在本研究中，创业者则被定义为具有企业家精神的创业家，并将创业活动限定为私营企业及个体工商户的创立数量。本文的数据除特别说明外，都来自《中国劳动年鉴》(2012)。

（一）创业者的年龄特征

根据我们对创业者的定义，我国创业者的年龄分布情况见图1。

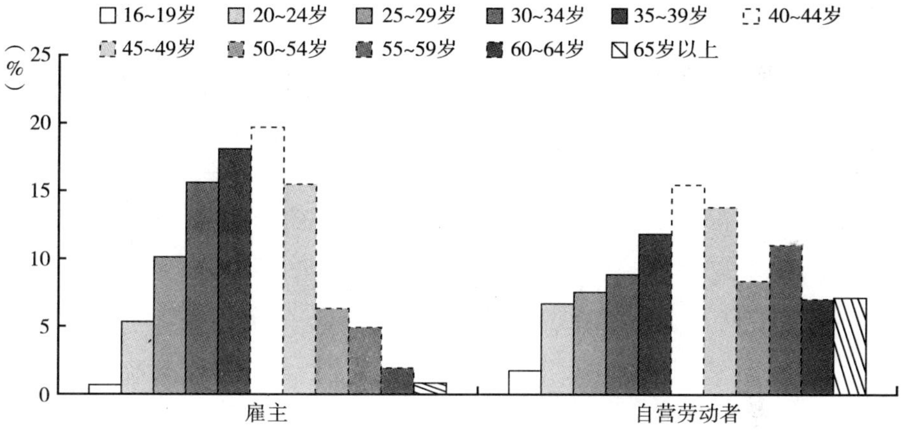

图1　全国创业者的年龄特征

从图1可以看出，我国私营企业雇主创业者的年龄段主要是25~49岁，占比均在10%以上，其中40~44岁占比最高，达到19.9%。而大学生创业占比则不高，20~29岁的私营企业创业比率仅为15.7%。在自营劳动者方面，占比最高的仍是40~44岁的劳动者，而且创业比较集中的年龄段是35~49岁。这就可以看出，35~49岁是创业的高峰期，如果考虑到企业的生命周期，那么大致可以推断，30岁以后才是劳动者创业的最活跃时期。此外，自营劳动者在55~59岁这个年龄段又出现了一个创业的活跃期，这大概与一部分劳动者退休后利用自身的技术条件继续服务社会有关。

再从性别来看，从图 2 可以看到，在 40 岁以前，女性的私营雇主创业比率均高于男性；在 30 岁以前的自营劳动者中，女性的比率要略低于男性，但在 30 ~44 岁这个年龄段要高于男性。总的来讲，似乎中青年阶段女性的创业积极性要高于男性。

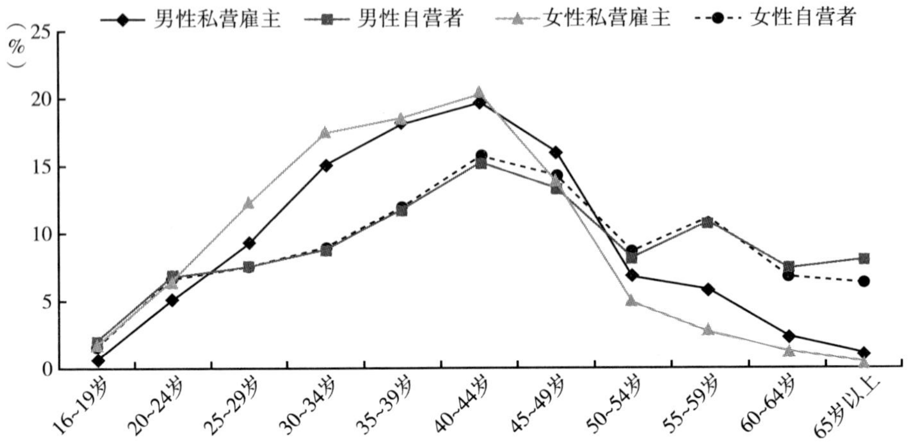

图 2　分性别的创业者年龄特征

（二） 创业者的学历特征

从图 3 可以看出，我国创业者的学历主要集中在中学学历。其中，在私营企业雇主中，中等学历的比重占 78.2%，自营劳动者中等学历的比重达到 63.4%。相比而言，高等学历的创业者明显比重较低。比如，在私营企业雇主中，具有大学学历的劳动者比重为 11.8%，而具有研究生学历的比重仅为 0.2%；在自营劳动者中，具有大学学历的劳动者仅有 1.1%，研究生学历的则为 0。

分性别看，无论是私营企业雇主还是自营劳动者，女性里小学及以下学历的比重比男性高。在男性创业者中，具有中学学历的比重要高于女性。在高中以上的学历的私营企业雇主中，除了大学专科学历所占比重高于男性、研究生学历所占比重与男性持平外，女性创业者在高等学历方面的劣势更明显（见图 4）。总体而言，女性创业者的学历水平要略低于男性。

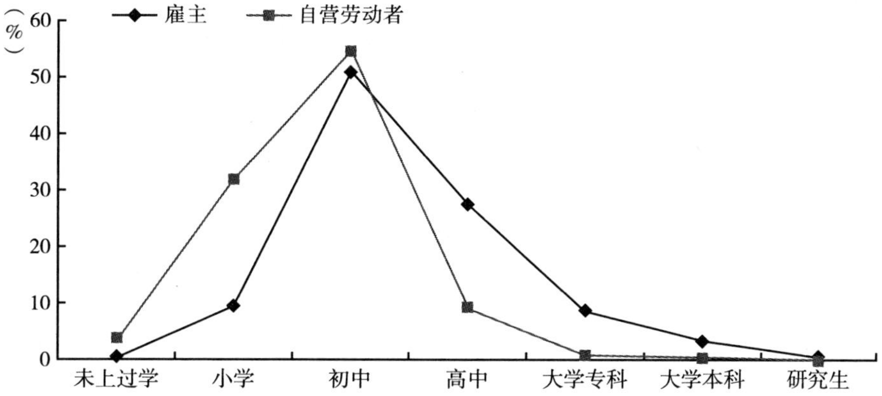

图 3　全国创业者学历分布情况

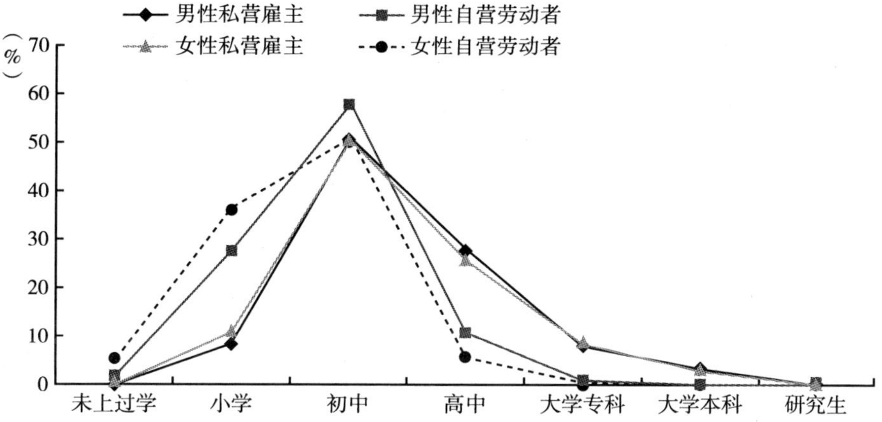

图 4　分性别的创业者学历情况分布

二　创业带动就业的效应分析

（一）创业带动创业的地区分析

创业型就业的最大亮点，就是突破了传统的“一人一岗”就业模式，形成了“一人带动一群岗位”的新就业模式。我国的创业活动表现出比较明显的地域性不平衡特点，相应的，创业带动就业的情况也有很大的差别，具体情况见表 1。

表 1　2011 年底各地区私营企业工商个体户就业人数

单位：万户、万人

地区	私营企业							个体工商户			
	户数	就业人数	投资者	城镇就业人数	投资者	乡村就业人数	投资者	户数	就业人数	城镇	乡村
北　京	54.4	447.8	104.2	281.1	70.5	166.6	33.7	76.3	111.0	59.3	51.7
天　津	15.9	101.8	33.7	93.5	31.1	8.3	2.6	24.2	43.6	35.4	8.2
河　北	30.4	236.8	64.7	146.7	48.7	90.0	16.0	146.7	389.4	202.8	186.6
山　西	18.3	134.3	39.3	70.3	25.5	64.0	13.8	88.8	183.6	109.3	74.2
内蒙古	13.3	135.6	30.1	117.4	27.5	18.2	2.6	85.2	165.9	137.3	28.6
辽　宁	33.7	402.6	60.1	303.3	48.8	99.3	11.3	161.2	364.4	259.0	105.5
吉　林	14.2	151.3	29.3	126.0	26.3	25.3	3.0	87.6	212.4	153.4	59.0
黑龙江	17.4	192.8	39.4	145.1	31.1	47.6	8.4	109.2	249.9	175.4	74.4
上　海	77.7	616.1	145.7	337.5	81.9	278.7	63.8	36.0	44.6	29.8	14.8
江　苏	119.8	1592.1	216.7	1015.3	155.1	576.9	61.5	330.4	533.0	374.2	158.8
浙　江	71.9	958.0	149.9	548.8	101.2	409.2	48.7	230.1	521.5	307.3	214.2
安　徽	26.3	270.7	58.1	165.0	36.6	105.7	21.5	143.7	327.8	255.1	72.7
福　建	30.7	354.9	71.0	298.6	61.9	56.3	9.2	85.0	228.4	147.4	81.0
江　西	19.4	315.4	42.9	138.0	23.6	177.4	19.3	115.4	316.2	196.8	119.3
山　东	59.8	701.8	128.9	410.9	91.4	290.8	37.4	259.6	579.0	293.1	285.8
河　南	35.0	353.6	79.7	196.0	49.9	157.6	29.8	199.5	449.3	251.6	197.7
湖　北	30.8	301.4	71.0	218.7	57.4	82.6	13.5	170.6	477.7	338.7	139.0
湖　南	21.9	355.8	55.4	234.6	39.0	121.2	16.3	153.7	330.0	255.7	74.2
广　东	110.8	977.1	208.7	843.4	185.7	133.7	23.0	348.5	693.8	520.3	173.5
广　西	18.1	216.6	41.5	123.4	27.0	93.3	14.4	114.2	217.2	156.7	60.5
海　南	9.1	61.8	19.7	55.2	19.1	6.7	0.6	25.5	42.1	35.2	6.9
重　庆	22.8	292.3	43.9	233.4	35.9	58.9	8.1	85.0	151.5	122.3	29.2
四　川	40.5	365.8	86.6	195.3	68.9	170.5	17.7	236.0	429.2	248.4	180.8
贵　州	9.5	95.7	21.7	53.9	12.8	41.8	8.9	75.5	120.1	63.3	56.9
云　南	17.9	270.0	36.8	220.8	33.2	49.2	3.6	124.3	244.1	154.4	89.6
西　藏	0.9	20.6	2.0	17.6	1.9	3.0	0.1	10.2	25.4	20.5	4.9
陕　西	21.6	180.9	51.4	126.2	38.9	54.7	12.5	82.2	207.4	120.8	86.6
甘　肃	8.9	91.0	17.4	63.9	12.5	27.1	4.9	62.0	114.9	72.0	42.9
青　海	1.7	35.6	4.2	21.7	3.0	13.9	1.2	12.7	28.8	22.5	6.4
宁　夏	4.2	47.6	9.9	39.2	8.3	8.4	1.6	21.1	47.5	31.0	16.5
新　疆	10.7	75.8	21.9	71.2	21.3	4.6	0.7	56.3	95.8	77.8	17.9
全　国	967.7	10353.6	1985.7	6911.9	1476.1	3441.7	509.7	3756.5	7945.3	5226.9	2718.4

表1显示，在2011年，我国的私营企业达到967.7万户，容纳了10353.6万人就业，共有投资者1985.7万人。其中，城镇吸纳的就业人数为6911.9万人，投资者人数为1476.1万人；农村吸纳的就业人数为3441.7万人，投资者人数为509.7万人。和城镇相比，农村的创业活跃度要低得多，其吸纳就业的人数仅为城镇的49.8%，投资者人数仅为城镇的34.5%，均不到城镇的一半。在个体工商户方面，2011年，我国共有个体工商户3756.5万户，吸纳就业人员7945.3万人。其中，城镇个体工商户就业人数5226.9万人，农村就业的人数有2718.4万人，后者仅为前者的52.0%。总的来看，农村地区的创业活动要比城镇少得多。

分地区看，我国创业活动主要发生在市场经济较为发达的少数中心城市和东部沿海地区，广大中西部地区相对落后。比如，私营企业最发达的江苏，有私营企业近120万户，而最少的青海（不考虑西藏）仅为1.7万户，前者是后者的近71倍。个体工商户的分布总体来说也与当地经济发展程度相关联，经济发达地区的个体工商户数量也多，但一些中西部人口大省，个体工商户的数量也比较庞大。这说明个体工商户的数量一方面与经济发达程度相关，另一方面也与人口密度有关。

（二）创业带动就业的效应分析

创业带动就业效应用两个指标来进行衡量：一个是每创立一个私营企业或个体工商户带动多少人就业，即创业带动就业人数=就业人数/户数；另一个是用私营企业投资者人数来衡量，即创业带动就业人数=就业人数/投资者人数，具体结果见表2。

表2　创业带动就业的效应

单位：人

省　份	每户私营企业带动就业人数	每户个体工商户带动就业人数	每户私营企业投资者带动就业人数	城镇	农村
北　京	8.23	1.46	4.30	3.99	4.95
天　津	6.38	1.80	3.02	3.01	3.20
河　北	7.78	2.65	3.66	3.01	5.64
山　西	7.33	2.07	3.42	2.75	4.65
内蒙古	10.22	1.95	4.50	4.26	7.02

续表

省　份	每户私营企业带动就业人数	每户个体工商户带动就业人数	每户私营企业投资者带动就业人数	城镇	农村
辽　宁	11.94	2.26	6.70	6.22	8.79
吉　林	10.63	2.43	5.16	4.78	8.41
黑龙江	11.10	2.29	4.89	4.67	5.67
上　海	7.93	1.24	4.23	4.12	4.37
江　苏	13.29	1.61	7.35	6.54	9.38
浙　江	13.32	2.27	6.39	5.42	8.40
安　徽	10.27	2.28	4.66	4.51	4.91
福　建	11.55	2.69	5.00	4.83	6.13
江　西	16.25	2.74	7.36	5.86	9.19
山　东	11.74	2.23	5.45	4.49	7.77
河　南	10.12	2.25	4.44	3.93	5.29
湖　北	9.79	2.80	4.25	3.81	6.11
湖　南	16.24	2.15	6.43	6.01	7.42
广　东	8.82	1.99	4.68	4.54	5.81
广　西	11.99	1.90	5.22	4.56	6.46
海　南	6.80	1.65	3.14	2.89	11.91
重　庆	12.80	1.78	6.65	6.51	7.29
四　川	9.04	1.82	4.22	2.83	9.65
贵　州	10.12	1.59	4.42	4.20	4.73
云　南	15.10	1.96	7.33	6.65	13.58
西　藏	24.13	2.49	10.22	9.25	25.78
陕　西	8.36	2.52	3.52	3.24	4.37
甘　肃	10.25	1.85	5.23	5.09	5.57
青　海	20.50	2.27	8.46	7.31	11.21
宁　夏	11.38	2.25	4.83	4.74	5.27
新　疆	7.10	1.70	3.46	3.35	6.89
全　国	10.70	2.12	5.21	4.68	6.75

从表2我们可以看出，在创业带动就业方面，2011年，全国每户私营企业平均吸纳的就业人数为10.7人；分地区看，高于全国平均水平的省份有西藏、青海、江西、湖南、云南、浙江、江苏、重庆、广西、辽宁、山东、福建、宁夏、黑龙江，其中，西藏每户私营企业吸纳的就业人数高达24.13人，青海达到20.5人，大大高于全国的平均水平。相比之下，每户私营企业吸纳的就业人数低于全国平均数的省份包括北京、天津、上海、广东等发达地区。之所以出现这种现象，主要是因为当地经济结构制约了企业吸纳就业的能力。一般而言，在经济发达的地区，产业结构趋向于技术化和知识化，企业以资本

与技术为主导，因而吸纳就业能力较弱；而经济相对落后地区，产业结构中劳动密集型企业居多，因而吸纳就业的能力较强。

从个体工商户的情况看，全国每户个体工商户平均吸纳的就业人员仅为2.12人，这说明我国个体工商户大多数仍处在“夫妻店”和“两人店”的发展阶段。从各地区的分布情况看，最高的是湖北，每户能吸纳2.8人就业；最低的则是上海，每户只能吸纳1.24人就业，后者尚不及前者的一半。

投资者人数是反映创业状况的重要指标，而每个投资者能够带动多少人就业，也是衡量创业带动就业的主要指标之一。2011年，全国每个私营企业投资者平均能够带动就业的人数为5.21人。分地区看，每个私营企业投资者能够带动就业人数最多的是西藏，为10.22人，几乎是全国平均水平的两倍；最低的则是天津，仅为3.02人，相当于全国平均水平的58.0%。

再分城乡来看，在农村地区，每个私营企业投资者能够带动就业人数为6.75人，要显著高于城镇的4.68人。这说明在农村地区增加私营企业的投资者，对创业带动就业具有更为明显的作用。在各地区方面，西藏城镇地区以每位投资者能带动9.25人就业高居榜首；最低的是山西，仅为2.75人。农村地区同样是西藏夺得魁首，达到25.78人；最低的则是天津，为3.2人，前者是后者的8倍多。

三 影响创业活动的因素分析

影响创业活动的因素众多，除了创业者的个人禀赋特征外，还与当地的创业环境息息相关。根据奥斯丁等人（2006）的定义，创业环境包括宏观经济环境、税收、规则结构和社会政治环境，这些大多数都是不受企业家控制，但会影响企业经营成败的因素，而创业成本的高低则是其中最为关键的影响因素。对一些国家和地区的实证研究结果表明，创业环境特别是创业成本不同，导致了各地区创业活跃程度存在差异。比如，在马来西亚等国家，创业过程中过多的程序要求和繁杂的规章管制阻抑了创业活动的增长。丹娜（1990）、杨格（1993）对墨西哥相关问题的研究发现，创立企业的关键障碍是过多的政府规章、高税率、通货膨胀以及营运资本的缺乏、获取贷款的困难等。而在美国，政府税收、创业投资获得的难易程度等成本因素是导致区域创业活跃程度差异性的关键因素（Bartik，2001）。全球创业观察（GEM）自2003年起对中国相关问题的跟踪研究发现，创业环境不佳特别是创业成本居高不下，一直是阻碍中国成为创业大国的一大“软肋”。比如，在浙江、广东等一些创业活动相对活跃的地区，整体创业环境较好，新企业开业手续简便，费用也相对较低（杨云等，2004；张华，2005）；但与此相对应，西部地区的创业环境相对较差，创业成本较高，因而抑制了西部地区创业活动的开展（杨瑚，2006）。

根据世界银行最新发布的《2013年营商环境报告》，中国的营商环境在所调查的全部185个经济体中，处于中等水平，排第91位，和2012年持平。但在开办企业的评价中，中国的排名则大大靠后，仅列第151位，比2012年前进了两个位次。具体来看，中国开办企业的程序达到13个，比其他地区明显高出不少。从申请到开业的时间虽然比东亚及太平洋地区的36天略低，但比经济合作与发展组织（以下简称“经合组织”）的12天高出了两倍。中国开办企业所需要的实缴资本下限占人均国民收入的百分比也要大大高于其他国家和地区。不过，中国开办企业所需的成本占人均国民收入的百分比要比其他国家和地区低得多（见表3）。

表3　中国与国际创业环境比较

指标	中国	东亚及太平洋地区	经合组织
程序(个)	13	7	5
时间(天)	33	36	12
成本(占人均国民收入的百分比)	2.1	22.4	4.5
实缴资本下限(占人均国民收入的百分比)	85.7	13.4	13.3

资料来源：世界银行《2013年营商环境报告》，http://chinese.doingbusiness.org/。

如果从中国各主要城市的情况来看，各地的创业环境也有不少差别。其中，杭州、南京和广州位列创业环境排名的前三甲，而贵阳、兰州和南宁则排在后三位。看具体分项指标，在开办程序方面，各城市的个数大多一致，基本在12~14个；在企业开办所需时间方面，各地的差别比较大，最短的是广州，需要28天，最长的是太原和银川，需要55天；在开办企业所需成本方面，各地的差异也较为明显，开办企业成本占人均国民收入百分比最低的是北京，仅为3.2%，而最高的贵阳则高达26.6%；实缴资本又称实收资本，是指企业成立时实际收到的股东出资总额，实缴资本下限占人均国民收入百分比大多为

表4　中国30城市创业环境指标情况

城市	排名	程序（个）	时间（天）	成本（占人均国民收入的百分比）	实缴资本下限（占人均国民收入的百分比）
杭　州	1	12	31	5.7	200
南京	2	12	31	5.8	200
广　州	3	13	28	6.3	200
济　南	4	13	33	6	200
上　海	5	14	35	4.8	200
北　京	6	14	37	3.2	200
福　州	7	12	40	6.7	200
天　津	8	14	41	3.7	200
沈　阳	9	14	41	6	200
长　春	10	14	37	9.5	224.8
呼和浩特	11	14	48	7.9	200
郑　州	12	13	41	11.6	267
海　口	13	13	38	12.1	273.2
乌鲁木齐	14	13	44	9	230.2
武　汉	15	13	36	13.6	300.8
石家庄	16	14	42	9.8	202.5
重　庆	17	14	39	9.5	273.3
哈尔滨	18	14	42	11.9	207.9
成　都	19	13	35	19.1	354.4
太　原	20	14	55	9.3	243.5
南　昌	21	14	40	14.6	317.8
长　沙	22	14	42	14.6	289.4
昆　明	23	14	42	13.9	383
西　宁	23	14	51	12	298.7
西　安	25	14	43	15.2	304.8
银　川	26	14	55	12	335.8
合　肥	27	14	42	19.4	349
南　宁	28	14	46	16.5	342.4
兰　州	29	14	47	14.1	408.7
贵　阳	30	14	50	26.6	605.2

资料来源：世界银行《2013年营商环境报告》，http://chinese.doingbusiness.org/。

200%，但也有不少城市突破了该下限的要求，最高的贵阳要求该比率为605.2%，相当于其他城市的3倍多。

五　结论与政策建议

通过上述研究，本文得出如下结论。

一是我国创业者的特征表明，30岁以后才是劳动者创业的最活跃阶段，其中，35~49岁是创业的高峰期。在创业者受教育程度方面，并非学历越高创业越活越，中等学历的劳动者才是创业的主力军。分城乡看，我国城镇的创业活动要比农村活跃得多。

二是中西部的创业带动就业效应要高于东部地区。2011年，全国每户私营企业平均吸纳的就业人数为10.7个，其中，高于全国平均数的省区市大多集中在中西部地区。其中，西藏每户私营企业吸纳的就业人数高达24.13人，青海达到20.5人，大大高于全国的平均水平。全国每户个体工商户平均吸纳的就业人员为2.12人，表明我国的个体工商户仍处在“夫妻店”和“两人店”的发展阶段。

三是创业环境对创业活动的影响明显。中国目前的创业环境仍处于较低水平，存在着开办程序过多、开业时间过长、开办成本过高等问题，大大影响了我国劳动者创业的积极性。

基于以上分析，我们提出如下政策建议。

首先，应该高度重视青年创业特别是大学生创业问题，促进以创业带动大学生就业。在当前大学生就业形势日益严峻的情况下，将大学生创业作为政策的重点来抓，对缓解大学生就业难问题具有重要的战略意义。

其次，重视解决创业活动不均衡的问题。针对农村地区、中西部地区创业活动仍不活跃的现状，应出台倾斜性的鼓励性政策，促进创业活动的地区均衡。

最后，大力改善创业环境。应精简新企业的开办程序，缩短新企业从申请到开业的时间，降低新企业的开办成本。只有创造并形成一个良好的创业环境，才能在我国掀起一股新的创业浪潮。

Stimulating Effect of Entrepreneurship on Employment and Analysis of Its Causal Influences

Li Chang'an

Abstract: Stimulating employment by encouraging entrepreneurship is an important content in the proactive employment policy in China. The research in this thesis reveals that entrepreneurs in China are mainly aged between 35 and 49 and have received the intermediate education. The entrepreneurship activities differ evidently in urban and rural areas, different regions, education background, age and gender. The entrepreneurship environment, such as the business start procedure, time and cost, is the major factor influencing the entrepreneurship activities. As a result, it is imperative to solve the problem of imbalanced entrepreneurship in China, improve the entrepreneurship environment as soon as possible and stimulate the employment through entrepreneurship to the largest extent.

Key Words: Entrepreneurship; Employment; Entrepreneurship Environment

B.22

我国新时期个人就业质量的微观分析

苏丽锋*

摘　要：

本文从微观层面出发，选用15个评价指标，利用最新调查数据，从总体和分群体两大方面对个人就业质量进行了比较研究。结果发现，我国就业质量总体水平有待提高；就业质量的性别差异并不明显；就业质量与年龄分布呈现出“先上升，后稳定，再上升”的阶梯状变化关系；就业质量的户口差异较大，而且有随学历升高而逐渐增加的趋势。在所有制方面，国有部门的就业质量比非国有部门的高，且差异非常明显，不同行业、职业间就业质量差异小于不同所有制之间的差异，但影响因素存在相似性。上述发现对我国今后推进劳动力市场改革、更好地提高城镇化质量具有重要的现实意义。

关键词：

就业质量　问卷调查　城镇化

中国政府十分重视就业问题，国家“十二五”规划中明确提出要实现包容性增长，提高就业质量，让劳动者体面就业。党的十八大报告再次指出，要在新时期实施就业优先战略，推动实现更高质量的就业。国外对就业质量的研究已经形成了较为成熟的体系，国内则主要着眼于某一群体，系统、深入的研究较少。

从就业质量所涵盖的内容来看，应该将就业质量的研究纳入人类社会发展和个人生活质量提高的基本框架，在宏观上重视经济发展对就业的促进作用，同时还必须从微观视角出发，判断就业质量与生活质量的相互影响。鉴于此，本文在总结已有研究的基础上，以当前我国经济发展为背景，选择了与就业质

* 苏丽锋，对外经济贸易大学教育与开放经济研究中心讲师，博士。

量关系比较密切的经济发展因素和个人主观感受等因素，对劳动者微观的就业质量进行全面测算和评价，主要考察了劳动力市场与就业质量的关系、个人特征和工作特征与就业质量的关系，回答了哪些因素对就业质量起到了积极的促进作用，哪些因素阻抑了就业质量的提升，最终提出了有针对性的政策建议。

一　指标说明与方法介绍

（一）指标说明

鉴于就业质量的内涵比较宽泛，要全面衡量个人就业质量，必须从不同角度选择多个指标进行分析。本文主要借鉴联合国欧洲经济委员会的指标体系，但为了更加全面地反映当前我国就业质量的现状，按照指标完整、数据可得、含义明确的基本原则，构建了包含 15 个指标的评价体系，指标及其含义见表 1。

表 1　个人就业质量考量指标及其含义

指标	指标含义
劳动报酬	全年实际总收入与期望收入的比值
就业稳定性	近三年来是否更换工作
社会保障	单位是否为职工同时缴纳医疗、养老、失业、工伤、生育保险和住房公积金六种保险
职业发展	当前工作是否有助于职业发展
工作生活平衡度	是否有足够的时间和精力平衡工作和家庭之间的事务
社会对话	是否能通过工会维权或有机会参与改善工作环境、条件、待遇等问题的讨论
员工关系	上下级、同级员工之间互相信任、相互关心的程度
劳动安全	工作的危险性或对身体健康存在危害的程度
劳动合同	用人单位是否与劳动者签订有固定期限的正规合同
培训机会	工作中有无定期培训的机会
工作强度	劳动者当前所从事工作的强度
工作与专业匹配度	工作与专业的一致程度
加班及待遇	有无加班或是否可以合理支付加班费
工资发放	是否按时发放工资，没有拖欠现象
职业受尊重程度	当前职业是否能够得到人们的尊重

上述15个指标覆盖了个人就业质量的主要内容，能够从微观层面上进行比较分析。为了比较方便，我们将指标的得分统一用比例数（%）来表示，除劳动报酬外，其余指标均为被调查者对指标含义正向回答的比例。

（二）计算方法

本文主要利用统计分析和对比分析两种方法。首先，对上述指标得分进行统计分析，形成数据、图表，标示各指标的得分和变化趋势；然后，根据分项指标对比不同群体的就业质量现状，并分析存在的问题；同时，各部分还计算了不同群体的就业质量总指数，以便进行总体判断和对比讨论。

二　数据及统计描述

本文数据来源于北京师范大学“中国就业质量研究”课题组于2011年7～8月在全国进行的就业质量调查。调查从全国东、中、西、东北四大地区随机抽取14个省份，东部为北京、山东、福建、广东，中部为河南、安徽、湖北、江西，西部为陕西、内蒙古、新疆、贵州，东北为吉林、辽宁。然后，在抽取的省份内选取具有一定代表性的行业，并通过随机抽样的方法确定调查对象，最终采用调查员当面访谈的形式完成问卷。调查共发放问卷3000份，收回有效问卷2779份，有效回收率为92.6%。

统计描述结果显示，样本的性别、民族比与第六次全国人口普查数据①基本一致，具体来看，已婚人员占多数，农业户口人员占近1/3，而且单位全职就业人员占74.24%，表明数据主要反映的是全职就业人员的就业质量问题。关于就业人员的具体分布，考虑到所有制、行业、职业的划分种类较多，不利于进行显性比较分析，所以本文按照已有研究的惯常做法，对所有制、行业、职业类型进行了归并，详见表1的变量说明。统计结果显示，国有部门从业人员占多数，垄断行业从业人员与非垄断行业分布比较均匀，白领职业从业人员比蓝领职业从业人员多。

---

① 男性51.27%，女性48.73%；汉族91.51%，少数民族8.49%。

样本主要来自16～60岁的劳动年龄人口，对年龄变量进行的核密度分析表明，30岁左右的年龄取值较为集中，这一分布特征可能更加切合本文分析的需求，因为当前就业质量应该关注的重点群体正是年龄偏小、具有新时期特征的就业群体（如大学毕业生和青年农民工）。另外，样本平均受教育年限为12.95年，高于全国平均水平，表明我国全职就业人员的受教育年限较高；平均工龄为11.87年，与年龄分布的峰值基本一致。从工作时间看，职工平均每天工作时间为8.47小时，高于国家工作制度规定的8小时。在失业方面，有失业经历的人员占比为21%，且累计失业天数的均值为21.59天。另外，全年总收入平均为32169.74元，略低于我国城镇非私营单位在岗职工年平均工资，原因是调查中还有私营单位工作人员，其工资水平低于非私营单位；期望收入的均值为72816.12元，从标准差、最小值与最大值可知，一方面实际收入与期望收入差距较大，另一方面暗示了不同人群之间存在着巨大的收入差异。

三　各指标的总体分析

我们首先对个人就业质量的总体情况进行了计算，结果见表2。劳动报酬指标得分为44.18，即实际收入占期望收入的比例还不到一半，表明个人实际收入与期望收入存在较大差距。就业稳定性指标的得分表明多数人在3年内工作没有变动，但还是有约1/3的人有过工作变动经历，存在就业稳定性问题。在社会保障方面，15.91的较低得分表明仅有很少的人拥有单位为其缴纳的“五险一金”。职业发展指标表明，有37.50%的劳动者存在职业发展问题，另外有42.79%的人存在工作生活平衡度问题。按照问卷设计，这些问题主要表现为以下几个方面：下班太累，无法再参与家务和进行其他活动；工作时间太长，没时间做家务和进行其他活动；操劳家务，无法集中精力进行工作；在非工作时间，为工作的事情而感到焦虑；家人对被调查者的工作压力太大而感到不满；住处距离工作地点太远，上下班时间过长。

社会对话指标的得分为51.85，表明只有约一半的劳动者在工作中有参与改善工作环境、条件、待遇等问题讨论的机会。在员工关系方面，有63.48%

的人认为当前单位职工之间（上下级、同级之间）互相信任、关心的程度较高。劳动安全指标得分表明，有47.18%的劳动者当前所从事工作的安全程度不高，或者对身体健康存在较大隐患。在劳动合同方面，单位与劳动者签订有固定期限的正规合同的比例仅为54.16%，详细的统计分析还发现，另有18.03%的人签订的是非固定期限合同，3.71%的人签订的是不正规劳动合同，而有高达24.11%的人就业时无劳动合同。培训机会指标得分为43.25，表明多数人没有接受培训的机会。

在工作强度方面，有57.39%的劳动者认为工作强度适中，而42.61%的劳动者回答他们所从事工作的强度较大或很大。在工作与专业匹配度方面，仅有约一半的劳动者所从事的工作与所学专业一致。加班及待遇指标包含加班频率、加班费用两重含义，其得分意味着有58.55%的劳动者不加班或加班时可以得到应有的费用，或者为了争取加班费而主动要求加班；而41.45%的劳动者经常加班，且为被动服从安排，没有加班费。工资发放指标的分值表明，有79.56%的职工能按时领到工资，而有20.44%的职工则要面对工资拖欠的问题。职业受尊重程度指标得分是68.80，可见，被调查者所从事职业被社会认可和他人尊重的比例并不算高。

表2　就业质量分项指标及总指数

分项指标															总指数
1	2	3	4	5	6	7	8	9	10	11	12	13	14	15	
劳动报酬	就业稳定性	社会保障	职业发展	工作生活平衡度	社会对话	员工关系	劳动安全	劳动合同	培训机会	工作强度	工作与专业匹配度	加班及待遇	工资发放	职业受尊重程度	
44.18	68.73	15.91	62.50	57.21	51.85	63.48	52.82	54.16	43.25	57.39	51.85	58.55	79.56	68.80	55.35

为了更加直观地说明就业质量总体水平，本文利用算术平均法将各分项指标合成综合指数，总指数为55.35。图1为各分项指标得分的对比图，与总指数相比，就业稳定性、职业发展、员工关系、工资发放、职业受尊重程度五个指标较高，而劳动报酬、社会保障、社会对话、培训机会、工作与专业匹配度五个指标则明显较低。由此说明，在就业质量总体水平较低的情况下，各分项

指标之间还存在明显差异。当然，对不同群体来讲，就业质量指标的高低可能会有所不同，因而解决就业质量问题的侧重点也会随之变化，本文后续内容将对此做详细分析。

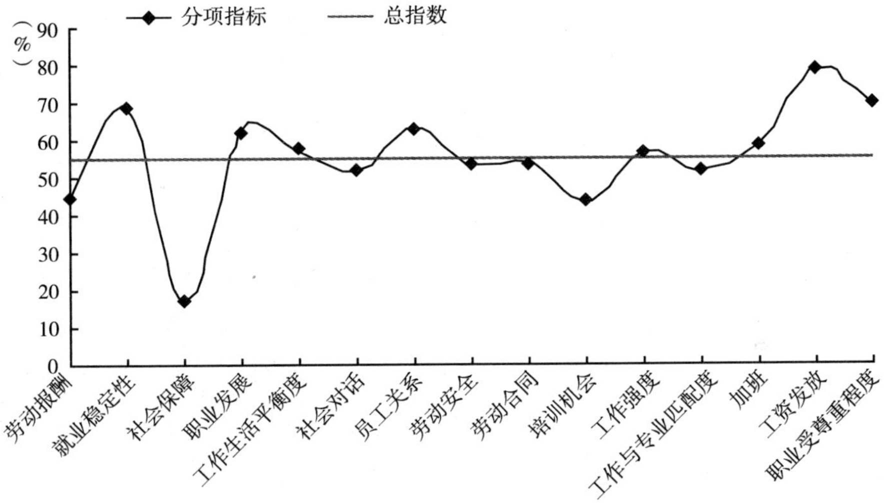

图1　就业质量指标得分对比

四　分群体的比较分析

（一）不同性别比较分析：女性与男性的就业质量并没有明显差别

国外已有研究发现，女性的就业质量比男性低。本文对我国女性和男性就业质量比较分析的结果见表3。从总指数看，男性为54.80，女性55.93，差异并不明显。在分项指标方面，由图2中的差值线（男性指标得分减去女性指标得分）可以看出，位于零值上方的有就业稳定性、社会保障、职业发展、社会对话、劳动合同、培训机会、工作与专业匹配度七个指标，即在这些方面男性的就业质量高于女性，尤其是职业发展和工作与专业匹配度两个指标表现更明显，表明女性就业后在发展机会与专业技能发挥方面低于男性；而位于零值下方的有劳动报酬、工作生活平衡度、员工关系、劳动安全、工作强度、加班及待遇、工资发放、职业受尊重程度八个指标，表明在这些方面，女性的指标得分比男性高，尤其是在劳动安全、工作强度两方面更加明显，即女性所处工作环境的危险程度或对健康的危害程度更低，工作的强度也较小。

值得注意的是，世界各国的性别工资差距（女性工资/男性工资）均小于1，即女性工资在平均水平上低于男性。本文的调查数据也显示，女性平均年总收入为28206.87元，男性为36039.59元，工资差距为0.78。是不是可以就此判断，从劳动报酬方面来讲，女性的就业质量低于男性呢？我们认为这样的推断并不合适。首先，在计划经济时期，由于受到更多的行政干预，收入分配相对平等，但随着经济发展，市场调节逐步取代行政调节，男女工资收入不断接近其各自的市场价值。国家统计局调查显示，1990～2000年我国性别工资收入比明显下降，女性工资与男性工资收入比值降低，这是市场对工资收入的客观调节，并不意味着女性的就业质量必然更低。另外，就业质量更多地涵盖了个人主观预期的因素，即个人就业质量的高低受到其对自身收入水平期望的影响，所以应该将期望收入纳入考量范畴。因此，本文所使用的由实际收入与期望收入相比之后的劳动报酬指标，更能体现个人对就业质量的客观评价。从数值来看，女性的劳动报酬指标得分为45.40，男性为43.29，说明从收入方面来讲，我国新时期女性与男性的就业质量并没有明显差别。

表3　分性别比较的就业质量指数

性别	劳动报酬	就业稳定性	社会保障	职业发展	工作生活平衡度	社会对话	员工关系	劳动安全	劳动合同	培训机会	工作强度	工作与专业匹配度	加班及待遇	工资发放	职业受尊重程度	总指数
男	43.29	69.91	17.07	64.65	55.97	52.42	61.81	46.59	54.84	43.67	52.2	55.05	57.56	78.52	68.49	54.80
女	45.40	67.52	14.71	60.31	58.49	51.27	65.19	59.21	53.46	42.83	62.71	48.58	59.55	80.63	69.12	55.93

（二）不同年龄比较分析：就业质量与年龄分布呈现出了“先上升，后稳定，再上升”的阶梯状变化关系

为了进行对比研究，本文将劳动适龄人口样本按照年龄划分为五个阶段，然后对就业质量的各个指标进行统计分析（见表4）。

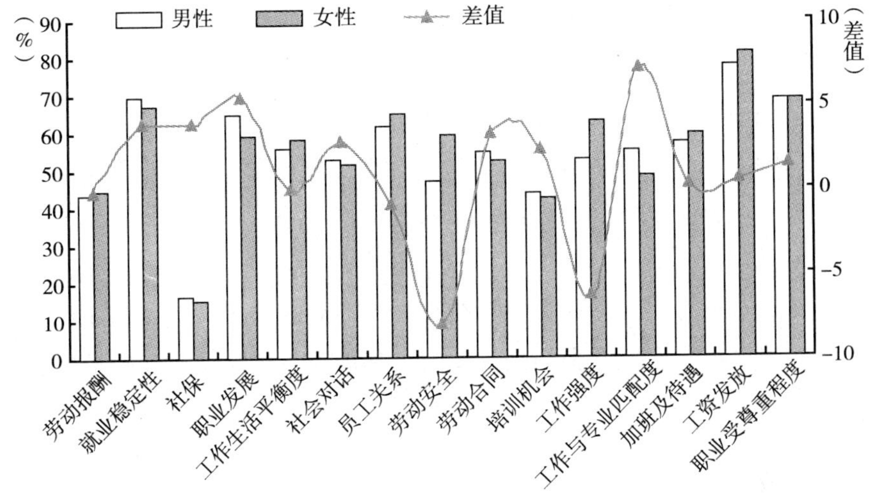

图 2　按性别划分的就业质量指标得分对比

表 4　分年龄比较的就业质量及指数

年龄（岁）	劳动报酬	就业稳定性	社会保障	职业发展	工作生活平衡度	社会对话	员工关系	劳动安全
16～20	34.66	40	4.55	53.64	64.55	34.55	58.18	64.55
21～30	42.31	56.31	20.8	67.07	56.87	52.13	62.25	52.85
31～40	45.54	79.84	14.22	65	55.31	51.41	63.59	52.03
41～50	47.20	82.31	11.38	52.92	56.77	53.08	64.46	51.08
51～60	48.90	88.81	9.7	61.94	65.67	59.7	73.88	55.22

年龄（岁）	劳动合同	培训机会	工作强度	工作与专业匹配度	加班及待遇	工资发放	职业受尊重程度	指数
16～20	33.64	35.45	65.45	33.64	65.26	81.82	56.36	48.42
21～30	55.66	46.67	59.28	49.24	59.46	80.88	68.19	55.33
31～40	54.69	42.34	53.75	55.31	58.63	79.22	72.19	56.20
41～50	54.62	38.31	54	55.54	56.41	77.38	68.92	54.96
51～60	52.24	46.27	67.16	56.72	54.81	77.61	67.91	59.10

表 4 为分项指标与总指数得分值，图 3 为分项指标及其差值的比较，图 4 为就业质量与年龄分布。51～60 岁的劳动者就业质量最高，指数为 59.10，而

16～20 岁的劳动者就业质量最低，指数为 48.42，其余三个年龄段的劳动者就业质量基本相当。所以，就业质量与年龄分布呈现出了“先上升，后稳定，再上升”的阶梯状变化关系。从具体的指标来看，劳动报酬、就业稳定性、社会对话、员工关系、工作与专业匹配度五个指标得分均随着年龄稳步增长。加班及待遇、工资发放两个指标得分则随着年龄增加而减小，究其原因，一方面，与近年来新的《劳动合同法》和社会保障体系的建立健全提高了用工规范和社会保障水平有关；另一方面，在我国年龄较大的人员就业存在着两极分化，要么分布在一直延续下来的国有部门，其加班一般属于被动安排并没有加班费用，要么受到文化程度较低的影响，处在非正规就业的境况之中，存在明显的加班及待遇和工资发放问题。

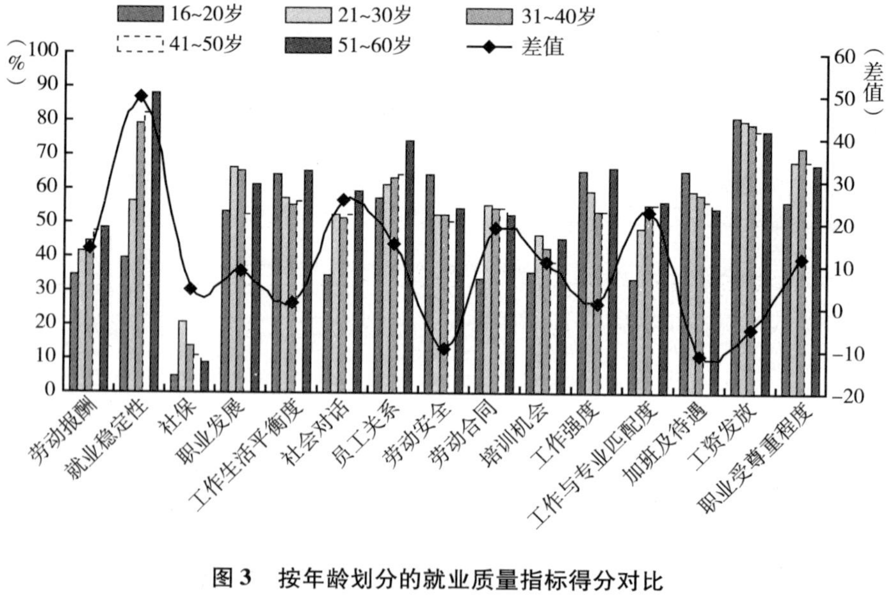

图 3　按年龄划分的就业质量指标得分对比

从图 3 中的差值线（51～60 岁年龄段指标值减去 21～30 岁年龄段指标值）可以进一步发现，劳动报酬、就业稳定性、工作生活平衡度、社会对话、员工关系、工作强度、工作与专业匹配度、职业受尊重程度指标的差值为正且较大，表明年龄处于 16～20 岁的人群就业质量存在较大问题。究其缘由，主要是这个年龄段的就业者文化程度一般较低，所从事的工作岗位质量较差，这

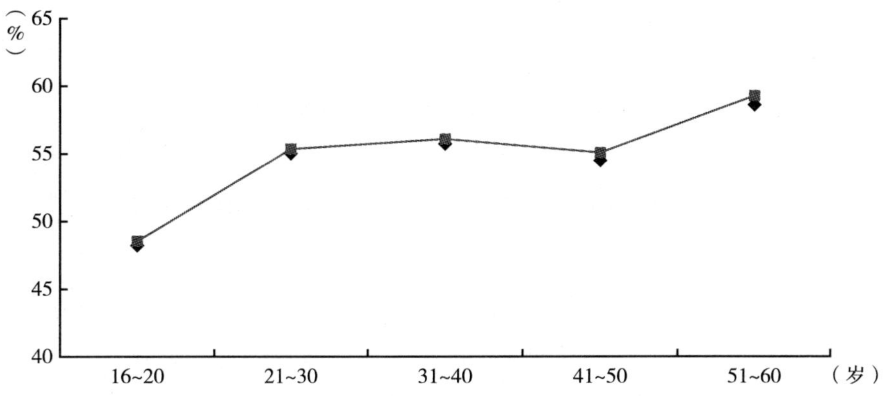

图 4　就业质量与年龄分布

也体现了我国当前还存在较为明显的就业质量的职业分割，这一点也可以从社会保障指标的得分上得到佐证。另外，值得说明的是，在劳动安全方面，16～20 岁就业者的劳动安全水平更高，为了解释这一现象，本文对数据进行了详细分析，发现这个年龄段的人虽然学历层次较低，但他们大多具有更强的劳动保护意识，不愿意从事重苦力和那些对身心存在安全隐患的工作；而恰恰相反，51～60 岁的就业人群中有不少人为非正规就业，且他们常常能够接受更加艰苦和具有危险性的工作。由此可见，健全相关制度来保护年龄较大人群的劳动安全是政策所需。

（三）不同户口状况比较分析：农业户口与非农业户口劳动者的就业质量差距明显

众多研究表明，户口对不同劳动群体在就业、工资、晋升和劳动关系等方面的差异有着显著影响。表 5 展示了分户口状况比较的就业质量。结果显示，在劳动报酬方面，外地非农业户口就业人员的得分最高，对数据的详细分析发现，这一群体在私营企业主、个体工商户主两个职业中的比例较高，使得他们的绝对收入更高；另外，他们的期望收入又比本地非农业户口人群低，所以劳动报酬指标得分在此类人群中最高。得分最低的是本地农业户口人群，原因是他们对收入的期望比外地农业户口人群高，但绝对收入并没有明显优势。对外地户口人群来讲，他们流入新的就业地后，因为户籍分割的原因，很难成为单位的正式职工，所以就业稳定性较低。同样，身份差异让他们与其他正式员工的关系受到影响，甚至可能处在被歧视的尴尬境地。

图5是指标对比图，其中，曲线表示本地非农业户口人群就业质量指标得分与外地农业户口人群就业质量指标得分之间的差异。由图可知，除了劳动安全、工作强度、加班及待遇、工资发放等方面没有明显差别外，其余指标差异较大，尤其是就业稳定性、职业发展、社会对话、劳动合同、工作与专业匹配度、职业受尊重程度方面差异明显，表明外地农业户口人群的就业质量与本地非农业户口人群之间严重不平等。图6通过对不同户口人群就业质量总指数的比较，直观地显示了农业户口与非农业户口的就业质量差距，其中，就业质量最高的是本地非农业户口劳动者，最低的是外地农业户口劳动者。上述结果表明，当前户口分割的确影响了农村劳动力在劳动力市场中的就业质量。

表5　分户口状况比较的就业质量及指数

户口	劳动报酬	就业稳定性	社会保障	职业发展	工作生活平衡度	社会对话	员工关系	劳动安全
本地非农业户口	44.59	77.7	18.82	65.77	59.17	58.51	65.53	53.84
本地农业户口	41.12	59.27	8.22	55.77	53.32	41.08	62.06	47.2
外地非农业户口	49.30	54.31	23.28	68.1	54.31	49.14	60.34	57.33
外地农业户口	42.13	48.53	8.79	53.09	56.03	37.79	57.33	54.4

户口	劳动合同	培训机会	工作强度	工作与专业匹配度	加班及待遇	工资发放	职业受尊重程度	总指数
本地非农业户口	61.75	47.60	56.77	57.31	59.35	79.80	71.82	58.56
本地农业户口	34.62	35.14	58.74	42.66	56.71	76.57	65.38	49.19
外地非农业户口	63.36	45.69	58.19	52.16	57.71	84.05	66.38	56.24
外地农业户口	42.35	32.90	57.65	39.09	58.39	80.46	60.59	48.64

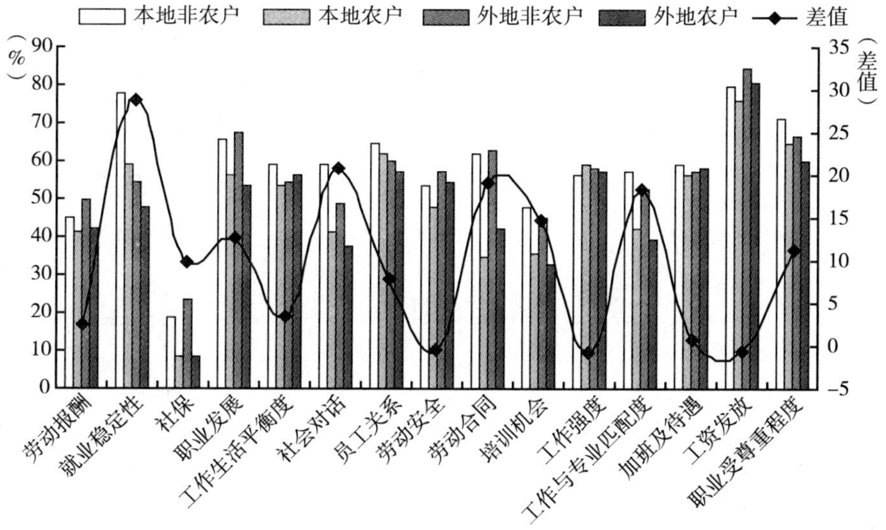

图 5　按户口划分的就业质量指标得分对比

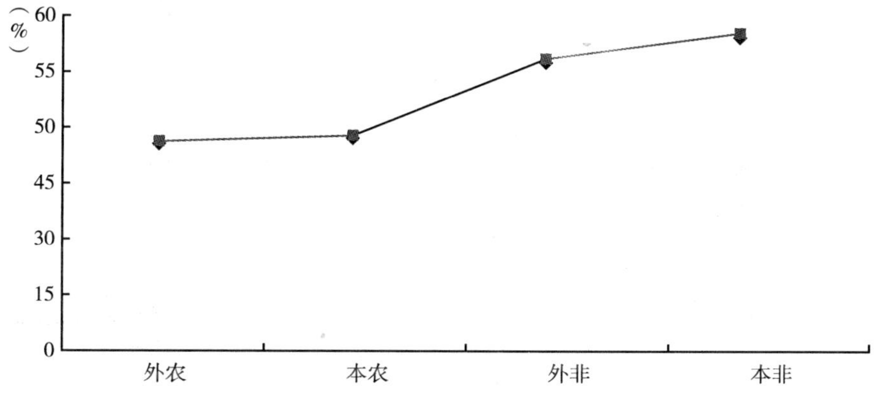

图 6　就业质量与户口状况

（四）不同学历比较分析：劳动者学历越高，其就业质量也越高

教育作为人力资本投资的主要方式之一，会对人们未来的劳动收入产生影响。本文对不同学历劳动者的就业质量做了详细对比，结果见表 6，其中，研究生学历人群的绝大部分指标均高于其他人群，而且总指数基本按照学历由高到低依次递减，表现出学历越高，就业质量越高的基本规律。

表 6　按不同学历比较的就业质量及指数

学历	劳动报酬	就业稳定性	社会保障	职业发展	工作生活平衡度	社会对话	员工关系	劳动安全
研究生	50. 27	76. 47	37. 25	81. 37	51. 96	55. 88	54. 9	63. 73
本科	46. 14	74. 81	28. 45	76. 19	59. 27	60. 53	63. 53	53. 51
大专	42. 20	67. 77	17. 38	63. 51	56. 4	58. 93	62. 4	52. 76
中专	43. 58	67. 48	7. 32	68. 29	62. 6	54. 07	64. 63	56. 5
高中*	42. 04	65. 83	7. 55	55. 35	57. 02	43. 82	65. 41	49. 9
初中以下	42. 78	62. 33	2. 49	40. 54	53. 73	35. 56	64. 05	50. 67

学历	劳动合同	培训机会	工作强度	工作与专业匹配度	加班及待遇	工资发放	职业受尊重程度	总指数
研究生	72. 55	48. 04	35. 29	69. 61	59. 355	90. 20	80. 39	61. 82
本科	72. 43	55. 51	52. 26	64. 66	60. 39	80. 70	75. 81	61. 61
大专	64. 14	48. 82	55. 61	50. 39	56. 07	81. 83	69. 83	56. 54
中专	54. 47	47. 56	63. 01	53. 66	59. 13	77. 24	69. 92	56. 63
高中*	39. 20	35. 22	66. 67	41. 0	61	77. 57	64. 99	51. 50
初中以下	24. 09	22. 18	60. 61	39. 58	56. 165	75. 91	57. 55	45. 88

*高中组包括职高和中技学历层次的人员。

从图 7 的差异线（研究生学历与初中及以下学历指标的差值）可以看出，研究生学历人群的劳动报酬明显更高，已有研究也发现大学生的人力资本在获得较高工资方面发挥了主要作用,① 因此，接受更高层次的教育对提高劳动者收入水平有直接作用。差异线还显示，研究生学历人群在工作生活平衡度、员工关系、工作强度三个指标上比别的学历人群低。为了探明原因，特对原始数据进行了分析，发现研究生学历人群就业具有明显特征，他们主要分布于科学研究、技术开发、文化教育等行业，而这些行业的工作岗位对劳动者知识技能的要求相对较高，需要投入更多的时间和精力专注于专业问题研究，所以工作强度较大，工作生活平衡度普遍较低，员工之间的沟通机会也相对较少。需要说明的是，欧美发达国家的劳动者更加注重工作与生活的平衡，他们把照顾老人与孩子、参加社会活动、休闲娱乐等一并纳入就业质量的指标体系，来衡量一份新工作的质量，这一做法值得我们借鉴。另外，

① 苏丽锋、孟大虎：《人力资本、社会资本与大学生就业：基于问卷数据的统计分析》，《复旦教育论坛》2012 年第 2 期。

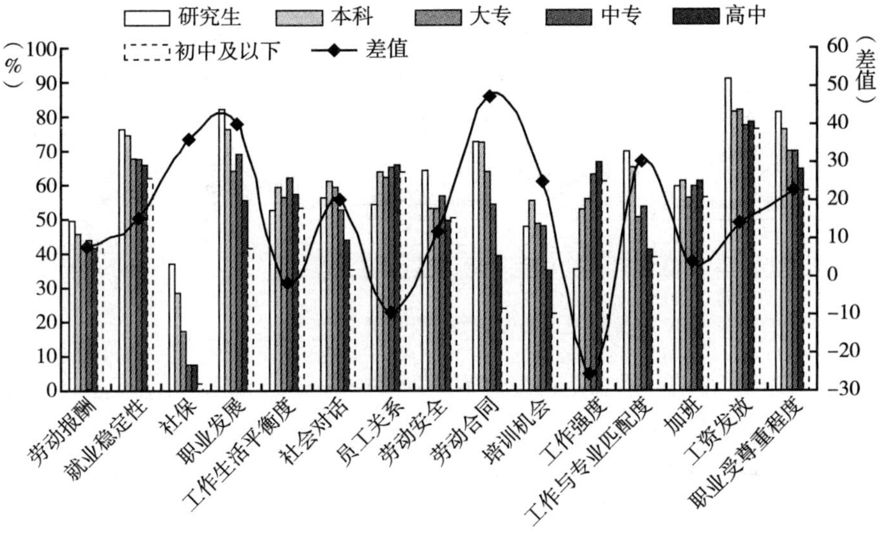

图 7　不同学历劳动者的就业质量对比

图中研究生学历人群的社会保障、劳动合同、职业受尊重程度都高出很多，但我们认为，在一个高效一体的劳动力市场中，社会保障、劳动合同、职业受尊重程度应该是平等的，不应该有所区别。所以，这一结果揭示了我国劳动力市场中还存在学历歧视、职业歧视等问题，而这恰是低学历劳动者就业质量提升的主要桎梏。

（五）不同工龄比较分析：就业质量并没有与工龄呈现递增关系

一般来讲，工作时间越长，在工作中积累的知识和技能就越多，对工作岗位的胜任能力也越强，相应的收入、职位等也会越高。那么，就业质量是否会随着工龄的增加而提高呢？由表 7 可知，劳动报酬和就业稳定性随着工龄增加呈稳步增长态势。虽然已有研究表明，收入与年龄（工作经验）长期呈现倒“U”形关系，即收入随着工龄先增加，到达一定数值以后会转而逐步下降。但本文研究发现的是一个结合了期望收入的劳动报酬变化趋势，与已有研究结果并不对立，而是揭示了随着工龄的增加，劳动者自身对其收入的满意度越来越高这样一个基本规律。

表 7　按不同工龄比较的就业质量及指数

工龄	劳动报酬	就业稳定性	社会保障	职业发展	工作生活平衡度	社会对话	员工关系	劳动安全
≤3 年	41.42	54.83	23.48	66.98	57.81	53.40	62.57	54.83
4～10 年	43.61	61.51	13.25	59.83	55.51	43.51	61.09	52.16
11～20 年	45.95	82.08	12.63	66.04	57.00	56.14	66.21	54.27
≥21 年	47.11	82.89	11.93	56.36	58.56	55.26	64.84	49.61
工龄	劳动合同	培训机会	工作强度	工作与专业匹配度	加班及待遇	工资发放	职业受尊重程度	总指数
≤3 年	57.33	48.27	60.43	48.99	60.56	80.57	69.37	56.06
4～10 年	47.42	38.91	57.6	46.44	58.83	80.20	67.22	52.47
11～20 年	53.41	42.66	52.73	57.51	58.13	78.67	68.26	56.78
≥21 年	58.24	42.07	57.46	56.51	56.01	78.34	70.3	56.37

图 8 的差值线（21 年及以上工龄与 3 年及以下工龄指标差值）显示，在工作与专业匹配度方面，工龄长的劳动者得分更高，而社会保障和职业发展方面，3 年及以下工龄的劳动者得分更高，表明近年来颁布的新《劳动合同法》对新进入劳动力市场的劳动者的社会保障水平有很大的提升作用，而工龄较长的人群则可能受既有政策的惯性影响，在实施新规章时存在滞后现象，另外，

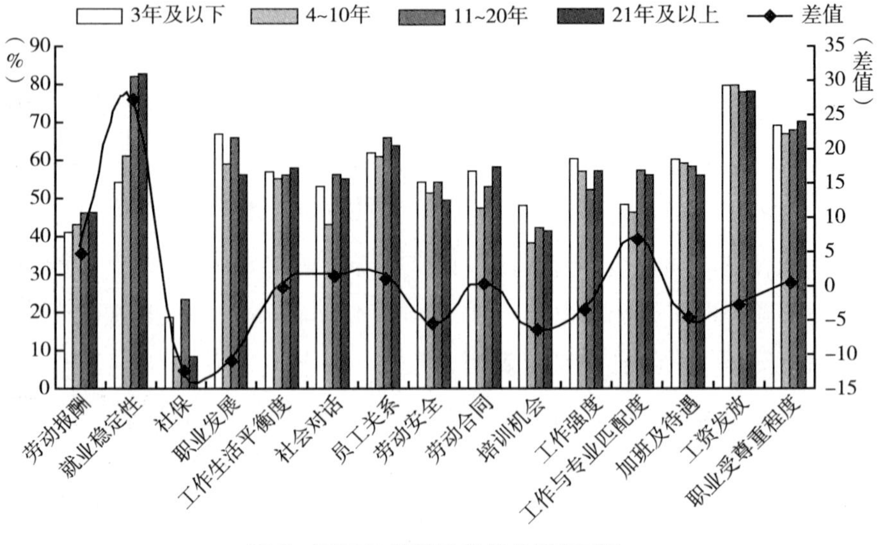

图 8　不同工龄劳动者就业质量对比

工龄较短的人群主要集中在 30 岁以下，其学历更高，且更加注重自身的职业规划，而工龄最长的人群则主要由 45 岁以上的劳动者组成，其职业发展空间较小，而且其中部分劳动者因文化程度较低而处在非正规就业的境况之中，所以社会保障水平较低。图 9 显示的是不同工龄人群就业质量总指数的变化趋势，很明显，就业质量并没有与工龄呈现递增关系。

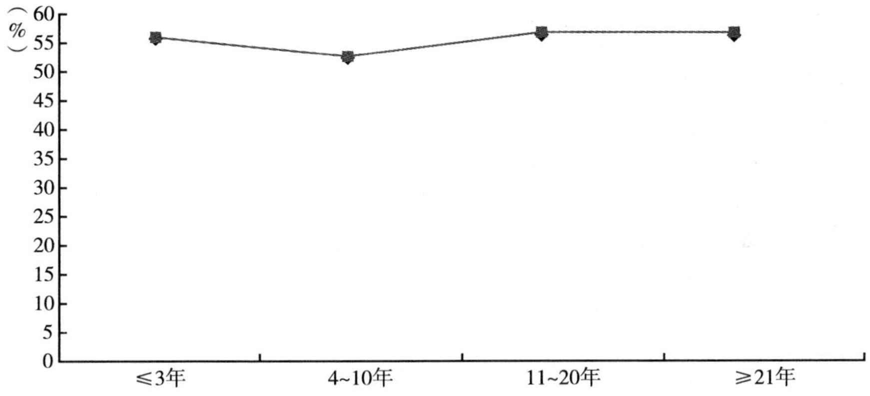

图 9　工龄与就业质量变化

（六）不同所有制、行业、职业比较分析：国有单位与非国有单位之间就业质量差异十分明显；不同行业之间和不同职业之间就业质量差异小于不同所有制之间的差异

我国现阶段所有制、行业、职业发展的不平衡，可能导致劳动者就业质量存在较大差异。基于这一设想，我们对不同所有制、行业、职业劳动者的就业质量进行详细的比较分析，具体结果见表 8。

首先，在所有制方面，国有部门就业质量总指数为 61.02，比非国有部门高。从分项指标来看，国有部门在劳动报酬、就业稳定性、社会保障、职业发展、工作生活平衡度、社会对话、员工关系、劳动合同、培训机会、工作与专业匹配度、加班及待遇、职业受尊重程度 12 个指标上得分高于非国有部门。而且从图 10 的差值线（国有部门与非国有部门指标差值）可知，我国当前两种部门之间就业质量的差异十分明显。图 10 还显示，非国有部门劳动者在劳动安全指标方面略优于国有部门。

表 8　不同所有制、行业、职业劳动者就业质量指标及指数

分类		劳动报酬	就业稳定性	社会保障	职业发展	工作生活平衡度	社会对话	员工关系	劳动安全
所有制	国有	44.42	82.23	19.55	69.27	60.11	63.13	66.26	51.51
	非国有	44.06	62.31	14.17	59.29	55.84	46.5	62.15	53.45
行业	垄断	45.07	74.96	19.51	69.8	58.11	58.9	64.63	50.36
	非垄断	43.19	62.45	12.27	55.16	56.32	44.77	62.31	55.31
职业	白领	44.20	75.3	16.8	71.2	56.5	57.7	67.2	51.3
	蓝领	44.16	65.1	15.4	57.7	57.6	48.6	61.4	53.7

分类		劳动合同	培训机会	工作强度	工作与专业匹配度	加班及待遇	工资发放	职业受尊重程度	总指数
所有制	国有	70.06	56.09	55.08	65.03	58.99	79.11	74.53	61.02
	非国有	46.60	37.15	58.49	45.59	58.36	79.78	66.08	52.65
行业	垄断	66.71	52.94	55.09	61.33	60.27	81.64	72.96	59.49
	非垄断	41.52	33.50	59.71	42.31	56.85	77.47	64.62	51.18
职业	白领	56.83	47.39	52.61	64.06	58.55	77.91	77.31	58.32
	蓝领	52.66	40.94	60.07	45.04	58.56	80.48	64.05	53.7

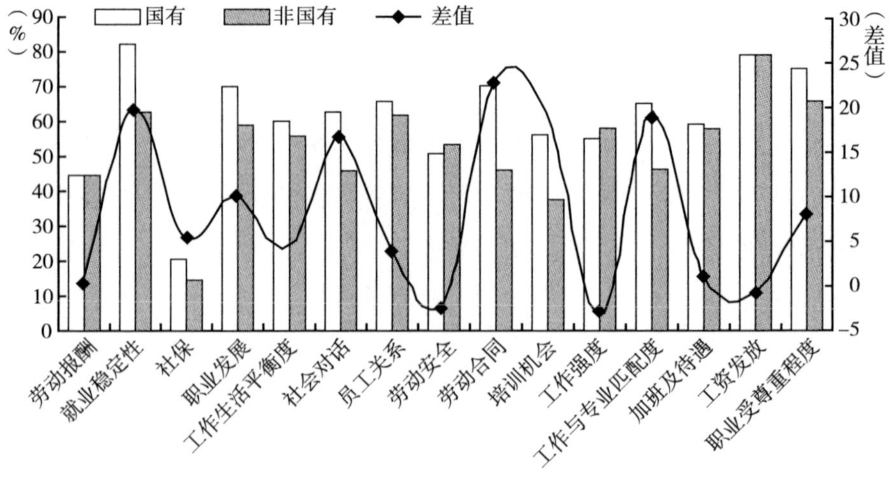

图 10　不同所有制就业质量比较

其次，在行业方面，垄断行业就业质量指数为59.49，高于非垄断行业。在分项指标中，仅有劳动安全、工作强度两个指标出现了非垄断行业高于垄断行业的结果。这表明与上述所有制之间的差异相似，垄断行业中的地质勘查、油气开采加工、交通运输等行业劳动安全性低或者对身体健康的隐患较大，工作强度也很高。由图11可见，垄断行业的就业稳定性、职业发展、社会对话、劳动合同、培训机会、工作与专业匹配度、职业受尊重程度等指标的得分非常高，而非垄断行业则很低。

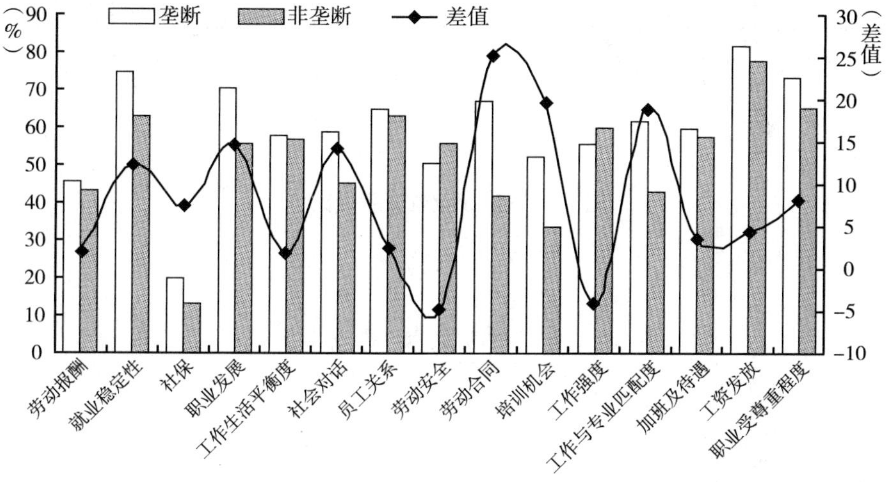

图11　不同行业就业质量比较

最后，在职业方面，白领的就业质量指数为58.32，比蓝领高。图12显示，白领在就业稳定性、职业发展、社会对话、员工关系、劳动合同、培训机会、工作与专业匹配度、职业受尊重程度8个指标得分明显高于蓝领。而在工作强度方面，蓝领的指标得分比白领高，说明白领的工作强度较大。两者在工作生活平衡度、劳动安全、加班及待遇、工资发放指标上得分的差异不明显。

总之，不同职业之间就业质量的差距比不同所有制和不同行业之间的差距要小，但从差异线的走势来看，三种分类之间的就业质量分项指标具有一定的相似性，表明当前我国的就业质量问题与劳动力市场中存在的所有制、行业、职业分割有密切关系，而且劳动力市场在所有制、行业、职业中分割的表现因素基本一致。

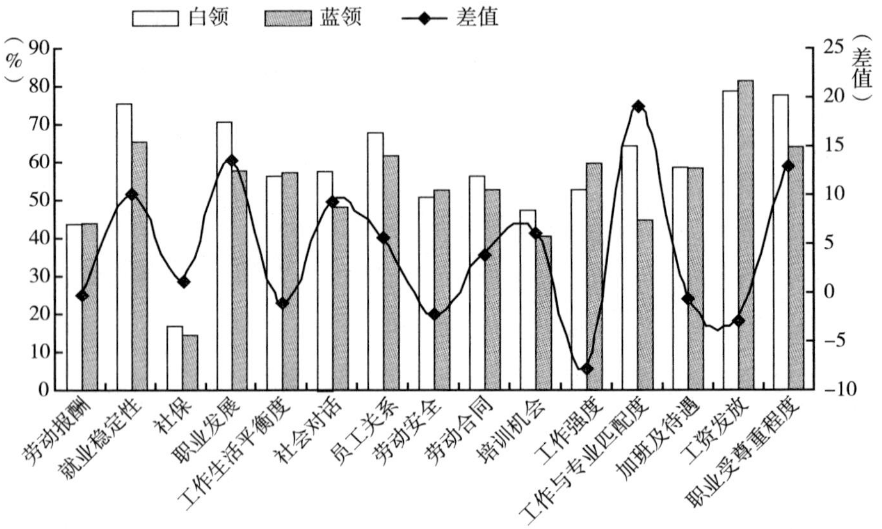

图 12　不同职业就业质量比较

七　结论及建议

本文从微观视角出发，选用 15 个就业质量评价指标，利用最新调查数据，从总体和分群体两大方面对个人就业质量进行了比较分析。结果发现，我国就业质量总体水平提升空间较大；男性与女性的就业质量没有明显差异，就业质量与年龄分布呈现出了“先上升，后稳定，再上升”的阶梯状变化关系；非农业户口人群比农业户口人群的就业质量高，本地非农业户口人群与外地农业户口人群就业质量差异很大；就业质量表现出随学历升高逐渐增加的趋势，但与工龄并没有呈明显的正向增长关系；就所有制来讲，国有部门的就业质量比非国有部门高出很多，且差异非常明显；不同行业、职业就业质量有明显区别，但不同职业之间就业质量的差距比不同所有制和不同行业之间的差距要小，而且所有制、行业、职业之间就业质量的影响因素存在相似性。

本文研究结果的政策含义是十分明显的，基于以上分析，提出如下六点建议。

第一，推进并尽快深化城乡劳动力市场一体化建设。我国长期以来地方经济分权和政府间竞争形成的市场壁垒，阻碍了劳动力的合理流动和自由竞争，引致就业机会不均等、就业待遇不公平等一系列影响就业质量的问题。所以，必须通过完善相关制度来改变劳动力市场严重分割的局面，实现平等就业，这是提高就业质量、提高城镇化速度的基本前提。

第二，从就业质量视角出发，重新审视和制定合理的收入分配政策，提高劳动者收入在国民收入中的比重。打破社会保障体系的群体隔离，将新时期流动人口纳入统一社会保障的政策范畴，消除保障性歧视对就业质量造成的负面影响，提高城镇化过程中流动人口的就业质量，尤其要重视改善低收入者的就业质量。

第三，推进真正排除就业障碍的户籍制度改革。应该尽快将依附于户籍制度上的各种福利保障剥离出来，实现与就业质量的直接挂钩，确实保障就业待遇不因户口性质不同而呈现差异化。

第四，加大提高劳动者就业能力的教育、培训改革力度。让劳动者通过获得平等的受教育机会来增加就业的公平程度。另外，要更加重视技术型人才的培养，建立与普通高校对等、对接的职业教育体系，提高劳动者专业与工作岗位的匹配度，降低人力资本投资风险。

第五，针对我国现阶段的所有制、行业、职业分割，在利用经济发展过程中市场自动调节的同时，还应该通过制度干预来打破所有制、行业、职业之间的分割现状，有针对性地提高非国有、非垄断行业和蓝领劳动者的就业质量。

第六，加快制定以保护和提高就业质量为目标的相关政策。国家“十二五”规划和党的十八大已经确定将提高就业质量作为经济发展的目标之一，所以要尽快制定针对性政策，让改善就业质量有法可依，有规可循。同时，国家应该加强职业平等、职业尊重的宣传教育，逐步消除职业歧视及由此带来的负面影响。

Micro-analysis of Quality of Individual Employment in the Contemporary in China

Su Lifeng

Abstract: The thesis, from the micro perspective, selects 15 evaluation indicators and uses the latest survey data, makes comparative studies of individual employment quality in both the overall picture and different groups. The research results reveal that the overall employment quality still has room for improvement; there is no evident gender difference in employment quality; the interrelations between employment quality and age fluctuate in the stair shape, or rise, remain stable and rise again; people with different household registrations differ in employment quality; and the quality grows steady as the education level rises. The employment quality of state-owned employers is higher than that of non-state-owned employers. Besides, the difference is quite evident. The differences of employment quality in sectors and professions are smaller than those in employers of different ownership. Nevertheless, the influencing factors are similar. The above findings are of practical meaning for China to push forward reform in labor market and improve the quality of urbanization.

Key Words: Employment Quality; Questionnaire Survey; Urbanization

B.23

就业保护法律对就业质量的影响

鲍春雷*

摘　要：

就业保护法律对就业质量具有不可忽视的影响。随着《劳动合同法》的颁布实施，我国就业保护法律体系逐步建立，劳动者的基本权益得到了有效保障，但同时也暴露出一些亟待解决的深层次问题。本研究通过问卷调查，发现《劳动合同法》对就业产生影响，表现在雇佣决策受到明显影响、雇佣与解雇数量略有抑制、用工方式更为灵活、劳动关系有所改善、培训工作更受重视。根据分析结果，本文认为，需要对就业保护法律进行调整，加大对重点人群的就业扶持力度，保障灵活性就业群体的基本权益。

关键词：

就业保护法律　就业质量　劳动合同法

就业保护（employment protection）是指对雇主在雇用员工时所做出的一系列对劳动力使用的限制和约束规定，这些规定为劳动者提供了各种各样的保护。而就业保护法律（employment protection legislation）作为劳动力市场规制中的重要组成部分，其目的在于通过限制企业的雇佣及解雇行为，以增加工作的安全感和稳定性。

为加强劳动力市场的规范化建设，我国政府相继出台了包括《劳动法》《劳动合同法》《就业促进法》等在内的一系列法律法规，来促进就业、保障公平，但是也因此引致了一些质疑，关于“保护不足”与“保护过度”

---

* 鲍春雷，人力资源和社会保障部劳动科学研究所助理研究员，博士。

的争论到今天仍未停止，对就业正负影响的讨论也依然存在。关于如何通过有效的就业保护来提升就业质量，也成为现阶段我国需重点研究的一个问题。

一　就业保护法律影响就业质量的理论分析

本研究根据就业质量的具体内涵，分别从就业数量、不同群体的就业、就业环境、劳动关系、就业能力以及劳动收入等方面，对就业保护法律与就业质量的关系进行分析。

（一）就业保护法律对就业数量的影响

就业保护法律对就业数量具有双重影响。一方面，就业保护法律有助于抑制解雇行为。当产品需求下降时，企业可能会产生解雇意图，但由于就业保护法律中解雇补偿金、劳动合同期限等方面的限制，这使得企业在进行解雇决策时将更加谨慎，在一定程度上起到了稳定就业的作用。另一方面，就业保护法律会影响雇佣决策。由于就业保护法律中的有关规定增加了员工的解雇成本，而在工资水平给定的条件下，雇佣成本的上升会增加总成本，由此减少企业的利润产出，继而引起产出水平的下降和生产要素投入的减少（Hamermesh，1988），从而减少雇佣员工的数量。另外，为了避免未来发展衰退期解雇的麻烦，企业会在招聘时更加谨慎（Dragon，1993），或者采用技术创新或提升员工附加值的方式来替代雇用新员工。

正是由于这种解雇成本与雇佣成本同时存在的双重决定机制（Mortensen & Pissarides，1999），才使得就业保护法律对就业数量的影响难以确定。包括一些实证研究也得出了不同的结论：Freyens 和 Oslington（2007）通过研究发现，解雇成本的增加对就业有一定的抑制作用；Autor 等人（2007）利用美国的数据得出，解雇成本上升使企业增加对资本的依赖，从而减少雇员人数；Bentolila 和 Bertola（1990）的研究则得出了不同的结论，他们认为，虽然解雇成本对企业解雇行为有较大影响，但长期来看，对就业和产业发展有积极作用；Hunt（2000）利用德国制造业的数据进行研究，同样表明，就业没有明显受到解雇成本降低的影响；另外，Kugler 和 Pica（2008）基于意大利的数据分析，发现意大利在提高小企业不正当解雇成本而同时保持大企业解雇成本不变后，小企业的雇佣和解雇都受到了显著影响，但总体上对社会净雇佣量的影响不明显。

（二）就业保护法律对不同群体就业的影响

就业保护法律对不同群体的影响存在显著差异。严格的就业保护法有助于保护已就业劳动者的利益，但对正准备进入劳动力市场的人员可能意味着寻找工作的难度加大，从而导致了劳动力市场上“内部人”和“外部人”的分割，而这些“外部人”多由青年、女性、移民、长期失业者、残疾人群体、少数民族群体和低技能工人构成（Lindbeck & Snower，2001）。这种分割式的影响主要体现在以下几个方面。

首先，失业者会面临长期的失业问题。由于解雇限制的存在，企业倾向于聘用那些现在有工作的员工，因为他们的工作能力等信息更容易识别。

其次，年轻人及就业困难群体的就业难度增加。Heckman（2000）利用拉美家庭调查数据分析表明，就业保护程度提高，降低了工人的就业退出率，抑制了就业需求，尤其对年轻人和就业困难群体影响最大；Kahn（2007）发现，就业保护法律使青年、女性、移民和非技术工人就业更加困难，获得长期工作也更加困难；Feldmann（2009）的研究表明就业保护法律对失业率、女性和青年就业具有显著影响。

最后，临时就业人员就业率受到明显影响。面对严格的解雇程序和高额的解雇费用，企业会通过劳务派遣、劳务外包等形式雇佣非正式工人，但就业保护法律往往对这部分群体缺乏有效保护，故这些临时就业人员的就业稳定性会受到一定伤害。

（三）就业保护法律对就业环境的影响

作为平衡灵活性与安全性的重要手段，就业保护法律对劳动力市场的影响机理主要体现在：当就业保护法律较为严格时，由于企业受雇佣规则、解雇限制条件以及解雇成本等多方面的影响，裁员常被作为不得已而为之的方式，从这个意义来讲，雇员的就业安全性获得一定的保障，从而确保整个劳动力市场的安全稳定。但是严格的就业保护在使劳动力市场安全性提升的同时，也限制了劳动力市场的灵活性。严格的就业保护会增加公司的劳动力调整成本，特别是当发生外部经济冲击时，企业应对经济波动的劳动力调整能力会有所减弱（Bertola，1990；Caballero & Engel，2004）。

（四）就业保护法律对劳动关系的影响

就业保护法律旨在保护员工的基本就业权益，这也是和谐劳动关系建设的根本所在，因此，严格的就业保护法律有助于和谐劳动关系的构建。当然，在就业保护法律实施初期，可能会出现劳动争议数量显著增多的情况，但随着劳动关系管理的日益规范，这种情况将会逐步改善。具体而言，就业保护法律在促进和谐劳动关系方面有以下几方面的作用。

一是建立平等的就业秩序。在约定劳动合同的过程中，由于劳动关系具有从属性，雇主处于更强势的地位，两者之间的关系实际上具有不对等性。如果仅依靠约定的劳动合同来规范劳动关系，雇主可能会利用自己的优势地位侵占劳动者的权益，对劳动者造成不公平。因此，政府需要通过劳动立法来进行调节，对劳动者进行倾斜性保护（Betcherman，et al.，2001），这其中就包括对雇主随意解除和终止劳动合同的行为进行限制。从这个角度而言，就业保护法律能够确保劳资双方的平等地位，建立公平的就业秩序。

二是保障员工的基本权益。就业权、劳动报酬权、工伤事故获得救治权以及失业救济权等都是劳动者应该享有的基本权利，需要通过有效的法律手段予以保障。就业保护法律则可以通过劳动合同等方式，把劳资双方的权利义务关系，特别是劳动者依法受到保护的权益确定下来，一旦发生劳动纠纷，执法、审判机关在行使裁判、处罚时就有了法律依据，从而确保员工权益不受侵害。

三是增强就业的安全感。由于就业保护法律有效抑制了企业的不正当解雇行为，从而使员工获得了更加稳定的就业安全感。OECD（1999）指出，稳定的劳动关系为员工信任企业、忠诚于企业提供了重要基础，就业保护法律能够增加工作稳定性，有利于提高工人的满意度，促进工人为企业更好地付出，增强企业的核心竞争力，提高生产率。

（五）就业保护法律对就业能力的影响

就业保护法律将有助于提高人力资本投资，提高就业能力。由于就业保护的存在，企业与劳动者之间存在一种相对稳定的关系。企业更愿意通过有效的人力资本投资，有效提升员工的附加值，从而减少对新员工的招聘，避免人员需求萎缩时产生解雇纠纷、支付高额解雇费用。

此外，学者们还发现人力资本投资的专业化程度与就业保护的严格程度密切相关。Estévez-Abe 等人（2006）认为，在严格的就业保护条件下，雇员更倾向于投资企业专用技术，而在缺乏就业保护时，将刺激雇员投资通用技术；另外，Wasmer（2004）也指出，就业保护与专业化的人力资本投资密切相关，美国雇员侧重于通用性人力资本投资，而欧洲国家雇员更倾向于专业化的人力资本投资。

（六）就业保护法律对工资收入的影响

从理论上讲，在总成本不变的情况下，如果雇主需要支付更高的解雇成本，那么可能会采取降低劳动者工资的方式来平衡成本。但是由于工资的刚性特征，加之集体合同、最低工资标准等限制，会阻碍工资水平的下降。另外，由于就业保护法律增强了就业安全感，这在一定程度上增强了员工的工资谈判能力，特别是存在强势工会的情况下，这种议价能力将进一步提升。因此，更多的研究认为，就业保护法律有助于提高劳动者的工资收入。

一些学者对无固定期限劳动合同与固定期限劳动合同的劳动者的工资进行了比较，总体而言，无固定期限劳动合同工作的就业保护水平较高。Hagen（2002）利用德国的数据比较了固定期限劳动合同与无固定期限劳动合同的工资差异，结果表明，固定期限劳动合同员工的工资比无固定期限劳动合同员工的工资平均低 23%；Mertens 等人（2007）对联邦德国和西班牙长期工人和固定期限劳动合同工人的工资差异进行了分析，也得出了类似结论，西班牙固定期限劳动合同工人的收入比长期工人低 50%，而联邦德国则低 32%。因此可以得出，在严格的就业保护条件下，被保护的劳动者更容易获得较高的工资。

二　我国就业保护法律影响就业质量的调查分析

（一）《劳动合同法》对我国就业保护法律严格化的影响

在改革开放以来的30多年中，我国一直致力于建立健全劳动力市场的法规体系，并不断改进管制效能。在这一过程中，我国的就业保护法律体系逐步健全，就业保护水平不断提高，特别是2008年实施的《劳动合同法》，是我国就业保护法律严格化的一个突出标志，孙睿君（2010）通过就业保护法律严格化的指标进行测量后，对此给予了证明，具体结果如表1所示。

表1　就业保护法律严格化程度比较

国　家	长期就业	短期就业	经济性裁员	综合指标
美　国	0.2	0.3	2.9	0.7
英　国	1.1	0.4	2.9	1.1
加拿大	1.3	0.3	2.9	1.1
新西兰	1.7	1.3	0.4	1.3
澳大利亚	1.5	0.9	2.9	1.5
中国a	2.4	0.5	2.3	1.6
匈牙利	1.9	1.1	2.9	1.7
丹　麦	1.5	1.4	3.9	1.8
日　本	2.4	1.3	1.5	1.8
捷　克	3.3	0.5	2.1	1.9
韩　国	2.4	1.7	1.9	2.0
波　兰	2.2	1.3	4.1	2.1
芬　兰	2.2	1.9	2.6	2.1
中国b	3.0	1.6	3.0	2.4
意大利	1.8	2.1	4.9	2.4
德　国	2.7	1.8	3.8	2.5
挪　威	2.3	2.9	2.9	2.6
瑞　典	2.9	1.6	4.5	2.6
法　国	2.5	3.6	2.1	2.9
西班牙	2.6	3.5	3.1	3.1
葡萄牙	4.3	2.8	3.6	3.5

注：中国a为《劳动合同法》实施之前；中国b为《劳动合同法》实施之后。

资料来源：孙睿君《我国就业保护法律对劳动力市场影响的实证研究》，清华大学博士学位论文，2010。

从表1可以看出，《劳动合同法》明显加强了就业保护管制，其实施后长期就业、短期就业和经济性裁员的就业保护都有所加强，综合指标达到了2.4，显著高于《劳动合同法》实施前的1.6。比较来看，我国就业保护水平不仅高于美国、英国、日本等国家，而且高于捷克、匈牙利、波兰等转型国家，但仍低于就业保护严格的南欧国家和法国、德国，总体上属于就业保护比较严格的国家。这说明在《劳动合同法》实施后，我国的就业保护管制变得更加严格。因此，本研究通过分析《劳动合同法》实施对就业质量的影响，来分析我国就业保护法律严格化的作用效果。

（二）研究方法与样本

鉴于宏观层面数据的缺乏，本研究拟从微观角度进行调查，再以此为基础，并结合前面的理论分析，探索《劳动合同法》实施对我国就业质量的影响。基于此，本研究首先设计了调查问卷，然后在北京、辽宁、浙江、广东四个省市进行发放，针对企业中人力资源管理的从业人员进行调查，问卷回收后，又对问卷进行了甄选：一是由于《劳动合同法》是2008年开始实施，因此，我们要求被调查的企业要成立10年以上、被调查人员在该企业工作6年以上，筛除了不符合条件的样本；二是设计了一个题目，调查企业是否遵守《劳动合同法》，如果不遵守，那么调查没有意义，这样的问卷也予以删除；三是将空白过多、反映倾向过于明显的问卷剔除。保留有效问卷，进行数据的录入和复核，本研究共发放问卷450份，回收398份，回收率为88.4%，其中有效问卷176份，有效率为44.2%。

（三）就业保护法律影响就业质量的调查结果分析

根据调查问卷的分析结果可以看出，在《劳动合同法》实施后，对企业的雇佣决策、用工方式、劳动关系以及培训开发等方面确实产生了一定的影响，具体包括以下几点。

1. 雇佣决策受到明显影响

调查显示，16.5%的被调查者认为《劳动合同法》对企业的雇佣决策影响非常大，44.9%的被调查者认为影响比较大，33.5%的被调查者认为没有影响，其余5.1%的人表示不清楚是否有影响。具体的影响主要体现在：一是员工管理更加规范，员工入职首先要考虑签订劳动合同，社保签订率提高、缴纳更加及时；二是用工更加谨慎，多位被调查者提到《劳动合同法》实施后，企业更重视试用期的作用，以防止选拔到不适合的员工解雇起来很困难；三是解雇成本上升，具体包括裁员补偿金、薪酬福利等多个方面；四是用工方式发生变化，劳务派遣、业务外包等形式更加被关注；五是选人无形加剧了就业歧视，《劳动合同法》中保护的重点人群，如“三期”女员工等，在招录时会比较谨慎，以免后面造成麻烦。

2. 雇佣与解雇数量略有抑制

从雇佣和解雇两个方面来看，《劳动合同法》的实施对企业雇佣和解雇行为均起到了一定的抑制作用。在招聘方面，在问及《劳动合同法》的实施对员工招聘数量的影响时，22.2%的人选择了“略有抑制”，4.5%的人选择了“明显抑制”，但也有56.8%的人认为影响并不明显，11.9%的人认为招聘数量在上升，但是进一步分析主要原因时发现，这部分人所在的企业招聘数量上升主要是由生产规模扩大、用工需求上升所引致的，而具体抑制的原因主要是雇佣风险提升、解雇成本增加等。在解雇方面，认为《劳动合同法》对解雇行为具有抑制作用的占27.2%，认为无影响的占61.4%，而认为加剧了解雇行为的则占9.1%。总体来看，似乎《劳动合同法》对雇佣和解雇的影响并没有想象的那样明显，这主要是由于近些年我国经济发展迅速，企业经营环境良好，企业更多的是扩大人员需求，解雇行为相对较少，因此看上去影响并不大。但是从调查结果也能明显看出，无论是对雇佣还是对解雇，《劳动合同法》实施的抑制作用在一定范围内是存在的。

3. 用工方式更为灵活

《劳动合同法》对用工方式也产生了一定的影响，通过调查《劳动合同法》实施后企业出现用人需求时的选择偏好，发现：56.8%的企业会选择招聘新员工，这仍是满足用人需求的主要方式；22.7%的企业倾向于采用劳务派遣等用工方式，《劳动合同法》实施使很多企业的劳务派遣人数有所上升，25.6%的企业对此表示认同，平均上升幅度在20%左右，56.3%的企业派遣用工数量没有明显变化，同时也有7.1%的企业由于当地对派遣用工比重的限制降低了劳务派遣用工数量；11.9%左右的企业采取了延长工作时间的方式来满足用工需求，这一点在城镇就业人员调查周平均工作时间上也有一定体现（见表2），2008年以前工作时间一直降低，而2008年以后则又开始呈现出不断上升的趋势；另外，还有8.5%的企业会根据不同用人需求的具体情况，采取不同的用工方式，或使用实习生的方式。

表2　城镇就业人员调查周平均工作时间

单位：小时

时间	2006年11月	2007年11月	2008年11月	2009年11月	2010年11月
平均工作时间	47.3	45.5	44.6	44.7	47.0

资料来源：《中国劳动统计年鉴》（2011）。

4. 劳动关系有所改善

在劳动关系方面，重点调查了四个指标的变化情况，分别为劳动合同签订率、社会保险覆盖面、劳动争议数量和总体劳动关系和谐程度。首先，从劳动合同签订率和社会保险覆盖面来看，在《劳动合同法》实施后，这两个指标显著提升（没有变化的大多是因为之前已达到100%），我们调查的大部分企业达到了100%，另有少部分也在90%以上，个别企业不到90%，说明企业的劳动关系管理更加规范。其次，从劳动争议的数量来看，44.9%企业的劳动争议数量有所增加，但这一点与前面分析以及宏观层面的数据比较一致，主要是随着法律的规范，有法可依、有据可循，使一些劳动争议事件显性化。总体而言，《劳动合同法》还是改善了劳动关系，28.9%以上的调查者认为其所在企业的劳动关系状况明显得到了改善，但是也分别有47.7%和18.2%的人员认为劳动关系状况没有变化或恶化。

5. 培训工作更受重视

《劳动合同法》的实施也使企业更加重视培训开发工作，其中，45.5%的被调查者认为《劳动合同法》实施后企业对员工的培训更加重视，52.3%的被调查者认为重视程度没有明显变化，另外，有1.7%的被调查者认为更加不重视培训。在谈及更加重视培训的具体原因时，有一半左右是由于企业认识到培训对企业发展的重要性，可以说与《劳动合同法》的实施关系不大，而另外与《劳动合同法》密切相关的原因主要集中以下几个方面：一是由于用工成本上升，为了尽量避免由解雇而产生各种问题，企业更愿意加大培训力度，通过人力资本投资方式提升员工的附加值，替代多雇用人员；二是由于企业和员工之间的关系更加稳定，企业更愿意进行人力资本投资；三是由于《劳动合同法》的实施，使企业和员工都更加关注劳动关系问题，为避免不必要的劳动纠纷出现，企业需要投入一定的培训，因而很多培训内容都与劳动关系问题密切相关。

通过微观层面的调查可以判定，我国《劳动合同法》实施对就业的影响符合一般规律，如雇佣和解雇均受到限制、企业员工基本权益保障性更强、对员工的培训更重视等。总体来看，由于近些年我国高速的经济增长对就业起到了很好的拉动作用，因此，严格的就业保护对就业的影响更侧重于积极方面，特别是在劳动者权益保护方面，收到了很好的效果。但是也应该看到，近些年我国青年人员的就业、就业困难群体的就业以及城市失业问题日益严峻，而随着我国经济增长下行的压力日益增大，就业保护的负面效应可能会进一步凸显出来，需要引起各方的高度重视。

三　政策建议

就业保护法律对劳动力市场以及就业质量具有不可忽视的影响，如何平衡灵活性和安全性，已经成为世界范围内的热点问题。对我国而言，为了有效发挥就业保护法律的积极作用，减小其不利影响，需要重点从以下几个方面着手。

（一）坚持落实就业优先战略

虽然严格的就业保护法律对整体就业、失业水平的影响在理论分析中并没有得出确定结论，但仍需要重视就业保护法律对就业所产生的实际影响。特别是在经济增长下行阶段，严格的就业保护对企业劳动力动态调整具有明显的抑制作用，甚至损及企业的正常发展，减少总体的劳动力需求。因此，如何在规范、稳定劳动力市场的同时，避免由严格就业保护带来的负面影响，是一个非常重要的课题。从各国的实践经验来看，通过健康、持续的经济增长来扩大劳动力需求，是最有效解决问题的出路和手段。因此，必须要继续坚持就业优先的宏观经济目标，切实把促进就业放在产业发展的优先位置，通过各种有效措施来推动就业持续增长。

（二）实施积极的劳动力市场政策

积极的劳动力市场政策源于 OECD 国家，现今已被越来越多的国家应用于治理失业、促进就业与再就业。近年来，我国逐渐重视积极的劳动力市场政策对减少失业和稳定社会的积极作用，相继出台了一系列政策措施，并不断加大资金投入，在治理失业过程中取得了一定成绩。但是也应该看到，我国积极的劳动力市场政策无论是在政策内容制定，还是在政策的实施过程中，都还存在有待进一步改进之处，可以借鉴丹麦、荷兰等国家的先进做法，不断予以完善，以弥补严格就业保护带来的不足，积极促进就业。

（三）适时对就业保护法律进行调整

充分发挥就业保护法律的积极作用，利用法律手段营造竞争与公平的就业环境，使劳动力市场能够在制度保障与法律约束的轨道上运行。但同时也必须注意，法律制度是一把双刃剑，如果对劳动力市场的规制力度超过了当前经济发展水平和市场承受力，也会损及国家的发展动力。特别是在经济下行阶段，严格的就业保护容易造成持续的高失业率，需要进行积极调整。另外，对于抗风险能力较弱的中小企业，可以实行较为宽松的就业保护政策，重点保证企业与劳动者签订规范的劳动合同，并给予增长潜力型中小企业一定的社会保险补贴或者雇佣补贴。

（四）加大重点人群的就业扶持力度

严格的就业保护法规在有效保护就业群体的同时，也为非就业群体，特别是就业困难群体设置了障碍，不仅压缩了有限的就业机会，而且在甄选的过程中产生了无形的歧视。为此，在严格的就业保护下，为了有效促进重点人群的就业，必须加大扶持力度。一方面，要出台各种激励政策和有效措施，鼓励和帮助就业困难群体实现就业；另一方面，要针对不同群体采取有针对性的扶持办法，提高就业能力，扩大就业机会。

（五）保障非正规就业群体的基本权益

20 世纪 90 年代中后期以来，由于经济的结构调整和企业类型的多元化，非正规就业的数量和规模都不断扩大。一方面，非正规就业人员数量巨大，并呈现出不断增长的态势；另一方面，非正规就业契约形式多样，为管理带来了很大难度。就业保护法律的严格化导致非正规就业群体的数量显著增加，但是没有对这类群体实现有效的保护，这一点在我国体现得非常明显。为此，要逐步完善非正规就业者的劳动权益保护制度，将非正规就业群体逐步纳入法律保护的范畴。

Influence of Employment Protection Laws on Employment Quality

Bao Chunlei

Abstract: Employment protection refers to the limiting and constraining regulations on the use of labor force by employers. Employment protection has major influence on employment quality. As the *Labor Contract Law* is enacted, the legal system of employment protection in China has been established gradually, thus effectively securing the basic rights and interests of workers and employees while revealing some inherent problems that need to be addressed. The thesis, by making questionnaire survey, finds that the *Labor Contract Law* has influence on employment, which is represented by the fact that employment decision is evidently influenced, the slight cuts are seen in employment and laid-off volume, means of employment become more flexible, labor relations are improved, and more emphasis is given to training. According to the analytical results, the thesis believes it is necessary to revise the employment protection laws, give stronger support to the employment of key groups, and safeguard the rights and interests of flexibly-employed groups.

Key Words: Employment Protection Laws; Employment Quality; Labor Contract Law

B.24
以创业带动就业：企业的角色

田庆有*

摘　要：

作为社会的主体之一，企业在推动就业以及提高就业质量方面起着重要作用。只有全社会都积极动员起来，发挥每个就业环节的作用，才能够有效缓解就业难、创业难的社会问题。湖南舒天网络科技发展有限公司通过创新全新的就业观念和新型组织形式，帮扶大学毕业生、复退军人、低收入人员、残疾人和下岗失业人员五大就业弱势群体，开设“舒天”便民连锁店，做到了“以创业带动就业”，为发挥企业在以创业带动就业中的作用积累了有益的经验。

关键词：

高质量就业　创业带动就业　技能培训

在当前特定的社会环境下，对就业创业工作来讲，既面临挑战，又面临机遇。对刚毕业的大学生来说，在走出校门的同时，他们又进入了另外一所“企业学校”。受我国教育体制的限制，学生从小学到大学毕业，基本在学校中度过。他们很少参加社会实践，很少有机会接触企业，更缺乏实际的企业从业经验。刚刚进入企业时，他们还不能独立完成企业交给的任务并承担相应的责任，首先要接受一段时间的入职培训，加强经营管理知识学习和销售方法与技巧、指标体系、人际关系、财务知识等相关技能的培训等。这些实战的技能学习，为社会承担了“技能再教育”的工作。企业的这些行为，对人才结构

---

* 田庆有，原中国管理科学研究院研究员、科技传播研究所副所长，全国政策科学研究会副秘书长。

的提升、优化起到至关重要的作用。所以，企业在推动就业质量中起到了重要作用。

一　舒天在推动以创业带动就业中的探索

湖南舒天网络科技发展有限公司（简称“舒天”）在湖南省人力资源和社会保障部门的指导下，通过一种全新的就业观念和新型组织形式，打造了新型的现代服务业公共服务平台。

舒天是一群“80后”和“90后”大学毕业生创办的定位于便民服务的公司。他们抓住难得的历史机遇，创造了新的发展模式。他们的经验是，围绕大学毕业生、复退军人、低收入人员、残疾人和下岗失业人员五大就业弱势群体，通过构建舒天便民服务网络体系，帮扶他们开设舒天便民连锁店，做到了以创业带动就业，走出了一条新路子。

（一）舒天便民连锁服务模式及其带动就业的机理

“舒天人”在自己就业中，都曾经面临过一些困难，体验和经历过就业困难的社会现实。他们在经过认真思考以及不断实践后发现，真正能够解决自身就业问题的方法就是自主创业，以创业带动就业才是出路。他们从投入最小的便利店开始做起，用了3年时间，以电子商务为载体，打造出了一套集销售平台、产品平台、资金平台和培训学习平台于一体的新型商业模式。

他们的具体做法是，在城市社区、街道、农村和乡镇等人口密集区，根据实际情况，建设多种不同经营模式（产品不同、定位不同、服务不同）的便民服务中心或便民连锁店，以这种创业的方式带动就业。他们建设的便民服务中心或便民连锁店与传统便民店所承载的功能和使命不同，具体表现在以下几个方面。

1. 建立电子信息服务系统

传统便利店大多只经营简单的日常生活用品，只有个别相对高端的连锁店，比如“7～11”（只在大城市）等，消费者还可以用“拉卡拉”等金融工具，进行充值缴纳本地电话费等。“舒天便民”不但包含了传统便利店的服务，还通过自主研发的“舒天 ERP 电子信息系统”，实现全国范围的手机、座机充值缴费，全国范围的缴纳水费、电费、煤气费，市民可以在“舒天便民”购买机票、火车票、汽车票以及旅游门票和演出票等，大部分店面还提供免费 Wi-Fi 及打印、复印和下载服务。

2. 提供增值服务

传统便利店有简单的寄存、托管服务。“舒天便民”增加了社区的房屋托管、中介（免费信息服务）、家庭保洁卫生、社区托老托幼（临时，非专业）等增值服务。

3. 建立集中采购系统

传统便利店大多是个体经营，自己去批发市场采购商品，无法掌控货品的价格和质量，物流和采购成本相对较高。“舒天便民”运用自己的信息系统，搭建了一套自己的商品采购体系。可以通过集中采购、网上或电话下单、统一物流配送、统一结算等手段，降低采购成本，提高流通效率，并且从源头上解决了假冒伪劣商品问题。目前，已经在“舒天网上商城”和连锁店销售的 4000 余种商品，都是直接从合格厂家购进的，保证了商品的安全和可追溯性。

4. 注意品牌建设

传统便利店都是“散兵游勇”，各自为战，没有品牌，不注重形象，没有归属感。“舒天便民”（有自营、加盟、合作三种运营形式）利用总公司统一的品牌形象、统一的店面形象、统一的服务体系、统一的管理工具、统一的业务模式，大大提升了服务水平和盈利能力。

5. 加强员工培训和考核

传统便利店没有专业技能培训，服务水平参差不齐，员工流失率高。“舒天便民”在开业前就着手进行专业技能培训，请专业的师资到公司、店面，进行实地考察和指导，公司客服部还对店面进行定期考核，督促其改善经营环境，提高服务质量。“舒天便民”每个月有店面经营与管理的实战课程，每季度有一次团队执行力等方面的培训，半年召开一次总结大会，对经营管理水平达标的店面（或合作伙伴）以及个人进行评比、表彰等。这些措施在提升员工素质的同时，大大提高了加盟商和合作伙伴的忠诚度。

6. 实施差异化战略

传统便利店大多只经营日常生活用品，竞争激烈，通过价格战，跟大型连锁超市进行恶性竞争，过着朝不保夕的日子，勉强维持经营。“舒天便民”通过差异化市场定位，顺利地解决了这个问题。

（二）舒天便民连锁服务的店面业态

目前，“舒天便民”有三种业态：①“舒天社区服务中心”。该业态在传统便利店的基础上，侧重于社区便民服务，其主要服务内容有免费的房产信息，免费 Wi-Fi，社区家庭保洁，托老托幼服务，充值缴费，机票、火车票及汽车票销售，旅游门票销售，承接 EMS 等快递收寄业务，客户终端物流配送服务。②“舒天便利店”。该业态主要侧重于差异化的产品销售，目前有几大类将近 4000 个品种。其中，有创意生活产品、儿童益智产品和贴心晚年老人用品等，还有充值缴费以及各种票类销售。③“舒天通讯店”。该业态主要侧重于手机及其副产品的销售和维修，充值缴费，票务销售，打印、复印及下载等。根据社区消费水平，每种不同的店面定位、产品定位、服务定位都有不同的侧重点，根据当地实际情况合理布局、分工协作。

“舒天便民”的这三种业态店面，其经营内容互为补充、互相促进。更重要的是，这三种业态店面的业务流、物流、资金流，都通过“舒天 ERP 信息系统”链接在一起。数据处理终端会很及时地将采购、仓储、物流配送以及资金回收等整合在一起，大大提高了竞争力。比如，在长沙市芙蓉区一条不到 50 米的街道，就同时出现了这三种不同业态的三家“舒天便民”服务店，通过优质服务，受到社区居民的欢迎，得到当地政府的认可和鼓励。另外，市民在“舒天网上商城”或者通过手机 APP 终端订购的产品，都按照就近店面配送和服务，及时送到客户手中。还有，湖南省电信以及长沙部分银行，还将它们的积分产品通过“舒天网上商城”实现及时落地服务，它们的客户数据库与“舒天便民”数据库实现了信息共享，由舒天线上和线下网络为它们提供具体的积分产品服务，这种跨行业的资源整合，实现了共赢。

这种网上有商城、手机有 APP 终端、社区有店面，通过地面物流配送及时对接，以及形象统一、标准统一、管理系统统一的新型商业模式，经过 3 年多的实践，已经取得了成功，并且越来越受到创业者的青睐。这种模式最大的优势，就是通过创业带动了就业，通过舒天这个新型的、有竞争力的“企业生态系统”稳定了就业，巩固了就业成果。当地政府正是看到了这个特点，才不断将需要就业的群体输送到舒天，希望通过舒天的努力解决他们的实际困难。

二　舒天模式在实现以创业带动就业中的优势

舒天在发展过程中，始终坚持通过免费的培训，打造“技能培训带动创业，便民服务巩固和稳定就业”的新型商业模式。专业的技能培训在“舒天便民”开拓过程中起到了非常重要的作用。“舒天便民”的技能培训，与政府以及社会力量组织的培训有很多不同，有着它们特殊的优势，具体表现在以下两个方面。

（一）建立了行之有效的培训体系

目前，政府部门提供的帮扶创业培训，由于缺乏场地、资金不到位、师资不足、课程较注重理论，培训效果不理想，难以适应从业者提升创业就业能力的需要。舒天根据微小企业人才培养的需要，建立了一整套完备的培训体系和适应性很强的培训课程，聘请实战的技术专家、培训专家和管理专家做导师和顾问，免费为就业困难的弱势群体在思想上进行开导，在理论上进行辅导，在技术上进行指导。培训合格以后，还根据他们本人的经济情况、家庭环境等进行综合评估，有针对性地给他们提供力所能及的支持，帮助他们开设社区便民服务店。这样就真正把培训和开店结合了起来，把培训和就业结合了起来，解决了政府培训解决不了的问题。例如，目前，电脑在城乡家庭的普及率非常高，但是家长及其子女在电脑技术应用、软硬件维修方面还应付不了。根据这个情况，舒天针对大学生和复退军人开设了电脑应用技术与维修课程，通过专业的技术培训，使他们很快掌握这门技术，培训合格后，将他们输送到舒天便民服务中心或便民店，为店面所在的整个社区提供相关服务，弥补了市场空缺，解决了居民实际问题，还促进了他们自身的就业。

（二）培训有针对性，注重实战经验

市场上的培训很多以盈利为目的，收费较高，又无实体支撑，难以满足受训者就业的需求。“舒天便民”所做的培训都是针对店面需要的、马上可以实施和操作的课程，大部分师资都是有实际经验的公司高管和店面负责人，课程实用、接近实战，培训是在自己的店面进行，在自营店面实习和考核。经过一段时间的店面经营后，才可以开店（当老板）或到店面充当管理员和销售员。重要的是，“舒天便民”的各种培训都是免费的，这些都是社会力量培训做不到的。

除了上面列举的服务内容，舒天便民店还有其他免费服务项目，比如托老、托幼服务，房屋托管，房产信息发布，家政服务，等等。这些免费项目使得舒天便民店与社区、街道、乡镇居民的关系越来越和谐，他们与社区生活真正融为了一体。舒天便民店不仅是一个销售商品的窗口，还成了社区居民信得过的朋友。

由于舒天便民店在长沙等周边地区开店的规模已近3000家，具备了很好的渠道功能，很多厂家、广告商通过这个有效渠道进行促销、宣传、展示、展销等。几家知名的物流公司将舒天的连锁终端店面作为他们接收、配送、中转的网点。通过这种合作，又增加了舒天店面的收入，还降低了舒天自身采购、销售、物流、配送的成本，使得“舒天便民”创业就业的质量得到了根本保证。

三　企业在推动创业、带动就业中的问题及建议

“舒天模式”是根据目前社会发展的趋势应运而生的新型商业模式，在发展中曾遇到很多的问题，具体表现在以下几个方面。

（一）政策落地与对接问题

党的十六大以来，各级政府对以创业带动就业工作倾注了大量心血，投入了大量财力物力，但是结果都不理想。其根本原因不外乎以下两个方面：一是

政策到位，但是不能落地。主要是因为政府相关部门人员少、工作量大，很难到基层去实地指导和帮扶。政府部门工作人员由于没有经营过企业，对企业经营管理缺乏经验，也难以给予实际帮助和指导。二是政府配套帮扶和培训资金虽然每年都有增加，但很难解决实际问题，主要是培训以后缺乏实际落地的创业就业项目。还有，弱势就业群体再就业，思想观念上还需要转变，这不是单靠政府相关部门就能够解决的，需要全社会，尤其是各级社会组织、企业共同协作，加强宣传，强化培训。笔者建议政府主管部门授权有能力对创业就业提供支持的企业，成立企业“创业孵化基地”或“帮扶中心”，政府提供政策信息和人员，企业进行有针对性的创业帮扶和培训。最终通过政府搭台、企业唱戏，有效促进以创业带动就业工作顺利开展。

（二）金融对创业就业的支持

众所周知，创业最难的不是技术和项目，而是启动资金。大部分弱势就业群体的创业梦止步于资金短缺。银行不给贷款，政府帮扶资金有限，社会救助体系不健全，这些都是困扰就业、创业的难题。“舒天便民”同样也面临这些困惑。舒天便民店经营的大多是微利产品，充值缴费以及电子产品维修等利润也非常薄，导致舒天的整体利润水平偏低。舒天还投入大量资金进行电子商务建设，大量的免费教育培训以及搭建自己网络体系和品牌建设等环节，投入巨大，造成资金周转困难。他们也希望得到政府以及社会的支持，否则孤掌难鸣，前进的道路越来越艰难。呼吁我国政府在加强金融基础建设的同时，对民生项目、帮助就业的重点企业提供良好的金融服务。通过调研，笔者认为，最容易操作、最容易见效的方法是，由政府主导、银行支持和企业参与，建立创业基金，推动发展新型的融资方式，为企业发展提供更加便利、多样化的金融服务。

以舒天为例，可以尝试由当地政府、相关银行和企业三方成立一家创业基金。政府主管部门监督指导，银行为开店创业者提供低息贷款，舒天担保资金流向专款专用。企业提供便民连锁店的全套开店、管理、经营技术支持以及售前、售中和售后服务。这样就做到了政府有成绩、银行资金安全回报稳定、企业迅速提升品牌影响力并提供更多创业就业岗位，街道社区、乡镇居民得到好的服务和商品，建立了一个有机生态群，实现了多赢。

（三）政府、企业、各级社会组织和相关单位对创业就业的支持

促进创业就业工作不仅仅是政府的一项工作职能，全社会也有责任和义务。只有全社会都积极动员起来，发挥每个就业环节的作用，才能够有效缓解就业难、创业难的社会问题。

发展便民服务网络是“十二五”规划的重要课题，是一项持久、复杂的系统工程，各级政府应该从实际出发，从基础工作抓起，从效果明显的项目起步，遵循“小步快走”的战略原则，确保成功。作为其他项目效仿的有力样板，湖南省人力资源和社会保障厅支持的以技能培训带动创业、以便民服务带动就业的舒天项目应是成功的范例。

在创业就业和便民利民系统的建设中，并不一定要政府投资，应当改变旧有的思路和观念，政府通过合理方式授权企业参与筹资、建设运营和管理，既可减轻政府部门的投资压力，又可使企业通过产品开发、技术咨询与服务获得利润，以此实现多赢。

湖南省通过扶持弱势群体创业就业、落地于“便民连锁服务”工作实践总结出的这套行之有效的方法，没有高额资金投入，无需增加人员编制，经济实用、发展快速、见效显著，具有很强的复制性和推广价值，值得借鉴和推广。

Stimulating Employment with Entrepreneurship: The Role of Enterprises

Tian Qingyou

Abstract: As one of the major players in the society, the enterprises play an important role in facilitating employment and improving employment quality. Only by mobilizing all the communities and ensuring each part plays its role can we effective alleviate the problem of difficult employment and entrepreneurship. Hunan "Shutian" Network Technology Co., Ltd., by adopting the brand-new employment notion and organization form, keeps supporting the five major disadvantaged groups, namely, university graduates, veterans, low-income families, handicapped families and laid-off people. It has set up "Shutian" convenience chain shops to stimulate employment through entrepreneurship. It has gained some useful experience in stimulating employment through entrepreneurship.

Key Words: High-quality Employment; Stimulate Employment Through Entrepreneurship; Skill Training

B.25

北京市引进外国专家需求调查分析报告

陈蓓　岳颖　宋洪峰　俞莎莎*

摘　要：

根据调查对象的不同，本文分别针对在北京工作的外国专家以及北京地区各类高等院校、医院、科研院所和企业等用人单位进行了问卷调查，比较全面地了解到北京市产业发展对高层次外国专家的需求状况、外国专家到北京工作的服务需求、用人单位在引进高层次外国专家过程中的各类服务政策需求，以及目前北京市引进外国专家政策的实施情况。

关键词：

北京　外国专家　人才引进政策

为了解北京市战略性产业发展对高层次外国专家的需求状况、外国专家到北京工作的服务需求以及用人单位在引进高层次外国专家过程中的各类服务政策需求，本次调查有针对性地收集与高层次外国专家到北京工作相关的各类信息。根据调查对象的不同，此次问卷调查由两份问卷组成，分别针对在北京工作的外国专家和北京地区各类高等院校、医院、科研院所和企业等用人单位的负责人。其中，外国专家问卷共涉及 428 位专家，包括 106 位华裔专家、322 位非华裔专家。用人单位问卷共涉及 133 家单位，包括 29 家科研机构和高校、12 家国有/国有控股企业、30 家外资企业、8 家中外合资企业、22 家民营企业、7 家股份制企业、1 家社会团体。

---

* 陈蓓，北京市人力资源和社会保障局副局长；岳颖，中国文联人事部编制工资处处长，研究员；宋洪峰，北京林业大学人力资源系副主任，副教授；俞莎莎，北京大学经济学院硕士。

一　外国专家问卷调查分析

（一）外国专家样本分布基本情况

在428名被调查者的有效样本中，男性占73.4%，女性占26.6%；年龄集中在26～50岁，占75%，25岁及以下和50岁以上的外国专家比例较小；非华裔专家占75.2%，其中美国国籍的外国专家最多，占27.3%；到北京工作的外国专家主要集中于本科和硕士学历，占82%，博士仅占11%，原因在于大部分外国专家的工作集中在应用型岗位，管理类的外国专家最多，占38%，教学类占35%，本科及本科以下的外国专家主要分布在教学岗位上；外国专家在中国工作时间累计小于3年的占34%，3～5年的占19%，5年以上的仅占22%，其中管理岗位中外国专家在中国工作5年以上的占比最大，为30.4%，而研发岗位则集中于3年及以下（占82.2%），工作方式很大部分是以合作为主，时间相对较短，教学和其他岗位大多以1～3年为主，人员流动性较大。

（二）外国专家对引进政策的评价

1. 政策了解程度较低

完全不了解北京市引进人才政策文件的外国专家占总样本的58.6%，而对引进人才政策有一定了解（包括非常了解和了解）的仅占13.1%；外国专家了解引进人才政策文件的途径主要集中于企业宣传介绍、同事/亲友告知以及网络，而报纸、电视/广播等传媒的宣传途径作用较小，政府推介的作用更小（见图1）。

2. 政策吸引力不够大

有半数以上（53.7%）的外国专家认为北京的政策吸引力一般，其中有很大一部分是由于对政策毫不了解，无法判定其吸引力大小，有32.7%的外国专家认为北京的政策比较有吸引力，认为很有吸引力的仅占6.8%。其原因主要归结为以下几类：一是政策文件清晰度不够，变化太快。相关法

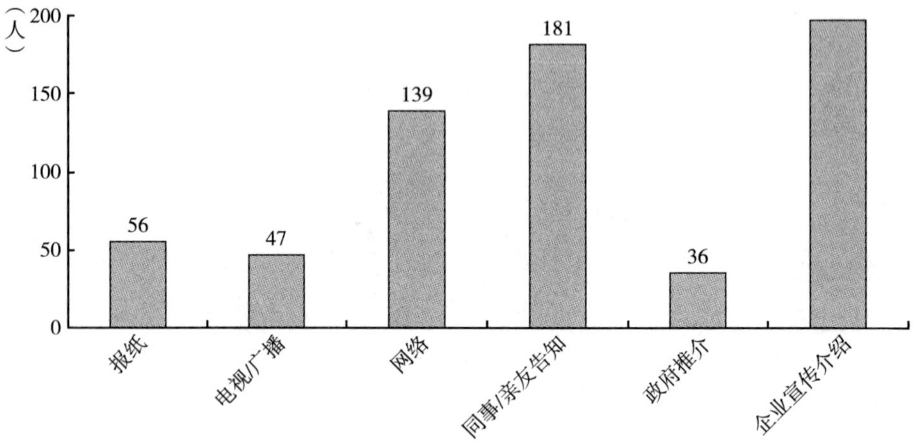

图 1　外国专家对引进政策的了解程度和途径

律法规、政策文件比较复杂和混乱，另外，各类规定和程序变化太快，信息难以获取。二是税收过高。三是在手续办理过程中有太多的官僚主义，很多程序难以理解，缺乏负责人，每次来中国都要登记注册，既浪费时间，也很烦人。四是签证获取程序麻烦，文件太多，标准太过严格，有时甚至根本用不上，让外国人感觉自己根本不受欢迎，另外，签证到期还需要回到本国办理。五是社会福利和保险不应是强制性的，应可选。六是排外问题，100 天打击非法移民让所有外国人都觉得自己不受欢迎。七是生活环境问题，生活成本高，交通太拥挤，空气质量太差。八是工资问题，在“211”和“985”高校工作的教师，由国家外国专家局决定的工资太低，远远比不上私立学校的工资水平。九是政策宣传力度太小，与外国专家相关的政策文件应该由国家外国专家局直接给所有的外国专家。十是外籍应届毕业生难就业问题。其他国家有一些直接与大学应届毕业生相关的项目。例如，如果你想在日本工作，有一项政府计划（JET）会对你进行培训，并为你提供一位可靠的雇主。但在北京，缺乏相关机构，许多私营业主并不能帮助其外籍员工取得签证或工作许可。

3. 大部分外国专家未曾享受到优惠政策

对于各项优惠政策，最大问题在于大部分外国专家并未享受到优惠。其中，获得科研经费资助、协助安排配偶就业和/或子女入学、办理长期工作签证、推荐参加各类奖项的评比、获得政策性创业资助、在医疗等方面享受各项优惠的未享受率分别为74.8%、71.0%、40.7%、67.5%、76.4%、58.2%。而得到一次性安家补助费这一优惠政策普及率很高，被调查的所有外国专家都享受到了此政策。

对政策内容的各项满意度进行进一步的分析，以政策平均满意度1.92为参照，各项的满意度评价分布在平均满意度上下。除得到一次性安家补助费这一政策内容的满意度较低（1.35）外，其他的政策内容均处于平均线以上。其中，办理长期工作签证的满意度最高（2.32），其他依次为获得科研经费资助、获得政策性创业资助、推荐参加各类奖项的评比、协助安排配偶就业和/或子女入学、在医疗等方面享受优惠等。

（三）外国专家对服务或政策的需求程度测评

1. 外国专家到北京工作的主动性较强

在被调查者中，57.7%的外国专家都是主动申请到北京工作的，而公司派遣的外国专家只占42.3%。可见，外国专家对到北京工作的主动性比较强，对北京的就业前景比较看好。

2. 外国专家到北京工作的原因

如表1所示，到北京工作原因重要程度得分由高到低排列如下：事业平台良好，职业发展前景好；对中国文化比较认同；薪资待遇好，经济激励多；工作、生活环境良好；基本公共服务比较完善；国际化程度较高；提供科研经费和安家补助费。另外，也有部分外国专家补充说明了其他原因，主要有：家庭因素，和中国人结婚，定居中国；工作因素，在北京找到了专业领域的工作，在其他国家无法找到；在家乡的就业发展机会不多；在做一些关于中国的研究，而北京是一个很好的落脚点；对中国文化非常感兴趣；中国的大学非常有名，学生也很聪明；学习汉语；等等。大多数外国专家还是将到北京工作的原因主要定位于本质原因，即工作因素，而其他的外在因素主要以中国文化、家庭等为主。

表 1　外国专家到北京工作的原因重要度

比重计数	重要度排名	1	2	3	4	5	6	7	总计
	对应权重	7	6	5	4	3	2	1	
到北京工作原因	薪资待遇好，经济激励多	51	43	41	36	29	24	22	1121
	提供科研经费和安家补助费	8	20	22	23	17	42	114	627
	事业平台良好，职业发展前景好	68	54	47	35	27	11	4	1282
	工作、生活环境良好	26	44	42	57	46	24	7	1077
	基本公共服务比较完善	6	14	38	40	71	56	21	822
	对中国文化比较认同	67	38	32	25	28	43	13	1140
	国际化程度较高	20	33	24	30	28	46	65	819

不同岗位的外国专家到北京工作的最主要原因存在显著差异。具体来说，管理和研发岗位的外国专家到北京工作的最主要原因都偏重于事业平台良好，职业发展前景好；注重薪资待遇好、经济激励多的次之；而教学类岗位则比较注重于中国文化因素，有 34.7% 的教学类外国专家都因为对中国文化比较认同而选择到北京工作。

3. 外国专家到北京工作面临的主要困境

如表 2 所示，外国专家到北京工作面临的主要困境重要度得分由高到低排列如下：事业发展空间有限；工作中的人际关系比较复杂；没有受到应有的重视和重用；缺少足够的学术交流机会；语言文化障碍；管理制度对工作开展的限制；无法获得足够的经费支持；单位没有兑现合同承诺。另外，也有部分外国专家补充说明了其他工作困境，主要有：文化差异；签证、工作许可；工资太低，税收太高；等等。

表 2　外国专家到北京工作面临的主要困境重要度

比重计数	重要度排名	1	2	3	4	5	6	7	8	总计
	对应权重	8	7	6	5	4	3	2	1	
到北京工作困境	事业发展空间有限	121	113	72	40	37	14	16	15	2628
	工作中的人际关系比较复杂	68	127	92	66	32	22	13	8	2543
	没有受到应有的重视和重用	19	40	129	105	59	40	19	17	2142
	缺少足够的学术交流机会	30	37	43	124	91	46	37	20	1973
	管理制度对工作开展的限制	34	40	37	45	125	106	37	4	1895
	无法获得足够的经费支持	24	18	20	26	41	143	115	41	1432
	语言文化障碍	112	46	28	14	26	32	138	32	1964
	单位没有兑现合同承诺	20	7	7	8	17	25	53	291	831

不同性别、年龄、岗位的外国专家到北京工作面临的最主要困境并无显著差异，但学历不同、华裔/非华裔以及在北京累计工作时间不同的外国专家到北京工作的最主要困境存在显著差异，显著性分别为0.022、0.000、0.010。就学历而言，本科以下外国专家的最主要困境大多为无法获得足够的经费支持，本科学历中30.2%的外国专家则面临着“语言文化障碍”这一困境；而硕士及以上学历的外国专家则偏重于“事业发展空间有限”这一困境。就华裔与否而言，华裔外国专家面临的主要困境以“事业发展空间有限”为主，其次是“工作中的人际关系比较复杂”，非华裔外国专家却是以“语言文化障碍”为主，其次是“工作中的人际关系比较复杂”。就到北京累计工作时间而言，5年及以下的外国专家都纠结于“语言文化障碍”，而长期在北京工作的则纠结于“事业发展空间有限”。

4. 专家到北京工作需迫切解决的问题

如表3所示，外国专家当前需迫切解决的问题重要度得分由高到低排列如下：租房或购买住房；医疗服务；子女教育；家政服务；社会保险；买车；融入北京生活；科研或创业团队支持；打破科研经费限制。另外，也有部分外国专家补充说明了其他需要迫切解决的问题，主要有：环境污染；签证和居留许可；娱乐活动；货币限制；归属感弱；工作人际关系；等等。可见，外国专家到北京工作需迫切解决的问题主要集中于生活因素，如住房、医疗、家政等，而环境问题也依旧是不可忽视的老问题。

表3 外国专家需要迫切解决的问题重要度

比重计数	重要度排名	1	2	3	4	5	6	7	8	9	总计
	对应权重	9	8	7	6	5	4	3	2	1	
需迫切解决的问题	子女教育	110	59	40	23	27	20	19	26	104	2308
	租房或购买住房	103	117	92	50	21	15	12	8	10	3034
	买车	22	38	79	76	56	43	28	49	37	2182
	家政服务	13	30	68	98	98	59	33	17	12	2292
	医疗服务	85	82	63	63	73	43	16	2	1	2830
	社会保险	25	52	40	63	64	107	57	14	6	2252
	科研或创业团队支持	23	14	10	18	42	71	156	82	12	1635
	融入北京生活	35	21	27	31	34	43	60	144	33	1701
	打破科研经费限制	12	15	9	6	13	27	47	86	213	1026

不同岗位、华裔与否的外国专家到北京工作需要迫切解决的问题并无显著差异，但不同性别、年龄、学历及在京累计工作时间的外国专家到北京工作需要迫切解决的问题存在差异，显著性分别为 0.019、0.044、0.000、0.000。就性别而言，男性外国专家需要迫切解决的问题大多为租房或购买住房（27.4%），而女性则为医疗服务（27.2%）；就年龄而言，25 岁及以下的注重医疗服务，26 岁及以上的注重子女教育和租房或购买住房；就到北京累计工作时间而言，所有外国专家都比较注重解决“子女教育”问题，而 3 年及以下的外国专家注重解决“医疗服务”，3 年以上的外国专家则为“租房或购买住房”。

5. 外国专家对引进人才政策需求的总体重要程度评价

如图 2 所示，从整体来看，政策各个维度的重要度从高到低依次为办理手续（工作许可、居留）、生活保障（生活补助、保险、配偶、子女）、工作支持（机会平台、人事、奖励资助）、信息渠道。其中，最重要的维度与用人单位的问卷一致，都是办理手续问题。要使手续办理简便化，相关职能机构应该提供较多的长期工作签证，并缩短许可的审批时间等，使外国专家减少办理手续次数，清晰办理程序。

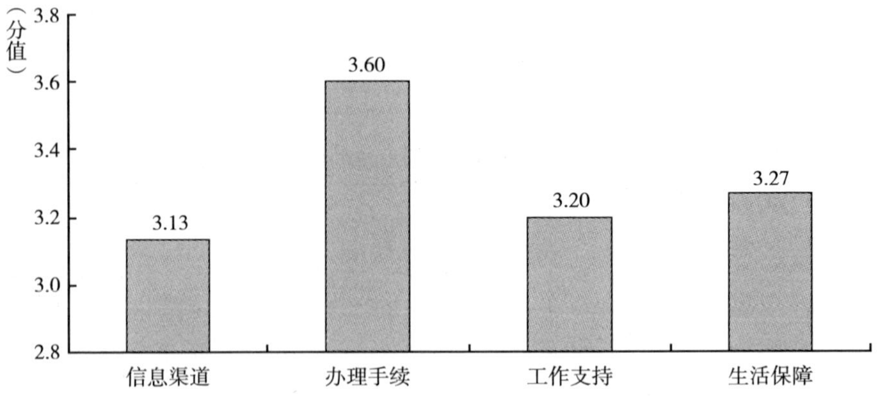

图 2　政策需求各维度平均重要度

6. 外国专家对各项引进人才政策需求的重要程度评价

在总体评价的基础上，我们也较为细化地列出了各题项的重要度评价，并对其进行了排序，分别列出了外国专家认为的最重要和最不重要的五项政策需求（见表4、表5）。

表4　引进外国专家分值最高的五项政策需求

题目类别	题号	分值最高的五个题目	分值
办理手续	C4.6	发放长期(2~5年)工作签证	4.16
办理手续	C4.2	缩短办理工作许可的审批周期	3.96
办理手续	C4.5	为长期在北京工作的外国专家及其配偶、子女办理永久居留证	3.89
生活保障	C4.19	提供基本医疗保险	3.84
生活保障	C4.18	北京政府给予外国专家一次性安置资金,并免征个人所得税	3.70

表5　引进外国专家分值最低的五项政策需求

题目类别	题号	分值最低的五个题目	分值
生活保障	C4.25	子女入托或中小学入学,协助办理相关手续	1.77
办理手续	C4.7	优先办理加入/恢复中国国籍	2.60
工作支持	C4.11	提供科技研发实验场所、设备等必要条件	2.83
工作支持	C4.8	提供主持参与北京市重点科研和工程项目的机会	2.88
工作支持	C4.10	提供科研经费支持	2.90

如表4所示，引进外国专家过程中最重要的政策需求为发放长期（2~5年）工作签证，分值高达4.16；同时，缩短办理工作许可的审批周期，以及为长期在北京工作的外国专家及其配偶、子女办理永久居留证这两项服务需求的分值分别为3.96、3.89，需要关注的一点是以上最重要的三项政策需求均属于办理手续这一维度。而排在重要度第四、五位的是提供基本医疗保险、北京政府给予外国专家一次性安置资金并免征个人所得税，属于生活保障一类。

相对而言，如表5所示，外国专家认为最不重要的五项政策需求依次为子女入托或中小学入学，协助办理相关手续；优先办理加入/恢复中国国籍；提供科技研发实验场所、设备等必要条件；提供主持参与北京市重点科研和工程项目的机会；提供科研经费支持。其对应分值分别为1.77、2.60、2.83、2.88、2.90，均处于3.0以下。

（四）对外国专家服务机构/职能单位的功能测评

1. 成立外国专家服务机构非常必要

36.4%的外国专家认为成立外国专家服务机构很有必要，42.1%的专家认为有必要。分析其原因，可以归结为多项因素：有利于提高服务质量，提高服务效率，提高可信度，使服务更具多样性，且不收费。

2. 外国专家服务机构应发挥作用的重要度排序

对外国专家在引进之前外国专家服务机构各种服务重要度进行统计，有40.65%的外国专家认为在外国专家引进之前，外国专家服务机构应该发挥的最重要作用为"建立引进外国专家信息发布系统"，有26.87%的认为应"搭建服务平台，组织开展外籍人才公开招聘会"，有32.48%的认为应"加强城市宣传和政策推介"（见表6）。

表6 外国专家在引进之前外国专家服务机构各种服务重要度

单位：家，%

比重计数		服务项目			
重要度排名	数据	建立引进外国专家信息发布系统	搭建服务平台，组织开展外籍人才公开招聘会	加强城市宣传和政策推介	总计
1	选择计数	174	115	139	428
	比重	40.65	26.87	32.48	100
2	选择计数	192	140	96	428
	比重	44.86	32.71	22.43	100
3	选择计数	62	173	193	428
	比重	14.49	40.42	45.09	100

对外国专家在引进之前外国专家服务机构各种服务重要度进行统计，有67.52%的外国专家认为在外国专家引进过程中，外国专家服务机构应发挥的最重要作用为"提供各类手续办理'一站式'公共服务"，有19.63%的认为应"开展外国专家评定，发放高端人才证件及资质证明"，有12.85%的认为应"加强与各类人才中介组织的交流合作，提供资质证明"（见表7）。

表 7　外国专家在引进之前外国专家服务机构各种服务重要度

单位：家，%

比重计数		题项（服务项目）			
重要度排名	数据	提供各类手续办理“一站式”公共服务	开展外国专家评定，发放高端人才证件及资质证明	加强与各类人才中介组织的交流合作，提供资质证明	总计
1	选择计数	289	84	55	428
	比重	67.52	19.63	12.85	100
2	选择计数	97	182	149	428
	比重	22.66	42.52	34.81	100
3	选择计数	42	162	224	428
	比重	9.81	37.85	52.34	100

对外国专家在引进之前外国专家服务机构各种服务重要度进行统计，有59.81%的外国专家认为在外国专家引进之后，外国专家服务机构应该发挥的最重要作用为“为外国专家提供保障措施，如医疗保险等”；而认为“组织开展国际人才交流活动”这一服务项目最重要的为15.42%；认为“为单位提供和国外大学、科研机构交流合作的机会”最重要的占比为8.88%；认为“建立有效的外国专家评价机制”最重要的占比为5.61%；认为“提供外国专家建言献策的平台”最重要的占比为7.48%；认为“及时处理涉外违法聘用事件”最重要的占比为2.80%。

二　用人单位的问卷调查分析

（一）用人单位样本分布基本情况

此次问卷调查共发放问卷133份，回收问卷133份，有效回收率为100%。其中，外资企业、科研机构和高校的比重最大，分别为22.6%和21.8%，接下来样本量由高到低依次为民营企业、国有独资或控股企业、中外合资企业、股份制企业以及社会团体，而24家其他类型的单位主要包括民办非企业（8家）、事业单位（5家）等。教育行业的单位（63家）占比最大，其次是制造业（21 家），信息传输、计算机服务和软件业（5 家），而其他所属行业的分布则比较分散，主要包括生物医药、日用消费品、进出口贸易等，占 15.0%。

（二）用人单位对外国专家人才的需求及其使用情况

1. 外国专家引进数量较大，需求量亦持续增长

从近 3 年用人单位引进外国专家的数量上看，各单位对外国专家的总体需求较大，但不同单位的外国专家引进人数差异较大，其中需求超过 50 人的单位有 26 家，占总样本的 19.5%，不少单位的引进人数在 100 人以上，甚至高达 800 人；引进人数在 0～10 人的单位（58 家）比重较大，占 43.6%，其中还有 14 家单位从未引进过外国专家。另外，从引进外国专家占单位总人数的比例来看，虽然总样本的平均比例只有 9.4%，其中 65 家单位的外国专家引进人数比重也都不高于总人数的 30%。

在未来 3 年内，有 102 家单位预测对外国专家的需求量会持续增长，其中大幅度增长的单位占 14.3%，小幅度增长的单位占 62.4%，仅有 31 家单位认为今后的需求量会不变，甚至降低。具体分析各单位预测的增长率，大部分单位还是集中在 10% 以下，占 72.5%，但也有 4 家单位预测增长率会在 71%～100%，而平均值则为 13.8%，已引进的外国专家人数占单位总人数的平均比例只有 9.4%。

2. 外国专家引进渠道多样化，可适当加强各类机构的中介作用

在被调查样本中，外国专家的引进渠道较为丰富。由多至少依次为个人推荐、社会招聘、网络招聘、国内外中介机构、赴境外招聘、中国驻外机构、海外社团组织，分别占 23.9%、23.5%、15.1%、12.3%、5.6%、4.6%、2.8%。而其他引进渠道还包括合作院校推荐、外专局人才招聘会、单位派遣等。可见，单位及个人引进渠道占了较大比例，而其他机构组织引进外国专家的渠道作用不是很大，若要进一步拓宽引进渠道，可以加强各类组织机构的中介作用。

3. 外国专家引进方式以人才引人才方式为主，使用模式趋向于长期合作

近 5 年来，近半数用人单位（58 家）都按个人能力来引进外国专家，而

按项目所需引进人才的仅占13.6%，按个人能力引进和两者结合方式引进的分别占43.9%和42.4%。大多数单位都集中于长期合作，占64.2%，而短期合作只占20.7%。同时，对单位今后引进外国专家的工作服务时间进行调查，发现仍然趋向于长期的用人单位（84家），占63.2%，而时间短于1年的仅有14家。

4. 外国专家的就职岗位分布较为均匀，需求类型分布也较为相似

对外国专家的就职岗位而言，教学、管理、技术以及研发这四类岗位分布较为平均，占比分别为26.4%、26.0%、25.2%、21.1%，而今后各引进类型比重相差不大，占比依次为25.5%、25.9%、25.5%、22.3%，相对而言，教学类外国专家比例会小幅下降，取而代之的是管理类，其需求有小幅增长。可见，外国专家在北京工作的分布岗位较为分散，这也从侧面反映了到北京工作的外国专家种类较为多样化，不再集中于单一的语言教学。

5. 大多数单位引进外国专家的原因多样化，但其实际创造的价值比较单一、有限

用人单位引进外国专家的原因主要有：促进单位国际化发展、引进先进思想和技术、缺乏特定岗位人才、促进企业管理能力提升等，分别占30.9%、29.5%、18.8%、16.4%，而外国专家实际创造的价值比较单一和有限，主要为提升单位的国际化水平，占75.2%。可见，用人单位引进外国专家的匹配度以及对其实际能力的识别仍需进一步加强。

6. 聘用外国专家存在问题较多，问题类型较为集中

聘用外国专家存在的问题主要集中在引进前期和引进中期，主要表现为：信息来源不畅（21.4%）和引进手续复杂（27.5%），而其余的问题，包括单位经费不足、文化及生活习惯差异大、团队融合度不高等原因，占51.1%。

（三）用人单位对外国专家引进政策的评价

1. 政策了解程度低，了解途径较为集中

了解两项及两项以上北京市引进人才政策的用人单位仅有64家，不到总样本的一半（48.1%），而了解一项的单位只占25.6%（34家），而不了解任何一项政策文件的单位有 35 家。进一步分析具体的各项政策文件可以发现，对《北京市引进人才和办理 <北京市工作居住证> 的暂行办法》这一政策的了解程度相对较高，占 24.4%，而对其他政策的了解程度由高到低依次为：《北京市鼓励海外高层次人才来京创业和工作暂行办法》，占 15.7%；《北京市促进留学人员来京创业和工作暂行办法》，占 13.7%；其余的几项政策则均在 10% 以下。另外，用人单位了解政策文件的途径主要集中于政府活动和网络，政府活动包括政府会议和政府宣传活动，共占 50.2%，网络则为 33.2%，而报纸、电视/广播等传媒的宣传作用较小。

2. 北京政策具备吸引力，且单位对其利用程度较高

对了解北京市引进人才政策文件的单位进行调查，发现相较于其他国家或省份的引进人才政策，北京的政策还是具备一定的竞争力的。在了解政策的 98 家单位中，有 75 家单位认为北京的政策比较有吸引力，其中认为很有吸引力的占 23.5%，认为有吸引力的更是占 53.1%，超过总样本的一半。而选择不太有吸引力的单位，其主要原因有以下两点：一是北京市的政策缺乏针对教育单位的经费资助，这导致教育单位提供的薪金和生活设施对外国专家缺乏吸引力，很难长期引进；二是即使在同一个城市，但每个地方区域的办理程序均不相同，对外国员工的申请有不同的要求。申请时间较长，没有相关的优惠政策给予外资企业的外国员工或者高级别的外国员工。

引进人才政策在用人单位引进外国专家的过程中亦发挥了有效作用。认为充分利用的单位最多，占 37.4%；大多数用人单位认为引进人才政策对吸引外国专家及促进外国专家创造价值发挥的作用一般，占比分别为 48.5% 和 47.5%；只有不到 6.1% 的单位完全没有利用引进政策。

（四）用人单位对引进外国专家的政策需求重要度评价

1. 用人单位对引进外国专家的政策需求的总体重要度

根据调查结果，各题项的平均重要度为 4.10。从整体来看，政策各个维度的重要度从高到低依次为引进便利（办理工作许可、居留出入境便利）、系统建设、物质及奖励、资源信息、生活保障（提供外国专家的工作激励机制）。

对政策需求的各题项重要度进行进一步分析，如图3所示，以政策需求的平均重要度4.10为参照，各题项的重要度评价分布在平均重要度上下。其中，与各维度平均重要度相对应，引进便利维度的各题项（D19～D23）几乎都分布在平均线以上，即重要度较高；生活保障维度的各题项（D25～D31）则大多分布于平均线以下，即重要度较低。

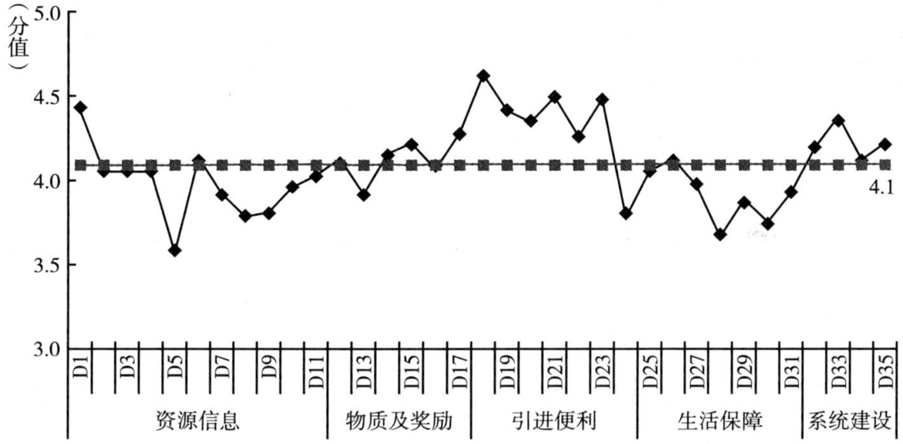

图3　政策需求各题项重要度

2. 用人单位引进外国专家的政策需求各题项重要度

在总体评价的基础上，我们也较为细化地列出了各题项的重要度评价，并对其进行了排序，分别列出了最重要和最不重要的五项政策需求（见表8、表9）。

表8　用人单位引进外国专家分值最高的五项政策需求

题目类别	题号	分值最高的五个题目	分值
引进便利	D18	缩短办理工作许可的审批周期	4.64
引进便利	D21	提供外国专家手续办理绿色通道	4.50
引进便利	D23	发放长期(2～5年)工作签证	4.49
引进便利	D19	增设咨询电话并提供双语咨询服务	4.42
资源信息	D1	建立政策信息的网络服务平台并及时更新和管理	4.41

表 9　用人单位引进外国专家分值最低的五项政策需求

题目类别	题号	分值最低的五个题目	分值
资源信息	D5	建立外国专家计分评价机制	3.58
生活保障	D28	协助解决外国专家配偶工作问题	3.66
生活保障	D30	子女可申请到公立学校就读	3.75
资源信息	D8	资助国外学者到北京与企业开展合作交流	3.78
引进便利	D24	优先办理加入/恢复中国国籍	3.79

（五）用人单位对外国专家服务机构/职能单位的功能测评

1. 外国专家服务机构成立具备必要性，且原因众多

有58%的用人单位认为成立外国专家服务机构很有必要，有30.8%的单位认为有必要。进一步分析其原因，可以归结为多项因素：可信度高、服务质量高、服务效率高、服务更具多样性、不收费。

2. 外国专家服务机构应发挥的作用的重要度排序

针对外国专家在引进过程中的各种服务，对各个排名的选项比重进行统计，有74.24%的用人单位认为在外国专家引进之前，外国专家服务机构应该发挥最重要的作用为“建立引进外国专家信息发布系统”，而认为“搭建服务平台，组织开展外籍人才公开招聘会”这一服务项目最重要的占比为12.12%；认为“加强城市宣传和政策推介”最重要的占比为13.64%。

针对外国专家在引进过程中的各种服务，对各个排名的选项比重进行统计，有85.61%的用人单位认为在外国专家引进过程中，外国专家服务机构应发挥的最重要作用为“提供各类手续办理‘一站式’公共服务”；认为“开展外国专家评定，发放高端人才证件及资质证明”这一服务项目最重要的占比为11.36%，认为“加强与各类人才中介组织的交流合作，提供资质证明”最重要的占比为3.03%。

针对外国专家引进之后的各种服务，对各个排名的选项比重进行统计，有65.15%的用人单位认为外国专家服务机构发挥的作用中最重要的为“为外国专家提供保障措施，如医疗保险等”；认为“组织开展国际人才交流活动”这一服务项目最重要的用人单位占比为10.61%；认为“为单位提供和国外大学、科研机构交流合作的机会”最重要的占比为12.88%；认为“建立有效的外国专家评价机制”最重要的占比为6.06%；认为“提供外国专家建言献策的平台”最重要的占比为0.76%，认为“及时处理涉外违法聘用事件”最重要的占比为4.55%。

Survey and Analysis Report on Beijing's Demand for Foreign Experts

Chen Bei　Yue Ying　Song Hongfeng　Yu Shasha

Abstract: According to difference of respondents, we conducted a questionnaire survey among foreign experts working in Beijing as well as Beijing's employees including institutions of higher education, hospitals, research institutes and enterprises, to comprehensively find out Beijing's demand for high-level foreign experts during its industrial development, service demand of foreign experts working in Beijing, employers' demand for various service policies during high-level foreign expert introduction, as well as the implementation of Beijing's policies for foreign expert introduction.

Key Words: Beijing; Foreign Experts; Talent Introduction Policy

国际借鉴篇

Reports on International Experience

B.26
国外人力资源服务业的发展

莫 荣 陈玉萍*

摘 要：

党的十八大提出“推动实现更高质量的就业”的目标，对健全人力资源市场、完善就业服务体系提出了新的更高要求。人力资源市场的供求主体分别是劳动力和企业，人力资源服务业则是人力资源市场的载体，包括了公共就业服务和私营就业服务两大部分。我国人力资源市场伴随改革开放的进程，经过30多年的努力，初步形成了公共服务与经营性服务并重，各类人力资源服务机构并存的多层次、多元化人力资源市场服务体系。为推进我国人力资源服务业健康发展，为实现高质量就业提供服务，本文主要介绍国外人力资源服务业的发展情况，从全球视角进行分析和比较，并吸取对我们有借鉴作用的经验。

关键词：

人力资源服务业 高质量就业 就业服务体系

* 莫荣，国际劳动保障研究所所长，研究员；陈玉萍，国际劳动保障研究所副主任，副研究员。

一　国外人力资源服务业的发展历程

国外人力资源服务业起源于19世纪末，在开始阶段，由于其自身经营不规范，加之社会环境和认识方面的局限性，除少数国家，如美国外，私营就业机构的发展受到了严格限制，甚至被禁止和废除。

国际劳工组织早期制定的公约和一些国家的法律、政策提倡和鼓励公共就业服务。而私营就业中介机构则经历了从被限制和废除，到放松限制，到多元化发展，再到合法化，直至得到政府和国际社会肯定和鼓励几个阶段。

（一）禁止私营职业介绍机构的阶段（1919～1933年）

第一次世界大战结束后，面对经济重建、解决失业问题的现实，刚刚成立的国际劳工组织于1919年制定了《失业公约》（第2号）和1919年《失业建议书》（第1号），全面禁止私营职业介绍所，确立公共职业介绍所的垄断地位。

《失业公约》（第2号）规定，成员国有义务建立一个在中央主管机关控制下的公共免费职业介绍所系统，考虑到现存的私营职业介绍所不可能马上废除，公共职业介绍所对其功能的取代也需要一个过程，所以没有在公约中直接提出禁止设立或限期废除私营职业介绍所，这部分内容采用了具有指导意义而不具有强制性的建议书形式。与《失业公约》（第2号）配套通过的1919年《失业建议书》（第1号）规定，禁止成员国设立收费或营利的职业介绍所，要求政府对现存的这类介绍所实行营业执照的许可制，并尽快制定废止措施。

（二）对私营职业介绍机构放松限制的阶段（1933～1949年）

《失业公约》（第2号）实施10年后，全球经济危机爆发，失业问题又一次全面显现，私营职业介绍所在劳动力市场中的作用仍然存在争议，禁止收费职业介绍所的问题再次成为各国关注的热点。面对私营职业介绍机构继续存在的现实，国际劳工组织采取了比较务实的态度，这一时期不再坚持公共职业介绍所的国家垄断，只是指出各国有义务设立公共职业介绍所，并强调其主导地位。这样的规定适应了第二次世界大战后世界各国亟待解决失业问题的需要。

（三）私营就业机构业态多元化阶段（1949～20世纪90年代初）

1949年，国际劳工组织制定了《收费职业介绍所公约（修订）》（第96号），作为1948年《就业服务公约》（第88号）的补充。根据该公约，成员国可以自行选择采取渐进方式废除或监督管理收费职业介绍所。到1949年，国际劳工组织基本上放弃了废止收费职业介绍所，把重点放在了提出防止其弊端的对策。该公约的制定被认为是关于就业服务的劳工标准从国家垄断概念向承认多元化概念转变的一个里程碑。在此期间，私营职业介绍机构有了一定发展。

从20世纪50年代开始，特别是六七十年代，随着劳动力市场迅速发展变化，与职业介绍相关的各种行业形态都在发展。20世纪90年代，除了美国、英国等少数一直允许私营职业中介机构存在的国家外，葡萄牙（1989年）、丹麦（1990年）、瑞典（1993年）、芬兰（1994年）和奥地利（1994年）等也先后解除了对私营职业中介的禁令。①

（四）鼓励私营就业机构发展阶段（20年代90年代至今）

在国际社会的争论过程中，在夹缝中成长的私营就业机构也痛定思痛，为了争取扩大生存空间，它们不得不加强自律，守法经营，重新树立自己的形象。20世纪60年代成立的国际私营就业机构联合会（ICPEA）和各国行业组织也为争取私营就业服务业的合法地位起到了重要的推动作用。

1997年，第85届国际劳工大会通过了《私营职业介绍所公约》（第181号）。至此，经过了近一个世纪的发展，私营就业服务业终于被社会认可，取得了合法地位。国际劳工组织放弃了以往维持公共职业介绍所垄断地位并废除（或严格限制）私营介绍所的想法，取而代之的是鼓励私营就业机构与公共就业机构的合作与互补。公共职业介绍所应以长期失业者或其他弱势群体成员为特定目标，而让私营职业介绍所能为其他就业安置机会进行自由竞争。

---

① 中国就业促进会：《赴欧洲考察团考察报告》，2007。

二 国外人力资源服务业的主要业态

国外人力资源服务业主要包括职业介绍、职业培训、劳务派遣、猎头、人力资源外包等业务领域。根据国外对私营就业机构的定义和产业描述，我们把人力资源服务机构归纳为以下几种类型。

（一）猎头寻访

猎头是帮助优秀的企业找到需要的人才，也被称为高级人才寻访，代表性公司有海德思哲（Heidrick & Struggles）等。

海德思哲国际咨询公司是全球最大的提供企业领袖搜寻和企业领导咨询服务的专业公司之一，是美国纳斯达克上市公司。海德思哲拥有自己的知识库和全球人才知识网络，其专项业务按不同行业、职能和地理区域划分，有专业顾问1400多名，业务范围遍及美洲、欧洲、非洲和亚太地区的65个国家。在过去的50多年中，为全球客户提供了大量从首席执行官、董事会成员到公司高级管理人才的搜索咨询服务。海德思哲的客户包括全球财富500强的跨国公司、中等规模公司和高速发展中的新兴企业、非营利机构、教育机构和基金组织等。公司面向全球客户提供一揽子企业领袖解决方案服务，其服务包括企业领袖的评估、企业领袖的发展、过渡时期企业领袖的支持及其董事会的专项服务。

（二）人才测评

人才测评是指通过一系列科学的手段和方法对人的基本素质及其绩效进行测量和评定的活动。世泓（SHL）是其中的代表性公司。

世泓是国际级人才测评方案公司，它在从招聘、员工发展到继任规划的全过程中，通过人才信息与决策为客户带来商业绩效的提升。世泓总部位于英国伦敦，分支机构遍布北美洲、南美洲、欧洲、非洲、亚洲，以及中东地区、澳大利亚和新西兰，其业务遍及50多个国家，每年以30多种语言进行超过2500万次评估。凭借咨询顾问业务和24小时支持中心，世泓的客户可以通过其技术平台执行1000多种评估。

30多年来，世泓一直在收集员工工作有效性的人才信息数据，并在此基础上推出自己的人才分析系统。这个分析工具建立在由科学的人才测评数据与信息构成的全球数据库上，为企业解答一些关键的人才问题。因此，公司可以获得招聘目标人才、其岗位工作绩效及其员工管理和领导潜力方面的重要信息，帮助客户企业实现绩效提升，并加强整体竞争地位。

（三）中高级管理和专业技术人员招聘

代表性公司有米高蒲志国际（Michael Page International）等。

米高蒲志国际1976年在伦敦成立，是专业从事长期工、合同工和临时职位招聘工作的领先招聘咨询服务机构。公司在32个国家设有148个办事处，并于2003年在上海开办了其在中国的第一个办事处。目前，米高蒲志国际在全球所有主要商业中心设有办事处，包括香港、伦敦、纽约、巴黎、东京、多伦多、新加坡、悉尼。

集团公司旗下拥有三大品牌，分别是Michael Page，Michael Page Executive Search和Page Personnel。公司业务范围从为全球性公司提供招聘策略咨询到为求职者寻找理想的工作，主要集中于以下行业的招聘工作：会计、银行与金融、工程与制造、法律、采购与供应链、房地产与建筑。公司专注于对中高级从业者的招聘工作，为求职者和雇主牵线搭桥。

（四）人力资源软件（e-HR）

人力资源软件业是信息技术产业的一支，随着市场细分形成了人力资源软件簇群，代表性公司有肯耐珂萨（Kenexa）等。

肯耐珂萨始创于1987年，2000～2001年收购了4家公司。这些新收购的公司促进了筛选和行为测试产品的开发及技能测试技术。目前，公司拥有2200多名员工，包括企业心理学家、流程顾问、统计学专家、技术人员和人力资源专业人士。业务范围覆盖了北美洲、欧洲，以及中东和亚太地区，设有26个分支机构和办事处。肯耐珂萨的招聘管理系统每年测试超过1500万名员工，问卷调查超过1000万名员工，通过招聘流程外包为员工安排工作。公司的客户包括全球500强企业中的300多家，为总共200多个国家和地区的44000多家公司提供服务。

（五）人力资源管理咨询

人力资源管理咨询是指专业咨询机构基于企业在人力资源开发与管理领域的管理需求，利用系统的方法论和行业经验为其制定专门的解决方案，实现人力资本管理与公司战略的更紧密结合，帮助企业实现战略目标。其代表性公司有韬睿惠悦（Towers Watson）等。

2010年1月，韬睿咨询公司（Towers Perrin）与华信惠悦咨询公司（Watson Wyatt）合并，组成了新的公司——韬睿惠悦（Towers Watson）。合并前，韬睿咨询和华信惠悦的人力资源咨询服务就都在世界排名前列，合并后其竞争力进一步提升。韬睿惠悦总部位于美国纽约，在全球拥有超过14000人的专业团队，在34个国家开展经营活动，在大中华区有6家分公司，分别在上海、北京、深圳、广州、香港、台北及武汉设有研究中心。

合并后的韬睿惠悦形成了三大专业服务：员工福利咨询、风险与金融业咨询、人才与奖酬咨询。其中，员工福利咨询是规模最大、盈利水平最高的业务。人才与奖酬咨询是韬睿惠悦的第三大业务领域，包括高管薪酬、人才管理、数据服务、组织效应调查等。

（六）网络招聘

网络招聘是人力资源服务业与互联网业的交集。凯业必达（Career Builder）是其中的代表性公司之一。

凯业必达网是北美地区最大的在线招聘网站，也是全球流量最大的30个网站之一。公司成立于1994年，总部位于美国芝加哥。凯业必达拥有庞大的企业资源，提供了涵盖各行各业几乎所有的职位，而庞大的用户基数，也为招聘企业的精准匹配提供了最大可能。在Career Builder网站，用户可以通过职位检索、招聘信息浏览、简历投递寻找工作。目前，凯业必达在美国、英国、加拿大、法国、瑞上、意大利、德国、印度和中国等18个国家或地区设有18家公司。

凯业必达为全球的求职者提供了大量的职位机会，也为包括世界500强企业、中小企业，以及政府部门提供了先进理念的招聘通道。招聘职位超过160万个，每月的访问量超过2300万次。凯业必达已建立了一个全球网络平台，以数千台服务器架构为基础，连接了分布于全球23个国家的运营系统，覆盖了全球82个主要国家与地区，不仅具备全球统一的系统平台优势，而且针对各个国家的文化背景与需求进行了本土化开发与完善。

（七）人力资源外包

人力资源外包是企业根据需要将某一项或几项人力资源管理工作或职能外包出去，交由其他企业或组织进行管理，以降低人力成本，实现效率最大化。总体而言，人力资源管理外包已渗透到企业内部的所有人事业务，包括人力资源规划、制度设计与创新、流程整合、员工满意度调查、薪资调查及方案设计、培训工作、企业文化设计等方面。人力资源管理外包的主要形式有业务流程外包（BPO）、薪酬外包、福利外包、劳务派遣和招聘流程外包（RPO）等。为企业代理实施大规模的招聘项目及招聘流程管理的外包，是人力资源外包业务的一个重要分支。所谓招聘流程外包，是由人力资源公司管理、把握企业招聘的所有环节，包括职位需求、招聘渠道管理、简历筛选、候选人面试等，提供从建立具体职位需求到候选人就职的全部招聘环节的一揽子服务。

薪酬外包比较有代表性的公司有美国的ADP公司等，ADP公司IT技术基础扎实，根据客户需求在薪酬建模、开发薪酬计算流程和系统、绩效和薪酬数据收集和审查、薪酬计算、薪酬发放和报表报告模块具有很大优势。全球人力资源行业的三大巨头——德科（Adecco）、任仕达（Randstad）和万宝盛华（Manpower）是人力资源外包和人才派遣非常具有代表性的公司，人力资源外包和人才派遣在它们的业务规模上都占有举足轻重的地位。

三　国外人力资源服务业的产业规模

从20世纪90年代开始，国外人力资源服务业进入了发展的快车道，多样化的经营业态更加成熟，服务的技术含量进一步提升，市场营业额不断上升，成为一个重要的新兴产业。

（一）私营就业服务机构和工作人员的数量

根据国际私营就业机构联合会（International Confederation of Private Employment Agencies，ICPEA）的统计，2010 年，全球共有 12.8 万个私营就业机构，其分支机构达到 17.6 万个。亚太地区的机构总数占全球总数的 57%，欧洲占 26%，北美洲占 12%，中国、日本和美国是私营就业机构数量最多的国家，占全球总数的 65%。2010 年，全球私营就业机构的工作人员总数为 90.8 万人，其中欧洲占 30%，亚太地区占 24%，南美洲占 21%。工作人员数量最多的三个国家为日本、巴西和美国，占总数的 62%。[①]

（二）全球私营就业机构的行业分布和营业额

1. 私营就业服务机构的行业分布

国外私营就业服务机构的行业分布不尽相同，总的来看，为制造业和服务业提供的就业服务占市场的主要份额。在智利、希腊、挪威、西班牙、瑞典和英国等国家，私营就业服务机构为服务业提供的就业服务比例非常高，在 50% 以上。在比利时、德国、匈牙利、波兰等国家，为制造业提供的就业服务比例较高，占一半以上，而为农业提供的就业服务比例通常较低，其他部门平均占 20%。[②]

2. 私营就业服务业的营业额

全球私营就业服务业自 20 世纪 90 年代中期起稳步发展起来，1994～1999 年，其市场营业额翻了一番，由 750 亿美元上升到 1500 亿美元；1999～2006 年，市场营业额又翻了一番，上升到 3000 亿美元；2007 年达到 3410 亿美元。[③]

---

① International Confederation of Private Employment Agencies, *The Agency Work Industry Around the World Economic Report* 2012 *Edition*, based on figures available for 2010, p. 12.

② International Labor Organization, *Private Employment Agencies*, *Temporary Agency Workers and Their Contribution to the Labor Market*, 2009, p. 17.

③ 同上，第 11 页。

根据国际私营就业机构联合会2012年发布的研究报告，2010年全球排名前10位的私营就业服务机构的营业额占全部私营就业市场总份额的28%。其中，德科以213亿美元的年营业额排名第一，万宝盛华排名第二，年营业额为189亿美元，任仕达年营业额为188亿美元，排名第三。

人力资源媒体公司HRoot发布的《2011年全球人力资源服务机构50强》榜单与白皮书将全球人力资源服务机构按照2010财年营业额进行了排序，前50位企业涉及的业务主要包括劳务派遣、人力资源服务外包、人力资源咨询、在线招聘、猎头寻访、人才测评等。前20位机构中有7家机构，包括前三位的德科、万宝盛华和任仕达，主要从事劳务派遣业务，而且总营业额比其他业务类别营业额高；人力资源外包业务其次，前20位机构中有6家机构从事外包业务。[①]

（三）全球派遣就业的营业额和派遣员工数量

1. 劳务派遣业务的营业额绝大部分来自临时就业和派遣就业业务收入

目前，全球私营就业服务业大公司的业务主要集中在临时就业和派遣就业领域。国际私营就业机构联合会2012年发布的研究报告中关于营业额统计数据的计算结果显示，全球临时就业和派遣就业的营业额占私营就业服务业总营业额的比例在90以上。[②] 也就是说，全球人力资源市场的年营业额绝大部分来自临时就业和派遣就业业务收入。

根据国际私营就业机构联合会2012年研究报告的统计结果，2010年全球派遣就业年营业额为2470亿欧元，美国以占全球营业额27%的比例排名第一；日本的派遣就业营业额占全球总额的19%，排名第二；排名第三的是英国，比例为9%。欧洲是年营业额最高的地区，占全球总营业额的38%，北美洲占29%，亚太地区占26%。

2. 全球派遣就业的员工数量呈稳定增长趋势

20世纪90年代中期以来，派遣就业一直呈稳定增长趋势，无论从绝对数量还是相对数量来说，都在上升。全球派遣工人的数量从1997年的451万上

---

① HRoot：《2011年全球人力资源服务机构50强》，2011，第30页。

② International Confederation of Private Employment Agencies, *The Agency Work Industry Around the World Economic Report* 2012 *Edition*, based on figures available for 2010, pp. 15 – 16.

升到2007年的952万。[①] 2010年，私营就业机构雇用的派遣工人数量折合成全日制工作岗位（FTE）为1040万，其中欧洲占35%，北美洲占25%，亚太地区占13%。美国私营就业机构雇用的派遣工人总数折合成全日制工作岗位为258万，南非为96.7万，巴西和日本分别为96.5万和96万。美国、南非和巴西三个国家约占全球总数的43%。

派遣就业占全部劳动力比例也被称为渗透率。2010年，很多欧洲国家的派遣就业渗透率都提高了，德国为2%，瑞典为1.3%，达到了历史最高水平。英国下降到3%，是由于它所提供的是2009~2010财年的统计数据，而不是像其他国家那样提供的是2010年数据。2010年，整个欧洲的派遣就业平均渗透率为1.6%，高于2009年的1.4%，但仍然低于2008年的1.7%。成熟的市场经济国家，如英国、法国、德国、比利时、荷兰和卢森堡高于平均数，而南欧和东欧国家则低于平均数（见表1）。

表1　欧洲部分国家派遣就业占全部劳动力比例（渗透率）

单位：%

国　家	1996年	1998年	2000年	2002年	2004年	2006年	2008年	2010年
奥地利	0.4	0.6	0.8	0.8	1.2	1.5	1.6	1.6
比利时	1.2	1.6	1.7	1.6	1.8	2.1	2.1	1.9
丹　麦	0.1	0.3	0.3	0.4	0.5	0.7	0.7	0.8
芬　兰	0.4	0.4	0.4	0.4	0.6	0.7	1.3	0.9
法　国	1.3	2.0	2.5	2.3	2.3	2.4	2.3	2.0
德　国	0.5	0.7	0.9	0.9	1.1	1.5	1.9	2.0
卢森堡	1.2	1.2	2.2	2.1	2.1	2.5	1.9	1.9
荷　兰	2.1	2.4	2.3	2.1	1.9	2.5	2.9	2.5
葡萄牙	0.6	0.7	0.9	0.9	0.9	0.9	1.6	1.7
瑞　典	0.2	0.4	1.0	0.8	0.7	0.8	1.3	1.3
瑞　士	0.6	0.8	1.0	0.9	1.0	1.5	1.7	1.6
英　国	2.6	2.6	3.7	3.7	4.2	4.3	4.1	3.0

资料来源：International Confederation of Private Employment Agencies, *The Agency Work Industry Around the World Economic Report* 2012 *Edition*, based on figures available for 2010, p. 25。

① *The Agency Work Industry Around the World Economic Report* 2012 *Edition*, p. 24.

四　国外人力资源服务业发展的主要特点

（一）各级行业协会作用突出

在国外人力资源服务业的发展过程中，各级行业协会发挥着十分重要的作用。国际私营就业机构联合会是国际一级的人力资源服务业行业组织，1967年成立于法国，目前总部设在比利时。联合会在创造私营就业服务业的积极形象和提升行业标准方面起到了重要作用，同时在与行业有关的新立法时，联合会积极与相关各方进行协商，反映会员的意见和要求，保护会员利益。为了更好地代表会员利益，它始终与国际劳工组织、欧盟、经合组织等保持密切联系，积极参与国际劳工标准的制定工作，并在这个过程中充分表达会员的呼声，对国际劳工组织制定与私营就业机构有关的国际劳工公约产生了重要和深刻影响，使私营就业服务机构从被严格禁止，到初步放开，直至合法化，并得到政府的支持。

除国际私营就业机构联合会外，还有一些专业性国际组织，如国际猎头协会。由于加入国际猎头协会既是一种无形资产，也具有强大的品牌效应。因此，国际猎头协会对申请加入的猎头公司的成立年限、办公场所、雇员数量、年经营收入等方面都有严格的条件规定。成为协会成员后，如有不诚信或违法违规行为，会被国际猎头协会警告甚至清退。在国家层面上，有些国家也成立了全国性的协会组织。俄罗斯于2004年成立了国际劳工移民协会（IALM），包括来自俄罗斯、塔吉克斯坦和摩尔多瓦的70多个私营招聘机构，其主要任务是通过推动和建立协商组织，积极参与政策对话，发展“文明”的劳动力流动方式。

（二）企业更加注重诚信自律建设

国外私营就业服务业经过了近百年的发展才取得合法地位，这一方面与劳动力市场外部条件的变化有关，另一方面也是私营职介机构不断加强诚信自律建设的结果。目前，国际私营就业机构联合会制定了全体成员一致同意并共同遵守的全球行为准则，其主要内容包括十项行为规则：①遵守社会伦理和职业操守；②遵守法律；③与劳动者合同条款透明；④不向求职者收取费用；⑤重视工作岗位的安全；⑥重视人力资源市场的多样性，防止歧视；⑦重视员工的权利；⑧重视遵守商业秘密；⑨重视专业知识和服务质量；⑩遵守公平竞争的原则。①

国际私营就业机构联合会要求各国的准则要体现国际私营就业机构联合会准则的精神，也可以超出其制定的基本标准范围，比如自愿性条款可以包括集体谈判和其他雇主与工人合作共同规范私营就业服务业行为的内容。很多国家的行业协会制定了自己的行为准则，通过自我约束机制促进良好的经营行为，比如加拿大成立了加拿大寻访、就业和职工安置服务协会（ACSESS），其目的是保证行业内的职业道德标准和良好行为。人力资源服务机构制定企业内部的道德准则和行为规范已经成为一种通行做法，并且构成了企业文化的重要组成部分。比如，美国 ADP 公司制定了员工道德规范和公司管理层及高级财务官员的道德规范。德科规定，发现违反集团行为准则的行为时，员工可以通过访问集团纪律和道德行为网站，以在线报告的方式联系集团纪律办公室，也可以在任何时候拨打集团纪律和道德行为热线，在集团网站上可以找到各地区的电话号码表。电话和网站都由独立的公司运作，每天 24 小时、每周 7 天都处于工作状态，他们的工作还包括翻译服务。②

（三）企业规模不断扩大

近年来，国外人力资源服务业企业规模不断扩大，并且呈现出国际化加速发展的趋势，许多跨国的人力资源服务机构遍布世界各地，如万宝盛华拥有全球人力资源服务行业最大的服务网络，通过全球 82 个国家或地区将近 4400 家分支机构，每年满足超过 40 万家客户的需求；德科目前在全球 60 个国家设有 5500 多个分支机构，有 33000 多名工作人员；任仕达 2011 年在全球 43 个国家和地区设有 4500 多个分支机构，雇用员工 3 万多人，每天为超过 576 万名求

---

① *Code of Conduct*, http://www.ciett.org/index.php? id = 30.

② "Reporting Issues and Concerns," http://www.adecco.com/en - US/About/Documents/Code%20of%20Conduct.pdf.

职者提供工作岗位；韬睿惠悦2010年在34个国家开展经营活动，在全球拥有超过14000人的专业团队。

（四）企业的经营实力不断提高

经过多年发展，很多人力资源服务机构的经营实力进一步提升。比如，成立于1969年的光辉国际是一家全球领先的高管搜寻机构。公司在40多个国家设有76家办事处，其数据库里存有700万名管理人才的信息。光辉国际有近500名全球咨询顾问，他们具有广泛的知识背景和专业素养，熟悉不同的行业、部门和职能领域，包括医疗/生命科学，快速消费品/零售，金融服务，工业，技术和政府部门6个领域。目前，他们已创建了由30多个高度专业化的不同行业、部门和职能专家中心组成的全球咨询网络。

（五）通过标准化管理进一步提高服务质量

为了在激烈的市场竞争中保持优势，很多人力资源服务企业通过内部的标准化管理提升服务质量。比如，美国的凯利服务公司（Kelly Service）通过了国际标准化管理组织ISO 9000质量体系认证和ISO 9002质量体系认证，其关注的重点是顾客满意度。德国500强企业、全德第二大人力资源服务公司霍夫曼公司通过了ISO 9001：2000认证。万宝盛华集团1991年开始在全部分支机构开展ISO 9000质量体系认证，这一年万宝盛华集团英国公司第一个通过认证。服务流程的优化大大提高了潜在用户对企业的信任度，有利于进一步加大市场开拓力度。

五　国外人力资源服务业发展经验对我们的启示

（一）制定促进人力资源服务业发展的规划和产业政策

1. 加大投融资支持力度

从国外的发展和我们的实际情况看，在信息化时代加强新产品的开发和研究、创建功能强大的信息系统是提升企业市场竞争力、保持发展后劲的重要保证。而这些都需要大量的资金投入，国际著名的人力资源服务企业每年都在新产品开发、信息系统更新和维护上耗费巨资。相比之下，我国本土企业，主要是中小企业，由于融资困难，在这方面实力严重不足。

应出台扶持政策促进金融机构与人力资源服务业项目的对接，支持人力资源服务企业利用资本市场进行直接融资，提高融资能力，多渠道筹措发展资金。鼓励各类创业风险投资机构进入人力资源服务业，促进中小人力资源服务企业的发展。改善人力资源服务业的投资环境，鼓励民营资本以独资、合资、收购、参股、联营等多种形式，进入人力资源服务领域。

2. 加大财政、税收支持力度

在我国人力资源服务业中，小微企业所占比重很大，他们普遍反映税赋重、压力大，所以有必要在它们建立和成长的初期，从财政和税收上予以扶持。对于比较有发展前景的人力资源服务企业，安排服务业发展专项资金和引导资金，综合运用贷款贴息、经费补助和奖励等多种方式支持它们发展壮大。还应对人力资源服务业各个领域征税对象进行全面摸底，研究制定具体办法，消除服务中间环节的重复征税问题，实行差额征税，减轻中小企业的纳税负担。

3. 鼓励人力资源服务企业扩大经营规模

从国外人力资源服务机构的发展历史看，激烈的市场竞争促使人力资源服务企业主动整合、优势互补、形成合力。因此，企业兼并、重组等方式是企业扩张和产业发展的重要途径。

分析国内外的经验和做法，在我国人力资源服务业的发展过程中，应鼓励各类企业通过多种方式进行资产重组和资源整合。支持企业按照优势互补、自愿结合的原则，通过兼并、收购、重组、联盟等方式，集中资本、技术、人才等要素打造集团化、规模化、品牌化运作的人力资源服务企业集团，建立一批实力雄厚、影响力大、辐射力强、具有国际竞争力的人力资源服务龙头企业。

4. 鼓励企业提高专业化水平和自主创新能力

从目前国外人力资源服务业的发展趋势看，企业推出的服务产品技术含量越来越高。高品质、专业化的产品是直接关系企业生存和发展的决定性因素。应加强产业体系建设，引导企业发展中、高端服务项目，侧重客户导向，增加服务的技术含量和附加值。企业创新离不开高素质的人才队伍，要加大人力资源服务业国际化人才引进与培养力度，鼓励企业建设具有国际视野、熟悉掌握人力资源服务国际化知识和国际惯例、具有较强专业研究能力和市场开发能力的国际化人才队伍。

（二）加强人力资源服务业行业协会的作用

国际经验表明，各国的行业协会与国际私营就业机构联合会一起，在促进私营就业服务业发展方面起到了积极的推动作用。在市场化条件下，行业协会发挥作用具有很大的工作空间，主要包括：发挥行业协会服务、代表、协调的职能，与政府有关部门合作，探讨规范人才市场；参与制定行业内部的行约行规，推进人力资源市场和谐发展；研究业态发展，反映行业诉求，掌握国际、国内行业发展趋势，帮助企业了解产业未来发展方向，并决定其未来的业务创新和选择，为行业提供咨询及商机嫁接服务；在业内培育行业品牌，推进行业标准化建设，等等。

（三）推进人力资源服务业标准化建设

目前，我国已经出台的国家和地方级的人力资源行业标准比较少，而且由于这些标准在很大程度上还是一种倡导性的规范，缺乏标准的推行者和标准执行的约束力，所以执行情况也不能令人满意。在这种情况下，可以借鉴国外的做法，鼓励企业通过国际标准化管理组织质量管理体系认证的方式，采用系统的方法优化整个服务流程，实现服务流程标准化，从而提高服务效率，保证服务质量。

（四）鼓励人力资源服务企业加强自律

从国际经验看，建立公平有序的市场秩序一方面要加强政府的监督和管理，另一方面要鼓励人力资源服务企业加强自律，守法合规，诚信经营。国外人力资源服务业经过了近百年的发展才被政府和社会认可和接受，其中一个非常重要的原因是之前有些企业在提供服务时没有做到规范经营，甚至有虚假和欺诈行为。为了生存和发展，企业不得不重塑形象，加强自律。目前在国外，制定和遵守从业人员行为规范和道德准则已经成为各级行业协会和企业的共识和通行做法。我们可以学习国外经验，在加强政府监管作用的同时，引导和鼓励企业制定行为规范和道德准则，自觉维护人力资源市场秩序。

Development of Human Resource Service Industry in Other Countries

Mo Rong　Chen Yuping

Abstract: The 18th CPC Congress set forth the target of "facilitating and realizing higher-quality employment", which raises higher requirement for improving human resource market and employment service system. In the human resource market, labor force and enterprises are major supply-demand players. And the human resource service industry is the carrier of human resource market, including two sections, namely, public employment service and private employment service. The development of human resource market in China began to boom when the country adopted the reform and opening up policy more than 3 decades ago. After 30-year expansion, China has initially established the multi-level and diversified human resource market service system focusing on both public service and operating service and including various kinds of human resource service organs. human resource service industry, as an independent service sector, is now playing a more important role in economic and social development. But on the other hand, because human resource service industry in China is only in the startup stage, some problems are seen in it. To ensure healthy development of human resource service industry and provide service for realizing higher-quality employment, the thesis mainly introduces the development of overseas human resource service industry, makes comparison and analysis from the global perspective and absorbs some experience suitable for China.

Key Words: Human Resource Service Industry; High-quality Employment; Employment Service System

B.27

绿色就业：建设生态文明的重要途径

马永堂　冯 凌*

摘　要：

促进绿色就业有利于建设生态文明，转变经济发展方式，提高就业的数量、质量和可持续性，事关我国经济社会发展大局。我国主要通过制定规章政策、开展学术研究、国际合作、调查研究、教育培训和地方试点的方式促进绿色就业。然而，我国目前经济发展阶段和方式对绿色就业发展的约束较大，促进绿色就业的体制、机制和制度尚未形成。建议建立以绿色就业政策、宣传、财税金融制度、公共就业服务、教育培训、绿色行业和职业标准、绿色职业技能鉴定、地方试点、绿色从业者权益保障、国际合作和协调长效机制为主的绿色就业工作体系。

关键词：

绿色就业　生态文明　就业质量

国际劳工组织在2007年首次提出"绿色就业"的概念，之后又与联合国环境规划署、国际雇主组织、国际工会联盟、经合组织、欧盟等开展了合作研究，并向全球发出了绿色就业倡议。本文将介绍绿色就业的概念、发展背景和意义，分析我国开展绿色就业工作的现状与问题，并提出推进我国绿色就业发展的对策建议。

一　绿色就业概述

目前，我国官方比较认可的绿色就业概念是在应对气候变化和促进经济模

* 马永堂，国际劳动保障研究所研究员；冯凌，中国人事科学研究院助理研究员，博士。

式向绿色、低碳转变过程中，在生产、流通和消费领域采用低碳环保技术、清洁能源和原材料从事同绿色、低碳、循环经济发展相适应，能够保护和改善生态环境，有助于经济社会可持续发展，有利于劳动者实现体面劳动和稳定持久就业的经济社会活动。①

近年来，面对全球范围内经济衰退、失业加剧、环境恶化、气候变暖的挑战，许多国家纷纷实施绿色新政，通过发展绿色经济和绿色就业，探索可持续的发展模式，以求实现经济发展、就业促进和环境保护的三赢。例如，英国政府2009年发布《英国低碳转型计划》，提出到2015年，将有约120万人就业于绿色领域。②美国政府于2007年通过《绿色就业法》，对节能和可再生能源领域的培训对象、内容、方式、经费做了规定，以应对绿色产业发展中的技能短缺问题。2010年，奥巴马宣布23亿美元的税收优惠政策，用于在智能电网、太阳能、风能和能效管理技术等清洁能源领域创造1.7万个岗位；私营企业将跟进投资54亿美元，从而将再创造4.1万个绿色岗位。③

我国党和政府日益重视生态文明建设，党的十八大报告提出要“建设生态文明，是关系人民福祉、关乎民族未来的长远大计”，要“把生态文明建设放在突出地位”，与经济建设、政治建设、文化建设、社会建设并列，形成五位一体的布局。国家“十二五”规划明确提出“树立绿色、低碳发展理念”及“加快构建资源节约、环境友好的生产方式和消费方式，增强可持续发展能力”的目标。

伴随绿色经济发展，将形成新的就业增长点，出现大量绿色就业机会。推进绿色就业是加快经济发展方式转变，推进经济向可持续方向发展的客观要求，是应对资源短缺、环境恶化、气候变化的重要支撑，也是提高就业的数量、质量和可持续性的重要举措。

---

① 中国就业促进会课题组：《推进我国绿色就业的工作思路和对策措施》，2011年度人力资源和社会保障部重大政策课题。

② *The UK Low Carbon Transition Plan*: *National strategy for climate and energy*, 2009.

③ Julianne Pepitone, *Obama Unveils $2.3 Billion for Clean Energy Jobs*, http://money.cnn.com/2010/01/08/news/economy/green_manufacturing_jobs.

二　我国推进绿色就业工作的现状

2008 年，我国政府发表声明，表示对国际劳工组织提出的绿色就业倡议予以积极响应和支持。经过五年的探索，我国绿色就业工作在政策制定、学术研究、调查统计、教育培训、地方试点、国际合作等方面取得了一定进展。

（一）有关绿色就业的规章政策

在推动绿色就业整体发展和绿色人才开发方面，我国已经制定出台或正在酝酿制定相关规章和政策。最为直接的政策是 2008 年人力资源和社会保障部（简称“人社部”）制定的《关于推进绿色就业工作的指导意见》。

环保部、水利部和国家林业局相继出台了有关绿色人才开发的规章政策。包括:《2001 年 ~2005 年全国环保干部教育培训规划》；分别于 2008 年和 2009 年下发的《关于深化企业环境监督员制度试点工作的通知》和《企业环境监督员制度建设指南（暂行)》；2009 年出台的《全国环保系统 2008 ~2012 年大规模培训干部工作实施意见》《生态环境保护人才发展中长期规划（2010 ~2020 年)》；2010 年出台的《关于加强环保人才队伍建设工作意见》《环境保护部聘请国家环境特约监察员办法》；2011 年颁布的《环境保护部干部培训管理办法》；2013 年颁布的《环境保护部专业技术领军人才和青年拔尖人才选拔培养办法（试行)》和《环境保护部引进高层次专业技术人才实施办法（试行)》。

水利部颁布的相关规章政策有:《2001 ~2005 年全国水利行业干部教育培训规划》，2006 年出台的《水利专业技术人才知识更新工程（“653 工程”）实施办法》，以及《“十一五”水利人才规划纲要》《全国水利人才队伍建设“十二五”规划》。

国家林业局出台的相关规章政策有：2005 年出台的《关于加强林业人才工作的意见》，2006 年出台的《林业专业技术人才知识更新工程（“653 工程”）实施办法》，以及《全国林业人才“十一五”和中长期规划》《全国林业教育培训“十二五”规划》。

（二）促进绿色就业的措施

我国促进绿色就业的主要措施包括学术研究、国际合作、调查研究、教育培训、地方试点。

1. 学术研究

绿色就业的学术研究成果集中发表于近三年，主要包括：《中国绿色就业研究》（人力资源和社会保障部劳动科学研究所课题组，2010）、《中国低碳发展与绿色就业研究》（中国社会科学院城市发展与环境研究所，2010）、《低碳经济开辟绿色就业之路》（吴燕平等，2010）、《推进我国绿色就业的工作思路和对策措施》（中国就业促进会课题组，2011）、《包容性增长与绿色就业的发展》（李虹，2011）、《绿色经济背景下的人力资源能力建设》（李宝元，2011）、《我国林业部门中绿色就业潜力实证分析》（张莹等，2011）、《发展绿色就业提升产业生态效率——基于风电产业发展的实证分析》（李虹、董亮，2011）、《美国绿色就业研究》（冯凌，2012）、《广州绿色就业发展战略研究》（人力资源和社会保障部劳动科学研究所课题组，2012）、《绿色就业发展战略研究》（绿色就业发展战略研究课题组、张丽宾，2013）、《林业对绿色经济和绿色就业的作用研究》（王刚等，2013）等。

2. 调查统计

为全面摸清生态环保领域人才资源基本情况，满足当前和未来我国生态环保人才队伍建设的实际需要，2010 年，由环保部牵头，会同国土资源部、住建部、水利部、农业部、国家林业局、中国气象局开展了“2010 年度全国生态环境保护人才资源统计”。

3. 教育培训

在绿色教育方面，近年来，全国多地中小学通过开发环境教育教材和课程、建设绿色校园等方式，踊跃申报“可持续发展教育示范学校”“全国节能减排示范学校”等称号。多地高校积极创建“绿色大学”，将可持续发展思想融入大学教育和管理的全过程。一些高校看准绿色经济，尤其是新能源的发展前景，通过整合学科力量纷纷开设各类绿色专业。2004 年，北京师范大学开设了我国第一个“可持续发展教育研究生课程班”（两年制）。

在绿色在岗培训方面，环保部发挥了主要作用。环保部根据其年度环保业务培训计划，每年组织开展大量的环保管理和技能发展培训班，如“生态市县管理培训班”“资源开发生态恢复与保护培训班”“企业环境监督员制度培训班”等，着力提升在岗职工的绿色知识和技能。

在绿色创业培训方面，人社部与国际劳工组织合作开展的“绿色商业选择创业培训”项目发挥了一定作用。“绿色商业选择创业培训”项目旨在提高潜在创业者的环境保护意识，分析其是否适合创业，启发他们的绿色创业思路，并帮助其选择一个切合实际的切入点。其工作重点是开展试点省市的绿色就业培训、教材和资源手册开发、绿色职业技能评估、成功案例的收集和推广。

4. 地方试点

广东省人社厅发挥了先行先试的传统，参考《推进我国绿色就业的工作思路和对策建议》和《广东绿色就业发展战略研究》，先行制定了《广东省推进绿色就业试点工作方案》，准备在省内选取一些就业工作基础较好、管理服务能力较强、改革创新积极性较高、产业发展具有一定代表性的地区，着手进行绿色就业试点。工作重点拟为：到 2014 年底，试点地区基本建立与发展绿色经济相适应的绿色就业“五大体系”，即推进绿色就业的组织体系、政策体系、统计指标体系、创业服务体系和推进绿色就业与预防失业的调控体系。

5. 国际合作

人社部和多个国际组织联合举办了多次绿色就业国际研讨会，如在 2010 年上海国际博览会期间，人社部、国际劳工组织、中华全国总工会和中国企业联合会在联合国展馆共同举办的“绿色工作让生活更美好主题论坛”，2010 年人社部与欧盟、国际劳工组织联合在北京举办的“中欧绿色就业研讨会”，2011 年人社部同世界公共就业服务协会联合在北京举办的“绿色就业研讨会”，等等。此外，人社部还同多个国际组织联合开展了有关绿色就业的国际合作项目，主要包括：2008 年人社部、中国企业联合会、中华全国总工会和国际劳工组织合作推动的“绿色工作倡议”项目，2011 年人社部和国际劳工组织共同开展的“绿色职业技能评估和绿色工作监测工具开发”项目，2011 年人社部与亚洲开发银行合作开展的“创造和推动绿色工作策略”项目，等等。

（三）绿色就业发展成效

在就业、产业和环保政策措施的合力推动下，我国绿色就业的发展已取得初步成效，且前景广阔。据《中国城市发展报告（2012）》保守估计，我国城市绿色产业部门创造的绿色就业岗位已超过2000万个。截至2011年底，林业领域的绿色从业人员超过128万人。① 据《"十二五"节能环保产业发展规划》测算，2010年，我国节能环保产业总产值达2万亿元，从业人数2800万人。据《"十二五"节能环保产业发展规划》预测，到2015年，中国节能环保产业总产值将达到4.5万亿元，增加值占GDP的比重约为2%，节能环保产业产值年均增长15%以上，其中，环保服务业产值将超过5000亿元，形成50个左右年产值在10亿元以上的环保服务公司。根据中国社会科学院城市发展与环境研究所课题组估算，在林业、电力、钢铁行业及"绿色投资"项目领域，总计可创造绿色就业3000多万人（见表1）。

表1　我国主要行业实施低碳发展的总体就业效应分析

单位：万人

行业	子行业	直接就业人数	间接就业人数	小计
林业（2005～2020年）	造林和在造林	760.0	1108.5	1868.5
	可持续森林管理	18.8	6.1	24.9
	森林旅游	315.4	361.6	677.0
电力行业（2005～2020年）	火电	25.1	2.9	28.0
	风电	84.8	230.9	315.7
	太阳能	5.0	123.7	128.7
基础工业	钢铁行业（2007～2011年）	-20.0	—	-20.0
绿色投资（2008～2011年）	节能减排和生态建设	5.67	15.17	20.84
	产业结构调整和技术改造	16.36	29.31	45.67
	农村沼气项目	2.63	6.36	8.99
总　计				3078.3

注：直接就业效应是指本行业由于受到政策因素的影响而增加或减少投资，导致生产规模相应扩大或缩小所带来的就业影响；间接就业效应指的是在生产过程中，其他行业通过产业链效应向该行业提供生产要素中间投入而带来的就业；绿色投资指的是中国低碳发展与绿色就业研究课题组基于我国官方公布的4万亿元经济刺激方案的投资流向，将其中与低碳发展密切相关的投资（5985亿元）界定为绿色投资。

资料来源：中国低碳发展与绿色就业研究课题组《中国低碳发展与绿色就业研究》，中国社会科学院城市发展与环境研究所、国际劳工组织2010年研究项目。

① 根据《中国林业统计年鉴》（2011）第125页数据汇总得出。

三　我国在推进绿色就业工作中面临的问题

（一）经济发展阶段和方式对绿色就业的约束较大

转变经济发展方式是我国现阶段经济社会发展面临的一场重大而深刻的变革。我国还没有摆脱粗放型的经济增长方式和以煤炭为主的能源结构，促进绿色就业的投资压力大，服务业发展落后，就业弹性低，淘汰落后产能带来的失业压力大。

（二）促进绿色就业的体制、机制和制度不健全

目前，我国尚未形成推进绿色就业发展的体制、机制和制度。有关法规制度还没有建立健全，如绿色职业鉴定、绿色职业资格证书制度和财税优惠制度的广泛性还十分有限。全国性的绿色就业调查统计工作制度尚未建立，迄今只有个别部门或地区开展了一些零散的或某一方面的调查，对绿色就业整体状况的了解还不清楚。在绿色公共服务方面，我国现有的公共服务机构尚未向绿色就业敞开大门。在绿色教育培训方面，主要存在师资不足，教学方法单一，教学内容缺乏深度、广度和多样性，多方合作机制不健全等问题，有些项目仍停留在依赖国际资金和技术支持的阶段。

（三）自下而上推动绿色就业的动力不足

我国自下而上推动绿色就业的动力明显不足。地方政府对绿色就业的认知程度普遍较低，对绿色就业的推进存在困惑、犹豫和信心不足现象。我国企业普遍对自我绿化的认识和意愿不足。现有绿色企业的数量和成熟度还不能满足绿色经济发展的需求。环保民间组织由于受制度环境和自身发展水平的限制，普遍存在招人难和人才流失严重的问题。民众普遍缺乏对绿色就业的基本认识，参与绿色就业的意识和积极性较低。

（四）对绿色就业的认识不够科学、全面

由于绿色就业的多样性、动态性和前瞻性，绿色就业的一些理论问题还

是国际难题，主要是在绿色就业的认定、分类和统计方法等方面缺乏突破性的研究成果。此外，就业工作者容易将注意力集中在自然科学类的绿色就业，而忽视人文社会科学类的绿色就业，如绿色文化产业、环境教育、环保法律援助等；重视有利于绿色产业发展的绿色就业，而忽略公益行业中的绿色就业。

（五）对部分绿色从业者的待遇和权益保障不充分

一些绿色从业者的工作存在工作环境差、工作强度大、待遇低、社会保障缺乏、就业稳定性低的问题。如，环境监测人员的年平均工资为40288元，排在各类“科学研究、技术服务和地质勘查业”的倒数第二位（共14类）；环境管理类人员的年平均工资仅为21593元，排在各类“水利、环境和公共设施管理业”的倒数第一位（共3类）。[①] 风电企业职工的风机安装调试工作受户外环境条件影响大，工期不确定性强，工作条件艰苦，风机的维护工作需要实行长班轮班制。

四　推进我国绿色就业发展的对策建议

（一）推广宣传绿色就业理念

建议通过多种途径对绿色就业的理念、意义、经验和案例进行大力宣传。政府相关职能部门应组织编写、发行绿色就业宣传材料，举办绿色就业专题研讨会、先进经验介绍会和推广会等活动，对在绿色就业方面做得好的小微企业、社区和个人，予以表彰、奖励，并树立典型。提高全社会绿色就业的认知度和发展绿色就业的紧迫感，逐步形成全社会了解绿色就业、崇尚绿色就业、参与绿色就业的氛围。

（二）加快研究制定绿色就业政策

建议抓紧研究和制定推进我国绿色就业发展的综合性战略规划，系统地提出

---

① 《中国劳动统计年鉴》（2012）。

发展绿色就业的战略目标、主要任务、具体实施措施和考核评估标准。在制定综合性战略规划的同时，鼓励绿色行业和有条件的省市根据自身实际和发展需要，先行制定行业和地方绿色就业政策，并在现行的相关国家和地方政策中纳入推进绿色就业的内容，包括就业政策、人才政策、教育培训政策、环保政策、产业政策等。

（三）提供绿色就业的财税金融政策保障

建议通过财政专项预算和补贴、低息信贷、税收减免、政府采购等方式，扶持吸纳绿色就业的单位，尤其是小微绿色企业和非营利性环保组织，进而通过政府投资刺激民间投资。劳动者在绿色经济领域从事个体经营符合规定条件的，可享受税费减免、小额担保贷款政策；劳动者从事绿色就业的，可享受职业介绍补贴和职业鉴定补贴；就业困难人员从事绿色公益性工作的，可以享受岗位补贴和社会保险补贴；对绿色教育培训机构、组织绿色培训的用人单位和参加绿色教育培训的劳动者予以专项补贴。

（四）建设绿色公共就业服务体系

建议按照发展绿色就业的要求，进一步完善公共就业服务的内容和形式。结合“全国环保产业调查”，建立绿色就业调查统计制度。加强绿色就业岗位信息的收集和发布工作，将绿色就业作为招聘洽谈、职业介绍和职业指导的新内容，为劳动者就业和绿色企业选人用人搭建平台。积极应对绿色经济发展中的失业问题，开展就业援助，为劳动者尽快转岗实现再就业提供及时有效的就业服务。

（五）完善绿色教育培训体系

建议统筹利用各类教育和培训资源，建立以普通高校、职业院校、企业和各类职业培训机构为载体的绿色教育培训体系，大力推进环保德育、绿色学历教育、绿色创业培训、绿色就业技能培训。运用现代信息技术，提供远程绿色教育培训和相关信息。加快绿色教材开发和绿色师资队伍建设。建立绿色师资和绿色教育培训机构准入制度和考核评估制度。绿色教育培训的内容和方法需适应产业特点、区域特点和教育培训对象的群体特点。建立健全教育培训需求反馈机制。

（六）加快绿色行业和职业标准的制定及绿色职业技能鉴定的实施

政府职能部门应抓紧组织和动员科研机构、高校、行业协会和龙头企业，借鉴已经开发出来的绿色职业标准，如环境影响评价工程师、再生资源回收工、太阳能利用工、沼气生产工等职业标准，研究制定一批绿色行业和职业标准，并根据实际情况及时予以调整、补充和修订。人力资源和社会保障部门应为绿色从业者提供及时、方便、快捷的绿色职业技能鉴定服务，并适时建立国家绿色职业资格证书制度。

（七）保障绿色从业者的待遇和权益

建议加强对绿色从业者的待遇和权益保障。一些绿色从业者存在工作环境差、工作强度大、待遇低、社会保障缺乏、就业稳定性低的问题。建议针对这类情况，建立补偿机制，包括提供津贴补贴、改善工作设施、加强安全保障措施、帮助解决职工子女的教育问题等。

（八）建立推进协调绿色就业的长效机制

建议在生态文明建设的总体框架下，利用国务院就业工作部级联席会议、发展循环经济工作部际联席会议和全国环境保护部际联席会议制度，建立发改委、人社部、农业部、环保部、水利部、工信部、国家林业局、国家海洋局等相关部门之间的协调配合机制，统筹产业、环保和就业政策，强化工作职责，建立和完善相应制度，推动绿色就业与绿色经济、环境保护的协调发展。

Green Employment：Important Route Toward the Building of Eco Civilization

Ma Yongtang　Feng Ling

Abstract：Promoting Green Employment benefits eco development，shift of economic growth pattern，and improvement of employment quantity，quality and sustainability, and bears upon the economic and social progress in China. China promotes Green Employment mainly by making rules and policies, engaging in academic studies, conducting international cooperation, makings survey and studies, providing training and education and making pilot tests in localities. However, the current economic growth stage and means constrain the Green Employment greatly with the mechanisms, institutions and regulations yet to be established to promote Green Employment. The thesis recommends establishing the Green Employment working system consisting of Green Employment policies, promotions, fiscal, tax and financial regulations, public employment service, education and training, green industries and vocational standards, identification of green vocational skills, pilot tests in localities, safeguarding rights and interests of those working in green industries, and long-term mechanism of international cooperation and coordination.

Key Words: Green Employment; Ecological Civilization; Employment Quality

B.28
后　记

"人力资源蓝皮书"是跟踪反映中国人力资源发展状况以及相关社会热点问题的对策性研究报告。今年，《中国人力资源发展报告（2013）》以党的十八大提出的"推动实现更高质量的就业"为主题组织编写，主要内容包括近期中国就业形势分析、推动实现更高质量就业的政策理论研究，同时从扩大渠道就业、加强重点群体就业、提升就业能力、完善就业服务、改善劳动关系等方面展示我国在促进就业和不断提升就业质量方面的进展状况。

《中国人力资源发展报告（2013）》由中国人事科学研究院组织编写。今年，我们邀请了人力资源和社会保障部原副部长、中国就业促进会会长张小建为本书作序。在本书的编写过程中，主编吴江同志负责整体策划，并指导选稿和审订工作；副主编刘燕斌同志承担了审稿工作；执行副主编陈力负责制定项目策划书，组织项目实施、组稿、审稿和统稿工作；编辑部主任陈建辉同志参与策划，负责组织征稿、联系、编辑和统稿等工作；田永坡、魏艳春、赵庆梅、黄梅等同志承担书稿的征集、编辑和联系工作；梁凤燕同志负责本书编辑部的日常行政管理事务；熊缨、张亦斌等同志承担本书目录和摘要的英文翻译。在本书出版之际，特别感谢人力资源和社会保障部就业促进司、人力资源市场司、劳动监察局、劳动关系司、农民工司以及中国劳动保障科学研究院有关领导和同志们对本书编写所给予的指导和帮助；感谢中国人事科学研究院科研处对本书立项所给予的支持；感谢本书的作者和咨询专家们对本书所付出的辛勤劳动。

《中国人力资源发展报告（2013）》围绕推进实现更高质量就业问题，力图综合反映中国政府和社会各界在促进就业和不断提升就业质量方面所做出的积极努力，总结经验、分析问题，为进一步加强就业工作、促进就业质量的提升提供决策依据和研究参考。由于我们的能力有限，本书尚存在很多不尽如人意之处，敬请广大读者批评指正。

“皮书”起源于十七、十八世纪的英国，主要指官方或社会组织正式发表的重要文件或报告，多以“白皮书”命名。在中国，“皮书”这一概念被社会广泛接受，并被成功运作、发展成为一种全新的出版形态，则源于中国社会科学院社会科学文献出版社。

皮书是对中国与世界发展状况和热点问题进行年度监测，以专家和学术的视角，针对某一领域或区域现状与发展态势展开分析和预测，具备权威性、前沿性、原创性、实证性、时效性等特点的连续性公开出版物，由一系列权威研究报告组成。皮书系列是社会科学文献出版社编辑出版的蓝皮书、绿皮书、黄皮书等的统称。

皮书系列的作者以中国社会科学院、著名高校、地方社会科学院的研究人员为主，多为国内一流研究机构的权威专家学者，他们的看法和观点代表了学界对中国与世界的现实和未来最高水平的解读与分析。

自 20 世纪 90 年代末推出以经济蓝皮书为开端的皮书系列以来，至今已出版皮书近 800 部，内容涵盖经济、社会、政法、文化传媒、行业、地方发展、国际形势等领域。皮书系列已成为社会科学文献出版社的著名图书品牌和中国社会科学院的知名学术品牌。

皮书系列在数字出版和国际出版方面成就斐然。皮书数据库被评为“2008~2009 年度数字出版知名品牌”；经济蓝皮书、社会蓝皮书等十几种皮书每年还由国外知名学术出版机构出版英文版、俄文版、韩文版和日文版，面向全球发行。

2011 年，皮书系列正式列入“十二五”国家重点出版规划项目；2012 年，部分重点皮书列入中国社会科学院承担的国家哲学社会科学创新工程项目；一年一度的皮书年会升格由中国社会科学院主办。

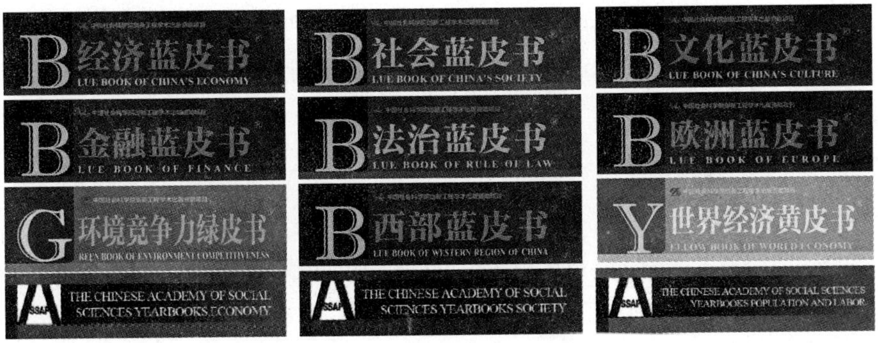

法律声明